Verlag Wissenschaft und Politik

Paul Hengge

ES STEHT IN DER BIBEL
(Die Bibelkorrektur)

© 1993 bei Verlag Wissenschaft und Politik
Claus-Peter von Nottbeck
Umschlaggestaltung Schlotterer & Duffek
Gesamtherstellung Werbedruck Zünkler, Bielefeld 11
Printed in Germany · ISBN 3-8046-8786-5

Alle eingerückten Bibelzitate sind – wenn nicht anders vermerkt – zitiert nach der Ausgabe Preußische Haupt-Bibelgesellschaft, Berlin 1905; nach der Übersetzung D. Martin Luthers.

In der Umschrift der hebräischen Buchstaben gelten für die zu Anlauten verstummten Vokale *aleph* das Zeichen <*a*> und für *ajin* das Zeichen <*'*>.

Inhaltsverzeichnis

Spuren

Eines hat Gott [elohim] geredet,
zweierlei habe ich gehört;. . .
Ps. 62.12
(Einheitsübersetzung 1980)

Dieses Buch ist die Weiterentwicklung und teilweise Neufassung meiner Hypothesen zur biblischen Überlieferung, die ich 1977 in den Rundfunksendungen »Es steht in der Bibel« und 1979 in meinem Buch »Die Bibelkorrektur« veröffentlicht habe. Sie entstanden aus dem Versuch, den hebräischen Text der fünf nach dem Propheten Mose benannten Bücher so zu lesen, als wären die Schriften erst in unserer Zeit entdeckt worden, in einer Sprache, deren Wörter ohne Vorkenntnisse neu ergründet werden müssen.

Ohne die geistigen Fesseln der biblischen Auslegungstradition gelesen, sind im hebräischen Text des Pentateuch[1] Spuren einer alten Überlieferung zu erkennen, die uns in fernste Vergangenheiten zurückführt. Sie gibt uns Beschreibungen von den wichtigsten Phasen der Menschheitsentwicklung, die dem Wissensstand der modernen Naturwissenschaft entsprechen, und bietet uns darüber hinaus überzeugende Antworten zu einigen in der Anthropologie noch ungeklärten Fragen an.

Das Wissen, über das die Verfasser dieser Alten Überlieferung verfügten, läßt nur den Schluß zu, daß es eine in vorgeschichtlicher Zeit entstandene und wieder versunkene Kulturentwicklung gegeben haben muß, die wir noch nicht entdeckt haben.

Meine Vorschläge werden also wohl nicht nur Theologen wieder gegen mich aufbringen, sondern auch konservative Historiker und Archäologen, von denen viele noch überzeugt sind, die Hochkulturen des dritten vorchristlichen Jahrtausends in Ägypten und Mesopotamien wären die absolut ältesten der Menschheitsgeschichte. An dieser Meinung halten sie fest, obwohl immer mehr Funde aus älteren Epochen eine Korrektur dieses Standpunktes nahelegen. Der Tempel von Nevali Cori[2], eine großzügige und bautechnisch beachtliche Anlage aus dem achten Jahrtausend v. Chr., sollte eigentlich den letzten Anstoß geben, den Hochmut des modernen Menschen abzulegen und weiter in die Vergangenheit zu forschen, denn die Feststellung, es hätte vor den Kulturen in Ägypten und Mesopotamien keine anderen Hochkulturen gegeben, ist bloße Vermutung.

Das hemmende Vorurteil vieler Wissenschaftler – auch derer, die meinen, diese geistigen Schranken längst überwunden zu haben – entstammt der mittelalterlichen Bibelauslegung. Aus dem Text war eine Beschreibung der Weltgeschichte gedeutet und im Mittelalter eine Zeitrechnung konstruiert worden, nach der gelehrt wurde, daß Menschheit, Erde und Universum ungefähr 4000 Jahre vor der christlichen Zeit von einem menschengleichen, männlichen Schöpfergott erschaffen worden seien.

7

Unter dem geistigen Diktat der mittelalterlichen Religionen galt dieser aus den Bibeltexten gedeutete Inhalt als höchste Weisheit, und niemand durfte wagen, sich dem entgegenzustellen. Das Geschichtsbild der Menschen wurde jahrhundertelang von diesen Vorstellungen geprägt, so nachhaltig, daß viele weltlich denkende Wissenschaftler, deren Weltverständnis von den modernen Naturwissenschaften geformt ist, in bezug auf die Geschichte der menschlichen Kulturen, ohne sich dessen bewußt zu werden, noch immer im Bannkreis der mittelalterlichen Denkvorschriften befangen sind und sich scheuen, über tabuisierte Grenzen hinauszudenken.

Die einzige wissenschaftlich anzuerkennende Antwort auf die Frage, ob es vor dem dritten Jahrtausend v. Chr. schon Hochkulturen gegeben hat, dürfte die Feststellung sein, daß bisher noch keine entdeckt worden ist. Es gibt keine objektiven Gründe, keine Naturgesetze und auch keine unwiderlegbaren geisteswissenschaftlichen Erkenntnisse, nach denen es unmöglich wäre, daß sich vor Tausenden von Jahren schon einmal oder mehrmals ereignet haben könnte, was wir aus den archäologischen Zeugnissen im Fruchtbaren Halbmond erforschen konnten – das Entstehen und Vergehen von menschlichen Kulturentwicklungen.

Die Alte Überlieferung, deren Fragmente im Bibeltext zu erkennen sind, zieht diese zeitlichen Grenzen nicht. Selbst aus den Übersetzungstexten der Auslegungstradition lassen sich in der Beschreibung der Urgeschichte keine Zeitangaben erkennen, wenn man von den in der Spätzeit eingefügten naiven Daten der Lebensalter und Geschlechterfolgen absieht.

Zumindest an einer wichtigen Zahl werde ich zeigen können, daß ein Zeitbegriff aus einer anderen alten mesopotamischen Kultur von den Textredakteuren der Spätzeit mißverstanden worden ist und dadurch zu irreführenden Deutungen und Vermutungen geführt hat. Als einfache Jahreszahl gedeutet, entstellt diese Angabe die ursprüngliche Beschreibung des Geschichtsablaufes zu einer primitiven, unglaubwürdigen Fabel.

Da sich die meisten Unstimmigkeiten in den Bibeltexten auch aus den lateinischen und griechischen Übersetzungen nicht klären lassen, habe ich vor langer Zeit begonnen, das hebräische Alphabet zu erlernen und mit Hilfe von Wörterbüchern einigen Wortbedeutungen im überlieferten hebräischen Text nachzuspüren.

Was sich schon bei gründlichem Lesen der Übersetzungen angedeutet hat, wird im hebräischen Text unübersehbar. Viele als biblisch geltende Legenden stehen so nicht in der Schriftensammlung. Die meisten sind über den Wortlaut weit hinausgehende Interpretationen der Auslegungstradition.

So kommt zum Beispiel der Begriff der Erbsünde in den fünf Büchern Mose nicht vor. Sie enthalten auch keine Andeutung, daß unsere angeblichen Ureltern Adam und Eva im Paradies vom Teufel oder Satan verführt worden sind.

Das Wort, das in der »Paradieserzählung« mit Schlange übersetzt worden ist, heißt im hebräischen Text *n-ch-sch.* Im klassischen, seit vielen Jahrzehnten unbestritten anerkannten Handwörterbuch nach Wilhelm Gesenius wird dieses Konsonantenwort achtmal in unveränderter Schreibweise als eigenständiges Wort mit mehr als zehn verschiedenen Bedeutungen[3] aufgeführt, von denen einige erst aus den interpretierenden Schriften der Spätzeit in den Sprachgebrauch übernommen worden sind.

In späteren Jahrhunderten mußten auch diese Deutungen interpretiert werden, weil Zeitgeist und Sprachgebrauch sich unter fremden Einflüssen geändert hatten und auch die alten Interpretationen nicht mehr eindeutig zu verstehen waren. Es wurde dadurch notwendig, vielen Konsonantenwörtern in verschiedenen Texten sehr unter-

8

schiedliche Begriffe zuzuordnen, um zu Inhalten zu kommen, die der angestrebten Auslegung der hebräischen Texte entsprachen.

Ich begann meine Versuche damit, die Bedeutungen, die in der Auslegungstradition den hebräischen Schlüsselwörtern in verschiedenen Textabschnitten gegeben worden sind, untereinander auszutauschen. Das Ergebnis war verblüffend, denn es wurde deutlich, daß die Auffassung nicht haltbar ist, der Verschiedenheit der zahlreichen Gottesnamen im hebräischen Text komme keine besondere Bedeutung zu, sie sei durch Quellenunterschiede zu erklären oder nur aus dem poetischen Empfinden der Autoren entstanden.

In den Übersetzungstexten ist nicht mehr zu erkennen, wie viele verschiedene Gottesbezeichnungen der ursprüngliche Text enthält, denn sie sind alle auf die Universalbezeichnungen »Gott«, »Herr« und »Gott der Herr« mit verschiedenen Zusätzen reduziert worden, um damit den Gedanken der Auslegungstradition durchzusetzen, in allen Götternamen wirke nur der Wille eines einzigen, allmächtigen, allwissenden, männlichen Gottes, der Himmel und Erde erschaffen hat.

Den Texten der Auslegungstradition ist nicht selten sehr widersprüchliches Verhalten dieses Gottes zu entnehmen. Die meisten daraus entstehenden Fragen konnten auch von den Experten der Auslegungstradition nur mit der Unergründlichkeit der göttlichen Ratschlüsse zurückgewiesen, aber nie beantwortet werden. Auch für die Phrase »Gott sagte, so spricht der Herr« gibt es im Konzept der Auslegungstradition keine vernünftige Erklärung.

Sucht man aber ohne die geistige Einengung vorgeprägter Deutungen in der unbelasteten Wortbedeutung der Gottesbezeichnungen nach einem Inhalt, den die alten Autoren ursprünglich vielleicht vermitteln wollten, dann werden manche bis dahin einfältig erscheinende Beschreibungen zu sinnvollen und oft wegweisenden Berichten.

Mit der Hilfe eines besorgten, tief gläubigen jüdischen Lehrers begann ich, die Bedeutungsvielfalt der hebräischen Begriffe zu erkunden. Die Frage, ob die aus dem Mittelalter stammende Vokalisierung der hebräischen Konsonantenwörter den ursprünglich gemeinten Sinn wiedergibt, war nicht neu für ihn. Sie wurde, wie dem Talmud zu entnehmen ist, schon vor über 2000 Jahren erörtert.[4]

Ich verdanke dem alten Lehrer sehr viel, vor allem, daß er mich die in diesem Glauben mögliche Toleranz erfahren ließ. Denn obwohl es für den orthodoxen Juden ein schlimmes Vergehen ist, sich eigene Deutungen des Textes der Thora zu suchen, hat er alle meine Fragen geduldig und aufrichtig beantwortet.

In der profanen Forschung wird die hebräische Sprache als ein Zweig der kanaanäischen Gruppe semitischer Sprachen angesehen. Es herrscht die Meinung vor, daß die Israeliten die Sprache übernommen haben, als sie in das später Israel genannte Land einwanderten.[5] Trifft dies zu, so liegen die Wurzeln der Tradition des Volkes, das die biblische Überlieferung bewahrt hat, in einem anderen Sprachbereich. Alle möglicherweise bereits vor der Einwanderung in das spätere Siedlungsgebiet Israel existierenden Legenden und Erinnerungen müßten dann zunächst in einer anderen Sprache überliefert und erst später in die althebräische Sprache übertragen worden sein. Das würde erklären, wieso die Etymologie manch wichtiger Wörter und deren ursprüngliche Bedeutung nicht mehr erkennbar sind.

Es galt zwar – und gilt in den orthodoxen Zentren der Religionen immer noch – als Glaubensgrundsatz, daß der Prophet Mose etwa im zwölften Jahrhundert v. Chr. auf dem Berg Sinai die Gesetze von Gott empfangen hat, aber schon vor 2000 Jahren wußte man, daß es eine fortwährende, ununterbrochene Überlieferung der Schriften nicht gegeben hat. Im Talmud wird von wiederholten Offenbarungen der Thora berichtet.[6]

In der Textforschung hat man die Frage, ob es in den vier vermuteten Quellen, aus denen die Texte zusammengesetzt sein sollen, auch Spuren einer viel älteren, auf eine noch unbekannte Kultur zurückgehende Überlieferung geben könnte, bisher noch nicht gestellt. Dies aber wohl nur, weil es nach dem vorherrschenden Geschichtsbild frühere Kulturen als die des Fruchtbaren Halbmondes nicht gegeben haben kann. In den Überlegungen der Textforscher taucht nicht selten der Gedanke auf, es könne in den ältesten Texten der Urgeschichte auch eine außerisraelitische Quelle verarbeitet worden sein.[7]

Die Stämme des Volkes Israel sind, so nimmt man an, im 13. oder zwölften vorchristlichen Jahrhundert unter der Führung des Propheten Josua in das Land Kanaan eingewandert. Zwischen diesem Ereignis und der Niederschrift der ersten, im Mittelalter für die Auslegung maßgebenden Übersetzungen vergingen acht bis zehn Jahrhunderte, in denen die Sprache sich unter fremden Einflüssen wandelte und die Erinnerung der Menschen an Berichte über Ereignisse in vergangenen Zeiten verblaßte. Aus den Schriften erfahren wir zum Beispiel, daß in der Tradition der Überlieferung der Jahresanfang vor Zeiten anders berechnet worden ist und die Menschen nach einem Kalender mit anderen Monatsnamen lebten. Nur vier davon sind durch Nennung in den Schriften noch erhalten. Die anderen sind vergessen.[8] Die Textautoren beziehen sich mehrmals auf Bücher, die zu ihrer Zeit offensichtlich zu den Schriften der Überlieferung gezählt haben.[9] Sie waren vor zweieinhalbtausend Jahren, als der Bibelkanon zusammengestellt wurde, nicht mehr bekannt. Niemand weiß, was sie enthielten und wann sie verloren wurden.

In den letzten Jahrhunderten vor der christlichen Zeitrechnung war das Hebräische bereits eine tote Sprache, die nur noch von den Gelehrten als heilige Sprache des Gottesdienstes tradiert wurde.[10] Das Volk sprach aramäisch, in vielen Gemeinden verständigte man sich überhaupt nur noch griechisch. Vermutlich zu Ende des dritten Jahrhunderts vor unserer Zeit wurden die Bibeltexte ins Griechische übertragen.[11] Es entstand die Septuaginta, die in späteren Jahrhunderten maßgebende Autorität für die Deutung der Bibeltexte geworden ist, da sowohl das gebildete Judentum wie auch die paulinisch-christlichen Urgemeinden vorwiegend griechisch sprachen. Später wurden die Fehldeutungen der Septuaginta[12] zu geistigen »Wegweisern«, als im Mittelalter versucht wurde, die ursprüngliche Bedeutung hebräischer Konsonantenwörter zu ergründen. Viele Vokalisierungen, die über den Wortsinn entscheiden, müssen als Kompromisse im Streit der Gelehrten angesehen werden.[13]

Das Bemühen der Frommen war es zu allen Zeiten, die ursprüngliche Wortbedeutung zu finden, um damit nach dem offenbarten Willen Gottes zu forschen. Andererseits wurde aber auch versucht, durch Deutung eines Bibelverses Bestätigung für eigene Theorien des Glaubens oder der Politik zu schaffen. Manche der ältesten Texte wurden so übersetzt und umgedeutet, daß viel später erdachte Lehrsätze der Religionen durch sie gestützt werden konnten.

Erst in einer um 200 v. Chr. in griechischer Sprache verfaßten Schrift, dem Buch Jesus Sirach, kommt eine Andeutung vor, daß die Frau die Erbsünde verursacht hat, die seither auf allen Menschen lastet:

> *Die Sünde kommt her von einem Weibe, und um ihretwillen müssen wir alle sterben.*[14]

10

In den Textausgaben der Auslegungstradition wird von diesem Vers auf Genesis 3.6 verwiesen. Dort steht:

> . . . und (das Weib) nahm von der Frucht, und aß, und gab ihrem Mann auch davon; und er aß.

Erst aus der Verbindung der beiden Verse wurde die fadenscheinige Deutung möglich, die Frau sei im Garten Eden der Verführung des Teufels erlegen und habe dadurch alles Leben mit der Erbsünde belastet, derentwegen alle von Gott zunächst unsterblich erschaffenen Lebewesen sterblich wurden. Ein mindestens 1000 Jahre jüngerer Text bestimmte über die Deutung der alten ehrwürdigen Überlieferung. Und diese Denkkonstruktion war kein Einzelfall.[15]

Nach solchen Interpretationen, die man im Verlauf der Jahrhunderte in den Text hineingedacht hat, wurden dann oft die verschiedenen Bedeutungen der hebräischen Konsonantenwörter bestimmt. So kommt es, daß viele der alten Begriffe in den verschiedenen Texten mit einer erheblichen Anzahl weit voneinander abweichender Begriffe übersetzt werden müssen. Aus dieser mit Hilfe der aramäischen, griechischen und lateinischen Interpretationen erreichten Rekonstruktion der althebräischen Wortbedeutungen ist seit dem Mittelalter die neuhebräische Sprache entstanden, die heute im Staat Israel gesprochen wird. Sie bietet durch den Gebrauch der überlieferten Schrift und Wörter Zugang zu fließendem Lesen der alten Texte, aber es geschieht mit den Wortbedeutungen der nachplatonisch-mittelalterlichen Rekonstruktion. Niemand kann mit wissenschaftlichem Ernst behaupten, es wären dies der Sprachklang und die Wortinhalte der vor 3000 Jahren geschriebenen und gesprochenen althebräischen Sprache. Zu viele Rätsel, die von der alten Sprache immer noch aufgegeben werden, sind bisher nicht ergründet worden.[16]

Wenn Menschen, die meine Deutungsvorschläge ablehnen, mit ihrer Argumentation nicht überzeugen können, retten sie sich zuletzt in den Vorwurf, daß ich das Hebräische nicht in einem ordnungsgemäßen Studiengang mit Diplomabschluß erlernt habe. Davon abgesehen, daß ein Diplom es mir vielleicht leichter machen würde, auf die Oberflächlichkeiten mancher Gegner zu erwidern, glaube ich, daß nur die Unbefangenheit der autodidaktischen Annäherung an die Sprache es mir ermöglicht hat, den verschütteten Inhalt zu erkennen.

In den Schulen hätte ich die neuhebräische Sprache des Staates Israel erlernen können, aber diese ist weit entfernt von Klang und Inhalt der ältesten Sprachschichten. Auf den Universitäten hätte ich die Wortauffassungen und den ermittelten Sinngehalt der Theologie übernommen, ohne nachzufragen. Mit den aus den Lehrsätzen der Religionen entnommenen Wortbedeutungen wäre der weltliche, naturwissenschaftlich bedeutsame Inhalt verborgen geblieben. Ich werde das an einigen Wörtern, die in der von Religionsgesetzen eingegrenzten Auslegungstradition mißverstanden wurden, sehr deutlich zeigen können.

Ohne Einschränkung stimme ich der Mahnung des großen Philosophen Karl Popper zu, daß alles immer nur Hypothese ist. Es wäre unsinnig zu behaupten, anhand einiger Textfragmente ließe sich nach mehr als 3000 Jahren der Inhalt einer uralten Überlieferung lückenlos nachweisen und irrtumsfrei erschließen. Da aber unbestreitbar in den vergangenen Jahrhunderten zahlreiche Irrtümer aus den Bibeltexten interpretiert worden sind, ist die Frage berechtigt, welche ursprünglichen Inhalte durch diese Irrtümer verdrängt worden sind.

Noch haben wir keine Erklärung dafür, wieso wir die altägyptische Kultur bereits am Beginn des dritten vorchristlichen Jahrtausends mit Schrift und Kunst voll entwickelt sehen[17] und es später keine Steigerung mehr gegeben hat, sondern nur langsamen Verfall. Das gilt auch für die noch kaum erforschte, vielleicht auch nicht mehr erforschbare Kultur der Indus-Völker. Auch hier bezeugen die Funde aus den ältesten Schichten eine hochentwickelte Kultur, deren Anfang nicht zu erkennen ist und deren weitere Spuren nur noch auf einen langsamen Verfall bis zur endgültigen Zerstörung durch die Arier am Ende des zweiten Jahrtausends hinweisen.

In den letzten vorchristlichen Jahrhunderten wären die Völker nicht mehr fähig gewesen, die großen Pyramiden von Gizeh nachzubauen. Auch die Menschen im Indus-Gebiet bauten in dieser Zeit keine Städte mehr mit Kanalisation, Beheizung und Lüftung. Sie wußten nichts mehr von den Kenntnissen und Bräuchen ihrer Vorfahren vor 2000 Jahren. Ich vermute, daß auch die Bewahrer der biblischen Tradition in der Verfallszeit des Altertums nichts mehr wußten von den Kenntnissen, die ihre Völker vor Jahrtausenden besessen hatten. Es war ihnen daher nicht möglich, die Inhalte uralter Texte richtig zu erfassen, weil ihnen die dazu notwendigen Voraussetzungen fehlten. Sie konnten sie nur in ihr eng begrenztes Weltbild einordnen und mit dem Wissen ihrer Zeit deuten. Das führte zur Projektion historischer Begebenheiten, die sich in ferner Vergangenheit ereignet hatten, in die Umwelt ihrer Gegenwart und zu ihrer Verknüpfung mit den Geschehnissen der eigenen Stammesgeschichten.

Außer einigen Fundamentalisten nimmt heute niemand mehr an, bei den Schriften der Bibel handele es sich um ein einheitliches Werk. Bibelwissenschaftler aller Religionen gehen davon aus, daß die Schriften aus verschiedenen Zeiten und verschiedenen Quellen stammen. Mein Vorschlag ist es, den bisher angenommenen Quellen eine neue, noch nicht beachtete hinzuzufügen und einige Gedanken der Quellentheorie[18] zu ergänzen und zu korrigieren. So zum Beispiel die Annahme, daß das zweite Kapitel des Buches Genesis aus der Quelle J (Gottesname *Jahweh* oder *Jehova*) stammt und eine primitive Wiederholung der Schöpfungsgeschichte des ersten Kapitels aus der Quelle E (Gottesname *Elohim*) bringt.

Mit dem von mir vorgeschlagenen, von der Tradition abweichenden Wortverständnis zeigt sich ein sinnvoller Zusammenhang beider Texte. Die Verschiedenheit der Gottesbezeichnungen: *Elohim* im ersten, *Jahweh Elohim* im zweiten und *Jahweh* ab dem dritten Kapitel, hat einen tiefen, erklärenden Sinn, der uns den Zugang zu dem Wissen der Alten Überlieferung öffnet, in der uns eine faszinierende Beschreibung der menschlichen Urgeschichte gegeben wird. Trotz der Einfügungen und Ergänzungen, die in der Spätzeit an den Texten vorgenommen worden sind, ist die Grundlinie der Erzählung erhalten und – wie ich zeigen werde – gut erkennbar.

Es wird niemanden verwundern, daß meine Arbeit von manchen Seiten auch vernichtend kritisiert worden ist. So urteilte die katholische Kathpress in Wien nach Erscheinen meines ersten Buches: »Der Autor meint, den Stein der Weisen gefunden zu haben, durch den das neuzeitliche naturwissenschaftliche Weltbild gegen die gesamte christliche und jüdische Auslegungstradition schon im Wortlaut der Bibel entdeckt werden kann . . . Die Übersetzungen hebräischer Worte sind geradezu grotesk und beweisen, daß der Autor vom Wesen und der lebendigen Tradition der hebräischen Sprache nicht die allergeringste Ahnung hat. Das Buch ist ein eklatantes Beispiel von Unkenntnis und Anmaßung. Man kann sich nur fragen, welche der beiden Eigenschaften überwiegt.«[19]

Ich kann den Zorn des Kritikers verstehen, denn die Wurzeln seiner geistigen Tradition reichen in eine Zeit zurück, in der gelehrt wurde und geglaubt werden mußte, daß die Texte der Bibel und ihrer Übersetzungen unter der unmittelbaren Aufsicht Gottes entstanden sind.[20]

In dieser Tradition war man bis nahe an unsere Zeit dazu verpflichtet, den von den irdischen Stellvertretern Gottes aus den Texten gedeuteten Inhalt als unantastbare göttliche Wahrheit anzusehen.[21]

Ich nehme zugunsten meines Kritikers an, daß er nichts von dem Gespräch wußte, das ein Wiener Theologe und praktizierender Priester wenige Monate vorher mit einigen Mitarbeitern des Kritikers geführt hat. In einem danach verfaßten Gutachten schreibt er darüber: ». . . Zu diesem Urteil glaube ich mich berechtigt, da (die Herren) . . . mit Interesse meinen Inhaltsangaben von diesem Buch lauschten und durch Fragen immer wieder neue Details erfahren wollten. Wissenschaftlich ist es allerdings nicht, auch wenn sie zugeben mußten, daß die philologischen Begründungen für manche Auslegung durchaus haltbar sind. Ich selber habe das Buch mit Interesse gelesen und z. B. die Auslegung von Kain und Habel im Zusammenhang mit der Stelle im N.T., in der Jesus sich als guten Hirten bezeichnet, in einer Predigt verwendet und wurde unmittelbar darauf gefragt, wo ich diese interessante Auslegung her hätte.«[22]

Noch ermutigender war eine Beurteilung, die ich über den Stuttgarter Verlag erhielt: »Die hebr. Sprache steckt noch immer voller Rätsel. Das Althebräische stellt keinen einheitlichen semitischen Dialekt dar, sondern enthält Elemente aus zahlreichen semitischen Dialekten, besonders aramäischen. Dies alles hat der in Berlin wohnhafte Wiener Autor Paul Hengge sehr wohl bedacht, wenn er versucht, mehr Licht in das Dunkel zu bringen. Sein Werk ›Die Bibelkorrektur‹ setzt eine große Kenntnis der hebräischen Sprache und viel Einfühlungsvermögen voraus. Beides besitzt der Autor in hohem Maße. Er ist neue und vielfach originelle Wege gegangen und zu anderen Erkenntnissen als die Tradition gelangt . . .«[23]

Zu den mysteriösen Ereignissen, von denen diese erste Buchveröffentlichung begleitet war, gehörte es, daß ich diesen mir wohlwollenden Kritiker nie ausfindig machen konnte. Der Verlag erklärte mir, ihn nicht zu kennen. Er hatte dem Verlag seine Beurteilung angeblich unaufgefordert zugeschickt. Mit dem Gutachten habe ich aber, wohl durch die Unachtsamkeit einer Sekretärin, auch die Fotokopie des Begleitbriefes erhalten, in dem sich der Professor aus seinem Urlaubsort in Frankreich beim Verlag für die Zusendung des Buches von Paul Hengge bedankte. Leider enthielt der Brief nur eine ungenaue Urlaubsadresse, die richtige konnte ich nicht mehr ermitteln.

Da ich die von mir vorgeschlagenen Wortbedeutungen für die hebräischen Konsonantenfolgen nicht erfunden, sondern einem seit langem von allen anerkannten Handwörterbuch entnommen habe, sind sie anhand der Anmerkungen leicht nachprüfbar.

In der von mir vorgeschlagenen Wortauffassung führen uns die hebräischen Konsonantenwörter zu einem Wissen, das der Prüfung des modernen Denkens standhält und, nach meiner Meinung, unserer Weltkenntnis auch einige Vorstellungen hinzufügt, die uns bei der Suche nach Wegen in die Zukunft hilfreich sein können.

Daß Theologen wegen ihrer unauflösbaren Bindung an alte Lehrsätze aus der Tradition meine Vorschläge ablehnen werden, mußte ich erwarten. Manche ihrer Erwiderungen waren parteiisch, unobjektiv und deshalb unergiebig, andere waren es wert, sich damit auseinanderzusetzen. Die originellste, aber sehr rätselhafte Ablehnung erfuhr ich von einem amerikanischen Theologen. Nach einer vernichtenden

Beurteilung meiner Deutungen der hebräischen Konsonantenwörter kam er zu dem Schluß: »Ich lehne nicht die Thesen von Hengge ab, sondern wie er dazu gekommen ist . . .«[24]

Wieso kann eine Methode falsch sein, wenn sie zu einem richtigen Ergebnis führt? Und wieso soll eine andere Methode richtig und wissenschaftlich sein, mit der Deutungen konserviert werden, die inzwischen längst als widersinnig und falsch erkannt worden sind?

Niemand von uns darf behaupten, die Sprache zu kennen – und womöglich besser zu beherrschen als andere –, die vor mindestens 3000 Jahren gesprochen und geschrieben wurde. Was heute als althebräische Sprache gelehrt wird, ist eine Rekonstruktion auf der Grundlage von rund 8000 Wörtern. Sie stehen in Schriften, die selbst aus dem Versuch entstanden sind, verlorene Dokumente viel älterer Überlieferungen zu rekonstruieren. Wer es als vermessen bezeichnet, in verehrten und bewunderten alten Texten nach dem ursprünglichen Inhalt zu suchen, nachdem sich erwiesen hat, daß die Deutungen, die uns gegeben worden sind, voller Fehler stecken, sollte zumindest nicht behaupten, er verteidige die »falschen Bilder« aus Ehrfurcht vor dem Geist. Wenn wir schon eine Mitwirkung des Heiligen Geistes bei der Entstehung der Überlieferung für möglich halten, dann sollten wir ihn nicht beleidigen, indem wir ihm unterstellen, uns wertlosen Unsinn übermittelt zu haben. Es ist keineswegs ein Zeichen von objektiver Wissenschaftlichkeit, sich auf die Inspirationen von Autoren und Übersetzern zu berufen, um weiterhin an einer Textauslegung festhalten zu können, von der wir wissen, daß sie falsch ist. Die Frau ist nicht aus einer Rippe des Mannes gebaut worden. Das wissen wir inzwischen. Statt aber nun die bisherigen Forschungsergebnisse, die auf den falschen Deutungen beruhen, in Frage zu stellen, muß erneut mystifiziert werden, um den Einsturz eines wankenden Auslegungsgefüges hinauszuzögern. Es ist kein Ausweg, darüber zu philosophieren, ob der »inspirierte« Schriftsteller dahinter vielleicht einen von uns noch nicht enträtselten Symbolgehalt versteckt hat. Wir müssen uns fragen, ob wir bisher die alten Wörter richtig interpretiert haben. Nach meiner Überzeugung haben wir das nicht getan.

Ich habe zu fast allen meinen von der herkömmlichen Auslegung abweichenden Textdeutungen nur solche Wortübertragungen verwendet, die auch in der Auslegungstradition anerkannt sind und den gleichen, nur aus Konsonanten bestehenden hebräischen Wörtern in anderen Bibelsätzen gegeben werden. In wenigen Fällen ließ sich für einige Wörter, die auch in der Auslegungstradition noch immer als rätselhaft gelten, aus einer der anderen alten Sprachen eine einleuchtende Deutung finden.

Die meisten meiner Fragen sind auch von anderen schon gestellt worden. Darauf werde ich in den Anmerkungen gelegentlich hinweisen. Der Unterschied in den Antworten ist wahrscheinlich mit den tabuisierten Auslegungsgrenzen der Religionen zu erklären, die ein Abweichen von den Denkvorschriften der Tradition für die Wissenschaft nicht zulassen. Mein Vorteil war es, daß ich diese Vorschriften, die den hebräischen Wörtern für jeden Satz eine bestimmte, für die Auslegungstradition notwendige Bedeutung vorschreiben, nicht beachten mußte.

So konnte ich aus den Wurzeln der Konsonantensilben nach ihrem möglichen Inhalt suchen, ohne von den Konventionen abgelenkt zu sein, die aus der Lehre entstanden sind, Gott selbst habe durch den Heiligen Geist den Bibelautoren die Erkenntnis diktiert, daß die Frau aus einer Rippe des Mannes gemacht worden ist – eine Deutung, die heute auch von den Religionsgemeinschaften als kaum mehr annehmbar angesehen wird. Das folgende Eingeständnis beweist es: »Warum der Hagiograph zur Schilderung der Erschaffung der Frau das Bild einer ›Rippe‹ wählte, können wir nicht klar beantworten. Vielleicht steckt ein uns noch unbekannter Symbolgehalt dahinter . . .«[25]

Dieses Bild, das jahrhundertelang als göttliche Wahrheit angebetet werden mußte, steht so nicht im Text, deshalb mögen mir die Männer verzeihen, die aus dieser Deutung einen Herrschaftsanspruch über die Frauen abgeleitet haben. Sie werden nach anderen Argumenten suchen müssen. Auch alle Frauen, die ihr weibliches Selbstvertrauen aus der Legende bezogen haben, die uns weismacht, Urmutter Eva hätte dereinst im Paradies den Geschlechtsakt erfunden und erst durch diese »Sünde« Krankheit und Tod in die Welt gebracht, muß ich um Milde bitten. Sie werden erkennen müssen, daß sie seit zweieinhalb Jahrtausenden mit falschem Ruhm geschmückt worden sind. Der hebräische Wortlaut des Schöpfungsberichtes erlaubt es, dem biblischen Text einen ganz anderen Inhalt zu entnehmen, der den Frauen Eigenständigkeit und hohes Ansehen zuschreibt, viel höheren Wert somit, als ihnen die traditionelle Auslegung unter dem Einfluß griechischer Philosophen gegeben hat.

Ihr sollt euch keine Bilder machen

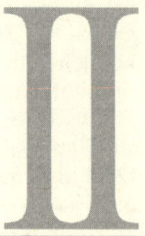

Ex. 20.4
Du sollst dir kein Bildnis noch irgend ein Gleichnis machen, weder des, das oben im Himmel, noch des, das unten auf Erden, oder des, das im Wasser unter der Erde ist.

Wer auch im 20. Jahrhundert noch glaubt, es ehre den Schöpfer der Welten, so auszusehen und zu sein wie ein weißhäutiger Mann, der wird meinen, ich müsse den biblischen Gott um Vergebung bitten, denn ich behaupte, in der ursprünglichen hebräischen Überlieferung des Schöpfungsberichtes steht nichts davon, daß der Schöpfer des Universums dem Menschen ähnlich ist.

Dem göttlichen Urteil zu dieser Frage sehe ich mit Zuversicht entgegen. Zu meiner Rechtfertigung werde ich mich nicht nur auf auch in Übersetzungen der Auslegungstradition immer wieder verwendete Bedeutungen hebräischer Wörter berufen können, sondern vor allem auf das erste der Zehn Gebote, die Gott selbst dem Propheten Mose diktiert haben soll. Es lehrt und gebietet: Ihr sollt euch keine Bilder machen. Ein Bild ist die Nachbildung dessen, was wir in der Realität oder in unserer Phantasie sehen. Um ein Bild zu machen, müssen wir vorher eine Vorstellung entwickelt haben.

Die Phrase *»Nun sprach Gott: Laßt uns den Menschen machen, nach unserem Bilde, uns ähnlich . . .«*[26] erweckt eine Vorstellung, ein Bild, das wohl nicht »gegossen oder gemalt« ist, aber im Wort so übermittelt wird, daß es bildliche Formen in der Phantasie der Menschen hervorruft.

Die textauslegenden Schriftgelehrten vergangener Jahrhunderte haben geglaubt, das Gebot zu befolgen, indem sie Bilder und Statuen verboten, aber eine Gottesvorstellung zuließen, die den Menschen allzusehr schmeichelte. Sie haben gelehrt, das Gebot verbiete die Darstellung und Anbetung der Götzen, der Statuen und Bilder von falschen Göttern. Die Gelehrten des Abendlandes hatten ihre Vorstellungen in den Text der biblischen Schöpfungsgeschichte hineingedacht und danach das Gebot gegen die »falschen Bilder« zu ihrem Vorteil gedeutet. Das Gebot sollte ursprünglich aber wohl vor allem falsche Vorstellungen verhindern. In dieser Auffassung ist der bilderverbietende Gedanke eine Empfehlung, die auch und gerade in einer Zeit Gültigkeit haben muß, in der naturwissenschaftlich geschulte Menschen mit der Skepsis des logischen Denkens die Unendlichkeit des Universums zu ergründen versuchen.

Dem Menschen wird mit dem ersten der Zehn Gebote empfohlen, sich von dem, was er nicht ganz begreifen, nicht umfassend erkennen und verstehen kann, keine Vorstellungen zu machen, denn sie bleiben unvollkommen, und alle daraus abgeleiteten Schlußfolgerungen können falsch sein.

Auch in dieser Auffassung besteht die Gefahr eines Irrtums, denn man könnte versucht sein, aus dem Gebot, auch keine geistigen Bilder zu entwickeln, zugleich einen Bannspruch gegen die Phantasie und das Suchen nach neuen Grenzen und Formen zu deuten. Die falsche Vorstellung allein kann keinen Schaden anrichten. Jeder Irrtum ist korrigierbar und bleibt unschädlich, solange er nicht zur unfehlbaren Wahrheit erklärt, nicht angebetet, nicht zum Leitmaß der Handlungen erhoben und in Dogmen gefaßt wird, denen andere widerspruchslos zu dienen haben. In der bisher bekannt gewordenen Menschheitsgeschichte ist keine irrtumsfreie Religion, Ideologie oder Gesellschaftsordnung zu erkennen. Dagegen sehen wir eine nicht endende Kette fanatischer Zerstörung und grausamer Unterdrückung, stets verübt im Namen unvollkommener, von den Mächtigen ihrer Zeit aber zu unfehlbarer Wahrheit erhobener Bildern.

Die abgeschlagenen Köpfe antiker Statuen lassen den Fanatismus der mittelalterlichen Glaubenseiferer erkennen, die meinten, ihrem Gott zu dienen, wenn sie alle Bilder zerstörten. Die auf den Scheiterhaufen verkohlten Gebeine von Millionen Menschen beweisen, daß die Schriftgelehrten des Mittelalters ihren Vorstellungen grausame Opfer bringen ließen. Diese Grausamkeiten wären vielleicht nicht geschehen, wenn das bilderverbietende Gebot richtig verstanden und angewendet worden wäre, denn es heißt auch: *Bete sie nicht an und diene ihnen nicht.*[27]

Bis nahe an unsere Zeit wurden im christlichen Abendland alle Fragen über die Gestalt der Welt, die Herkunft der Menschen und deren Bestimmung mit den »Bildern« beantwortet, die man sich aus dem Wortlaut der Bibeltexte gedeutet hatte. Die Erde sei eine flache Scheibe, wurde gesagt, umgeben vom Weltozean. Darunter lodern die ewigen Feuer der Hölle. Über der Erde ist das von Gott gebaute Gewölbe des Himmels, an dem Sonne, Mond und Sterne angebracht sind. Der erste Mensch war Adam, ein Mann, den Gott nach seinem Ebenbild erschaffen hatte. Er war vollkommen, ohne Fehler und unsterblich. Weil Adam einsam war, schuf Gott aus einer seiner Rippen die Frau: Eva. Durch deren Schwäche wurde Adam dann bald zur Sünde verleitet. Als Strafe dafür verloren die Menschen die gottgleiche Unsterblichkeit und wurden aus dem Paradies verbannt.

Diese Weltvorstellung enthielt, nach Meinung der mittelalterlichen Geister, die höchste Weisheit. Alle anderen »Bilder« wurden zu falschen, verderblichen Erfindungen einfältiger oder bösartiger Gehirne erklärt.

Es dauerte lange, bis die naturwissenschaftlichen Erkenntnisse sich gegen das Weltbild dieser Bibelauslegung durchsetzen konnten. Als den wissenschaftlichen Beweisen nicht mehr auszuweichen war, wurde der Bibeltext geprüft. Man erkannte, daß im Schöpfungsbericht des Alten Testamentes die Erde gar nicht als flache Scheibe beschrieben wird. Nicht in dem als göttliche Offenbarung verehrten Text sei der Irrtum enthalten gewesen, wurde nun erklärt, sondern die textauslegenden Gelehrten hatten in menschlicher Fehlbarkeit den Inhalt mißverstanden und falsch ausgelegt.

Es war leider nicht der einzige Irrtum, den die Auslegung dem Wortlaut aufgezwungen hatte. In unserer Zeit würde sich auch das kranke Gehirn eines verbohrten Rassenfanatikers nicht mehr zu der Frage verirren, ob Indianer Menschen seien. Eben diese Frage wurde aber in den ersten Jahren des 16. Jahrhunderts von den Gelehrten des christlichen Abendlandes heftig diskutiert.[28] Die rothäutigen Bewohner der von Christoph Columbus im Jahre 1492 entdeckten »Neuen Welt« kamen in der Bibel nämlich nicht vor. Um den Streit zu beenden, mußte Papst Julius II. im

Jahre 1512 durch eine öffentliche Erklärung verkünden lassen, daß auch die Indianer echte Kinder von Adam und Eva und somit Menschen wären.[29] Wieder wurde der Irrtum mit der Fehlerhaftigkeit der Menschen erklärt.

Da die »Rothäute« zu Menschen erklärt worden waren, galt es dann, ihre Seelen zu retten. Mit den goldsuchenden Eroberern zogen die christlichen Missionare in die Neue Welt. Sie waren überzeugt, den wahren Glauben und das einzig richtige Bild von Himmel und Erde zu verkünden. Alle »falschen Bilder« wurden zur Ehre des wahren Gottes zerstört, so gründlich, daß man in den späteren Jahrhunderten behaupten konnte, auf dem amerikanischen Kontinent habe es vor der abendländischen Missionierung weder Schrift noch Kultur gegeben.

Nachdem die mittelalterlichen Mönche die Indianer von ihrem »teuflischen Aberglauben« befreit hatten, verkündeten sie aus ihren griechischen und lateinischen Bibeltexten das »wahre Bild«: Himmel und Erde, Pflanzen, Tiere und Menschen waren von Gott 3761 (oder 4004) Jahre vor Christi Geburt[30] innerhalb von sechs Tagen erschaffen worden. Am siebenten Tag ruhte Gott. Der erste Mensch war ein Mann. Gott erschuf ihn aus Erde[31] und nach seinem Ebenbild. Mit seinem lebendigen Atem blies Gott dem Mann die Seele in die Nase. Später entnahm Er dem Mann eine Rippe und baute daraus die erste Frau. Sie erhielt den lebendigen Atem Gottes nicht. Von der göttlichen Seele ist deshalb nur so viel in ihr, wie in der Rippe des Mannes enthalten war, denn die Frau ist nur die Gehilfin des Mannes.

Aus einem Text, in dessen wichtigstem Inhalt geboten wird, *keine Bilder* zu machen, keine falschen Vorstellungen zu entwickeln, war ein Weltbild geformt worden, das, wie wir heute wissen, grundlegend falsch ist. Davon abweichende richtige Vorstellungen wurden zerstört und verboten.

Auf den polynesischen Inseln im Pazifik begegneten die abendländischen Missionare der »abscheulichen« Vorstellung, im Anfang habe der tiergleiche Mensch zwischen Natur und Kultur dahingedämmert und seine Nahrung roh zu sich genommen.[32] Die Urbewohner von Hawaii hatten geglaubt, die frühen Menschen seien auf allen vieren gekrochen wie die Tiere.[33] Mit mehr oder weniger liebevoller Mühe wurden diese »Irrbilder« aus der Phantasie der scheinbar primitiven Gehirne vertrieben und durch das »einzig wahre«, aus den Bibeltexten geformte Bild von der Herkunft des Menschen ersetzt.

Als man im Abendland erkannte, daß die verbotenen Legenden der anderen der Wahrheit zuweilen näher gekommen waren als die christliche Weisheit, hatten die »wissenschaftlich« belehrten Völker in den eroberten Ländern ihre Erinnerungen schon fast ganz verloren. Wäre die Warnung des Gebotes von den Mönchen nicht nur auf die fremden, sondern auch auf die eigenen Vorstellungen bezogen worden, der Menschheit wären unersetzbare Werte erhalten und den Völkern wäre unsägliches Elend erspart geblieben.

Aus dem Zusammenhang der traditionellen Textdeutung gelöst, ist das Bildergebot eine für alle Zeiten gültige, weise Warnung vor Indolenz, Vorurteil und Hochmut. Wer dem Geist dieses Gebotes folgen will, kann nicht zugleich den Unsinn glauben, daß Adam, der erste Mensch, ein Ebenbild der Schöpfungskraft der Welten gewesen sein soll, und noch weniger, daß wir alle dem Urvater und damit auch Gott gleich sind.

<a>dam ist eines der uralten hebräischen Wörter, deren Herkunft und ursprüngliche Bedeutung nicht mehr bekannt sind.[34] Es besteht jedoch kein Zweifel mehr daran, daß dieses Wort im Schöpfungsbericht nicht als Name einer männlichen Person

steht, sondern die Bezeichnung für die Gesamtheit der Menschen ist, die nach den Tieren entstanden sind.[35]

Die Legende, es hätte im Anfang einen männlichen Einzelmenschen mit Namen Adam gegeben, ist dem hebräischen Wortlaut nicht zu entnehmen. Schon deshalb kann die in der Auslegungstradition entwickelte Fabel von der Erschaffung des Weibes aus einer Rippe des Mannes nicht den ursprünglich in den Wörtern enthaltenen Sinn wiedergeben.

Da es nach dem Weltbild der ältesten Bibelautoren im Anfang nicht nur einen, sondern mehrere oder viele Adams gegeben hat, muß man nicht nur nach dem ursprünglichen Inhalt der Sätze suchen, die später als »Rippengeschichte« gedeutet wurden, sondern auch die Erklärung eines anderen Bibelverses in Frage stellen, nach dem gelehrt wurde, der einzelne Adam sei kurz vor der Entnahme einer seiner Rippen von Gott mit dessen eigenen Händen aus »Staub von der Erde« gebaut worden.[36]

Beide Ereignisse sind im zweiten Kapitel des Buches Genesis beschrieben, das die wissenschaftliche Textkritik seit dem vorigen Jahrhundert als eine aus einer anderen Quelle kommende primitive Wiederholung der Schöpfungsgeschichte ansieht. Begründet wird diese Auffassung aus der Tatsache, daß die Menschen schon im ersten Kapitel erschaffen werden: *»Und Gott erschuf den Menschen ihm zum Bilde, zum Bilde Gottes schuf er ihn; und schuf sie, einen Mann und eine Frau.«*[37]

Außerdem verwendeten die Autoren im ersten Kapitel die Gottesbezeichnung *elohim*, im zweiten steht dagegen *jhwh elohim*.

Diese »Erklärungen« waren durch die Quellentheorie möglich geworden. Sie gab den Exegeten die Möglichkeit, zwei Texte, die als verschiedene Beschreibungen der Menschenentstehung gedeutet worden waren, in einen sinnvoll erscheinenden Zusammenhang zu bringen.[38]

Die wissenschaftliche Textkritik sucht nur im Rahmen der von der Auslegungstradition aus dem Text gedeuteten Fabeln nach Erklärungen für die zahlreichen Widersprüchlichkeiten der Texte. Die von der Auslegungstradition geschaffenen geistigen Bilder werden dabei nicht in Frage gestellt, denn die zum Bildergebot überlieferte Mahnung ist in ihrem ursprünglichen Sinngehalt vergessen worden: »Bete sie nicht an und diene ihnen nicht.«

Es ist unbestreitbar, daß die biblischen Texte aus mehreren Quellen und verschiedenen, weit auseinanderliegenden Epochen stammen. Der Kern der Erzählungen, die in den ersten vier Kapiteln enthalten sind, bringt jedoch einen fortlaufenden, zusammenhängenden und überzeugenden Bericht zur Entstehung und über die Entwicklung der Menschen. Wir erkennen ihn, wenn wir die Erklärungen nicht in phantasievollen Interpretationen suchen, sondern in der Wortfolge. Der Inhalt der Alten Überlieferung überrascht und zeigt uns, daß die Verfasser der alten Texte ein ganz anderes Bild von den Frauen gezeichnet haben, als die Gelehrten später aus ihren Texten interpretierten. Der hebräische Text, aus dem später die »Rippengeschichte« gedeutet worden ist, enthält eigentlich eine faszinierende Schilderung der entscheidenden Erkenntnis, durch die sich unsere tierhaft lebenden Vorfahren zu Menschen zu entwickeln begannen. Diese Entwicklungsstufe ist von der Naturwissenschaft in dieser Einfachheit und Klarheit, wie ich glaube, bisher noch nicht beschrieben worden.

Der Mensch

Das Geheimnis der Rippe
(Die Zeugungserkenntnis)

> *Gen. 2.18*
> *Und Gott der Herr sprach: Es ist nicht gut, daß der Mensch allein sei; ich will ihm eine Gehilfin machen, die um ihn sei.*

Länger als zwei Jahrtausende war im biblisch-abendländischen Kulturkreis die Geltung der Frau und ihre soziale Stellung von der Fabel über die »Erschaffung des Weibes« bestimmt, die unter dem Einfluß der Nach- und Neuplatoniker in der Spätzeit des Altertums aus wiedergefundenen, rekonstruierten und übersetzten althebräischen Schriften gedeutet worden ist. Dieses »Bild« wirkt in der kirchlichen Einschätzung der Frauen immer noch nach, obwohl auch die Religionen inzwischen anerkannt haben, daß die Frau nicht aus der Rippe eines Mannes gemacht worden ist, den Gott zuvor mit eigenen Händen aus Erde gebaut hat. Diese aus dem Bibeltext gedeuteten Ereignisse sind im Prozeß der Lebensentwicklung nicht vorgekommen. Aufgrund unserer anatomischen und physiologischen Eigenschaften definieren Zoologen den Menschen als eine von 193 lebenden Affenarten, die sich von anderen Menschenaffen vor allem dadurch unterscheidet, daß sie ein wesentlich größeres Gehirn entwickelt und das schützende Fell verloren hat, also nackt ist.[39] Zoologen und Anthropologen wissen allerdings keine Antwort auf die Frage, wodurch unsere Ururvorfahren begonnen haben, sich anders zu entwickeln als die Urvorfahren der heutigen Menschenaffen, mit denen sie bis dahin wesensgleich gewesen sind.

Seit sich die Deutungslegende von Adam und Eva[40] als einfältiges Märchen erwiesen hat, denkt niemand mehr daran, für die naturwissenschaftliche Erforschung der menschlichen Frühgeschichte den Text der Bibel zu Rate zu ziehen. Gerade hier aber findet sich eine sehr einleuchtende Beschreibung dieser Wandlung. Sie wird allerdings erst sichtbar, wenn wir das Gedankendickicht der Auslegungstradition, das über dem Text wuchert, beiseite schieben.

Die »Erschaffung des Weibes« steht im zweiten Kapitel des Buches Genesis:

> *Gen. 2.21*
> *Da ließ Gott der Herr [jhwh elohim] einen tiefen Schlaf auf den Menschen fallen, und er entschlief, und er nahm ihm eine seiner Rippen und verschloß die Stelle mit Fleisch. (22) Und Gott der Herr [jhwh elohim] baute ein Weib aus der Rippe, die er vom Manne nahm, und brachte sie zu ihm.*

In der Auslegungstradition wurde der »tiefe Schlaf«, in den Gott den Menschen versinken ließ, als ein gütiges Geschenk gedeutet, durch das dem Mann die Schmerzen des Eingriffes erspart wurden.

Das hebräische Wort *thardema* bezeichnet aber eigentlich das Gegenteil von Schlaf oder Bewußtlosigkeit, denn es beschreibt einen Zustand, für den die griechischen Übersetzer das Wort *exstasis*[41] wählten. Es bezeichnet eine Bewußtseinsform, in der sich der Mensch wohl von der unmittelbaren, materiellen Welt abwendet, aber in hoher Spannung mit allen Sinnen auf ein gedankliches Ziel ausgerichtet ist. In der *exstasis* erfaßt der Geist Bereiche, die ihm im normalen Alltag verschlossen bleiben. Im Text der fünf Bücher Moses wird *thardema* nur zweimal gebraucht, in der Geschichte von der Rippe und im 15. Kapitel der Genesis, wenn Avram[42] im *thardema* die Vision vom Schicksal seiner Nachkommen erlebt, denen es bestimmt sein wird, 400 Jahre in fremder Knechtschaft zu leben.[43]

Die Übersetzung des Wortes als »Tiefschlaf« führt wie ein Irrlicht am eigentlichen Sinn des Gedankens vorbei. Die alten Autoren wollten uns nicht eine schmerzhafte Operation beschreiben, sondern ein visionäres Menschheitserlebnis, in dem unseren Vorfahren ein Zusammenhang bewußt geworden ist, den sie bis dahin im Lebensablauf nicht wahrgenommen hatten.

Für das Wort *zl< '>*, das in der Auslegungstradition mit »Rippe« übersetzt wird, sind in den Wörterbüchern mehrere Bedeutungen[44] angegeben: »sich nach einer Seite neigen« – »hinken« – »gebogen sein« – »geneigt sein«, und, erst davon abgeleitet, »Rippe«, wegen der gebogenen Form. Aus dem Wortstamm *zl* ist ferner ableitbar: »der Fall« oder »das Hinfallen« sowie »Wesen«, »Schatten« und »Bild«.

In der durch griechisches Denken beeinflußten Welt des verfallenden Altertums, aus deren Geist die Wortbedeutungen der Septuaginta bestimmt wurden, war die Wertschätzung der Frau bereits sehr gering. Die geschlechtliche Beziehung von Mann und Frau galt als schmutzig und verwerflich. Jede Andeutung von Sexualität mußte umschrieben werden. Das zeigen uns viele Beispiele aus dem Talmud, der in diesen Jahrhunderten entstanden ist. Die Vagina wurde darin als »Gesicht«[45] bezeichnet. Die männlichen Schamhaare nannte man »der untere Bart«[46]. Sogar das harmlose physiologische Ereignis, von Martin Luther unbefangen als Furz bezeichnet, durfte im Talmud nicht nach seiner Wesensart benannt werden: »Wer beim Gebete steht und (unten) niest, warte, bis der Geruch verflogen ist, und bete weiter.«[47]

In den früheren Arbeiten habe ich dazu tendiert, das Wort *zl< '>* mit der Bedeutung »Fall« zu übersetzen. Wahrscheinlich war es aber ursprünglich in der Bedeutung »gebogen sein« – der Begriff »Rippe« ist davon abgeleitet – als euphemistische Umschreibung eingesetzt worden. Ähnlich gebogen wie die Rippe ist ein anderer männlicher Körperteil, der für die Entstehung der Frauen erheblich wichtiger ist. Im Talmud ist der »Bogen« ein Synonym für das männliche Glied.[48] Auch das deutsche Wort »Glied« ist letztlich eine für Menschen in späteren Zeiten vielleicht nur schwer zu deutende Umschreibung.

Man darf schon einen ganz anderen Inhalt vermuten, wenn man statt »er nahm eine seiner Rippen« sagt »er nahm etwas von seinem Bogen«. Die Wahrscheinlichkeit, daß das hebräische Wort ursprünglich den Penis bezeichnen sollte, ergibt sich aus den beiden anderen Begriffen in diesem Vers: »Stätte« und »Fleisch«.

Das hebräische *bassar* (Fleisch) wird oft für »Leib« oder »Körper« gebraucht.[49] Einige der Bedeutungen, die dem Wort »Stätte« in den Übersetzungen der biblischen Texte gegeben werden müssen, machen es noch deutlicher: Das Wort beschreibt auch »das Untere« im Psalm 139 ganz unmißverständlich: die tief verborgene Stelle im Mutterleib.[50]

Mit Wortbedeutungen, die auch in der Auslegungstradition des Abendlandes den verwendeten hebräischen Konsonantenwörtern gegeben werden, läßt sich in den scheinbar naiven Versen der Rippengeschichte ein ganz anderer Inhalt erkennen: **»Und Jahweh Elohim ließ den Menschen in Erkenntnisfähigkeit fallen und nahm etwas von seinem Bogen (oder von dem, was von ihm abfällt) und verschloß es an der Stätte im (weiblichen) Fleisch.«**

Im darauffolgenden Vers wird ein Wort, in dessen Stamm *ben,* das Wort für Kind, Sohn oder Nachkomme, enthalten ist, mit »er baute« übersetzt. Es ist aber auch an die Bedeutung »abstammen« zu denken, die nach Meinung vieler im semitischen Sprachgebrauch zu einem Begriffsbereich mit »bauen«, »schaffen«, »entstehen lassen« gehörte.[51] Der Gedanke sagt dann aus: **»Und zwar ließ Jhwh Elohim vom Bogen (oder: vom Fall) des Mannes die Frau abstammen und zeigte dies den Menschen.«**

Was vom »Bogen« des Mannes kommt, ist der männliche Samen, der, im weiblichen »Fleisch« verschlossen, zu neuem Leben reift.

In dieser Auffassung beschreibt der Text die Erkenntnis unserer noch tierhaft lebenden Urvorfahren, daß das Leben im Körper der Frau nicht durch übersinnliche Mächte, sondern durch die männliche Zeugung entsteht. Ich habe dafür den Begriff »Zeugungserkenntnis« vorgeschlagen.

Der Bibeltext enthält unter den Übermalungen der Auslegungstradition die Schilderung der entwicklungsgeschichtlich entscheidenden Erkenntnis des Zusammenhanges von Paarung, Zeugung und Geburt, durch die dereinst die Vorfahren der Menschen ihre endgültige Lösung aus dem tierhaften Dasein vollzogen haben. Es gibt keine bessere Definition des Unterschiedes zwischen Tier und Mensch, denn nichts deutet darauf hin, daß männliche Tiere wissen, welche Folgen es hat, wenn sie, dem unbezähmbaren Drang folgend, sich mit einer in Hitze stehenden Artgenossin paaren.

Auch beim Menschen gehört dieses Wissen nicht zu den genetischen Erbinformationen. Wir werden nur mit dem unerklärlichen und unheimlichen Drang zur Paarung geboren; das Wissen, daß wir damit neues Leben zeugen, muß uns erst durch das Wort vermittelt werden.

Die Zeugungserkenntnis hat im Leben unserer Urvorfahren eine bedeutsame Wandlung eingeleitet. Im tierhaften Dasein der Urmenschen war das Muttertier vermutlich wie bei allen Säugetieren der beherrschende Mittelpunkt des Lebens – ein für das männliche Geschlecht unbegreifliches, fremdartiges Wesen, das durch wunderbare Kraft immer wieder Leben aus sich selbst entstehen lassen konnte. Die Mutter nährt und lehrt die Jungtiere. Sie bedeutet im Anfang des Lebens für männliche und weibliche Kinder Wärme und Schutz und ist für die Heranwachsenden durch ihre Überlegenheit an Körperkraft und Erfahrung unüberwindbare Autorität.

Die Entdeckung des Zusammenhanges von Paarung und Zeugung verändert die Einstellung der Geschlechter zueinander. Die Menschen begreifen, daß Mann und Frau ebenbürtig sind, weil auch das Leben der Frau ohne männliche Zeugung nicht entstehen kann.

Der Bibeltext beschreibt diese Erfahrung in einem einfachen, für alle Menschen begreifbaren Satz:

Gen. 2.23

Da sprach der Mensch: Das ist doch Bein von meinem Bein und Fleisch von meinem Fleisch; man wird sie ischah [Frau] nennen, weil sie vom isch [Mann] genommen ist.

Vor der Zeugungserkenntnis hatten die männlichen Tiere im Urrudel keine Beziehung zu den Jungtieren. Im besten Fall duldeten sie ihre Nähe, bis sie lebenskräftige Rivalen oder zur Paarung verlockende Geschlechtspartnerinnen geworden waren. Der arterhaltende Paarungstrieb war der wichtigste Lebensinstinkt des männlichen Vormenschen, an dem sich sein Lebensablauf orientierte. Dieser unbezwingbare Drang wurde durch geheimnisvolle Kraft von den weiblichen Tieren ausgelöst, und nur wenn der Mann durch beharrliche Werbung imponierte, hat ihm das Weibchen die erlösende Paarung gewährt.

Das männliche Tier war von der Geburt bis zum Erlöschen des Paarungstriebes vom Muttertier abhängig, ihm unterlegen. Im Intervall zwischen den Paarungszeiten lebten die erwachsenen Tiere sehr wahrscheinlich ohne besondere Beziehung zueinander. Auch dort, wo ein männliches Leittier aufgrund seiner Stärke Pascha eines Harems mit mehreren Muttertieren und deren Nachwuchs wird, bleibt es allein, ein notwendiger, in der Beziehung der Mütter zu ihren Kindern aber weitgehend bedeutungsloser Außenseiter. Genau dies erzählt uns der Text des Buches Genesis, wenn wir ihn ohne den Ballast der Auslegungstradition lesen: *adam*, der Mensch, war einsam.[52] Solange unsere Vorfahren tiergleich lebten, blieb jeder für sich und allein.

Aus seinen Studien über die Ursprünge der griechischen Mythologie schloß Robert von Ranke-Graves, es habe im archaischen religiösen Weltbild weder männliche Götter noch Priester gegeben, ». . . sondern nur die Weltgöttin und ihre Priesterinnen. Frauen waren das herrschende Geschlecht und der Mann ihr angsterfülltes Opfer. Vaterschaft wurde nicht gewürdigt und Empfängnis dem Winde, dem Essen von Bohnen oder dem zufälligen Verschlucken eines Insekts zugeschrieben.«[53]

Wenngleich in dieser Schilderung die Außenseiterposition des Mannes in der Frühzeit vielleicht zu kraß skizziert wird, so entspricht diese Beschreibung doch in großen Zügen vermutlich der Situation der Männer auf der frühesten Entwicklungsstufe vor der Menschwerdung unserer tierhaft lebenden Vorfahren.

Im Babylonischen Talmud vermutete R. Eleazar, *adam*, der Mensch, sei allein gewesen, weil unter den Tieren keine Gehilfin für ihn gefunden werden konnte[54], und er deutete den Satz »Das ist doch Bein von meinem Bein und Fleisch von meinem Fleisch«[55] mit der Vorstellung, Adam hätte zunächst jedem Vieh und jedem Tier beigewohnt. Erst bei Eva habe er aber Befriedigung gefunden.[56]

Es schimmert, wie ich meine, in diesem Deutungsbemühen ein Gedankenrest der Alten Überlieferung durch, in der vor dem verändernden Einfluß der Auslegungstradition der Anfang der Menschheitsgeschichte als eine Entwicklung aus tierhaften Lebensformen beschrieben worden war.

In der tierhaften Lebensform paarten sich die Menschen *adam* tiergleich mit ihren Artgenossen, ohne individuelle Beziehung zum Paarungspartner. Vermutlich besprangen die Männer in der Reihenfolge ihrer Rangordnung die Weibchen, bis deren Hitze abgeklungen war.

Befriedigung des Sexualdranges erlebte der tierhafte Urmensch in jeder Paarung. Die rein animalische Entspannung durch die Ejakulation kann R. Eleazar also nicht gemeint haben, wenn er sagte, *adam* hätte sie bei den Tieren nicht erlebt. Wenn er aber mit Befriedigung die Erfüllung einer Sehnsucht nach Gemeinsamkeit ausdrücken wollte, ergänzt und vertieft der Gedanke, übereinstimmend mit dem modernen Bild vom Verlauf der Menschheitsentwicklung, die biblische Beschreibung.

Mit der Fähigkeit, nicht sichtbare Zusammenhänge zu erkennen, und dem Bedürfnis, die Erfahrungen anderen mitzuteilen, gewann das Medium Bedeutung, von dem das menschliche Leben seither bestimmt wird: das Wort.

Durch die Sprache wurde es möglich, auch abstrakte Begriffe im Gedächtnis zu speichern und wiederzugeben. Damit konnten unsere Vorfahren dann Erfahrungen, die sie in der Vergangenheit gemacht hatten, vorausschauend sinnvoll zur Gestaltung ihres Lebens in der Zukunft anwenden und sich so aus der absoluten Naturabhängigkeit lösen, in der sich die Tiere befinden.

In der durch die Lebensveränderungen erwachenden Sensibilität begannen die Urmenschen Einsamkeit zu empfinden, aus der die Sehnsucht nach Gemeinsamkeit entstand, die erst nach der Zeugungserkenntnis, in der Begegnung mit der Frau, die sie als Lebenspartnerin »erkannten«, befriedigende Erfüllung fand.

Die sexualitätsfeindlichen Denker der Auslegungszeiten haben den im hebräischen Text gebrauchten Begriff »erkennen« als Synonym für den von ihnen als verwerflich gebrandmarkten Geschlechtsakt verstanden, der nur, wenn die Paarung ausschließlich der Zeugung diente, mit diesem überhöhenden Ausdruck bedacht werden durfte. Ursprünglich scheint aber das Wort »erkennen« der Zuwendung der Lebenspartner zueinander Ausdruck gegeben zu haben, als sie die gemeinsame Verantwortung für den bewußt gezeugten Nachwuchs erkannten und annahmen.

In der Paarungsart der Tiere bespringen die Männer, die sich den Vortritt erstritten haben, paarungsbereite Weibchen von hinten. Es mag für die Partner dabei durch Geruch und Verhaltensweisen die Möglichkeit bestehen, Individuen zu unterscheiden, aber das bleibt belanglos, weil es nur selten vorkommt, daß ein Weibchen einen durchsetzungsfähigen Paarungsbewerber abweist. Erst als den Partnern die aus der Paarung entstehende gemeinsame Verantwortung bewußt wurde und zum Bedürfnis nach längerdauernder Bindung führte, wurde die individuelle Eigenart der Paarungspartner so wichtig, daß sich das Paarungsverhalten radikal veränderte. In unseren Ureltern erwachte das Bedürfnis, den Paarungspartner in der geschlechtlichen Vereinigung auch geistig anzunehmen und sich in Zukunft nach Möglichkeit nur noch mit jenem Individuum zu paaren, das als bevorzugter Partner »erkannt« worden war. Die Paarungsbereitschaft wurde abhängig vom »Erkennen« des Werbenden.

Als die Männer nicht mehr nur physische Kraft zur Gewinnung einer Partnerin einsetzten, sondern aus ihrem Verhalten und dem Ausdruck ihrer Augen auch die geistige Bereitschaft zur Paarung erkennen wollten, wandten sich die Urmenschen einander im wahrsten Sinne des Wortes zu.

Das Zusammenleben im Urrudel regelte sich bis dahin nur nach der von den Instinkten der Arterhaltung bestimmten Egozentrik, die Rücksicht auf Schwächere nicht zuläßt. Durch die Zeugungserkenntnis entstand in den Menschen ein darüber hinausreichendes Bewußtsein von Gemeinsamkeit, in der sich die individuellen Beziehungen der Zuneigung zu entwickeln begannen, als Voraussetzung zur allmählichen Anerkennung des vollen Lebensrechtes auch für den physisch Schwächeren.

In der neuen Lebensgemeinschaft erhielt das animalische Dasein unserer Urvorfahren die geistige, die »menschliche« Dimension. Die Zeugungserkenntnis ist die Schwelle, an der sich unsere Urvorfahren zu Menschen zu wandeln begannen, sie ist zugleich der Ursprung des menschlichen Geistes.

Gehilfin oder Gefährtin?

Aus den ersten wichtigen Erkenntnissen der Urmenschen entstand in einem Bereich, in dem andere Artgenossen tierhaft weiterlebten, die gleichberechtigte Partnerschaft von Mann und Frau. Indem sie selbst über die Zeiten der Paarung zu entscheiden lernten und damit auch darüber, ob sie in der jeweils gegebenen Lebenssituation die Zeugung von Nachwuchs verantworten konnten, eroberten sie sich Freiheit und erkannten zugleich die daraus erwachsende Verantwortung.

In Machtbereichen, deren Beherrscher behaupten, die absolute, unfehlbare Wahrheit zu besitzen, wird nichts als so gefährlich angesehen wie Verantwortungsbewußtsein und Freiheitsbedürfnis von Menschen, die miteinander in gleichberechtigter Partnerschaft der Geschlechter und der Generationen leben wollen. Denn diese Menschen sind um Gerechtigkeit bemüht, und sie fordern sie auch.

Die Mächtigen der Spätzeit des Altertums und des Mittelalters hätten es auch dem heiligsten ihrer Gelehrten nicht erlaubt, aus dem Text des Schöpfungsberichtes der Bibel einen Anspruch der Menschen auf Freiheit und Eigenverantwortlichkeit zu deuten.

Mit der Wandlung des Inhaltes zu den Bildern der Auslegungstradition waren große Gedanken in ihr Gegenteil verkehrt worden. Dem in der Alten Überlieferung beschriebenen menschlichen Streben nach Verantwortung und Gerechtigkeit wurde in der Auslegungstradition die Behauptung von der Erbsünde entgegengesetzt.

In dieser verhängnisvollen Weltsicht sollte nicht das Bewußtsein von Verantwortung Ursprung des menschlichen Geistes gewesen sein, sondern die Sünde. Von den Menschen wurde gefordert, durch Dienst an den Beauftragten Gottes ihre Erbschuld zu tilgen, denn Menschen, die Seligkeit nur erhoffen dürfen, wenn sie sie durch Buße verdienen, sind ideale Untertanen.

Man ist gewohnt, die Idee der Erbsünde als einen untrennbaren Bestandteil des biblischen Schöpfungsberichtes anzusehen. Aber im Pentateuch steht nichts davon. Diese Geistesakrobatik gehörte nicht zur Welt der Alten Überlieferung. Der Gedanke von einer Erbschuld der ersten Frau, die alle künftigen Generationen belastet, tauchte erst in Schriften auf, die in den letzten beiden vorchristlichen Jahrhunderten entstanden und vermutlich aus griechischen Denkschulen stammen.

Die damit verbundene, den männlichen Geist zutiefst beschämende Abwertung der Frauen steht in krassem Gegensatz zu der weisen Beschreibung der Zeugungserkenntnis. In ihr war der Frau als gleichberechtigter und gleichverantwortlicher Lebenspartnerin fast höherer Wert zugestanden worden als dem Mann.

Ohne die Hinzufügung fremder Gedanken ist dieser frauenfeindliche Geist den hebräischen Texten, aus denen er gedeutet wurde, nicht zu entnehmen. Dagegen steht der Grundgedanke von der Minderwertigkeit der Frau sehr deutlich in einer Schrift des griechischen Philosophen Platon (427–347 v. Chr). In seiner Schrift »Timaios« gibt er eine sehr eigenwillige Schilderung von der Entstehung der Frauen. Platon ging davon aus, daß es im Anfang nur Männer und Götter gegeben hat und die menschlichen Seelen nach dem Tod in anderen Individuen und anderen Gestalten wiedergeboren werden: »Unter den als Männer Geborenen gingen die Feiglinge und die während ihres Lebens Unrecht übten der Wahrscheinlichkeit nach bei ihrer zweiten Geburt in Frauen über. Und deshalb entwickelten die Götter um jene Zeit den Trieb der Begattung.«[57] Einige Zeilen später schließt er den Gedanken ab: »So entstanden also die Frauen und die weibliche Gattung überhaupt.«

Die geistige Verwandtschaft dieser These mit der durch die Umdeutung des Bibeltextes entstandenen Legende über die Erschaffung der Frau aus einer Rippe des Mannes ist offensichtlich. In dieser Weltvorstellung wird der Frau die Minderwertigkeit nachgesagt, von der man fälschlich annimmt, sie sei dem Text der biblischen Genesis entnommen.

Der Vers, der im Bibeltext auf die Beschreibung der Zeugungserkenntnis folgt, schließt jeden Zweifel an der Richtigkeit der Erklärung des Textes als Zeugungserkenntnis aus:

Gen. 2.24
Darum wird ein Mann seinen Vater und seine Mutter verlassen, und an seinem Weibe hangen, und sie werden sein Ein Fleisch.

Durch keine Deutung konnte diesem Vers ein Inhalt gegeben werden, der eine patriarchenfreundliche Auslegung zugelassen hätte.

Nach den Vorstellungen der Tradition war der Mann von Gott zum Herrscher über die Frau bestimmt worden. Die Übersetzer betonten dies mit der Formulierung, daß Gott dem männlichen Einzelmenschen eine »*Gehilfin*« geben wollte, nicht etwa eine Partnerin oder Gefährtin, »*die um ihn wäre*«[58]. Im Text steht aber, der angeblich zum Herrscher ausersehene Mann muß seiner »Gehilfin« folgen, nicht umgekehrt. Diese Wortauffassung ist aber eindeutig aus der Deutungsabsicht bestimmt worden. Das hebräische Wort ließe ebenso die Auffassung »Partnerin« zu. In den Targumim[59], die um die Zeitenwende im Heiligen Land verbreitet waren, steht zu lesen: »Ich werde ihm eine Partnerin erschaffen, die ihm gleich ist.«[60]

Der biblische Gedanke, daß der Mann der Frau folgen werde, muß den Gelehrten arge Schwierigkeiten bereitet haben. Mit einem Rückgriff auf die Erbsünde fanden sie aber einen Ausweg aus dem Deutungsdilemma. Sie erklärten den zweiten Teil des Satzes als eine Folge der weiblichen Ursünde. Der Begriff »Ein Fleisch« wurde als Umschreibung für den von ihnen als schmutzig empfundenen Geschlechtsakt gedeutet. Seit der Ursünde, so wurde der biblische Wortlaut erläutert, läuft der Mann, seinen Begierden hemmungslos nachgebend, in ständiger Gier nach Beischlaf hinter der Frau her.

Damit ist dem Bibeltext ein Inhalt unterstellt worden, den die Ausleger wieder von Platon übernommen hatten. Durch die Entstehung der Frauen war, nach seiner Meinung, die glückliche Männerwelt für immer zerstört worden: »Darum versucht die, gleich einem der Vernunft nicht gehorchenden Tiere, zu einem Unlenksamen und selbstherrisch Gebietenden gewordene Natur der männlichen Geschlechtsteile, ihren wütenden Begierden alles zu unterwerfen.«[61]

Im hebräischen Wortlaut des Pentateuch ist solcher Unsinn nicht zu finden. Der 24. Vers im zweiten Kapitel des Buches Genesis bestätigt logisch und folgerichtig die vorgeschlagene Auffassung des Textes, der in der Tradition als »Rippengeschichte« gedeutet worden ist.

Sobald dem Mann bewußt ist, daß das in seiner Paarungspartnerin reifende Leben von ihm gezeugt wurde, teilt er mit der als Lebenspartnerin »erkannten« Frau die Verantwortung für die Kinder. Er wird in Zukunft versuchen, sie und das in ihr keimende Leben zu schützen und zur Ernährung seiner Gemeinschaft beizutragen. Für die Frau hat sich durch die Zeugungserkenntnis so viel nicht verändert. Es hätte für sie keine Notwendigkeit gegeben, dem Mann zu folgen. Das Leben des Mannes aber war von Grund auf anders geworden. Seinen Anspruch auf Zugehörigkeit zu Frau und Kind konnte er nur wahren, wenn er der Frau folgte auf ihrer Suche nach

Nahrung und einem geschützten Bereich für die Zeit der Geburt des Kindes, in dessen Körper und Seele sie, für immer untrennbar verbunden, zu einem Fleisch geworden sind.

Es gibt auch Tierarten, bei denen sich lebenslange Gemeinschaft männlicher und weiblicher Tiere entwickelt hat. Bisher konnte aber niemals eine Beziehung zu den Jungtieren beobachtet werden, die über den arterhaltenden Schutzinstinkt hinausreicht. Die geschlechtsreif gewordenen Kinder werden von den Eltern vertrieben, sobald sie für den Elternteil ihres Geschlechtes zur Konkurrenz geworden sind. Es gibt bei den Tieren keine erkennbare geistige Hemmung gegen die Paarung mit der eigenen Nachkommenschaft. Trennung ist der einzige Schutz. Nur die Konkurrenzangst des gleichgeschlechtlichen Elterntieres, die das Junge aus dem Lebensbereich vertreibt, schützt es vor dem Inzest.

Unsere Urvorfahren entwickelten als Folge der Zeugungserkenntnis das Inzestverbot als vermutlich älteste menschliche Moralvorschrift. Da Kinder und Eltern nun in der Familiengemeinschaft blieben, aber keine natürliche Hemmung gegen die Paarung mit den eigenen Nachkommen bestand, mußte der Trieb anders beherrscht werden. Das Inzestverbot ist ein Urgesetz der Menschheit und wohl bei den Kulturvölkern aller Zeiten festzustellen.[62]

In dem Bibelwort, das die Menschen erinnert, daß sie in ihren Kindern mit ihrem Lebenspartner »ein Fleisch« geworden sind, wird mit überzeugender innerer Logik eine klare Inzestwarnung gegeben, denn Paarung mit dem Nachwuchs wäre Paarung mit dem eigenen Fleisch, also letztlich mit sich selbst.

Die Verse 21–24 im zweiten Kapitel des Buches Genesis beschreiben in einfacher und klarer Form die entscheidende Erkenntnisfolge, durch die sich unsere tierhaften Vorfahren zu ethischen, kulturfähigen Menschen zu entwickeln begannen. Der Gedanke, der erklärt, der Mann werde in Hinkunft seiner Frau folgen, der im Zusammenhang mit der Zeugungserkenntnis überzeugend ist, bleibt im Konzept der Auslegungstradition unerklärbar.

Die Alte Überlieferung dagegen teilt uns in dem Satz des Mannes »Das ist doch Bein von meinem Bein« mit, daß die Erkenntnis der Ähnlichkeit des Mannes mit dem von der Frau geborenen Kind den Menschen die zuerst wohl nur im *thardemah* visionär erlebte Vermutung des Zusammenhanges von Paarung, Zeugung und Geburt als reale Erfahrung bestätigte. In der Bindung durch das Kind entsteht erst die neue Lebensgemeinschaft von Frau und Mann. In dieser Auffassung wird der Bibeltext, vom mystischen Dunkel befreit, eine modern anmutende Beschreibung der Entwicklungsgeschichte des Menschen.

Vier Bibelverse geben eine klare Definition des wesentlichen Unterschiedes zwischen Mensch und Tier, die dem wissenschaftlichen Weltbild des 20. Jahrhunderts voll entspricht. Ein bemerkenswerter Unterschied ist allerdings festzustellen: Die moderne Wissenschaft hat den entwicklungsgeschichtlich entscheidenden Übergang vom Tier zum Menschen noch nicht so eindeutig und einfach beschrieben.

Dem Bibelkenner stellt sich nun die Frage, wie diese Textauffassung zu der wenige Verse davor im Bibeltext stehenden Legende paßt, nach der ein menschengleicher Gott angeblich mit eigenen Händen den ersten und einzigen Menschen Adam aus Staub von der Erde erschaffen hat. Aber auch diese Fabel ist ein »Bild«, das über einen Wortlaut der Alten Überlieferung geformt wurde, der ursprünglich einen anderen Inhalt vermittelt hat. Er gab die Beschreibung jener Entwicklungsstufe, die

Voraussetzung für die Zeugungserkenntnis gewesen ist, weil sich unsere tierhaften Vorfahren dadurch den geistigen Freiraum geschaffen haben, der sie zur Erkenntnis des Zeugungsvorganges befähigte.

Die Adamah

Gen. 2.7
Und Gott der Herr machte den Menschen aus einem Erdenkloß, und er blies ihm
ein den lebendigen Odem in seine Nase. Und also ward der Mensch eine
lebendige Seele.

Angenommen, wir hätten einen Satz aus einer fremden Sprache zu übersetzen. Zwei Wörter am Ende des Satzes sind uns unbekannt, der Anfang lautet eindeutig: »Der Mensch ist ein Wesen aus . . . und . . .« Mit ziemlicher Sicherheit würden wir die beiden unbekannten Wörter als »Fleisch« und »Blut« identifizieren, denn wir haben gelernt, daß wir Menschen Wesen aus Fleisch und Blut sind.

Vor zweieinhalbtausend Jahren hatten die Menschen in Mesopotamien aus ihren Mythen anderes gelernt: Um die Arbeit auf den Feldern und an den Bewässerungs-kanälen nicht mehr selbst verrichten zu müssen, hätten die Götter dereinst Lebewe-sen aus Erde erschaffen und sie Menschen genannt.[63]

Wenn Schriftgelehrte damals ein unbekanntes Wort zu deuten hatten, das unmißver-ständlich den Stoff bezeichnete, aus dem die Menschen hervorgegangen waren, dann konnte es nach ihrem Weltbild nur »Erde« heißen. Sie deuteten also den Satz »Jhwh Elohim bildete den Menschen aus *aphar min ha adamah*« in dem Sinne, den wir seither in unseren Bibeltexten lesen. Nach Meinung der Auslegungsgelehrten konnte das Wort *adamah* nur Erde bedeuten.

Mit dieser von der Textauslegung bestimmten Bedeutung ist das Wort *adamah* in den Sprachgebrauch eingegangen. In vielen Texten, die in der Spätzeit geschrieben oder überarbeitet worden sind, steht Adamah für Erde oder Acker. In den Bibeltexten der Auslegungstradition lesen wir deshalb: »Jhwh Elohim baute den männlichen Einzel-menschen Adam aus Lehm oder Staub von der Erde.« In manchen Texten steht auch: »aus Erde vom Acker«. Es gibt nämlich auch bei der Deutung der Phrase *aphar min ha adamah* keine Übereinstimmung. In der neuen deutschen Einheitsübersetzung steht »Erde vom Ackerboden«. Die New English Bible übersetzt »from the dust of the ground«. Martin Buber und Franz Rosenzweig entschieden sich für »Staub vom Acker«.[64]

Seit mindestens 2000 Jahren rätseln die Gelehrten an der ursprünglichen Bedeutung des Wortes *adamah* herum, denn die Erde, die im Anfang zugleich mit dem Himmel erschaffen wurde, heißt im hebräischen Text *aretz*. Sie ist die lebengebende Sub-stanz, aus der in der Schöpfung alle Pflanzen und Tiere hervorgegangen sind.

Die Erklärung, mit *aretz* sei die Erde gemeint, *adamah* bezeichne dagegen den bebauten Boden, also Erde vom Acker, überzeugt nicht, denn es kann keinen Acker und kein bebautes Feld gegeben haben, solange noch keine Menschen da waren.

Schon im dritten Jahrtausend v. Chr. hat es sumerische Mythen gegeben, in denen es hieß, Mami »schaffte« den Menschen »nach dem Bilde Anus«, des Himmelsgottes, aus Ton, gemischt mit dem Fleisch und Blut des Gottes Kingu.[65]

Die aus dem Bibeltext gedeutete Version der Auslegungstradition war weder einzigartig noch neu. Sie entsprach den Mythen, die in Mesopotamien in mehreren

Variationen verbreitet waren. Auch bei Griechen und Römern[66] waren solche Fabeln bekannt.

Seit die Menschen sich das Recht erkämpft haben, auch die Bibeltexte kritisch zu erforschen, wurden um die Bedeutungsbeziehung der Wörter *adam* und *adamah* zahlreiche Überlegungen angestellt. Weil *adamah* in der Tradition mit »Erde« übersetzt wird, gibt man dem Wort *adam* zuweilen auch die Bedeutung »Erdling«. Andererseits wird in Umkehrung des Gedankens vermutet, *adamah* könnte von *adam* abgeleitet sein und wäre deshalb vielleicht als »Menschenland« zu verstehen.[67] Der Gedanke führte zu schwärmerischen Deutungen: »Unwillkürlich schiebt sich dem Begriff der Adama das heilige Land unter, wo Jahweh wohnt.«[68] In dieser Vorstellung ist Adamah das Land Palästina. Der Autor vermutet deshalb auch im Süden Judäas den Stamm Kain.

Das Wort *adamah* kommt zum ersten Mal im 25. Vers des ersten Kapitels der Genesis vor. Nach den »riesigen Tieren« *(h thnjnm h gdljm)* der fünften Schöpfungsperiode[69] und den Tieren des Landes, zu Beginn des sechsten Abschnittes, entstehen am sechsten Schöpfungstag, als letzte Gattung vor den Menschen, die *rämäss ha adamah*. Die traditionelle Übersetzung der beiden Verse lautet:

> Gen. 1.24
> *Und Gott sprach: Die Erde [ha aretz] bringe hervor lebendige Tiere, ein jegliches nach seiner Art: Vieh, Gewürm und Tiere auf Erden [ha aretz] . . .*
> *(25) Und Gott machte die Tiere auf Erden [ha aretz], ein jegliches nach seiner Art, und das Vieh nach seiner Art, und allerlei Gewürm [rämäss] auf Erden [ha adamah].*

Im Denkschema der Auslegungstradition bleibt es unerklärlich, wieso die alten Autoren an dieser Stelle statt *aretz* auf einmal das bis dahin nicht vorgekommene Wort *adamah* verwendeten. Unbelastet von dieser Tradition wird man aber sofort vermuten, sie wollten mit einem neuen, bis dahin in ihrem Bericht noch nicht gebrauchten Wort auf etwas Neues hinweisen, das bis dahin noch nicht vorgekommen war.

Im hebräischen Wortlaut des Schöpfungsberichtes heißen die Menschen, die am sechsten »Tag« der Schöpfung von *elohim* erschaffen wurden, zunächst *ha adam*, Menschen. Sie entstanden »männlich und weiblich« ohne Unterschiede und in unbeschränkter Anzahl.

In der hebräischen Sprache wird die weibliche Form eines Wortes häufig durch Anfügung des Konsonanten *h* gebildet. Will man für die Frauen der von *elohim* männlich und weiblich erschaffenen Menschen *adam* eine Bezeichnung bilden, die sie vom Mann unterscheidet, so genügt es, dem Wort *adam* den Konsonanten *h* anzufügen: *adamah*.

Nur aus dem Tabu der Auslegungstradition ist es zu erklären, daß den beiden Wörtern *adam und adamah* nicht die gleiche Beziehung zugestanden wird, wie *isch* und *ischah*, den Wörtern, mit denen die Alte Überlieferung die männlichen und weiblichen Menschen nach der Zeugungserkenntnis bezeichnete, als sich die Wesensart der frühen Menschen änderte.[70] Martin Luther hat *isch* und *ischah* mit »Mann« und »Männin« übertragen. Ein Forscher, der über seine unbefangene Wortkraft verfügt, würde bei einem unbekannten Text nicht zögern, *adam* und *adamah* mit »Mensch« und »Menschin« zu übersetzen.

Ich bin überzeugt, daß *adamah* in der Alten Überlieferung »weiblicher Mensch« oder »Urmutter der Menschen« bedeutet hat.

Die Wissenschaft der Auslegungstradition lehnt eine Beziehung der beiden Wörter ab. Es gibt dafür aber keine sachlich überzeugende und wissenschaftlich anerkennbare Begründung. Die Ablehnung ist eines der vielen irrationalen Tabus, mit denen die Irrtümer in der Textdeutung umgeben wurden.

Die Legenden, die sich seit ältesten Auslegungszeiten um die Fabeln der Traditionen gebildet haben, lassen Rudimente eines wesentlich anderen Textverständnisses in frühester Zeit erkennen.[71] In den Legenden der jüdischen Kabbala wird erzählt, daß es vor Eva bereits eine Frau gegeben hat, die nicht anders als der Mann erschaffen worden war. Mit dieser Frau konnte Adam aber nicht glücklich werden, weil sie – und das ist sehr interessant – Gleichberechtigung verlangt habe.[72]

In jüdischen Legenden wurde diese Frau nach dem sumerischen Fabelwesen »Lilith« genannt.

Die Behauptung, Gott hätte den Menschen aus Erde gebaut, ist einer der zahlreichen Irrtümer in der Textdeutung, die inzwischen auch von der Auslegungstradition nicht mehr bestritten werden. Nur durch diesen Irrtum am Anfang der Auslegungstradition wurde die Übersetzung des Wortes *adamah* als »Erde« überhaupt erst möglich.

Es bleibt das Geheimnis der gelehrten Verfechter der Auslegungstradition, wie es möglich ist zu behaupten, der allwissende Gott sei Urheber der biblischen Texte, zugleich aber weiterhin daran festzuhalten, daß der Mensch aus »Erde« gebaut worden sei.

Mit der geänderten Bedeutung des Wortes »Adamah« erledigt sich die Frage von selbst, ob die Beschreibung der Bildung von *ha adam* durch Jhwh Elohim, die im zweiten Kapitel steht, eine Wiederholung der Menschenerschaffung durch Elohim im ersten Kapitel ist. Der Bibelvers lehrt uns dann nämlich ganz eindeutig, daß »im Angesicht« der Adamah, der frühesten Autorität unserer noch tierhaft lebenden Vorfahren, durch Jhwh Elohim der Stamm der erkenntnis- und kulturfähigen Menschen aus der großen Menge aller Nachkommen der Rämäss ha Adamah hervorgegangen ist.

Mit diesem Verständnis erfahren wir in einem wunderbar schlichten Bericht den Weg unserer Vorfahren vom Tier zum Menschen.

Er beginnt mit den Rämäss ha Adamah. *rämäss*[73] sind »kriechende Tiere«. Sie unterscheiden sich aber erheblich von den unmittelbar vor ihnen entstandenen »Tieren des Landes«. Diese Lebewesen sind eine neue Entwicklung, ein eigenständiger Zweig der Schöpfung. Der Zusatz *ha adamah* muß als Artbezeichnung und Herkunft, aber ebenso auch als Zielbestimmung verstanden werden. Es sind die Tiere, deren leitende Autorität später die Große Mutter sein wird, die Adamah.

Von der Naturwissenschaft wird die Entwicklung nicht anders gesehen. In Säugetieren, Primaten genannt, die wahrscheinlich in den Bäumen gelebt haben und mit Sicherheit Vierbeiner waren, bilden sich neue Zellregionen im Gehirn. Diese Tiere werden die Vorfahren der Pongiden, der Pithecinen und der Hominiden, einer Vorstufe der frühen Menschen. Die Loslösung der Primaten aus dem Stamm der Landsäugetiere war, soweit wir wissen, die bisher letzte große Entwicklungsstufe vor den Menschen. Auch die moderne Wissenschaft lehrt, daß sich aus einem Stamm intelligenter, kriechender und kletternder Säugetiere die Vorfahren der Menschheit entwickelt haben.

Richard Leakey hat in Ostafrika aus einer Zeit vor etwa drei Millionen Jahren Gesteinsformen gefunden, die von Urmenschen als Werkzeuge genutzt worden sind.[74]

Die Nutzung von Werkzeugen ist nur möglich, wenn die Lebewesen greiffähige Hände entwickelt haben. Dazu aber mußten die Urvorfahren der Menschen zuerst lernen, sich auf zwei Beinen zu bewegen.

Diese Veränderung im Wesen und Verhalten der Tiermenschen war die entscheidende Entwicklungsstufe, durch die eine neue Art entstanden ist, die sich von allen anderen Lebewesen durch wesentliche Merkmale unterscheidet.

Im Schöpfungsbericht erscheinen nach den *rämäss ha adamah* die Menschen *adam*, männlich und weiblich, in unbekannter Anzahl. Auf die den männlichen Menschen *adam* gebärenden weiblichen Menschen trifft der Begriff *adamah* besser zu als auf irgendeine andere der im Laufe der Jahrhunderte vorgeschlagenen Deutungen für dieses Wort.

Im Wortlaut der konventionellen Übersetzungen gebot Gott danach den Menschen:

> Gen. 1.28
> ... *füllet die Erde und macht sie euch untertan* ...

Hier steht für Erde das Wort *aretz*. Hätten die alten Autoren mit *adamah* den Ackerboden bezeichnen wollen, dann stünde hier mit Sicherheit dieses Wort. Denn nur bei der bebaubaren Erde dürfte man vielleicht davon sprechen, daß der Mensch sie sich untertan machen könnte. Vom Erdball wird das niemand ernsthaft behaupten wollen. Die Gelehrten, die dies aus dem Text deuteten, haben vermutlich niemals einen Sandsturm in der Wüste, ein Erdbeben oder eine Flutwelle erlebt, sonst wären sie nicht auf den lächerlichen Gedanken gekommen, der Mensch könne die Herrschaft über die Natur der Erde gewinnen.

Die Autoren der Alten Überlieferung scheinen das auch nicht gemeint zu haben, denn wortgetreu übertragen lautet der Gedanke: Nehmet die Erde unter eure Füße.[75]

Das hatten die sich gottgleich fühlenden Schriftgelehrten als Aufforderung verstanden, über die Erde zu herrschen, denn es galt in der alten Welt als Geste der Unterwerfung, sich »unter den Fuß des Siegers« zu beugen, und erst in dieser Folge bedeutet, den sich Unterwerfenden unter die Füße zu nehmen, ihn in Zukunft zu beherrschen.

Der Sieger nimmt den Besiegten, der seine Unterwerfung anbietet, unter seine Füße, um sich über ihm aufzurichten. Er erhebt sich über ihn.

Die Erde (*aretz*) unter die Füße nehmen kann auch heißen: sich aufzurichten.

Die »kriechenden Lebewesen der Adamah« begannen sich aufzurichten. Sie entwickeln mit dem Verstand auch das Bedürfnis nach Verständigung – das Wort. Die früheste, ihren Willen durch das Wort verkündende Autorität der Menschheit ist die Mutter, der weibliche Mensch, die Adamah.

> Gen. 2.7
> *Und Er, Gott, bildete den Menschen, Staub vom Acker*
> *er blies in seine Nasenlöcher Hauch des Lebens*
> *und der Mensch wurde zum lebenden Wesen.*[76]

Im hebräischen Text steht: *w jizär jhwh elohim <a>th ha <a>dm < ’>phr min ha <a>damah.*

Das Wort *jizär* haben wir bereits in der Bedeutung »bilden« und »leiten« kennengelernt. Noch zu prüfen sind die Wörter < ’>*phr*, das in der Rekonstruktion der Sprache zu *aphar* vokalisiert worden ist, und *mn* in der Vokalisierung *min*.

aphar wird in den Wörterbüchern mit vielen Bedeutungen aufgeführt. Sie liegen in dem von der Konvention verlangten Deutungsbereich von Staub und Erde. In verschiedenen Texten wird das Wort aber auch in Beziehung zu Menschen gesetzt:

»Bild der Menge«, »Bild der Niedrigkeit« als Bezeichnung des menschlichen Wesens.[77] Darüber hinaus muß es aber auch in der Auslegungstradition mehrmals als Bezeichnung für eine bedeutungslose Menge von Menschen, den »Staub Gottes«, gedeutet werden.[78]

Um die wichtigsten Bedeutungen der Konsonantensilbe *mn* zu erfassen, werden in Gesenius' Handwörterbuch mehr als drei Seiten benötigt. Dabei stehen die Begriffe »ausgehen«, »abtrennen«, »hervorgehen aus« im Vordergrund.[79]

Aus diesen Wortbedeutungen läßt sich schließen, daß es in der ursprünglichen Überlieferung wahrscheinlich nicht heißen sollte: »Und Gott der Herr machte den Menschen aus einem Erdenkloß«[80], sondern: **»Jahweh Elohim bildete den Menschen *[ha adam]* aus dem Staub (der Menge oder der Niedrigkeit), hervorgegangen *[min]* aus der Adamah.«**

Aus dem »Staub« der unter der Autorität der Urmutter lebenden tierhaften Wesen, die sich aufgerichtet hatten, bildete Jhwh Elohim (das Wort oder der Geist der Schöpfung) die kulturfähigen, zur Erkenntnisfähigkeit reifenden Menschen.

In den wichtigsten Texten der fünf nach Mose benannten Bücher muß Adamah als Bezeichnung der Urwelt verstanden werden. Durch die von Jhwh Elohim aufgenommenen Erkenntnisse konnten sich die Vorfahren der Menschen aus der triebbestimmten, egozentrischen Urwelt der Adamah lösen. Nach der im Thardema erlebten Zeugungserkenntnis wurden sie zu Menschen, die ihm Geist des Namens Jhwh die Adamah zu überwinden lernten.

Mit dem Begriff Adamah wird die Geisteswelt der menschlichen Vorfahren bezeichnet, die, noch tierhaft lebend, ihren Verstand zwar bereits gebrauchten, um ihre Umwelt zu gestalten, aber in ihrem Verhalten sich nur von den Instinkten tierhafter Egozentrik leiten ließen, die ausschließlich auf Vermehrung und Überleben ausgerichtet ist. Bestimmende Autorität in dieser Gemeinschaft von Einzelwesen, die wie Staubkörner ohne feste Bindung zueinander lebten, war das Muttertier, das über die größte Lebenserfahrung verfügte.

Die Adamah steht immer für die Lebensbedingungen der Urwelt, in der die Geschöpfe dem in ihnen wirkenden egozentrischen Lebensdrang ungehemmt folgen. Der Begriff bezeichnet die Welt des tierhaften Daseins, aus der die Menschen hervorgegangen sind und in die sie zurückfallen, wenn sie den Geist, der sie herausgeführt hat, vernachlässigen oder vergessen.

Erst in der Auslegungstradition wurde *adamah* als Synonym für »Erde« gedeutet. Als die Bewahrer der alten Überlieferung am Ende einer langen Wanderung neue Lebensgebiete erreichten, mußten sie sich dem Geist ihrer Umwelt unterwerfen.[81] Ihre eigene Überlieferung geriet in Vergessenheit.

In Mesopotamien waren die Herrschaftssysteme auf der Behauptung aufgebaut, die Götter hätten die Menschen aus Erde erschaffen, damit sie die Felder für sie bewirtschafteten. Für diese Gnade der Götter mußten die Menschen den Stellvertretern Opfer bringen, von denen sich die Götter ernährten.[82] Unter dem Einfluß solcher Weltvorstellungen wandelte sich die Bedeutung des Begriffes Adamah.

Fremde Überlieferungen werden von den Herrschenden nur geduldet, wenn sie die »Wahrheit« berichten. Als Wahrheit aber galt unter den Despoten des Altertums wohl nur das, was die angeblichen Nachkommen der Götter als Offenbarungen oder Befehle ihrer mächtigen, übermenschlichen Vorfahren verkündeten.

Die Alte Überlieferung lehrt, daß die Menschen aus der Adamah hervorgegangen sind. Um diesem Vorbild zu entsprechen, mußte *adamah* als »Erde« gedeutet werden, denn die irdischen Stellvertreter der Götter behaupteten, daß die Menschen aus Erde gemacht worden sind.

An der Bedeutung des Wortes *adamah* können wir die Alte Überlieferung und die über ihr lagernden Schichten aus wesentlich späteren Epochen unterscheiden. Wo *adamah* unzweideutig »Erde« oder »Acker« bedeutet, sind die Texte in Zeiten entstanden, da die Alte Überlieferung weitgehend vergessen oder gänzlich verschollen war.

Laßt uns Menschen machen

> *Gen. 1.26*
> *Und Gott [elohim] sprach: Laßt uns Menschen machen, ein Bild, das uns gleich sei, die da herrschen über die Fische im Meer und über die Vögel unter dem Himmel und über das Vieh und über die ganze Erde und über alles Gewürm, das auf Erden kreucht.*
> *(27) Und Gott [elohim] schuf den Menschen ihm zum Bilde, zum Bilde Gottes [elohim] schuf er ihn; und schuf sie einen Mann und ein Weib.*

Für die Anhänger der Auslegungstradition gibt es zu diesen Bibelversen keine Fragen. Gott, der männliche Schöpfer von Himmel und Erde, erschuf den männlichen Menschen, nach seinem Ebenbild.

Der hebräische Text macht es den Verfechtern männlicher Gottgleichheit nicht so einfach. Elohim ist die Mehrzahlform des Wortes Eloha, das »Gott« bedeutet. Der Wortsinn von *elohim* ist somit »Götter«. Die alten Autoren haben auch gewollt, daß es als Plural verstanden wird; daran kann kein Zweifel sein, denn Elohim spricht sich selbst als Mehrzahl an: »Laßt uns Menschen machen . . .«

Manche Gelehrten der Auslegungstradition erklärten dazu, Gott spräche mit den Engeln, mit seinen Helfern und Dienern, der himmlischen Heerschar. Das mag sich gut in den gedanklichen Grundbestand der Religionen fügen, daran will ich auch nicht rühren. Es geht mir nicht darum, die Mystik der Religionen zu diskutieren, sondern ich möchte die Logik eines Textes ergründen, um den Ablauf der Geschehnisse zu erkennen, den die alten Autoren am Ursprung der Überlieferung beschrieben haben.

> *Gen. 1.1*
> *Im Anfang schuf Gott [elohim] Himmel und Erde.*
> *(2) Und die Erde war wüst und leer, und es war finster auf der Tiefe; und der Geist Gottes [ruach elohim] schwebte über dem Wasser.*

Im Anfang war nur *ruach elohim*, der Geist Gottes oder der schöpferische Geist, das Wasser, die Finsternis und die Erde waren im Zustand des *tohu wa bohu*.[83]

Der weitere Text beschreibt keine Metamorphose des Geistes in eine männliche oder weibliche menschliche Gestalt. Wir müssen Elohim daher auch weiterhin im Zustand des Geistes vermuten. Nach der Meinung der alten Autoren begreift die Schöpfungsmacht sich nicht als singuläre, mit Irdischem vergleichbare Erscheinung. Sie ist auch von Menschen nicht als solche wahrnehmbar.

Die Autoren versuchten, mit dem Plural die Unbegreifbarkeit der Kraft auszudrücken, die im Schöpfungsprozeß wirksam geworden ist. Sie vermittelten damit aber zugleich eine wichtige Botschaft der Toleranz. In der Unbegrenztheit, die der Mehrzahlbegriff ausdrückt, können sich die Nachkommen aller Völker aller Zeiten mit ihren Glaubensvorstellungen wiederfinden.

Durch die in der Mehrzahl nicht personifizierbare Wesenheit ist es keinem Volk und keinem Herrscher möglich, sich darauf zu berufen, als einziges von einem göttlichen Einzelwesen abzustammen, das als Schöpfer von Himmel und Erde über alle anderen Gottesvorstellungen zu stellen ist und dessen Nachkommen oder irdischen Stellvertretern daher die Herrschaft über alle anderen Menschen zukommt.

Der wichtigste Aspekt des Plurals wird aber wahrscheinlich darin zu sehen sein, daß eine körperliche Vorstellung der Schöpfungsmacht, die im abendländischen Kulturkreis mit dem Wort »Gott« bezeichnet wird, dadurch nicht möglich ist. Durch den Plural ist *ruach elohim*, der Geist Gottes, weder männlich noch weiblich zu denken. Der Mehrzahlbegriff in Verbindung mit der Beschreibung des Geistwesens schließt beides ein und jede Einzeldeutung zugleich aus.

Die Vorstellung vom männlichen Menschen, der das Ebenbild Gottes ist, steht nicht im Text des Schöpfungsberichtes. Sie läßt sich daraus ohne Ergänzungen des Wortlautes auch nicht ableiten, denn Elohim erschuf die Menschen männlich und weiblich. Sofern der hebräische Text wortgetreu übertragen wird, entstehen die Menschen zugleich und in ungenannter Zahl, ohne Bevorzugung eines Geschlechtes oder einzelner Individuen.

Gen 1.28
Und Gott segnete sie und sprach zu ihnen: Seid fruchtbar und mehret euch, und füllet die Erde, und macht sie euch untertan, und herrschet über die Fische im Meer und über Vögel unter dem Himmel und über alles Tier, das auf Erden kreucht.

Ein weiteres von der Auslegung konstruiertes Bild fällt in sich zusammen, wenn wir die in diesem Segen enthaltene Lebensbestimmung mit der aus dem späteren Text gedeuteten Legende vom angeblichen Sündenfall vergleichen.

In der Textauffassung der Auslegungstradition werden die Menschen aufgerufen, dem Gebot zu folgen, das zuvor auch schon an das aus dem Wasser hervorgegangene tierische Leben und an die Vögel ergangen ist:

Seid fruchtbar und mehret euch, und erfüllet das Wasser im Meer; und das Gefieder mehre sich auf Erden.[84]

Diese Schöpfungsbestimmung für Tiere und Menschen widerlegt alle sexualitätsfeindlichen Textdeutungen, die aus den Ideen Platons in die Tradition eingefügt worden sind. Sie macht die Auslegung, Elohim habe die Menschen nach seinem Ebenbild erschaffen, noch fragwürdiger, als sie es nach unserem Weltverständnis ohnehin schon ist, denn sie führt zur Vorstellung eines Gottwesens von männlicher Geschlechtlichkeit und reduziert den Horizont des Denkens auf das Weltbild der mesopotamischen und griechischen Mythen, in denen sich männliche und weibliche Götter menschengleich benehmen, einander lieben, aufeinander eifersüchtig sind, einander hintergehen, bekämpfen und sich mit göttlichen und menschlichen Partnern geschlechtlich paaren.

Ohne die mystischen Brücken religiöser Deutungen, mit denen die nicht zusammenfügbaren Denkmuster der scheinbar widersprüchlichen Texte verbunden werden, bleibt der Leser ratlos, solange er annimmt, im hebräischen Text stünde die Formulierung, die nach der Tradition mit den Begriffen »ein Bild, das uns gleich sei«, und »in seinem Bilde, im Bilde Gottes« übersetzt wurde.

Auch in dieser Wortfolge läßt sich mit anderen von der Tradition verwendeten Übersetzungen der hebräischen Konsonantenwörter ein überraschender Inhalt erkennen.

In der deutschen Einheitsübersetzung lautet Vers 26 des ersten Kapitels der Genesis: »Dann sprach Gott: laßt uns Menschen machen als unser Abbild, uns ähnlich . . .«. Die hebräische Konsonantenfolge lautet: *wj<a>mr <a>lhjm n<'>ssh h<a>dm bzlmnw kdmwthnw.*

Für das dritte Wort *(n<'>ssh),* das mit »machen« übersetzt wird, ist auch die Bedeutung »hervorbringen« zulässig.[85]

Für *bzlmnw* stehen in den modernen Sprachen zwei Wörter. Die Vorsilbe *be*, mit dem Konsonanten *beth* geschrieben, bedeutet »in«. Die Vorsilbe *k* im letzten Wort drückt Gleichheit oder Ähnlichkeit mit dem nachfolgenden Begriff aus. Im Vers 26 steht *k* vor dem Wort *dmwth*. Es wird in der Tradition, die Auslegung stützend, mit »Abbild« übersetzt. Der Wortstamm *dmh*[86] wird im Wörterbuch in Beziehung gesetzt zu »ähnlich sein« und »gleichen«, aber auch »sich etwas vorstellen, denken« und »sich einbilden«.

Bleibt noch *zlm*. Es setzt sich aus drei Konsonanten zusammen – *zade – lamed – mem*. Darin ist der Wortstamm *zl*[87] enthalten. Er ist unter anderen mit den Begriffen »Bild« – »wesenloses Bild« – »Schatten« übersetzt worden.

Hätten wir einen unbekannten Text zu entziffern, so würden wir die zulässigen Bedeutungen im Zusammenhang prüfen und kämen zu drei Möglichkeiten einer korrekten Übertragung:

Elohim erschuf die Menschen im Bilde . . .

Elohim erschuf die Menschen im Wesen . . .

Elohim erschuf die Menschen im Schatten . . .

Während bei Verwendung des Begriffs »Wesen« oder »Bild« noch mit einigem Recht der Gedanke von Gleichartigkeit oder Ebenbildlichkeit aufkommen könnte, entsteht mit dem Wort »Schatten« ein ungeheurer Abstand zwischen der Schöpfungsmacht und ihrem Geschöpf Mensch.

Auch in der Deutung des hebräischen Wortes, das in der Auslegungstradition mit »erschaffen« übersetzt wird, haben sich die Gelehrten vom babylonisch-hellenistischen Weltbild leiten lassen, denn in anderen Texten wird dieser Begriff auch als »hervorgehen aus« oder »hervorbringen aus etwas Bestehendem« interpretiert.[88]

Mit den ausgetauschten Wortbedeutungen beschreibt der Text der Alten Überlieferung den Entschluß der Schöpfungsmacht, nach dem Erscheinen der *rämäss ha adamah* aus dem bereits Vorhandenen *ha adam* hervorgehen zu lassen:

Laßt uns Menschen hervorbringen in unserem Schatten uns ähnlich. Und Elohim erschuf ha Adam in seinem Schatten, im Schatten Elohim schuf er ihn, männlich und weiblich schuf er sie.

In diesen Geschöpfen wird von der Schöpfungskraft des Universums nur so viel vorhanden sein wie im Schatten, den ein Schatten wirft – eine kaum noch wahrnehmbare Ahnung von dem, in dessen Schatten sie sich befinden. Die Menschen werden nicht fähig sein, Welten zu erschaffen oder den Ablauf der Schöpfung zu beeinflussen. Der Schatten des Schattens vom Wesen der Schöpfung ist ihre Erkenntnisfähigkeit, durch die es den Menschen möglich sein wird, die Gesetzmäßigkeiten der Natur zu begreifen und daraus Ideen zur schöpferischen Gestaltung ihrer begrenzten Welt zu entwickeln.

Die Autoren rechnen es zum Plan der Schöpfung, daß die Menschen zu Wesen werden, die allen anderen Geschöpfen überlegen sind. Sie sind vorgesehen, über die anderen Geschöpfe zu »herrschen«.

Im 20. Jahrhundert christlicher Zeitrechnung ist es für uns Menschen hohe Zeit, uns

zu besinnen und zu begreifen, daß die im hebräischen Text von den Autoren der Alten Überlieferung gemeinte »Herrschaft« verantwortliche Sorge und Betreuung für die Beherrschten einschließen muß.

Die Menschen sind befähigt, über den anderen Geschöpfen zu stehen, die vor ihnen entstanden sind, über den Fischen im Meer, den Vögeln unter dem Himmel, den Landtieren, der gesamten Erde (*aretz*) und auch über allem, was sich regt und kriecht auf Erden (*aretz*). In dieser Aufzählung sind die unmittelbar vor den Menschen entstandenen Rämäss ha Adamah nicht erwähnt, nur die kriechenden Tiere der Erde (*aretz*), nicht die der Adamah.

Nach der Textauffassung der Auslegungstradition muß daraus der Eindruck entstehen, die Menschen wären berufen, über alles Leben zu herrschen, nur die Mäuse und Würmer des Ackers wären ihnen ebenbürtig und frei.

Auf Würmer und Mäuse trifft dies nicht zu, wohl aber auf die kriechenden Tiere der Adamah, denn sie sind es, aus denen im letzten Schöpfungsakt die neuen Wesen hervorgehen. Aus dem bereits Bestehenden ließ Elohim die Menschen hervorgehen. Ein Stamm der »kriechenden Lebewesen der Adamah« entwickelte aus Mangel an entsprechenden körperlichen Eigenschaften die Intelligenz, den Verstand. Das intelligente kriechende Lebewesen verließ den bisherigen Lebensbereich, die Bäume, nahm die Erde unter die Füße, richtete sich auf, um die Hände für die vom Verstand vorgebildeten gestalterischen Aktivitäten gebrauchen zu können.

Die ersten Menschen lebten noch wie Tiere in den Daseinsverhältnissen der Adamah. Ihr Leben war bestimmt von den Instinkten der Arterhaltung und des Kampfes um das eigene Leben. Menschen und Tieren waren, ohne Vorrechte, die Pflanzen zur Nahrung bestimmt.[89]

In diesem Schöpfungsbericht wird den Menschen kein Ziel gesetzt. Sie werden zu keiner Gegenleistung für ihre Erschaffung verpflichtet, und sie werden auch keiner innerhalb oder außerhalb dieser Welt zu suchenden Autorität unterstellt.

Die Nachkommen der ersten erkenntnisfähigen Menschen werden nur die Autorität der Mutter erfahren. Später, geschlechtsreif geworden, bleiben die Männer in der Paarungszeit weiterhin vom weiblichen Tier abhängig. Die Muttertiere sind gezwungen, um die Vorherrschaft in der Lebensgemeinschaft zu kämpfen, um ihrem Nachwuchs Lebensmöglichkeiten zu sichern, indem sie den Nachwuchs anderer von den Nahrungsquellen verdrängen, wenn die eßbaren Pflanzen nicht genug Nahrung für alle bieten.

Die Lebensbedingungen der durch Elohim hervorgebrachten Schöpfung sind von den Wandlungen der unbelebten Natur der Erde, der Gezeiten und des Wetters sowie den tierischen Instinkten bestimmt.

Die moderne Wissenschaft nennt den erkenntnisfähigen, intelligenten Menschen Homo sapiens, den durch Erkenntnis zu Wissen gelangten, kulturfähigen Menschen Homo sapiens sapiens. Seine artspezifischen Merkmale, die ihn von anderen Arten unterscheiden und als besondere Entwicklung oder Schöpfung der Natur ausweisen, sind das große Gehirn mit der differenzierten Großhirnrinde, die durch den beweglichen Daumen gestaltungsfähigen Hände, der aufrechte Gang, der möglicherweise die Entwicklung der beiden anderen Merkmale und aller daraus möglich gewordenen Eigenschaften erst bewirkt hat.

Mit dem Erscheinen der Menschen ist das Schöpfungswerk abgeschlossen, zumindest in den Bereichen, die wir Menschen überschauen können.

In den nächsten beiden Kapiteln steht eine neue Gottesbezeichnung: Jhwh Elohim.

Zu der Kombination der Namen Jahweh/Jehova und Elohim fand man in der Auslegungstradition bisher keine zufriedenstellende Erklärung[90], denn sie kommt nur ganz selten im Text des Pentateuch vor.

In der Quellentheorie werden die unterschiedlichen Gottesbezeichnungen mit der Herkunft einzelner Textteile aus verschiedenen Quellen erklärt. Zu vielen anderen Fragen sind die Erklärungen aus der Quellentheorie richtig, in bezug auf die Gottesnamen, besonders in den Kapiteln 1–12, halte ich sie für irreführend.

Die Gottesbezeichnung *elohim* kommt nach dem Abschluß der sechsten Schöpfungsperiode nicht mehr vor, weil die Schöpfungsmacht, in dem für menschliches Vorstellungsvermögen unbegreiflich langen Zeitraum nach Abschluß der Schöpfung, im siebenten *jom,* ruht.

Der nun dem Begriff *elohim* vorangestellte Zusatz *jhwh* soll zeigen, daß nun von einer geistigen Kraft berichtet wird, in welcher der Grundbegriff *elohim* durch die im Wort *jhwh* zum Ausdruck kommende Wesenheit verändert, erweitert oder abgewandelt ist. Mit Jhwh Elohim beginnt nicht eine Wiederholung dessen, was wir schon erfahren haben, sondern es wird eine neue Entwicklung innerhalb der bestehenden Schöpfung beschrieben: der Entwicklungsweg der zum Menschen bestimmten, aber noch tierhaft lebenden Nachkommen der Rämäss ha Adamah, die sich aufgerichtet und damit die Voraussetzung für eine neue Lebensform erreicht haben.

Wenn man nicht der einfältigen Auslegung des Mittelalters folgt, in der angegeben wird, die Welt wäre vor 4000 Jahren innerhalb von sechsmal 24 Stunden, das heißt in sechs Erdentagen, erschaffen worden, wird es nicht schwerfallen, meinen Vorschlag anzunehmen und *jom* als einen langen erdgeschichtlichen Zeitraum zu verstehen.

Die Schöpfungsmacht Elohim ruht nach vollendeter Schöpfung, und diese Ruhe dauert an. Elohim, die Schöpfungsmacht, wird in dieser siebenten Phase nicht wirksam. Auch dies entspricht dem Bild, das sich aus den naturwissenschaftlichen Forschungsergebnissen ergibt. Nach dem Erscheinen des Menschen sind keine neuen Lebensformen mehr entstanden.

Von Stufe zu Stufe seiner geistigen Entwicklung begreift der erkenntnisfähige Mensch Gesetzmäßigkeiten des Naturablaufes, in denen die Autoren der Alten Überlieferung den Lebensbefehl der Schöpfungsmacht sehen, das »lebende Wort« des göttlichen Geistes, der in der Schöpfung wirkt und dem sich kein Geschöpf entziehen kann.

Die Gottesbezeichnung *jhwh elohim* finden wir in den Texten überall dort, wo die Menschen aus der Beobachtung des Naturablaufes zu Erkenntnissen fanden, mit deren Hilfe sie Veränderungen in ihrer Umwelt überleben konnten.

Im Leben der Tiere und der noch tierhaften Menschen ist die Welt durch die Sinne des Sehens, Riechens, Schmeckens, Hörens und Tastens wahrnehmbar. Innere Zusammenhänge, die nur durch Denken und Phantasie faßbar werden, sind diesen Sinnen unzugänglich. Das aus Erkenntnissen erworbene Wissen konnten unsere Vorfahren mit den körperlichen Sinnen allein nicht weitergeben. Sie mußten die geistige Dimension des Wortes entwickeln. Wissen, das von Unwissenden immer als Zauberkraft empfunden wird, ermöglichte es den Menschen, Naturvorgänge nachzuahmen. Den Unwissenden mußte der Eindruck entstehen, daß in den Worten, durch die das Wissen weitergegeben wurde, schöpferische Kraft lebt. Das erklärt die Vermutung der Menschen, im Anfang hätte die Macht der Schöpfung den Lebensablauf durch das Wort in Gang gebracht.

Das Wort der Schöpfungsmacht Elohim ist in der gesamten Schöpfung zu »hören«, auch im Menschen, der dem Wirken dieses »Wortes«, den Gesetzen der Natur, unterworfen ist. Aus dieser Zugehörigkeit zum Wirken des Wortes der Schöpfung vermag der Mensch auch das in anderen Lebensformen wirkende Wort zu erkennen und mit diesen »Erkenntnissen« langsam über die animalische Naturabhängigkeit anderer Lebensformen hinauszuwachsen.

Die Schöpfungsmacht Elohim hat die Welt durch das Wort erschaffen. Elohim ruht, aber das Wort ist in der Schöpfung lebendig. In den Naturgesetzen wirkt es mit unverminderter Kraft weiter. Das lebende Wort (*jhwh*) ist der zum Ausdruck kommende vernehmbare Geist der Schöpfungsmacht (*elohim*), der wirkende Geist oder das lebende Wort – Jhwh Elohim.

Gen. 2.5

Und allerlei Bäume auf dem Felde waren noch nicht auf Erden [aretz] und allerlei Kraut auf dem Felde war noch nicht gewachsen; denn Gott der Herr [jhwh elohim] hatte noch nicht regnen lassen auf Erden [aretz], und war kein Mensch [adam], der das Land [ha adamah] bebaute.

Wieder erscheint die Übertragung des Wortes *adamah* nach dem Schema der Auslegungstradition widersinnig, denn da es den Menschen noch nicht gegeben haben soll, kann es den erst von ihm zu bebauenden Acker erst recht nicht gegeben haben.

Die hebräische Phrase heißt: *w <a>dam <a>jn l<'>bd <a>th-h<a>dmh*. Es kommt darin kein Begriff für bauen oder bebauen vor. Das hebräische Wort *<'>bd* muß am häufigsten mit »einen Gott verehren« und »sich unterordnen« übersetzt werden.[91] Wenn es mit dem Begriff »arbeiten« gleichgesetzt wird, geschieht dies in der Beziehung zu »dienen«, aber auch »Sklave sein«.

Ohne die Wortprägungen der Auslegung teilt uns der überlieferte hebräische Text mit: **Der Mensch** *[adam]* **war noch nicht; er diente der Adamah**.

Es gab die von Elohim erschaffenen Menschen schon, aber sie lebten noch tierhaft in der unbedeutenden Menge der kriechenden Tiere der Adamah, ohne den menschlichen Geist.

Die Vertreter der These, daß das zweite Kapitel nur eine primitive Wiederholung der Schöpfungsgeschichte bringt, berufen sich auf den Satz: »Aber allerlei Bäume und Pflanzen waren noch nicht auf Erden . . .«

Sie sagen, in der abgeschlossenen Schöpfung muß es alle Pflanzen und Bäume schon gegeben haben. Wenn es noch nicht alle gab, kann dieser Satz nur Teil einer anderen Erzählung über die Schöpfung sein.

Ich schlage vor, diese These zu revidieren. Im Werk der Schöpfungsmacht Elohim sind alle Bäume und Pflanzen der Natur enthalten. Es werden keine neuen Formen mehr geschaffen. Aber das in der Natur wirkende Schöpfungswort, Jhwh Elohim, in dem sich das Geheimnis der Pflanzenvermehrung zu erkennen gibt, ist noch nicht »gehört« worden. Die zum Menschsein befähigten Nachkommen der Rämäss ha Adamah haben noch nicht zu den Erkenntnissen gefunden, durch die sie Menschen werden.

Es gab Menschen. Sie hatten aber die Naturgesetze der Pflanzenvermehrung noch nicht erkannt. Tierhaft lebend, »dienten« sie noch der Autorität der Adamah.

». . . denn Gott der Herr [jhwh elohim] hatte noch nicht regnen lassen auf Erden [aretz].«

In der von Elohim geschaffenen Welt hatte es wohl geregnet, denn es hätte sonst

38

überhaupt keine Pflanzen geben können. Mit dem Regen von Jhwh Elohim muß also etwas anderes als der natürliche Regen gemeint sein.

Die Urmenschen, die sich wie die Tiere von Pflanzen ernährten[92], mußten von Weideplatz zu Weideplatz wandern. In unbekannte Gebiete konnte das Rudel nur vordringen, wenn in erreichbarer Entfernung Wasserstellen zu erwarten waren. Die Flußtäler sind die ältesten Wanderwege, die ältesten Siedlungsgebiete der Urmenschen. Nur entlang der Flußläufe gab es für sie die vom Wasser abhängige Sicherheit des Überlebens. Wo stärkere Rudel oder gefährliche Tierherden den Weg versperrten, mußten die schwächeren Wanderer ausweichen, und sie gingen zugrunde, wenn sie nicht rechtzeitig eine Wasserstelle entdeckten.

Wasserstellen in der Nähe ertragreicher Futterplätze wurden zu festen Punkten auf den Wanderungen und zum behüteten Geheimnis der »Wissenden«. Die geheimnisvolle Erneuerung abgeernteter Futterplätze ist in den Urinstinkten aller Lebewesen fest verhaftet. Die ersten Gedanken der erwachenden Intelligenz urmenschlicher Lebensformen werden vermutlich der geheimnisvollen Kraft gegolten haben, die das Leben der Pflanzen entstehen läßt.

Die Zyklen der Erneuerung der aus der Erde wachsenden Pflanzen, des im Muttertier entstehenden Lebens, des von oben herabfallenden Wassers und das An- und Abschwellen der Flußläufe entsprechen in einer für die Ururmenschen unerklärlichen Übereinstimmung dem Rhythmus, in dem sich die Scheibe des Mondes erneuert.

In den Glaubensvorstellungen und den Naturreligionen schriftloser Völker ist immer die mystische Einheit von Mond und Wasser, von Mutter und Erde zu beobachten.

Aus den Mondabläufen konnten die ersten »Wissenden« im Urrudel vielleicht schon den Zeitpunkt der Erneuerung von abgeernteten Weideplätzen erahnen.

Wahrscheinlich wurde bei jeder Rückkehr zu den bekannten Wasserstellen eine seltsame Beobachtung gemacht. Um die Wasserstelle herum waren neue Pflanzen entstanden. Dort, wo die Reste der verzehrten Früchte liegengeblieben waren, standen nun in dichten Büschen junge Pflanzen derselben Art. Die wunderbare Erneuerung der Pflanzen aber blieb aus, wenn in Dürrezeiten die Wasserstellen vertrocknet waren.

Im Anfang der Menschheitsentwicklung muß der Ablauf der Naturereignisse dem Wirken geheimnisvoller Mächte zugeschrieben worden sein. Die Gesetzmäßigkeit des Naturablaufes war noch nicht erkannt, logisches Denken nicht entwickelt worden.

Allmählich müssen die Menschen dann erkannt haben, daß das Leben der Pflanzen vom Wasser abhängig ist, daß Wachstum und Vermehrung der Pflanzen und Bäume durch Zuführung von Wasser beeinflußt werden können.

Gen. 2.6
Aber ein Nebel ging auf von der Erde [aretz] und feuchtete alles Land [adamah].

Bedeutung und Etymologie des Wortes <a>d, das an dieser Stelle als »Nebel« gedeutet wurde, waren schon im Anfang der Auslegungstradition nicht mehr bekannt.[93] Manche Sprachforscher vermuten eine Verwandtschaft mit dem assyrischen *edu* – das »große Wassermenge« oder »Flut« bedeutet. Die am öftesten gebrauchten Deutungen der Tradition sind »Wolke« und »Quelle«.[94]

Das <a>d, das sich auf Erden noch nicht ereignet hatte, war kein Naturereignis, sondern die Folge der Erkenntnis eines aus dem Wort der Schöpfung, aus

Jhwh Elohim, aufzunehmenden Naturgesetzes, mit dessen Kenntnis es den Ururmenschen möglich wurde, die vorhandene Naturkraft zu nutzen, um auf die Pflanzenvermehrung einzuwirken.

Im ägyptischen Wadi Hammamat, durch das die alte Straße zum Roten Meer führte,
wurden schon im Alten Reich Steine für die Bauten der Könige und Priester
gebrochen. Man fand dort Hieroglyphenschriften aus der Zeit des Mittleren Reiches
(um 2000 v. Chr.), in denen Bildersilben mit dem Lautwert *'d*, ein Land am
Wüstenrand, an der Grenze des regelmäßig bewässerten Gebietes, bezeichneten.[95]
Wendet man diese Bedeutung auf das unbekannte Wort des Bibeltextes an, so
bekommt der unklare Satz einen überzeugenden Inhalt. Er beschreibt dann die
Erkenntnis der frühen Menschen, daß mit künstlicher Bewässerung das Wachstum
der Pflanzen beeinflußt werden kann.

Die Verfasser der alten Überlieferung waren der Ansicht, daß diese Erkenntnis die
Voraussetzung schuf für die weitere Entwicklung unserer noch tierhaft lebenden
Urvorfahren.

Die Kultivierung von Pflanzen wird vermutlich mit dem Setzen und Bewässern von
Bäumen begonnen haben und lange Zeit darauf beschränkt gewesen sein.

Es ist Jhwh Elohim, das im Naturablauf vernehmbare »Wort« der Schöpfung Elohim,
das die Menschen zu dieser Erkenntnis führte.

Das Wort *<a>d* und der damit gebildete Satz sind nur dann rätselhaft, wenn man die
Welt, wie es die Gelehrten der Auslegungstradition irrtümlich getan haben, in diesem
Entwicklungsstadium noch menschenleer sieht.

Durch das Entstehen der Menschen am Ende der sechsten Schöpfungsperiode, in der
sie männlich und weiblich aus früheren Formen hervorgingen, war die Erde aber
hinreichend mit phantasiebegabten, erkenntnisfähigen Geschöpfen bevölkert. Sie
waren, wie auch die Tiere, von Elohim mit der Fähigkeit ausgestattet, sich zu
vermehren, und haben dies zweifellos getan.

Bis zu dieser Stelle enthält der Text nicht eine einzige Silbe, aus der man vermuten
dürfte, die Autoren wollten ihre Gottesvorstellungen Elohim und Jhwh Elohim als
menschengleiche Wesen verstanden wissen. Diese Fehldeutung ergibt sich nur aus
der in den Text hineingelesenen Gottgleichheit eines – im Text aber nicht vorkommenden – männlichen Einzelmenschen.

Als unbeschreibbares, in »Bilder« nicht einfügbares Gotteserlebnis wirkt Jhwh
Elohim nicht menschengleich, sondern nur durch Menschen. Wenn es heißt, Jhwh
Elohim ließ eine »Quelle« aus der Erde aufgehen, so bedeutet dies: Durch die aus
dem lebenden Wort der Schöpfung aufgenommenen Erkenntnisse wurden die
Menschen dazu geführt, eine Quelle abzuleiten und die in die Erde gesetzten
samentragenden Früchte zu bewässern.

Wenn wir das Wort *adamah* unübersetzt lassen, ist auch aus der konventionellen
Textgestaltung der Grundkonflikt zu erkennen, der das Leben der Urmenschen fortan
beherrschte.

Gen. 2.6
Aber eine (künstliche) Quelle entstand aus der Erde [aretz] und bewässerte im
ganzen Angesicht der Adamah.

Die Urmenschen veränderten die Welt der Adamah, begannen sich aus der Abhängigkeit von mystischen Beschwörungen und rituellen Diensten zur Besänftigung der
Großen Mutter zu befreien.

Zur Schöpfung Elohim gehört alles, was Natur ist, also auch der als Teil der Natur nach ihren Gesetzen lebende Urmensch der Adamah. Durch Jhwh Elohim erst lösen sich die in der letzten Schöpfungsphase aus den Rämäss ha Adamah hervorgegangenen erkenntnisfähigen Geschöpfe aus der Urwelt der Adamah. Die Erde war für sie vermutlich der geheimnisvolle und zaubermächtige Körper der Urmutter des Lebens, der Großen Mutter Erde. Nun begannen Lebewesen, die sich als Kinder dieses geheimnisvollen Körpers ansahen, ihn zu zwingen, fruchtbare Pflanzen dort wachsen zu lassen, wo sie es mit Samen und Wasser »befahlen«.

Auch im Anfang der Menschheitsgeschichte werden die »Mehrheiten« dem Fortschritt gegenüber skeptisch gewesen sein. Vielleicht haben sie die Versuche der »Erfinder« als vermessenen Eingriff in den Machtbereich der Großen Mutter empfunden und erbittert bekämpft.

Gen. 2.7
Und Gott der Herr [jhwh elohim] machte den Menschen aus einem Erdenkloß und blies ihm den lebendigen Odem in seine Nase. Und also ward der Mensch eine lebendige Seele.

Nach den Hypothesen der Quellentheorie beschreibt dieser Bibelvers in einer abgewandelten Version noch einmal die Erschaffung der Menschen, die in der aus einer anderen Textquelle stammenden Fassung im ersten Kapitel bereits erzählt worden ist. Aus den Überlagerungen der Auslegungstradition gelöst, erweist sich der Text aber nicht als Wiederholung eines bereits erzählten Geschehens, sondern er berichtet uns über die Wandlung der Formen, die zuvor schon aus der Schöpfung hervorgegangen waren.

Im ersten Kapitel wird für die von Elohim auf das Schöpfungsgeschehen einwirkende Kraft *j-br<a>* (er-schuf) verwendet. Dieses Wort steht im ersten Satz des ersten Kapitels: »Im Anfang schuf *(br<a>)* Elohim Himmel und Erde.«[96] Wir lesen es wieder, wenn die Entstehung der Menschen geschildert wird: »Und Elohim schuf *(j-br<a>)* den Menschen.« *br<a>* bedeutet erschaffen von etwas Neuem, das bisher noch nicht gewesen ist.

Im zweiten Kapitel wirkt Jhwh Elohim anders auf das Geschehen ein. Im Text steht *j-jzr.* Dieses Wort hat neben »bauen« vor allem auch die Bedeutung »bilden«[97]; *jzr* wird auch gebraucht im Sinne von: das später zu Verwirklichende vorausbilden.[98]

Man darf also in diesem Satz, mit dem angeblich in primitiverer Form noch einmal beschrieben wird, was man aus dem ersten Kapitel ohnehin schon erfahren hat, statt des Wortes »bauen« auch »bilden« im Sinne eines geistigen Prozesses sagen. Es heißt dann: **Jhwh Elohim bildete den Menschen aus der bedeutungslosen Menge, hervorgegangen aus der Adamah.** *Abstraktion !!*

Die Auslegungstradition preist es als eine besondere Gnade Gottes, daß er dem Menschen die Seele durch die Nase eingehaucht haben soll.

Daß Götter den aus Erde gebauten Menschen ihren Lebenshauch in die Nase bliesen, war schon mindestens 1500 Jahre vor dem Anfang der Auslegungstradition eine in der alten Welt weit verbreitete Vorstellung.

Im Weltbild der Ägypter des zweiten vorchristlichen Jahrtausends war es eine alltägliche Vorstellung, daß Götter den Menschen »das Leben an die Nase reichen«.[99] Der Gedanke wurde in dieser Formulierung mehrmals nachgewiesen, als Inschrift eines thebanischen Grabes sowie in Edfu und im ägyptischen Totenbuch (18.–20. Dynastie).

Es ist allerdings in der alten Welt auch die Überzeugung verbreitet gewesen, der gewöhnliche Mensch könne mit dem »Atem seiner Nase« den Geist eines Gottes oder Königs aufnehmen.[100] Vielleicht darf man in der Urform des Textes einen ähnlichen Gedanken vermuten. Das göttliche Wort, Jhwh Elohim, ist nicht wie das Wort der Menschen für alle zu hören. Es ist mit den gewöhnlichen Sinnen nicht wahrnehmbar und erreicht dennoch den Geist mancher Menschen. In der Begriffswelt der alten Zeit war die Nase der Weg, auf dem der Geist die Seele des Menschen erreichen konnte. Die Gelehrten der Auslegungstradition nahmen den Satz ». . . und also ward der Mensch eine lebendige Seele (*nephesch chaja*)« als Beweis, daß der Mensch von Geburt an und ohne eigene Leistung mehr ist als alle anderen Geschöpfe, denn er hat durch den göttlichen Atem eine lebendige Seele erhalten.

Dieser Bibelsatz wird auch als Argument gegen mich verwendet. Er verbiete, sagt man, eine Textauffassung, die den Menschen im Anfang als tiergleiches Wesen beschreibt.

Der hebräische Wortlaut des Bibeltextes läßt diese Auslegung nicht nur zu, er schreibt sie vor. Die Tiere, die im Meer entstehen (Gen. 1.20), und die Tiere des Landes (Gen. 1.24) werden im Text, so wie später auch die Menschen, als *nephesch chaja* bezeichnet. Demnach wären sie ohne Empfang des göttlichen Atems schon das gewesen, was Adam erst durch ihn *(nschmth chjjm)* geworden ist.

Im hebräischen Text ist der Mensch nach dem Empfang des Atems das, was die Tiere der Schöpfung auch sind. Der hebräische Text bezeichnet Tiere und Menschen gleich: *nephesch chaja*, lebende Seelen. Es wird kein Unterschied beschrieben zwischen der menschlichen und der tierischen Existenz. Diesen Unterschied schafft erst der erkenntnisfähige Mensch durch den Geist, den er aus dem Wort der Schöpfung, aus Jhwh Elohim, aufnimmt.

Ohne die verändernden Deutungen der Auslegungstradition enthält der Text eine leicht zu begreifende Mitteilung: **Jhwh Elohim bildete den Menschen aus den bedeutungslosen Wesen, hervorgegangen aus der Adamah, und führte zu seiner Nase den lebendigen Geist. Aber der Mensch war noch den Tieren gleich**.

Die Menschen hatten durch Beobachtung der Lebensabläufe die ersten Naturgesetze erkannt. Sie haben damit den lebendigen Geist, den Atem der Schöpfung, aufgenommen, aber sie lebten noch nicht anders als die Tiere.

> Gen. 2.8
> *Und Gott der Herr [jhwh elohim] pflanzte einen Garten in Eden gegen Morgen und setzte den Menschen darein, den er gemacht hatte.*

Den Begriff Garten verbinden wir mit der Vorstellung von einer Luxusanlage aus Blumen und Zierpflanzen. Für Menschen, denen eine mit Nahrungspflanzen kultivierte Bodenfläche die Sicherheit einer Überlebensreserve gibt, weil sie künstlich bewässert werden kann, wenn der Regen ausbleibt, muß dieser bepflanzte Bereich wunderbarer erschienen sein als jeder Ziergarten.

Daß Jhwh Elohim den Menschen »darein setzte«, ist wieder den Bilderbuchvorstellungen vom menschengleichen Gott entnommen. Aus dem logischen Ablauf darf eine andere Version vorgeschlagen werden: **Und Jhwh Elohim ließ einen Garten wachsen und ha Adam, den er gebildet hatte, darin seßhaft werden**.

Auch in der Kulturlandschaft lebten die Menschen noch in der Lebensform der Adamah. Daher steht im Text, daß Tiere und »Bäume« aus der Adamah hervorgehen.[101] Die ersten Erkenntnisse, die zur Zähmung von Wildtieren zu Haustieren führten, entwickelten die Menschen noch in der Lebensform der Adamah. Vermutlich waren milchgebende Kleintiere und nestbrütende Vögel die ersten nahrunggebenden Wildtiere, die der Mensch an sich zu binden versuchte.

Im Bibeltext heißt es dazu, Jhwh Elohim brachte die Tiere zu dem Menschen, damit er ihnen einen Namen gebe. Das bestätigt die hohe Bedeutung, die der Name für die Verfasser der alten Überlieferung hatte.

Im Leben zumindest teilweise seßhafter Menschen haben Tiere andere Bedeutung als für ihre tierhaften Vorfahren im wandernden Urrudel.

Den Tieren einen Namen zu geben heißt, ihre Art, ihren Geist zu erkennen und sie nach Nützlichkeit oder Gefahr in das neue Lebensbild einzuordnen. Den domestizierten Tieren wird durch die ihnen aufgezwungene Lebensart ein neuer »Geist« gegeben, der im Namen Ausdruck findet.

Gen. 2.18

Und Jhwh Elohim sprach: Es ist nicht gut, daß der Mensch allein sei; ich will ihm eine Gehilfin machen, die um ihn sei.

Das Wort »Gefährtin« wäre dem Inhalt näher. Die Wortwahl »Gehilfin« gibt Aufschluß über den Zeitgeist und die Lebenseinstellung der sich als Ebenbilder Gottes wohlfühlenden Übersetzer in der Zeit der Auslegungstradition.

Die Menschen sind allein, anders gesagt: Sie sind einsam. In der Kulturlandschaft leben sie zumindest teilweise seßhaft. In den Zeiten, da die Früchte auf den gepflanzten Bäumen reif sind, wandern sie nicht mehr nur ruhelos auf der Suche nach Nahrung von Weideplatz zu Weideplatz. Das Nahrungsaufkommen ist zum Teil vorhersehbar. Es muß daher nicht der ganze Tag mit der Suche nach neuen, besseren Nahrungsquellen verbracht werden.

In der Zeit der Ruhe mag den Menschen, die jeder für sich lebten, ihre Einsamkeit bewußt geworden sein. Die Kulturleistungen im »Garten« waren wohl Gemeinschaftswerk, darüber hinaus aber blieben unsere tierhaften Vorfahren ohne Beziehung zueinander.

In der Auslegungstradition wird die faszinierende Beschreibung der menschlichen Entwicklung zu einer primitiven, unglaubwürdigen Fabel, denn an dieser Stelle wird nun nach konventioneller Textauffassung aus der »Rippe« des angeblich einzigen lebenden Mannes die erste Frau gebaut.

Der im Bibeltext noch deutlich erkennbare Inhalt der alten Überlieferung berichtet dagegen von der im Thardema erlebten Zeugungserkenntnis, die eine logische Folge der Erkenntnisse und Beobachtungen von Pflanzenwachstum und der Tiervermehrung war.

Die Menschen hatten erkannt, daß im Samen der Pflanzen die Lebenskraft der Vermehrung enthalten ist. Sie erkannten dann, daß sich die Tiere vermehren, weil in der Paarung männlicher Samen in den weiblichen Körper eindringt. Im Text, der im Mittelalter in die Verse 21–24 des zweiten Kapitels im Buch Genesis eingeteilt worden ist, wurde dies ursprünglich eindrucksvoll beschrieben: **Und Jhwh Elohim ließ Erkenntnisfähigkeit auf den Menschen fallen, und dieser versank darin**; *lustig!* **und er nahm etwas von seinem Bogen (seinem Fall) und verschloß es an der Stelle im weiblichen Fleisch. Und zwar ließ Jhwh Elohim vom Bogen (vom Fall) des Mannes die Frau abstammen und zeigte dies den Menschen. Der Mensch sprach: Das ist doch Bein von meinem Bein und Fleisch von meinem Fleisch; man wird sie ischah nennen, weil sie vom isch genommen ist.**

Darum wird ein Mann seinen Vater und seine Mutter verlassen, sich an seine Frau binden, und sie werden sein Ein Fleisch.

Durch die Zeugungserkenntnis lösten sich die Menschen aus der absoluten Vorherrschaft des Muttertieres, aus der tierhaften Urwelt der Großen Mutter – der Adamah.

In der Familie vereinigen sich die schöpferischen Fähigkeiten von Mann und Frau. Die gemeinsame Verantwortung für die nun bewußt gezeugten Kinder erfordert Vorsorge für die Zukunft. Damit überwanden unsere Urvorfahren endgültig die Grenzen des gegenwartsgebundenen, nur auf Erfüllung der physischen Bedürfnisse ausgerichteten Denkens. Mit der Weitergabe des von den Eltern erworbenen Wissens an die Kinder erhält die Erinnerung Bedeutung. Bis dahin hatten die Menschen nur zu ihrer Gegenwart Beziehung. Im »menschlichen« Leben wird nun auch der Wert der Vergangenheit entdeckt und die Verantwortung für die Zukunft erkannt.

Im 20. Vers des dritten Kapitels wird Adam seine Frau *chawa* nennen. Das Wort wird als Ableitung aus dem Wort »Leben« (*chjjm*) gedeutet, ist aber wahrscheinlich dem Begriff »Liebe« (*<a>hwh*) näher verwandt.

Es gibt keine alle Aspekte umfassende Definition für Liebe. Niemand aber wird bestreiten, daß es eine Beziehung ist, in der eine geistige Verbindung besteht, auch wenn die körperliche Anziehung erloschen oder nie wichtig gewesen ist. Liebe als verbindendes Gefühl kann sich erst entwickeln, wenn die Partnerwahl nicht mehr ausschließlich durch die biologischen Instinkte geregelt wird. Die Liebe des Vaters zu seinen Kindern kann überhaupt nur entstehen, wenn in der geistigen Dimension das Fehlen der körperlich verbindenden Instinkte ausgeglichen wird. Das Gefühl der Zusammengehörigkeit, der Zuneigung, endet nicht mit dem körperlichen Leben des geliebten Partners. Der Verlust schmerzt. Die in Trauer gewandelte Liebe macht den Menschen die Unbegreiflichkeit des Todes bewußt. Er wird als unüberwindbare Kraft erkannt, und wohl erst damit entsteht das menschliche Lebensbewußtsein, das Lebensgefühl, das über der Existenzangst der Tiere steht – über der Einsamkeit der Adamah. Die mit der Zeugungserkenntnis begonnene Entwicklung erreicht ihre höchste Reife mit dem von Mose verkündeten Gebot: Gib deinem Nächsten die gleichen Rechte und Lebensmöglichkeiten, die du für dich selbst beanspruchst. Im biblischen Wortlaut ist der Gedanke nur poetischer formuliert: ». . . Du sollst deinen Nächsten lieben wie dich selbst.«[102]

Nicht Monotheismus und die Verfechtung eines bilderlosen Kultes sind die hervorragenden Gedanken des biblischen Schöpfungsberichtes. Es ist die Vorstellung vom Wert des Menschen und seiner nur im Wohl der Mitmenschen zu verwirklichenden Beziehung zu Gott, durch die sich die biblische Überlieferung von den Mythen aller anderen Völker unterscheidet.

Im Inhalt der alten Überlieferung wird uns eine einfache und für alle verständliche Beschreibung der Menschwerdung gegeben: In der Mitte der sechsten und letzten Schöpfungsphase läßt Elohim mit den Landtieren die kriechenden Tiere *(rämäss)* der Adamah entstehen (Gen. 1.25), aus denen sich die dem Schatten des Schattens der Schöpfungsmacht ähnlichen, erkenntnisfähigen Menschen entwickeln. Sie nähren sich wie die Tiere von wilden Pflanzen und vermehren sich in tierhafter Unbewußtheit durch geschlechtliche Paarung (Gen. 1.26/27).

Die Urmenschen beginnen sich von den Tieren zu unterscheiden durch aufrechten Gang, Erkenntnisfähigkeit und Entwicklung der gestaltungsfähigen Hände. In diesem Stadium leben die Menschen noch tiergleich in voller Abhängigkeit vom Lebensablauf der Natur.

Indem der erkenntnisfähige Mensch die dem Lebensablauf innewohnende Gesetzmäßigkeit der Natur zu ergründen beginnt, begreift er die Stimme, das »Wort« der Schöpfung – Jhwh Elohim, die ihn zu den Erkenntnissen leitet (Gen. 2.5/6).

Die wichtigste Erfahrung der frühen Menschen ist die Beeinflußbarkeit der Pflanzenvermehrung durch Aussaat und künstliche Bewässerung der samentragenden Früchte. Durch die Erkenntnisse aus Jhwh Elohim bilden sich aus den tierhaften Lebewesen der Adamah die kulturfähigen, erkenntnissuchenden Menschen (Gen. 2.7). Mit der Kultivierung von Fruchtbäumen können Menschen zumindest teilweise seßhaft werden (Gen. 2.7).

In der Zeit des Überganges von der tierhaften zur menschlichen Lebensform entwickelt der Mensch das Lebensbewußtsein – die Ahnung möglicher geistiger Beziehungen, deren Unerfülltheit zur Empfindung der Einsamkeit führt (Gen. 2.18). Die Zeugungserkenntnis verändert das Leben der Menschen endgültig. Durch das Wissen, daß männliches und weibliches Leben durch männliche Zeugung im Mutterleib entsteht, »erkennen« Mann und Frau die geistige Beziehung zueinander und die gemeinsame Verantwortung für die fortan bewußt gezeugten Kinder (Gen. 2.21).

> *Gen. 1.28*
> *Seid fruchtbar und mehret euch, und füllet die Erde, und macht sie euch untertan, und herrscht über die Fische im Meer und über Vögel unter dem Himmel und über alles Tier, das auf Erden [aretz] kriecht.*

Schon bevor es die Menschen gegeben hat, war auch den Wassertieren und den Vögeln geboten worden: »Seid fruchtbar und mehret euch . . .«[103] Das ist weder Zufall, noch widerlegt es die vorgeschlagene Textauffassung.

Die zuerst geschaffenen Wassertiere und die Vögel werden, wie später auch die Menschen, *nephesch chaja* genannt.[104] Im Zustand ihrer Erschaffung, ohne die Erkenntnisse, aus denen der menschliche Geist entsteht, sind auch die Menschen noch *nephesch chaja*.[105] Sie leben in der Adamah und sind den Tieren gleich. Erst durch den Geist beginnen sie, sich von den Tieren zu unterscheiden. Sie werden fähig, aus dem »lebenden Wort der Schöpfung« eine im Leben enthaltene, über die Welt der Tiere hinausreichende Zielbestimmung zu erkennen.

Die Tiere sind dem Vermehrungszwang unterworfen und müssen ihm folgen. Dem Menschen ist es durch die Zeugungserkenntnis gegeben, zu bestimmen, ob er neues Leben zeugt oder nicht.

Aus der hebräischen Aufforderung *prw w rvw* für die Menschen den Befehl »Seid fruchtbar und mehret euch« zu deuten und sie damit einem Gebärzwang zu unterwerfen, auch wenn ihren Nachwuchs nur elende Lebensbedingungen erwarten, heißt, sie in den Zustand der Urwelt zurückzustoßen, sie wieder der Gnadenlosigkeit der Adamah auszuliefern.

Die Kraft des menschlichen Geistes gibt uns die Möglichkeit, im Lebensablauf der Natur mehr vom Geist der Schöpfung zu erkennen als die Tiere. Einstmals haben Menschen begriffen, daß ihre Verantwortung für den Nachwuchs weiter reicht als nur bis zur Geburt. Diese Erkenntnis verpflichtet uns, nicht wahllos zu gebären, sondern Frucht zu tragen, bis sie gereift ist. Die Verantwortung für die Kinder nach dem Geist der Zeugungserkenntnis zu verstehen heißt, sie nur in dieses Leben zu rufen, wenn ihnen die Möglichkeit gegeben ist, den menschlichen Geist zu bewahren und an den eigenen Nachwuchs weiterzugeben.

Sexualneurotische Denker der Auslegungstradition haben einerseits in den Bibeltext hineininterpretiert, daß Sexualität Sünde sei. Sie konnten aber die aus dem Text gelesene Aufforderung an die Menschen: »Seid fruchtbar und mehret euch«, nicht in eine Aufforderung zur Enthaltsamkeit umdeuten. Also suchten sie nach einem Ausweg. Er lautet: Sexualität darf dann geduldet werden, wenn sie der Vermehrung dient. Daraus leiteten sie eine Gebärpflicht der Frauen ab, die dadurch oftmals gezwungen sind, ihre Kinder nach der Geburt einem gnadenlosen Schicksal auszuliefern, das wiederum diese zwingt, vielfach schuldig zu werden. Aus ihrer Natur erben sie unbändigen, animalischen Lebenstrieb. Es wird ihnen aber keine Möglichkeit gegeben, den menschlichen Geist aufzunehmen, Verantwortungsbewußtsein zu erlernen und dadurch die animalische Egozentrik zu überwinden.

Die Auslegungstradition liest aus dem Text, daß an Menschen und Tiere die gleichlautende Aufforderung erging: »Seid fruchtbar und mehret euch.« In der Schrift steht für Tier und Mensch der gleiche Wortlaut. Es ist also korrekt, die Aufforderung gleichlautend zu übersetzen.

Sucht man aber nach einem tieferen Sinn, so bietet sich aus der gleichlautenden hebräischen Wortfolge die faszinierende Möglichkeit an, für Menschen und Tiere verschiedene Inhalte zu interpretieren, denn der Mensch, der den »Atem« aus Jhwh Elohim aufgenommen hat, vermag vermutlich mehr vom Geist der Schöpfung aufzunehmen als die Tiere.

Das hebräische *prw*, das für das Leben der Tiere in der Bedeutung »seid fruchtbar« als Bestimmung und Sinn verstanden wird, kann für das Leben der Menschen anders gedeutet werden: **Traget Frucht**.

Das hebräische *rvw* ist mit »mehret euch« übersetzt worden. Es kommt aus dem Wortstamm *rv*, dem auch die Begriffe »groß«, »wissend« oder »weise« zugeordnet werden. Man könnte daraus die Aufforderung an den Menschen ableiten: »Werdet groß« oder: »Werdet weise«.

Dem Tier ist es bestimmt, sich zu vermehren. Der Mensch vermag durch seine Erkenntnisfähigkeit, durch Jhwh Elohim, das »Wort der Schöpfung« zu begreifen. Er hat die Fähigkeit, den Geist aufzunehmen, der in dieser Form den Tieren, die das Wort nicht erfahren können, verschlossen bleibt. Für ihn gilt deshalb vielleicht nur das Gebot der zahlreichen Vermehrung, sondern die Pflicht, die »Frucht« seines Lebens zur höchsten Reife zu führen. Für den Menschen sollte es also vielleicht heißen: **Traget Frucht, werdet groß, erfüllet den Sinn der Erde. Richtet euch auf und herrschet (gerecht und verantwortungsvoll) über Fische, Vögel, Tiere und alles, was sich auf der Erde bewegt**.

Unter dem Gedankenschutt einer seit mehr als 2000 Jahren unverändert fortgeführten Auslegungstradition entdecken wir im Text der Bibel ein Geschichtsbild, das von hohem Wissensstand jener Menschen zeugt, von denen die Alte Überlieferung verfaßt wurde. Aus der Menschheitsgeschichte ist bis jetzt keine Beschreibung bekannt geworden, in der die wichtigsten Entwicklungsstufen in einer so knappen, umfassenden und im ursprünglichen Wortverständnis einleuchtenden Formel zusammengefaßt sind. Es ist eine Formel aus vergangenen Jahrtausenden, zu der das Wissen des 20. Jahrhunderts inhaltlich nichts Wesentliches hinzuzufügen hat – es sei denn die Antwort auf die Frage, wieso dieses Wissen schon vor Jahrtausenden vorhanden gewesen ist.

Die Bedeutung der Namen

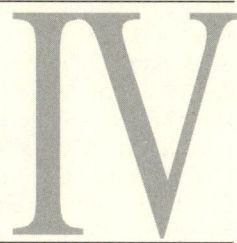

Denn keiner wird leben, der mich siehet

Deut. 12.5
. . . den Ort, den der Herr [jhwh], euer Gott, erwählen wird aus allen euren
Stämmen, daß er seinen Namen daselbst lässet wohnen, sollt ihr aufsuchen . . .
Eigentlich verbietet dieser Bibelvers die Auffassung, die Verschiedenheit der Got-
tesnamen sei aus lokalen Sprachunterschieden in den verschiedenen Textquellen
entstanden. Wenn die Präsenz des Namens die Anwesenheit des angebeteten Gottes
bedeutete, sollte man nicht annehmen dürfen, dieser Name sei nach der Lust der
Schreiber austauschbar gewesen.
Der Gottesname war in der alten Tradition so wichtig, daß der Begriff »der Name«
(*ha schem*) selbst zu einer Gottesbezeichnung wurde.
Solange man nur die Übersetzungstexte liest, wird man sich über die Bedeutung der
Namen nicht den Kopf zerbrechen müssen. Die Textgestaltung der Auslegungstradition erweckt den Eindruck, es gäbe nur den einen Gottesnamen, der aus dem
Tetragramm *Jhwh* zu »Jahweh« oder »Jehova« vokalisiert worden ist. In den
deutschen Texten steht für diesen Namen die Anrede »Herr« oder die Bezeichnung
»Gott«, der immer wieder verehrungsvolle Hinweise auf die göttlichen Eigenschaften beigegeben sind, wie: der allmächtige Gott; der ewige Gott; der höchste Gott.
Im hebräischen Text stehen viele verschiedene Gottesnamen und Gottesbezeichnungen. Das war den Menschen wohl schon immer rätselhaft. Zur Zeit Ludwigs XIV.
entwickelte Astruc die Theorie, der Wechsel der Gottesnamen im Buch Genesis sei
damit zu erklären, daß Mose diese Schrift aus zwei verschiedenen Haupturkunden
und zehn weiteren Dokumenten zusammengesetzt habe.[106] Diese Urkundenhypothese wurde im 18. Jahrhundert nach Deutschland übernommen, in der Folge aber von
der Wissenschaft zunächst wieder verworfen.
Als in der Mitte des vorigen Jahrhunderts die Naturwissenschaften das Weltbild der
Auslegungstradition endgültig widerlegt hatten, ließen Stil und Inhaltsanalysen
erneut den Gedanken aufkommen, daß die Texte der fünf Bücher Mose aus verschiedenen Quellen stammen. Daraus entstand die sogenannte »Quellentheorie«.
Vor allem an der Verwendung verschiedener Gottesnamen, an stilistischen Unter-
schieden und an mehrfachen Wiederholungen glaubt man, die verschiedenen Quel-
len erkennen zu können. Nach den Gedanken von Graf[107] und Wellhausen[108] wurden
vier Hauptquellen festgelegt, von denen aber jede für sich nach verschiedenen
Theorien wieder in kleinere Nebenquellen unterteilt wird: 1. J = Jahwist; 2. E =
Elohist; 3. P = Priesterschrift; 4. L = Laiticus.[109]
Die Aufteilung in die Quellen »Jahwist« und »Elohist« wurde nach den verwendeten
Gottesnamen »Jahweh«[110] und »Elohim«[111] vorgenommen. Man vermutete in »Jah-

weh« den Gottesnamen aus dem Südreich, dem Staat Juda, mit der Hauptstadt Jerusalem, das 586 v. Chr. von den Babyloniern erobert und zerstört wurde, und in »Elohim« die Gottesbezeichnung des Nordreichs Israel, das schon 721 v. Chr. von den Assyrern vernichtet worden war.

Der Theorie, daß die Texte verschiedenen Quellen entstammen, stimmen die meisten Forscher zu; über die Zuordnung der Textstellen gibt es unterschiedliche Meinungen. Die Herkunft der im Pentateuch zusammengestellten Texte aus verschiedenen Quellen ist unbestreitbar. Hingegen kann die Behauptung nicht überzeugen, alle Namen bezeichneten nur den einen und einzigen Gott, dem durch lokale Sprachunterschiede in den verschiedenen Quellen abweichende Namen gegeben worden sind.

Es gibt in den Texten des Pentateuch keinen Namen, der nicht zugleich wichtige Aussagen über den bezeichneten Menschen, den Ort oder den Gegenstand enthält. In der alten Welt waren Namen die Träger des Geistes. Die Auslöschung eines Namens aus dem Gedächtnis der Menschen wog für viele schwerer als der physische Tod.[112]

Die Rekonstruktion der Schriften, bei der es darum ging, das Lebensrecht des gedemütigten Volkes und seinen Anspruch auf das Land der Väter aus der Geschichte zu belegen, führte vermutlich dazu, alle überlieferten Namen der Stammes- und Volksgötter zu einer Universalerscheinung zu verschmelzen, um für die zerstreuten Stämme ein gemeinsames nationales Symbol zu schaffen.

Eine Sage erzählt, daß der Prophet Ezra 30 Jahre nach dem Untergang des Tempels[113], vom Geist erfüllt, seinen Gehilfen die vom Feuer vernichteten heiligen Schriften innerhalb von 40 Tagen neu diktiert habe.[114] Der Gedanke einer Wiederherstellung der verlorenen Schriften unter Mitwirkung des göttlichen Geistes sollte die Zweifel am Versprechen Gottes, dem Volk das Gelobte Land zu geben, zerstreuen. Er bestätigt uns, daß die überlieferten Texte nur Rekonstruktionen verlorener Schriften sind.

Den Gelehrten der Rekonstruktionszeit waren, wie aus eingefügten Erklärungsversuchen erkennbar wird, die Bedeutungen vieler Namen und Wörter nicht mehr bekannt. Deshalb suchten die Bewahrer der Überlieferung das Geheimnis der Wörter und Namen aus dem Zahlenwert der hebräischen Buchstaben zu erklären.[115]

Friedrich Weinreb beklagt, daß wir den Wert der Namen nicht mehr erkennen: »Anders als bei uns, die wir Dingen oder Menschen Namen geben, oft um damit weiterer Nachdenkens enthoben zu sein, haben biblische Namen stets eine Bedeutung, die etwas vom Wesen zum Ausdruck bringt.«[116]

Wir müssen also davon ausgehen, daß von den Autoren in der alten Zeit, wenn sie einen anderen Namen einsetzten, auch ein anderer Geist gemeint war. Der ursprüngliche Inhalt eines hebräischen Textes wird uns verborgen bleiben, wenn wir nicht versuchen, den Geist zu erfassen, dem in einem Namen Ausdruck gegeben wurde. Die Namen und Gottesbezeichnungen sind Schlüssel für manche bisher unerklärlich oder kindlich primitiv erscheinende Texte der biblischen Überlieferung.

Die Urgeschichte, von der Erschaffung der Welt bis zur Sintflut, wird in den Kapiteln 1–11 des Buches Genesis beschrieben. Darin sind drei verschiedene Gottesbezeichnungen enthalten: 1. Elohim, 2. Jhwh Elohim, 3. Jhwh.

Zum Tetragramm *jhwh (jahweh, jehova)* gibt es die Theorie, es sei der Name des Stammesgottes eines alten Nomadenvolkes gewesen, der später vom Volk Israel für die eigene Gottesvorstellung übernommen worden ist. Andere glauben, Jahweh sei ursprünglich ein Natur- oder Wettergott gewesen. Diese Ansicht stützt sich wohl vor allem darauf, daß in den Texten gelegentlich der Donner als »Stimme Jahwehs« bezeichnet wird. Diese falsche Vermutung scheint uralt zu sein, denn aus dem Buch der Könige erfahren wir, daß der Prophet Elia (eljahu) von einem Engel zum Berg Horeb geleitet worden sein soll. Dort erkannte er, wie die Schrift berichtet, daß Jhwh nicht im Feuer, nicht im Sturm und auch nicht im Erdbeben ist.[117]

Daß für die in der alten Welt seltene monotheistische Vorstellung der Name irgendeines Wettergottes ausgerechnet für den einzigen und wahren Gott übernommen worden sein sollte, kann nur annehmen, wer sich mit der Bedeutung von Namen in der alten Welt nicht ausreichend auseinandergesetzt hat.

Die Auseinandersetzungen und Mutmaßungen über den Namen jhwh reichen weit in die Vergangenheit zurück. Schon in der Zeit, da die ersten Übersetzungen der Texte erstellt wurden, galt der Name als unaussprechlich heilig. Er wurde in den Schriften wohl überliefert, weil die erhaltenen Texte nicht verändert werden durften, doch es war strenger Brauch, das Tetragramm Jhwh durch »Adonaj« (mein Herr) zu ersetzen, wenn die Texte gelesen wurden.[118]

In den griechischen und lateinischen Übersetzungen finden sich deshalb nur noch die Begriffe »Herr« (kyrios, dominus) für Jhwh und »Gott« (theos, deus) für Elohim. Die lateinischen Gottesbezeichnungen der Vulgata galten in der das gesamte Mittelalter beherrschenden römischen Kirche als unanfechtbar. Die Autorität dieser lateinischen Bibelübersetzung wurde vom Tridentinum[119] ausdrücklich bestätigt.[120]

Da die Gottesbezeichnung »Herr« in der abendländischen Kirchentradition seit 2000 Jahren geläufig ist, nimmt man sie als Anrede an das überirdische, herrschende Wesen, in der die Ehrfurcht vor dem erhabenen Schöpfergott mitschwingt, der in der christlichen Tradition namenlos geworden ist.

Für das Wort »Herr« steht in den hebräischen Texten der Spätzeit <a>dwn und als Anrede für »Gott« <a>dnj (mein Herr). Aus den Texten von Ugarit[121] ist ersichtlich, daß die Bezeichnung adn bei den semitischen Völkern im zweiten Jahrtausend v. Chr. eine verbreitete Gottesbezeichnung war.[122] Die Verschmelzung der Gottesbegriffe Jhwh und <a>dnj läßt daher auf eine Verbindung von zwei verschiedenen Traditionen gegen Ende des zweiten vorchristlichen Jahrtausends schließen. Da die semitische Tradition adonaj in diesem Gebiet ansässig war, ist die aus älteren Wurzeln stammende Tradition jhwh vermutlich in das Land der semitischen Stämme eingewandert. Vielleicht wurde die Unaussprechlichkeit des Namens Jhwh verfügt, um es den Bewahrern dieser Tradition zu ermöglichen, sich den Mächtigeren zu beugen und deren Gottesnamen Adonaj verehrend auszusprechen, dabei aber doch in diesem fremden Namen den eigenen Gott Jhwh anzurufen.

Als dann in späteren Jahrhunderten die uns überlieferte Textsammlung redigiert und niedergeschrieben wurde, ging es darum, alle beschriebenen Gotteserlebnisse als Erscheinungen des Gottes zu identifizieren, der für das Volk Israel, dem er das Land Kanaan gelobt hatte, der einzige sein sollte.

So wie die Texte von der Erschaffung der Menschen dem Weltbild der Zeit angeglichen wurden, gab man auch dem Gottesbild den Vorstellungsrahmen, der dem Denken der Menschen in den letzten vorchristlichen Jahrhunderten entsprach. Es war die Zeit der menschengleichen babylonischen und griechischen Götter, die patriarchalisch-launisch handelten und unter ihren Geschöpfen Lieblinge und Feinde hatten.

Jhwh ist der Gottesname, der in den Schriften am häufigsten vorkommt. In ihm wurden aber zwei Gottesvorstellungen vereinigt, die einander diametral entgegengesetzt sind. Im Gegensatz zur vorherrschenden Meinung bin ich der Ansicht, daß sich der Gottesbegriff Jahweh nicht aus der Vorstellung eines primitiven Naturgottes zu einer höheren Vergeistigung entwickelt hat. Es muß umgekehrt gewesen sein. Der ethisch hochstehende geistige Begriff der alten Überlieferung degenerierte zu einer Gottesvorstellung nach Vorbildern aus dem spätbabylonischen Zeitgeist.

Dieser spätzeitliche Gott ist rachsüchtig, ein Patriarch, der genau dem entspricht, was in dieser Zeit in Babylon, in Griechenland und teilweise auch in Ägypten verehrt wurde. Dieser Gott Adonaj/Jahweh spricht und handelt wie ein Mensch. Er ist durch Brand- und Sündopfer[123] zu versöhnen, kein Gott für arme Leute also.

Dagegen steht der andere, in der alten Überlieferung beschriebene Gottesbegriff. Mit seinem Namen verbindet sich das Gesetz der Zehn Worte, in dem den Menschen geboten wird, sich keine »Bilder« zu machen. Vom Namen Jhwh erfährt der Prophet Mose:

> *Mein Angesicht kannst du nicht sehen; denn kein Mensch wird leben, der mich siehet.*[124]

In den Einfügungen der Auslegungstradition begegnen wir einem ganz anderen Gottesbild. Ein menschengleicher Himmelspatriarch wandelt auf Erden und wird von den Menschen wie ein Mensch wahrgenommen. Zum Beispiel kommt der Gott Adonaj/Jahweh in Begleitung zweier Engel zu Abraham in den Hain Mamre:

> Gen. 18.2
>
> *Und als er [Abraham] seine Augen aufhub und sah, siehe, da stunden drei Männer vor ihm. Und da er sie sah, lief er ihnen entgegen von der Tür seiner Hütte, und bückte sich nieder auf die Erde.*

Niemand wird bestreiten wollen, daß diese beiden Vorstellungen von einem Geist, den kein Lebender sehen wird, und einem menschengleichen – wie Wotan, der Wanderer – auf der Erde wandelnden Gott nicht vereinbar sind.

Die Fabel aus der Spätzeit gibt die Schilderung einer märchenhaften Begegnung Gottes mit einem Menschen. Während die vier Männer frisch gebackenes Brot mit Butter und ein frisch geschlachtetes Kalb verspeisen, wird dem Abraham der ersehnte Sohn verheißen. Sarah ist eigentlich zu alt, um noch Mutter zu werden. Der menschengleiche Gott weist diesen Einwand mit der Frage zurück:

> *Sollte dem Herrn [jhwh] etwas unmöglich sein?*[125]

In dieser Fabel nannte Gott Adonaj/Jahweh dem Menschen Abraham den heiligen Gottesnamen: Jahweh. Der aber war, wie wir an anderer Stelle erfahren, dem Patriarchen überhaupt nicht bekannt. Wir erfahren es aus dem Wortlaut des Buches Exodus, wenn im Namen Jhwh der Prophet Mose berufen wird, das Volk aus der Knechtschaft zu befreien:

> *Und Gott [elohim] redete mit Mose und sprach zu ihm: Ich bin der Herr [jhwh]. Und ich bin erschienen Abraham, Isaac und Jakob als El Schadaj, aber mein Name: Herr [jhwh] ist ihnen nicht offenbart worden.*[126]

Der Widerspruch der beiden Texte ist ein untrüglicher Beweis für die Verflechtung zweier Traditionen in der Spätzeit. Vielleicht ist der zitierte Satz die Einfügung eines Redakteurs, der damit auf den Unterschied der Traditionen und die Verschmelzung der beiden so unterschiedlichen Gottesvorstellungen hinweisen wollte.

Der Gott Jahweh, der dem Abraham im Hain Mamre erscheint, ist der menschengleiche Gott der Auslegungstradition. Sein Name wurde überall dort eingesetzt, wo alte Schriften zu ergänzen waren, wo nicht mehr verständliche Texte der Vergangenheit erläutert werden mußten. Daß diese Abraham-Episode erst in später Zeit formuliert worden ist, zeigt sich auch an der Verwendung der Gottesbezeichnung Adonaj. In den Übersetzungen ist der Unterschied nicht zu erkennen, denn Adonaj und Jhwh werden, den griechisch-lateinischen Auslegungsautoritäten Septuaginta und Vulgata folgend, gleichlautend mit »Herr« übersetzt.

Die Verschiedenheit der verflochtenen Traditionen kommt in einigen Psalmen noch deutlicher zum Ausdruck. In manchen wird ein geistiger Gottesbegriff verherrlicht, der den Menschen keine materiellen Opfer abverlangt:

> *Opfer und Speisopfer gefallen dir nicht; aber die Ohren hast du mir aufgetan. Du willst weder Brandopfer noch Sündopfer.*[127]

Im Gegensatz dazu verherrlichen andere Psalmendichter einen ganz anders denkenden Gott. Dieser läßt sich nur durch materielle Opfer gnädig stimmen:

> *Deines Opfers halber strafe ich dich nicht; sind doch deine Brandopfer immer vor mir.*[128]

Der geistige Begriff Jhwh ist das Leitbild der Alten Überlieferung. Die Vorstellung vom opfergierigen, rachedurstigen Patriarchen Adonaj/Jahweh wurde in der Spätzeit entwickelt, vermutlich nach dem Untergang des Reiches Israel.[129] Damals wurde das Denken der Menschen zunächst von assyrisch-babylonischen und später von persischen und griechischen Weltvorstellungen geprägt. In dieser Zeit entstand, wahrscheinlich unter dem Einfluß dieser östlichen Religionen, das Buch Hiob (Job), in dem zum ersten Mal die Bezeichnung Elohim eindeutig im Singular als Gottesname gebraucht wird.

In dieser Geschichte ist der Vater das zentrale Wesen der Gemeinschaft. Die Familie ist sein Eigentum. Gott läßt, um ihn zu prüfen, alle seine Kinder sterben. Als Hiob die Prüfung bestanden hat, erhält er zur Belohnung neue Kinder. Nach dem Schicksal und dem Leid der ermordeten ersten Kinder wird nicht gefragt. Die Verherrlicher des Patriarchates behaupten dann voll Inbrunst, es handle sich nur um eine Parabel, die den tiefen Glauben Hiobs zeigen soll. Der Tod anderer darf uns niemals nur eine »Parabel« sein. Die Auffassung, den Kindern eines gläubigen Patriarchen komme um des Vaters willen kein Recht auf eigenes Leben zu, kann niemals ein Beweis für vorbildliche Lebenshaltung oder wahre Frömmigkeit sein.

Im Buch Hiob begegnen wir auch jener vermutlich aus der persischen Geisteswelt übernommenen Erscheinung, die es in der Alten Überlieferung nicht gibt, dem Satan[130], als Gegenspieler Gottes.

Der Gottesname ist in dieser Schrift durchgehend *elohim*. Er steht für eine Gottesvorstellung, die vom Menschen Gehorsam und Opfer verlangt:

> *Und wenn die Tage des Mahles um waren, sandte Hiob hin, und heiligte sie, und machte sich des Morgens früh auf, und opferte Brandopfer nach ihrer aller Zahl.*[131]

Die Vermutungen über die Entstehung des Buches Hiob (Job) gehen weit auseinander.[132] Es wird sehr oft auf Ähnlichkeiten mit der Thematik der Patriarchenerzählungen verwiesen, in denen die mit der Bezeichnung oder dem Determinativ *el* verbundenen Gottesbegriffe dominieren. Der Gottesbegriff Elohim, dem Brandopfer dargebracht werden müssen, kann aber eben unmöglich identisch sein mit der Gottesvorstellung, von der gesagt wird:

> *Denn du hast nicht Lust zum Opfer, ich wollte dir's sonst wohl geben; und Brandopfer gefallen dir nicht.*[133]

Auch im Namen des Propheten Hosea wird eine Gottesvorstellung gepriesen, die mit dem Elohim des Buches Hiob (Job) kaum vereinbar ist:

Denn ich habe Lust an der Liebe, und nicht am Opfer; und am Erkenntnis
(Verständnis) Gottes [elohim], und nicht am Brandopfer.[134]

In der Textgestaltung der Auslegungstradition sind uns zwei völlig verschiedene
Gottesvorstellungen überliefert worden.

Der Leitbegriff der Alten Überlieferung ist der »Name JHWH«. Die Autoren lassen
ihn unmißverständlich sagen: »Kein Lebender wird mich sehen.«

In der Spätzeit durfte dieser Name nicht mehr ausgesprochen werden. Der geschriebene Name muß seither als »Adonaj« gelesen werden. Mit diesem Begriff verbindet
sich die Vorstellung von einem sichtbaren männlich-menschlichen, brandopferlie-
benden Himmelspatriarchen.

In den elf Kapiteln der Urgeschichte war die Bedeutung der Gottesbegriffe sehr klar
voneinander abgesetzt. Dies ist trotz mehrerer Einfügungen von Erscheinungen des
Spätzeitbegriffes Adonaj/Jahweh deutlich erkennbar.

Elohim

Das Wort *elohim* ist der Mehrzahlbegriff von *elohe* (oder: *eloha*), die wortgetreue
Übersetzung müßte deshalb »Götter« lauten. Elohim ist der erste Gottesbegriff der
Schöpfungsgeschichte, die Bezeichnung der Schöpfungsmacht. Die Textkritik gibt
dazu die Erklärung, daß Elohim der Gottesbegriff der Quelle P ist, aus der das erste
Kapitel des Buches Genesis stammen soll.

Ich bin davon überzeugt, daß der Mehrzahlbegriff gewählt wurde, um damit
sämtliche Gottesbegriffe aller biblischen Quellen zu erfassen. Weit darüber hinaus
war es aber vermutlich die Absicht der alten Autoren, den Menschen begreiflich zu
machen, daß sich in diesem Mehrzahlbegriff alle Gottesvorstellungen aller Völker
und Zeiten wiederfinden sollen, denn nur das Zusammenwirken aller Kräfte konnte
das unbegreifliche Geschehnis der Erschaffung des Universums und der belebten
irdischen Welt in Gang setzen.

Die Schöpfungsmacht Elohim, die Wesenheit aller Götter, ist unbegreiflich und
unvorstellbar. Der Mensch kann diese Macht weder erkennen noch mit ihr in
Verbindung treten.

Die Übersetzung des Zeitraumes *jom* als Erdentag ist eine unsägliche Verkleinerung
des eigentlichen Begriffes. Die Einfalt der Menschen vorausahnend, haben die
Autoren vielleicht eine Formulierung in den Text aufgenommen, die eine Verwechs-
lung mit dem Erdentag ausschließen sollte:

Da ward aus Abend und Morgen der erste Tag [jom].[135]

Der Erdentag aber beginnt mit dem Morgen und endet mit dem Abend oder – wenn
wir die volle Erdumdrehung als Maß nehmen – nach 24 Stunden mit dem Morgen.
Dieses von der Sonne gegebene Zeitmaß kann aber als Einteilung des Schöpfungsab-
laufes gar nicht gemeint gewesen sein. Erst im vierten *jom* erscheinen die Himmels-
körper Sonne, Mond und Sterne.[136] Davor – für die ersten vier Schöpfungstage –
kann der 24-Stunden-Zeitraum, den wir Tag nennen, nicht das Zeitmaß gewesen
sein, weil es ihn nicht gegeben hat.

Die Autoren der Alten Überlieferung versuchten, mit dem Inhalt von Wörtern die
Unvorstellbarkeit der Entstehung von Universum und Leben zu vermitteln. Die
Gelehrten der Auslegungstradition waren bemüht, das Unvorstellbare vorstellbar,
das Unbegreifliche begreiflich und das Göttliche menschlich zu machen. Das ist die

Tragödie der Auslegungstradition, die leider auch oft zur Tragödie der Menschen wurde, die sich dem Gedankenverfall widersetzen wollten.

Nach unserer Weltvorstellung ist es undenkbar, daß es eine Lebensentwicklung gegeben haben könnte, bevor Sonne und Mond am Himmel erschienen waren. Wir sollten das aber nicht zum Anlaß nehmen, den Kern des biblischen Berichtes deshalb gleich wieder als primitiv und einfältig abzutun. Es scheint mir ratsam, darüber nachzudenken, ob wir wirklich schon alles über Himmel und Erde wissen, oder ob es nicht auch in diesem Bereich Erkenntnisse geben könnte, denen die Menschheit noch entgegengeht.

In sechs *jom*, deren Dauer wir nicht kennen, entstand das Universum und das irdische Leben durch das Wirken einer Kraft, die von den Autoren der Alten Überlieferung Elohim genannt worden war. Am Ende des sechsten *jom* erschienen die Menschen. Seither sind in der Schöpfung keine erkennbaren neuen Lebensformen mehr entstanden. Auch in dieser Feststellung stimmen die Autoren der Alten Überlieferung mit den Erkenntnissen der modernen Naturwissenschaft überein. Zum gegenwärtigen Zeitpunkt, in dem von den Menschen beobachteten Zeitraum, ruht die Schöpfungsmacht Elohim.

Im Bibeltext wird das als die Sabbatruhe des siebenten *jom* bezeichnet. Wenn wir *jom* nicht als Sonnentag verstehen, sondern als erdgeschichtliche Periode, dann können wir gar nicht in Versuchung kommen, das Wort »Elohim«, das in den Beschreibungen der Menschheitsgeschichte steht, als eine Erscheinung jener Macht zu verstehen, die das Universum entstehen ließ, denn wir sind noch am Anfang des siebenten Zeitraumes, in dem die Schöpfungsmacht ruht.

Nicht weil das zweite Kapitel der Genesis aus einer anderen Quelle stammt, in der den Menschen »Elohim« als Gottesbezeichnung vielleicht weniger gefallen hat als der Gottesname Jahweh, sondern weil im Ruhen der Schöpfungsmacht keine neuen, den Lebensablauf der Geschöpfe verändernden Schöpfungsakte geschehen, mußte für die auf das menschliche Leben einwirkende Kraft ein anderer Begriff gewählt werden, eine Abwandlung des Begriffes Elohim – Jhwh Elohim.

Der Mensch soll sich von dem, was im Himmel ist, keine »Bilder« machen. Befolgt man die Aufforderung, so ist es ausgeschlossen, die Schöpfungsmacht Elohim in eine menschliche Vorstellung zu fassen. Die Leistungsfähigkeit des menschlichen Gehirnes würde dazu auch nicht ausreichen. Wohl aber vermag der erkenntnisfähige Mensch im Naturablauf Gesetzmäßigkeiten zu erkennen, die aus dem durch Elohim bewirkten Schöpfungsgeschehen entstanden sind und den Lebensprozeß in Gang halten.

Es ist eine Frage der Weltsicht, ob man mit dem Vertrauen des gläubigen Menschen Jhwh Elohim als die Kraft sehen will, die den Menschen Schritt für Schritt die von ihm bis dahin als unergründbare Geheimnisse angesehenen Gesetzmäßigkeiten im Naturablauf offenbarte, oder ob man mit der Skepsis des Suchenden Jhwh Elohim als den aus Elohim in der Natur wirkenden Geist der Naturgesetze verstehen will, den die Menschen langsam ergründen und dadurch zu Wissen und Weisheit finden, mit deren Hilfe sie sich langsam aus den tierhaften Zwängen befreien und zu Menschen werden können.

Das Wirken der Schöpfungsmacht wird mit dem hebräischen Wort *bara* beschrieben. Wäre »Jhwh Elohim« nur eine andere Bezeichnung für »Elohim«, so könnte das Wort *bara* weiterhin Anwendung finden. Dies ist aber nicht der Fall. Für die Tätigkeit des Gottesbegriffes Jhwh Elohim wird das Wort nicht mehr verwendet.

Was nun geschieht, wird mit Begriffen bezeichnet, die unseren Wörtern »formen«, »bauen« oder »entstehen lassen« und »bilden« entsprechen.

Elohim ist die unnahbar ferne, unbegreifliche Schöpfungsmacht, aus deren Kraft die Welten des Universums entstehen. Im Schöpfungsbericht steht dieser Begriff für das unergründliche Geheimnis des Prozesses der Lebensentstehung, der auch im 20. Jahrhundert noch nicht vernünftig und überzeugend erklärt werden kann; am allerwenigsten mit dem in jüngster Zeit vielfach bewunderten Gedanken, das Leben sei durch einen Zufall entstanden[137] – eine »Erkenntnis«, zu deren Bestätigung auch Wahrscheinlichkeitsberechnungen aufgestellt wurden. Aber was bedeutet denn Zufall? Das Wort bezeichnet ein Geschehen, in dessen Ablauf die Menschen bisher keine Gesetzmäßigkeit erkennen konnten. Damit ist aber nicht bewiesen, daß in dem Ereignis keine Gesetzmäßigkeit wirksam ist.

Wer die Lebensentstehung dem Zufall zuschreibt, ist im Grunde ein Mystiker, der sich mit dem modischen Mäntelchen des skeptischen, nur der naturwissenschaftlichen Logik folgenden Denkers kleidet.

Alles kann durch wissenschaftliche Logik ergründet werden, nur der Zufall nicht. Alle Berechnungen, die als »Beweise« vorgeführt werden, können nur aussagen, daß der Vorgang eben nicht – oder noch nicht – berechenbar ist. Wer von der »zufälligen« Entstehung des Lebens spricht, gesteht nur, daß er ein dem Vorgang innewohnendes Gesetz nicht erkennen kann. Sein Zufall ist nicht ein naturwissenschaftlich erklärbarer, sondern ein nicht erklärbarer Vorgang. Er kann dieses bisher nicht begreifbare Geheimnis Zufall nennen. Er sollte aber nicht dem Irrtum unterliegen, daß er dadurch klüger ist als andere, die einen anderen Begriff wählen für das Undurchschaubare – etwa Elohim.

Der Name Elohim erklärt nicht die Entstehung des Lebens, er beschreibt nur die Unbegreifbarkeit des Vorganges. Das Wort *elohim* hat im hebräischen Text mehrere Bedeutungen. In der Auslegungstradition wird es meistens mit »Gott« übersetzt, aber nicht immer. Dort, wo der Begriff »Gott« mit der traditionellen Auslegung absolut nicht vereinbar wäre, wird der im Wortsinn korrekte Begriff »Götter« eingesetzt, zum Beispiel, wenn Mose nach dem Auszug aus »Ägypten« singt:

Herr [jhwh], wer ist dir gleich unter den Göttern [elohim]?[138]

Das Auslegungskonzept, in dem »Elohim« als Bezeichnung für den einzigen Gott gedeutet wird, der nur gelegentlich auch unter anderen Namen auftritt, versagt, wenn die Textstelle übersetzt werden muß, in der Mose zur Befreiung des Volkes aufgerufen wird und im Namen Jhwh den Auftrag erhält, seinen wortgewaltigen Bruder Aaron mit dem Volk sprechen zu lassen. Es wird ihm nämlich aufgetragen:

. . . er soll dein Mund und du sollst sein Gott [elohim] sein.[139]

Seit die Menschen denken können, suchen die einen nach Erkenntnissen, um damit das Leben ihrer Mitmenschen zu erleichtern, und andere versuchen mit Hilfe des aus den Erkenntnissen entstandenen Wissens, ihre Umwelt zu beherrschen. Um ihren Herrschaftsanspruch dann zu legitimieren, berufen sich die Machtsuchenden darauf, ihr Wissen von überirdischen Mächten empfangen zu haben, mit denen sie in Verbindung stehen und deren irdische Stellvertreter sie sind. In den Kulten »verwandeln« sie sich, nehmen den Geist ihres Gottes in sich auf und lassen ihn durch ihren Mund zu den Menschen sprechen. In diesem Moment werden sie von den Menschen, die der Zeremonie beiwohnen, für eine Erscheinung dieses Gottes gehalten. In den Augen der Menschen werden sie für einen kurzen Zeitraum selbst ein Gott. Sie werden *isch ha elohim* – ein Mann der Elohim.

Nach dem ersten Kapitel der Genesis werden mit »Elohim« immer Menschen bezeichnet, die als irdische Vertreter der Götter auftreten. Das erklärt Textformeln, die in der Auffassung der Auslegungstradition wie ein neckisches Versteckspiel Gottes wirken; zum Beispiel, wenn es heißt:

Und Gott [elohim] redete mit Mose und sprach zu ihm: Ich bin der Herr [jhwh].[140]

Die Phrase besagt, ein Mensch, ein Elohim, sprach im Geist des Namens Jhwh mit Mose. Elohim können aber auch »fremde Götter« anderer Völker sein und ebenfalls alle, die deren Worte verkünden.

Und anderer Götter [elohim] Namen sollt ihr nicht gedenken, und aus eurem Munde sollen sie nicht gehört werden.[141]

Das Wort Elohim bezeichnet auch alle, die am Wissen der Elohim teilhaben und dadurch mächtiger sind als die gewöhnlichen Menschen, die sie beherrschen und über die sie Recht sprechen:

Den Göttern [elohim] sollst du nicht fluchen, und den Obersten in deinem Volk sollst du nicht lästern.[142]

Elohim können Richter, Priester und Propheten sein, nur eines sind sie in den Texten der alten Überlieferung niemals: personifizierte, menschengleiche Erscheinungen der Schöpfungsmacht.

Jhwh Elohim

Über die Aussprache des Gottesnamens Jhwh gab es schon vor fast 2000 Jahren keine Klarheit mehr. Aus dem Streit der Jahrhunderte sind drei Versionen geblieben: Jahwah – Jahweh – Jehova. Da dem Konsonanten *w (waw)* auch der Vokalwert *o* und *u* gegeben werden kann, ist die Aussprache »Jahua« ebenfalls möglich.

Unter den vielen Gottesbezeichnungen, die im Pentateuch vorkommen, steht auch die Silbe *hu<a> (he-waw-aleph)*. In der Bedeutung »er« gehört sie zum Sprachgebrauch der Tradition.

Die Silbe »hu« (*hw*) findet sich in Ägypten schon in den ältesten Schriften. Sie bedeutet dort: unwiderrufliches Wort – autoritatives Prinzip – oder göttlicher Befehl.[143] Das ägyptische *hw* war ein Begriff der abstrakten Dreiheit, der auch die Götter unterworfen waren – *sja – hu – maat. sja* bezeichnet das göttliche Denken, *hw* das schaffende, unabänderliche Wort, *maat* die Gerechtigkeit. Was im göttlichen Denken, dem *sja*, vorgeformt wurde, entstand durch das *hw*, das gesprochene Wort. Das daraus Entstandene mußte mit *maat*, der Gerechtigkeit, verwaltet werden.

Der ägyptische Gott des Wissens und der Kunst des Schreibens, von den Griechen *Thot* genannt, hieß in Ägypten *Dahutj* – in den Hieroglyphen der ägyptischen Konsonantensilben *d-hw-tj* geschrieben.

Mit dieser ausführlichen Erklärung soll nicht die Behauptung vorbereitet werden, daß der Gottesbegriff Jhwh aus der ägyptischen Geisteswelt hervorgegangen ist, denn die Silbe *hw* kommt nicht nur bei den Ägyptern vor, sondern schlechthin bei allen Kulturvölkern. Das *hu* der nordamerikanischen Indianer bedeutete »unwiderrufliches Wort«. Der Priester, der das heilige Wort spricht, hieß bei den Maori-Völkern Neuseelands Tanahune. Das Vorkommen bei den meisten Kulturvölkern läßt es möglich erscheinen, daß auch in der hebräischen Sprache die Silbe *hw* im Gottesbegriff *jhwh* auf das erschaffende Wort hinweist.

Der Begriff *jhwh elohim* könnte in diesem Fall sinngemäß mit »lebendes Wort der Götter« oder »göttliches Wort der Schöpfungsmacht« übertragen werden. Jhwh Elohim ist die menschennahe, freundliche Kraft, von der die Menschen zu Erkenntnissen geleitet wurden, durch die es ihnen möglich war, ihre Umwelt zu gestalten, über ihre Vermehrung zu bestimmen. Durch Jhwh Elohim wurden aus tierhaften Lebewesen die Menschen gebildet.

Jhwh

Die Versuche, den Gottesnamen Jhwh zu deuten, sind nicht zu zählen. Vermutlich gab es schon keine Übereinstimmung mehr, als die Sammlung der biblischen Schriften, aus den Fragmenten geretteter Texte nach der mündlichen Überlieferung und mit Hilfe von geraubten, in Archiven Mesopotamiens wiedergefundenen Schriftdokumenten rekonstruiert und zusammengestellt wurde. Das Verbot, den Namen auszusprechen, deutet auf tiefgreifende und langdauernde Auseinandersetzungen hin. Die Vorschrift, an Stelle des geschriebenen *jhwh* das Wort *adonaj* (Herr) zu lesen, zeigt an, daß zu diesem Zeitpunkt bereits der rein geistig aufzufassende Begriff Jhwh von der Vorstellung eines männlich-menschlichen Gottes überwuchert war, in dessen Namen die Behauptung einer gottgewollten Überlegenheit des Mannes über die Frau verbreitet wurde.
Diese Überlegenheit des Mannes war in der alten Welt keineswegs von Anfang an und in allen Traditionen als Wille Gottes oder der Götter angenommen worden.
In der griechischen Mythologie wird von Eurynome[144] erzählt, der Großen Göttin, die als Mond am Himmel entlangzog. Der sumerische Name dieser Göttin soll »Erhabene Taube« bedeuten und in der sumerischen Sprache *jahu* geheißen haben. Robert von Ranke-Graves vermutet, daß dieser Name später an Jehova, den Schöpfer, übergegangen ist.[145]
Richtig an diesem Gedanken ist auf jeden Fall, daß der unaussprechlich heilige hebräische Gottesname Jhwh auch zu dem Wort »jahua« vokalisiert werden darf. Der Wortklang könnte ebenso richtig oder falsch sein wie der jeder anderen Vokalisierung. Auch daß das Wort vielleicht einmal weibliche Bedeutung gehabt hat, ist nach den Kriterien der Sprachwissenschaft nicht auszuschließen. Der Konsonant *h* am Ende eines Wortes kann, wie wir aus den Überlegungen zur Deutung des Begriffes Adamah wissen, auch die wichtige Funktion haben, die weibliche Form eines hebräischen Wortes anzuzeigen. Man kann also nicht sagen, daß Ranke-Graves mit seiner Ursprungsvermutung zum Namen Jhwh gänzlich unsinnig gedacht hat.
Die weibliche Deutung würde zwar der modernistischen Forderung feministischer Theologinnen nahekommen, sie wäre aber ebenso willkürlich und opportunistisch, wie es dereinst die Festlegung auf eine menschlich-männliche Bedeutung in der patriarchalisch orientierten Auslegungstradition gewesen ist.
Es findet sich im hebräischen Text außer dem Namensende *h* kein Hinweis auf eine weibliche Gottesvorstellung zu diesem Namen. Allerdings gibt es viele Anzeichen einer ursprünglichen Tendenz, auch eine männliche Deutung nicht zuzulassen.
Das im Namen Jhwh überlieferte Wort ». . . denn kein Mensch wird leben, der mich siehet«[146] schließt aus, daß es ein von einem lebenden Menschen bezeugtes Bild der Gotteserscheinung gegeben haben kann. Zwar verweisen traditionelle Bibelausgaben von diesem Vers auf eine andere Textstelle der Genesis, in der Jakob sagt:

Ich habe Gott von Angesicht gesehen.

Jakob spricht aber nicht von Jhwh, sondern nur von Elohim.[147] Die textdeutenden Gelehrten hätten, wie bereits gezeigt wurde, viele Möglichkeiten gehabt, dem Wort Elohim an dieser Stelle eine andere Bedeutung als »Gott« zu geben. Aus dem Wortlaut allein war die Deutung nicht gerechtfertigt, zumal der »Gott« mit dem Jakob einen Ringkampf austrug, im hebräischen Text auch einmal als *isch* (Mann) bezeichnet wird.[148]

Wer nur die Übersetzungen kennt, wird sich nun vermutlich irritiert daran erinnern, daß in der Bibel doch eine Begegnung von Mose und Aaron, Nadam und Abihu und den siebzig Ältesten mit dem Gott Israels beschrieben wird:

Und sahen den Gott Israels . . .[149]

Auch sie sahen auf dem Berg nicht Jhwh, sondern den *elohe jsrael*.

Der Gedanke, »keiner wird leben, der mich sieht . . .«, wird im Namen Jhwh verkündet.

Die Überlegungen, ob die Menschen sich Gott als Mann oder Frau vorzustellen haben, sind sehr alt. Für die christliche Welt wird die Frage im Evangelium des Johannes eindeutig entschieden:

Gott ist Geist.[150]

Auch im Bereich der althebräischen Überlieferung ist der betont menschlich-männlichen Vorstellung widersprochen worden. In den herkömmlichen Übersetzungen des Bibeltextes ist auch dies allerdings nicht zu erkennen. Die Tradition formulierte eine unverfängliche Phrase:

Gott ist nicht Mensch und nicht Menschenkind . . .[151]

Für Gott steht in diesem hebräischen Text *el* und für Menschenkind *ben-adam*. Die Bezeichnung wird für »Kind des Menschen« ebenso gebraucht wie für »Nachkomme der Menschen«, also »Mensch«. Die Interpretation »Menschenkind« ist korrekt. Was die Tradition aber mit »Mensch« übersetzt, heißt in der hebräischen Fassung *isch*. Dieses Wort haben wir bereits behandelt, als die neuerstandene Frau *ischah* genannt wurde, »weil sie vom isch – vom Mann – genommen ist«. Das Wort *isch* bedeutet vor allem »Mann« oder »männlicher Mensch«.

Mit dem Kern der hebräischen Wortbedeutungen sollte der Bibelvers somit anders übersetzt werden: **Nicht Mann ist Gott . . . und nicht Menschenkind . . .**

Im Sinne der zu Jhwh Elohim vorgeschlagenen Deutung ist Jhwh das »leitende Wort« oder das »lebende Wort«. Geist und Wissen sind nur durch das Wort zu vermitteln, das über die Bereiche der körperlich faßbaren Begriffe hinausreicht. Nur durch das Wort konnten sich die frühen Menschen zu einer Gemeinschaft verbinden, die zu kulturellen Leistungen fähig wurde.

Wir wissen, daß auch Tiere sich untereinander verständigen können. Sie müssen deshalb, zumindest in begrenztem Ausmaß, auch fähig sein zu denken. Solange wir die Kommunikation der Tiere nicht verstehen, werden wir nicht wissen, ob und was sie denken. Wir müssen jedoch nach unseren bisherigen Erkenntnissen über die Welt der Tiere annehmen, daß sich ihre Verständigung auf Erscheinungen ihrer sinnlich wahrnehmbaren Umwelt beschränkt. Mit den körperlichen Sinnen nicht Wahrnehmbares, Abstraktes, kann nur durch das Wort gedacht und übermittelt werden.

Das Muttertier lehrt die Kinder durch Demonstration, Gebärden und Laute, wie Gefahren zu erkennen und Nahrungsquellen aufzufinden sind. Dadurch können die Instinkte der Jungtiere geweckt und entwickelt werden. Die Begriffe »Zeit« und »Leben«, »Abschied« und »Hoffnung« können durch Gesten nicht begreiflich gemacht werden, wenn nicht die dahinterstehenden, nur im Wort faßbaren geistigen Begriffe bekannt sind. Erworbenes Wissen über die Gesetzmäßigkeit der Naturabläufe, gesammelte Erfahrung und Weisheit des Geistes leben nur im Wort. Wir merken dies auch an der Überlieferung der Bibel. Wo das Wort nicht verstanden wird, kann der innewohnende Geist nicht mehr aufgenommen und vermittelt werden. Jhwh,»das lebende Wort«, ist der erkannte Geist, das aus Erfahrung gewonnene Wissen, das die Menschen leitet.

Ha Elohim

ha elohim sind die »Wissenden«, die durch ihr Wissen Macht haben oder durch ihre Macht sich das Wissen anderer dienlich machen können. Den gewöhnlichen Menschen erscheint es, als wären sie durch geheimnisvolle Kräfte mit unnahbaren Göttern verbunden. Sie glauben sich auf die Hilfe der ha Elohim angewiesen, wenn sie die Aufmerksamkeit der mächtigen, unnahbaren Götter auf sich lenken wollen. In den Mythen der alten Kulturen gibt es eine Vielfalt von hohen und niedrigeren Göttern, die mit Menschen gezeugt haben sollen. In den Fragmenten altbabylonischer und hethitischer Texte des »Gilgamesch-Epos« werden alle Helden mit dem Kennzeichen (Determinativ) für den Begriff »Gott« versehen. Von Gilgamesch wird gesagt, er sei zu einem Drittel Gott und zu zwei Dritteln Mensch gewesen.
Allen diesen vergöttlichten Menschen kommt in hebräischen Texten die Bezeichnung Elohim zu, denn wer sich Götter wie Menschen vorstellt, kann keine Grenze zwischen beiden ziehen. Er wird niemals wissen können, ob ein Mensch vor ihm steht oder ein Gott.
In manchen Texten der biblischen Überlieferung wird Jhwh als einer von vielen Göttern beschrieben. Nach der geglückten Flucht des Volkes ruft der »Midianiter« Jethro, der Schwiegervater des Propheten Mose, aus:
   Nun weiß ich, daß Jhwh 'größer ist denn alle Götter [elohim].[152]
Jethro glaubte nicht an die Existenz viele Götter, aber er wußte, daß viele Menschen sich über andere erheben und sich von ihnen als Götter verehren lassen.
Wäre die Auslegung richtig, daß Jhwh und Elohim dasselbe bedeuten, dann würde der Satz Jethros aussagen: Nun weiß ich, daß Jhwh größer ist als er selbst.
So weit wollten auch die Redakteure der Auslegungstradition nicht gehen und übersetzten *elohim* an dieser Stelle mit dem Mehrzahlbegriff »Götter«. Nach welchen Regeln sie *elohim* jeweils gedeutet haben, ist nicht zu erkennen.
Im Gegensatz zur Auslegungstradition, die aus allen Gottesbeschreibungen der Texte nur eine Erscheinung formen will, die deshalb unberechenbar und wankelmütig erscheinen muß, weil in ihr widerstrebende geistige Tendenzen zusammengefaßt sind, ist in den Fragmenten der Alten Überlieferung mit jedem Namen eine andere Bedeutung verbunden.
1. Elohim als Schöpfungsmacht, die nach Vollendung des Schöpfungswerkes seit der Entstehung der Menschen ruht und nicht mehr in Erscheinung getreten ist;
2. Elohim als Menschen, die im Namen von Göttern sprechen und handeln:
   a) als Priester,
   b) als Herrscher, die sich als Götter verehren lassen,
   c) als Wissende, die unwissenden Menschen mächtig und übermenschlich erscheinen,

d) als fremde Götter und deren Priester,
e) als Richter;

3. Jhwh Elohim, das zu Erkenntnissen führende lebende Wort;
4. Jhwh, das unter den Menschen lebende Wort, das aus Jhwh Elohim erkannt wurde und die Menschen leitet. Im Namen Jhwh wird den Menschen das Gebot verkündet: *»Töte nicht.«*[153]
5. Adonaj/Jahweh, der menschengleiche, männliche Gott der Spätzeit, dessen Kommentare und Opferforderungen die Redakteure in die Fragmente der alten Überlieferung eingefügt haben, um die alten Dokumente dem Weltbild ihrer Zeit und dem daraus entwickelten Auslegungsschema anzugleichen. Aus den Worten, die dieser Gottesvorstellung von den Redakteuren der Auslegungszeit in den Mund gelegt wurden, spricht ein anderer Geist:

   Deut. 9.13
   Und der Herr [jhwh] sprach zu mir: Ich sehe, daß dies Volk ein halsstarrig Volk ist.
   (14) Laß ab von mir, daß ich sie vertilge, und ihren Namen austilge unter dem Himmel . . .

   In der Alten Überlieferung gibt es die phantasievollen Bedrohungen der menschlichen Welt durch Teufel oder Dämonen nicht. In ihr ist der Mensch selbst sein einziger und alleiniger Feind. Um ihn und in ihm ist die beständige Bedrohung der urweltlichen Egozentrik, aus der er sich durch die Erkenntnisse aus Jhwh Elohim befreien und durch den Geist des Namens Jhwh zum Menschen bilden konnte.

6. Adamah wurde in der ursprünglichen Form der Urgeschichte als egozentrische, nur nach den Instinkten der Vermehrung und des Überlebens handelnde Urkraft der animalischen Natur beschrieben. In der Adamah ist der Geist des Namens Jhwh nicht bekannt, oder er wird nicht angenommen. Nur durch diesen Geist aber ist die Egozentrik des tierhaften Lebens »in die Hand« des Menschen gegeben. Er wird die animalische Urwelt beherrschen, solange er den Geist aufnimmt, bewahrt und weitergibt.

59

Die Urgeschichte

Die Verführung

Gen. 2.9
Und Gott der Herr ließ aufwachsen aus der Erde [min ha adamah] allerlei
Bäume, lustig anzusehen, und gut zu essen, und den Baum des Lebens mitten im
Garten und den Baum der Erkenntnis des Guten und Bösen.
Alle Völker rühmen in ihren Mythen Götter, die ihnen die Kenntnisse von Ackerbau
und Viehzucht vermittelt und das Feuer gebracht haben. Die biblische Auslegungs-
tradition preist das Bild eines Gottes, der den Acker verflucht, von dem sich die
Menschen ernähren sollen, die er aus Erde vom Acker erschaffen hat. Die Tradition
verherrlicht einen Gott, der später das blutige Brandopfer eines Tierzüchters bevor-
zugt und das Opfer aus Feldfrüchten verabscheut. Die Auslegungstradition lehrt,
Gott hätte den Acker verdammt, weil im hebräischen Text steht: »Verflucht sei die
Adamah.«
Es genügt, *adamah* unübersetzt zu lassen, und die ganze schaurige Geschichte – die
im zweiten und dritten Kapitel des Buches Genesis erzählt und von der Tradition als
Paradies und Sündenfall gedeutet wird – wandelt sich zu einem glaubhaften Bericht
über eine frühe Phase der Menschheitsgeschichte, zu der es in den modernen
Wissenschaften noch keine gleichwertigen Gedanken gibt.
Nach der wissenschaftlichen Lehrmeinung haben wir die Anfänge menschlicher
Kultur dort anzunehmen, wo wir die ersten Anzeichen von landwirtschaftlicher
Bodenbearbeitung finden. Das wird immer gleichgesetzt mit dem Anbau von
kultivierten Feldpflanzen wie Weizen, Mais oder Hülsenfrüchten. Im biblischen
Bericht stehen dagegen die Pflanzung und künstliche Bewässerung von Bäumen zur
Sicherung der Nahrung am Anfang der Kulturentwicklung.
Ob die Verfasser der Alten Überlieferung zu dieser Ansicht durch Forschung
gekommen sind, oder ob ihre Gedanken Ergebnis theoretischer Überlegungen waren,
ist dem kargen Inhalt der Fragmente nicht zu entnehmen. Auf welche Art auch immer
die alten Autoren zu ihren Vorstellungen gefunden haben, sie sind es wert, auch von
der profanen Wissenschaft ernst genommen zu werden, denn die Entwicklung, die
beschrieben wird, vollzieht sich in einem naturgeschichtlich durchaus möglichen
Rahmen, mit dem wir uns bisher nicht beschäftigt haben, weil uns die Bilder fehlten,
die ihn füllen können.
Im Bibeltext wird angegeben, die Vorfahren der Menschen hätten sich zunächst nur
von Pflanzen ernährt.[154] Die moderne Wissenschaft verfügt dazu noch nicht über
gesichertes Wissen. Die Möglichkeit, daß unsere noch als Tiere lebenden Vorfahren
sich vegetarisch ernährten, wird nicht ausgeschlossen. Aus zahlreichen Beobachtungen und Studien schließt die moderne Wissenschaft, unsere Urvorfahren hätten,

ähnlich den Schimpansen, in und von Bäumen gelebt. Die im Bibeltext beschriebene Kulturentwicklung beginnt mit dem Pflanzen von Bäumen.

Die ersten Versuche, Fruchtsamen in den Boden zu setzen und durch künstliche Bewässerung zum Wachsen zu bringen, werden nicht dort erfolgt sein, wo es ohnehin genug Bäume gegeben hat, oder wo der Waldboden erst hätte gerodet werden müssen, sondern in Randgebieten mit wenig Baumwuchs, am Übergang von der Urwald- zur Steppenlandschaft.

Dieser Gedanke kann zum Verständnis des Wortes »Eden« führen, denn in der babylonisch-assyrischen Keilschrift bezeichnete die Zeichenkombination mit dem Namen *edin* die Landschaftsformen Steppe oder Feld.[155]

> Gen. 2.8
> *Und Gott der Herr [jhwh elohim] pflanzte einen Garten in Eden gegen Morgen, und setzte den Menschen drein, den er gemacht hatte.*

In der Auslegungstradition wurde der Eindruck erweckt, es hätte ein allen bekanntes Land Eden gegeben, in dem Gott den Garten pflanzte. Ein solches Land ist nie entdeckt worden. Es gibt auch in den alten Schriften keinen Hinweis darauf.

In assyrischen Schriften fand man *idinu,* aber es stand nur für die Landschaftsformen »Ebene« und »Feld«[156], ebenso wie das sumerische *edinu*, das »Wüste« oder ebenfalls »Steppe«[157] bezeichnete.

Auch die vermeintliche Richtungsangabe »gegen Morgen«, die als Bezeichnung für die Himmelsrichtung Osten gedeutet wird, stiftet in dieser Auffassung nur Verwirrung. Wenn der Standort des Erzählers nicht bekannt ist, hat die vermutete Richtungsangabe keinen Wert. Niemand vermag zu sagen, von wo aus man nach Osten wandern müßte, um den Garten in der Steppe zu erreichen.

Das hebräische Konsonantenwort *qdm* kann »Morgen« bedeuten und auch »Osten«. Es gibt die Richtung an, in der die Sonne aufgeht. Dort, wo das Licht zuerst erscheint, ist *qdm*. Wo die Sonne aufgeht, erscheint das früheste Licht. Mit *qdm* wird deshalb »das Früheste« bezeichnet oder auch »das längst Vergangene«.[158] Die Übersetzer entscheiden, welchen Begriff sie an welcher Stelle einsetzen, und entscheiden damit über die Deutung des Inhaltes. Vers 9 des 51. Kapitels im Buch des Propheten Jesaja[159] wäre mit der Übersetzung »Osten« für *qdm* völlig sinnlos. Setzt man aber die dort verwendete Bedeutung »Vorzeit« in die angebliche Ortsbezeichnung des angeblichen Paradieses ein, so ergibt sich eine sehr klare Aussage: ein Garten im Land der Vorzeit.

Die Alte Überlieferung beschreibt, daß die erste Kulturentwicklung der Menschheit in einem Gebiet stattgefunden hat, das durch spätere Veränderungen der Erdoberfläche nicht mehr zu erkennen – oder nicht mehr vorhanden – ist. Der ursprüngliche Gedanke könnte also ausgesagt haben: **Und Jhwh Elohim ließ einen Garten entstehen, im Lande der Vorzeit; und ließ den/die Menschen, der/die durch ihn gebildet worden war/en, darin seßhaft werden**.

Man wird mir entgegenhalten, daß im Text doch angegeben ist, der Garten in Eden lag am Ursprung von vier Flüssen, von denen einer der Euphrat ist.[160] Diese Angaben zur geographischen Lage sind aber leicht als Einfügungen zu erkennen, mit denen die Redakteure der Textrekonstruktion nur dem Beispiel vieler anderer Mythendichter gefolgt sind. Sie haben mit der Einpassung des Gartens in die Geographie ihrer Umwelt nichts anderes getan als indische und chinesische Textschreiber, die in ihren Mythen ebenfalls von einem Paradies erzählen.

Bei den Chinesen liegt die paradiesische Wohnung des obersten Himmelsherrn dort, wo der Gelbe Fluß, der Hoang Ho, zusammen mit drei anderen Wässern entspringen soll (und nicht entspringt).

Das irdische Paradies des indischen Gottes Shiwa soll nach dem Glauben seiner Anhänger auf dem Gletscherberg Kailas sein, im Manasa Sarowara, in dem die vier heiligen Ströme entspringen.

Die Legenden der alten Völker sind einander sehr ähnlich, und alle Dichter haben, wie die Redakteure des Bibeltextes, versucht, durch Projektion in ihre Umwelt eine lebendige Beziehung zu den nur noch in Mythen und Sagen überlieferten Ereignissen der Vergangenheit herzustellen. Die Redakteure des Bibeltextes haben ihre Textfassung zu einem Zeitpunkt erstellt, als bereits seit über 1000 Jahren in Mesopotamien das Weltschöpfungsgedicht »enuma elisch« (Als droben . . .) verbreitet war. Es wurde in Babylon alljährlich zum Neujahrsfest öffentlich gelesen.[161] Darin werden die Menschen zum Dienst an den Göttern erschaffen. Ihre Aufgabe ist es, die Grenzen festzusetzen und »die vier Bereiche (der Welt) zu bewässern«.[162] Die Bewässerung aller vier Weltgegenden war im Altertum ein überall verbreitetes Grundmotiv. Im Palast von Mari (zerstört 1696 v. Chr.) wurde ein Bild gefunden, das zwei Göttinnen zeigt, mit Vasen in den Händen, aus denen vier Ströme entspringen.[163]

Ursprünglich sollten die »vier Ströme«, die von den Paradiesen der Völker ausgehen, wahrscheinlich nicht reale Flüsse bezeichnen, sondern die aus einer Quelle verbreiteten Kenntnisse von Pflanzenkultivierung und künstlicher Bewässerung, durch die das menschliche Leben erst entstehen konnte.

Wenn diese Vermutung zutrifft, gibt es zumindest theoretisch eine Spur zum »Garten im Land der Vorzeit«. Sie wäre gefunden, wenn erkannt werden könnte, wo und wann die Menschen gelernt haben, Bäume zu kultivieren und den Boden zu bebauen. In der Wissenschaft gibt es dazu keine allgemein anerkannte Meinung. Noch ist nicht zu erkennen, ob das Wissen sich aus einer Quelle verbreitet hat, oder ob es an verschiedenen Orten, voneinander unabhängig, zu ähnlichen Entwicklungen gekommen ist.

Die Sumerer wanderten vermutlich im vierten Jahrtausend v. Chr. nach Mesopotamien ein. Die bisher ältesten Spuren von Feldbestellung wurden dort aber in den Erdschichten des sechsten Jahrtausends gefunden.

Die Stadt Jericho am Toten Meer ist mindestens 8000 Jahre alt. Zur Bildung einer befestigten Stadt konnte es nur kommen, wenn die darin seßhaften Bewohner durch Ackerbau und Viehzucht ausreichend ernährt werden konnten.

In Norddeutschland gab es systematische Landbestellung bereits im vierten Jahrtausend v. Chr. In Siedlungsschichten aus dieser Zeit wurden im nördlichen Mitteleuropa die Kulturpflanzen Weizen (zwei Sorten), Gerste, Erbsen, Linsen und Leinsamen gefunden.

Zur Zeit von Papst Julius II. konnte man sich nicht einigen, von welchem der biblischen Stammväter die Indianer abstammen sollten. Auch heute ist die Herkunft der Ureinwohner des amerikanischen Kontinentes noch nicht endgültig geklärt. Zur Zeit herrscht die Meinung vor, daß Amerika über eine während der letzten Eiszeit bestehende Landbrücke von Sibirien aus besiedelt worden ist. Diese Vorfahren der Indianer sollen vor 40 000 bis 30 000 Jahren eingewandert sein. Seit dem Ende der letzten Eiszeit gab es – wie zur Zeit gelehrt wird – keine Kontakte mehr zwischen den Kontinenten. Die asiatischen Einwanderer haben entweder Kenntnisse über Pflanzenkultivierung bereits mitgebracht oder, unabhängig von den Menschen auf den anderen Kontinenten, neu entwickelt, denn die Kulturpflanze Mais wurde in Bodenschichten aus dem siebenten Jahrtausend v. Chr. gefunden.

Von der ersten Kenntnis bis zur Verbreitung eines großen Bestandes an Kulturpflanzen über weite Gebiete muß eine lange Zeit vergangen sein.

Mit dem Begriff »Garten im Land der Vorzeit« wird auch im Bibeltext beschrieben, daß die Anfänge der menschlichen Kulturentwicklung in einer sehr fernen Vergangenheit angenommen werden müssen.

Gen. 2.16

Und Gott der Herr [jhwh elohim] gebot dem Menschen und sprach: Du sollst essen von allerlei Bäumen im Garten; (17) Aber von dem Baum der Erkenntnis des Guten und des Bösen sollst du nicht essen; denn welches Tages du davon issest, wirst du des Todes sterben.

Wie noch vor wenigen Jahrzehnten jedes Kind in der Schule lernen mußte, haben Eva und Adam dann doch von den Früchten des Baumes gegessen und mit dieser »Ursünde« angeblich die alle Nachkommen belastende Erbschuld auf uns geladen. Im christlichen Abendland ist die Vorstellung vom Paradies untrennbar mit dem Gedanken einer dort geschehenen Erbsünde verbunden. Aber auch dieses »Bild« kommt im Text der fünf Bücher Mose nicht vor. Wie viele andere Vorstellungen ist es eine von außen kommende Gedankenkonstruktion, die erst unter hellenistischem Einfluß mit den Texten der biblischen Überlieferung verknüpft und als eine Folge der Geschehnisse im Paradies ausgelegt wurde.[164]

Die Auslegungstradition erzählt von zwei Menschen, die, als erste erschaffen, allein auf der Welt waren. Sie lebten im Paradies, waren nackt und ohne Wissen von Gut und Böse. Vom Satan in Gestalt einer Schlange verführt, mißachtete die Frau das göttliche Verbot, vom Baum der Erkenntnis zu essen. Sie nahm von den Früchten und gab auch ihrem Mann davon.

In dieser Textauffassung der Auslegungstradition sind die Gesetze der Menschen dem göttlichen Rechtsempfinden weit überlegen, denn der Gott der Auslegung verweigert den Menschen die Reife, indem er ihnen verbietet, vom Baum der Erkenntnis zu essen, bestraft die unschuldig-schuldigen Ureltern aber dann gnadenlos für eine Tat, deren Gut oder Böse sie nicht zu erkennen vermochten, da es ihnen ja verboten war, vom Baum der Erkenntnis des Guten und des Bösen zu essen.

Nach den Grundrechten jedes demokratischen Rechtsstaates hätten Adam und Eva freigesprochen werden müssen. Menschen, denen die geistige Reife fehlt, das Schuldhafte ihrer Handlung zu erkennen, bleiben im Rechtsstaat straffrei.

Durch das traditionelle Deutungsgefüge wird zudem der Eindruck erweckt, Gott hätte die Menschen belogen. Er drohte ihnen an, sie müßten sterben, wenn sie vom Baum der Erkenntnis essen. Die Menschen aßen und starben nicht.

Es bleibt auch durchaus unklar, was für ein Wesen der »Verführer« war. Das Tier, das wir Schlange nennen, kann es nicht gewesen sein, denn die Schlange des Paradieses wird erst nach der Verführung dazu verdammt, hinfort auf dem Bauch zu kriechen. Sie kann also vorher nicht das Tier gewesen sein, das wir Schlange nennen. Fragen dazu beantwortet die Tradition mit der einfachen Antwort: Die Schlange ist der Satan.[165]

Woher die Schriftgelehrten diese Weisheit genommen haben, wird nicht gesagt, denn auch der Satan kommt in den fünf Büchern Mose nicht vor. Dieser Begriff ist frühestens im siebenten Jahrhundert v. Chr. in das Weltbild der biblischen Traditionen, vermutlich aus persischen Quellen, aufgenommen worden.[166] Alles, was über

Satan, Sündenfall, Verderbnis der Geschlechtlichkeit und die Erbsünde der Urmutter behauptet wird, sind Zutaten der Auslegung späterer Jahrhunderte. Im Text steht nichts davon. Aus dem hebräischen Wortlaut erfahren wir nur, daß aus der großen Menge der Adamah hervorgegangene Menschen in dem durch Jhwh Elohim entstandenen »Garten« seßhaft geworden sind. Diesen Menschen (*ha adam*) konnten die alten Autoren keine Namen geben. Von ihnen war, schon als die Überlieferung niedergeschrieben wurde, nur noch bekannt, daß sie vor sehr langer Zeit eine Kulturlandschaft – einen Garten – geschaffen hatten.

Die alten Autoren nannten die Menschen im »Garten« nach der Zeugungserkenntnis Mann und Frau, *isch* und *ischah*. Es waren Frauen und Männer, die als Mann und Frau im »Garten in Eden« lebten, in einer Kulturlandschaft, die umgeben war von der Menge der *adamah*, aus der *ha adam* hervorgegangen war.

Im Gegensatz zu den Überlieferungen der anderen Völker, in denen Götter den Menschen Kultur und Feuer gebracht und dafür regelmäßige Opfergaben verlangt haben, wurde in der Alten Überlieferung beschrieben, daß *ha adam* durch das lebende Wort der Schöpfung, durch den Geist, zu diesen Erkenntnissen geleitet wurde und zu keiner Gegenleistung verpflichtet war.

Gen. 2.25
Und sie waren beide nackt, der Mensch und sein Weib, und sie schämeten sich nicht.

Das hebräische Wort, aus dem der Begriff »beide« abgeleitet wurde, steht auch im Bericht über die Sintflut. Dort wird daraus übersetzt, die Tiere wurden »zu zweien« in die Arche gebracht.[167] Es kann daher auch heißen, die Menschen im Garten lebten »zu zweien«. Sie waren nicht mehr allein, in der Einsamkeit der Tiere.

Auch das Wort, das mit »nackt« übersetzt worden ist, taucht an einer anderen Stelle mit anderer Bedeutung auf. Es steht gleich im nächsten Bibelvers für die »Klugheit« der Schlange: »Und die Schlange war listiger, denn alle Tiere auf dem Felde . . .«[168] Es ist einzusehen, daß es keinen Sinn ergäbe, wenn es hieße, die Schlange war nackter als alle Tiere. Aber wenn es um die Menschen geht, erscheint es durchaus erwägenswert, »klug« in den Text zu schreiben, wo in der Tradition »nackt« übersetzt wurde.

Sinngemäß könnte der Gedanke dann lauten: **Sie waren zu zweien klug, der Mensch und seine Frau, und schämten sich nicht**.

In der Kultur des »Gartens im Lande der Vorzeit« änderten die Menschen *ischah* und *isch* nach der Zeugungserkenntnis ihr Leben. Menschen, die bis dahin im Matriarchat unter der absoluten Vorherrschaft der Frau gelebt hatten, fanden zu einer neuen Lebensform, in der beide Geschlechter gleiches Lebensrecht hatten und gleiche Verantwortung übernahmen. Man darf annehmen, daß in der ältesten Form der Schriften die Frau im Vordergrund der Erzählung stand. Denn sie war aus der alten Lebensform ausgebrochen. Die Frau schämte sich nicht, mit dem Mann, der bis dahin Außenseiter im Rudel und der Gemeinschaft mit den Jungtieren gewesen war, eine Lebensgemeinschaft zu bilden. In der Gemeinschaft mit ihren Kindern fühlten sich Frau und Mann dauerhaft verbunden, »und sie schämten sich nicht«.

Mit dieser Auffassung wird ohne schicksalhafte Abwertung der Frauen logisch verständlich, weshalb sich die Eindringlinge Nachasch an die Frauen wenden, um sie zum Raub der Früchte vom Baum der Erkenntnis zu überreden.

Gen. 3.1
Und die Schlange [nachasch] war listiger denn alle Tiere auf dem Felde, die

64

Gott der Herr [jhwh elohim] gemacht hatte, und sprach zu dem Weibe: Ja, sollte Gott [elohim] gesagt haben: Ihr sollt nicht essen von allerlei Bäumen im Garten?

Die Schlange des Paradieses heißt im hebräischen Text *nachasch*. Auch zu diesem Wort ist die ursprüngliche Bedeutung nicht mehr bekannt. Es wird in den Texten aus ältester Zeit nie für die Tiergattung Schlange gebraucht. In anderen Schriften muß es ebenfalls mit mehreren anderen Begriffen übersetzt werden: 1. Zauberei, 2. Omen, gute Vorbedeutung, 3. schlechtes Omen, 4. Bild eines Tyrannen.[169]

Manche Forscher glauben, daß *nachasch* die Urform des Wortes *nun* (Fisch) gewesen ist. Sie schließen daraus, daß Nachasch ein »schlangenartiger« Fisch oder eine »fischartige« Schlange gewesen sein müsse. Es sind dies Deutungsbemühungen, die sich im engen Korsett des Auslegungskonzeptes bewegen. Sie tragen nichts dazu bei, den ursprünglichen Sinn des Wortes zu erschließen.

Im Text der fünf Bücher Mose ist kein Anhaltspunkt zu finden, der die Gleichsetzung der Nachasch mit einer Schlange oder überhaupt cinem Tier rechtfertigt. Das einzige Argument hierfür ist nur dem traditionellen Wortlaut zu entnehmen: »Nachasch war klüger als alle Tiere auf dem Felde . . .«

Die Autoren der alten Texte machten aber, wie bereits gezeigt wurde, keinen Unterschied zwischen Tieren und Menschen. Sie alle werden im Schöpfungsbericht als *nephesch chaja* bezeichnet, lebendige Seelen. Das von der Tradition mit »Tiere« übersetzte Wort heißt in diesem Satz *chajath*, es kann auch mit »alle Lebendigen« übersetzt werden. Es kann sich auch auf alle beziehen, die noch den Tieren gleich waren, so wie *adam* vor den aus Jhwh Elohim aufgenommenen Erkenntnissen.

Nachasch wandte sich mit einem Satz an die Frau, der in den traditionellen Übersetzungen nicht besonders auffällt: ». . . *Ja, sollte Elohim gesagt haben: Ihr sollt nicht essen von allerlei Bäumen im Garten?*«

Von den vielen Deutungsmöglichkeiten für das Wort *elohim* wählten die Gelehrten der Auslegungstradition hier »Gott«. Aus dem Text kann diese Entscheidung nicht begründet werden. Seit dem Ende des ersten Kapitels war das Wort bisher nicht wieder vorgekommen.

Der Gottesbegriff des zweiten Kapitels war bis hierher *jhwh elohim*. Von Jhwh Elohim, dem lebenden Wort der Schöpfung, aus dem die Menschen die entscheidenden Erkenntnisse aufnahmen, empfingen die im Garten seßhaft gewordenen Menschen die Warnung vor dem Mißbrauch der »Früchte« vom Baum der Erkenntnis.

Wenn nun *elohim* im Text steht, sollten wir aus Respekt vor den Autoren der Alten Überlieferung zunächst überlegen, ob sich mit diesem Wechsel ein Sinn verbindet. Die Hilfskonstruktionen von Quellenunterschieden oder poetischen Einfällen der Autoren reichen als Erklärung für den plötzlichen Wechsel nicht aus.

Nachasch spricht von einer Erscheinung Elohim. Die Frau versteht, was Nachasch meint, und bezieht sich in ihrer Antwort auf dieselbe Erscheinung:

Gen. 3.2

. . . Wir essen von den Früchten der Bäume im Garten; (3) Aber von den Früchten des Baums mitten im Garten hat Gott [elohim] gesagt: Esset nicht davon, rühret's auch nicht an, daß ihr nicht sterbet.

In der Konsequenz der traditionellen Deutung hätte die Frau aber eigentlich antworten müssen: Der Mann hat es mir gesagt. Die erste Warnung war von Jhwh Elohim gekommen, zu einer Zeit, als es nach der Textauffassung der Auslegungstradition nur einen männlichen Einzelmenschen gegeben hat. Wenn man annehmen will, daß

dieser Mann später die Warnung an die aus seiner Rippe erschaffene Frau weiterge-
geben hat, so könnte die Frau der Schlange allenfalls erwidert haben: Der Mann hat
mir erzählt, daß Jhwh Elohim es ihm gesagt hat.
Die Frau sagt aber »Elohim«, ebenso wie Nachasch. Die alten Autoren wollten mit
»Elohim« etwas anderes ausdrücken als mit der Bezeichnung »Jhwh Elohim«.
Die Schöpfungsmacht kann mit dem Begriff Elohim nicht gemeint sein, denn sie ruht
seit Vollendung der Schöpfung. Der Text enthält keine Andeutung, aus der die
Vermutung gerechtfertigt wäre, daß die Schöpfungsmacht ihre Ruhe beendet hat.
Somit können mit Elohim an dieser Stelle nur Menschen bezeichnet sein, die das
Wissen bewahren, verwalten und weitergeben.
Das hebräische Wort <a>chwl bedeutet auch »genießen« oder »verbrauchen«.[170]
Man kann somit die Warnung als eine aus Jhwh Elohim begriffene Erkenntnis der
frühen Menschen auffassen, etwas nicht zu verbrauchen, das zum Garten gehört und
»Baum der Erkenntnis des Guten und des Bösen« genannt wurde. Die menschlichen
Elohim bewahrten das Wissen und gaben die aus Jhwh Elohim aufgenommene
Warnung an Unwissende weiter.
Der Prophet Mose wird im Text des Buches Exodus »Elohim« genannt.[171] Der Geist
des toten Propheten Samuel, der aus der Erde aufsteigt, wird als »Elohim« bezeich-
net.[172] König Saul wird von einem bösen Geist befallen[173], der im hebräischen Text
ruach elohim, Geist der Götter, heißt. Nach den Gesetzesvorschriften des Buches
Exodus soll der Mensch »den Göttern nicht fluchen«.[174] Im hebräischen Text steht
auch an dieser Stelle *elohim.*
Wenn bei der Textauslegung die immer noch andauernde Ruhe der Schöpfungsmacht nicht beachtet wird, läßt sich niemals bestimmen, ob die Autoren die
Schöpfungsmacht, fremde Götter oder menschliche Elohim gemeint haben. Diese
von den alten Verfassern ganz sicher nicht gewollte Verwirrung bestärkt die
Vermutung, daß die Alte Überlieferung ursprünglich aus einem anderen Schrift-
system in das Hebräische übertragen worden ist.
In den Schriften, die bisher aus dem Gebiet des Fruchtbaren Halbmondes bekannt
geworden sind, wurden den Wörtern sogenannte Determinative hinzugefügt, um
klarzustellen, ob ein Gott damit bezeichnet werden sollte, ein Mensch oder eine
Sache. Im Ägyptischen war *ntr* der Determinativ, mit dem ein Name als der eines
Gottes ausgewiesen wurde. Im Sumerischen hieß das Zeichen *dingir,* im Akkadischen und im Babylonischen *ilu.*
Ich vermute, daß auch in der Alten Überlieferung Determinative gebraucht worden
sind, um die Namen von Göttern und Menschen zu unterscheiden. Möglicherweise
haben die Menschen der Spätzeit, als sie die Texte übertrugen, die Bedeutung dieser
Determinative nicht mehr verstanden. Es mag aber auch sein, daß die Gelehrten der
Spätzeit das Mißverständnis in Kauf genommen haben, weil es ihnen nur dadurch
möglich wurde, überall dort, wo es für ihr Auslegungskonzept wichtig war, das Wort
»Elohim« als eine Erscheinung eines menschengleichen, männlichen Schöpfers von
Himmel und Erde zu interpretieren.
Im Bericht über den Garten im Land der Vorzeit ließen die alten Autoren Nachasch
mit »Elohim« die Menschen bezeichnen, die das Wissen verwalteten, »Ruach
Elohim«, den Atem oder den Geist, der gut sein kann, aber auch böse, wie der *ruach
elohim (r<'>h),* den den König Saul befiel.[175]
In einer ägyptischen Schrift, die in einer Kopie aus dem vierten Jahrhundert v. Chr.
erhalten ist, vermutlich aber schon Jahrhunderte früher verfaßt wurde, ist beschrie-

ben, daß der Zauberer sich mit aller Kraft bemühte, vom Geist des Weltschöpfers erfüllt zu werden, um die Kraft des Urgottes gegen die Feinde wenden zu können.[176] Solche Zauberkundige, die durch ihr Wissen Macht über die Menschen hatten, meinte Nachasch vermutlich, als sie von Elohim sprach.

Wie aber kann man sich Nachasch vorstellen, wenn man auf die »Bilder« der Auslegungstradition verzichtet? Nachasch ist ein körperliches Lebewesen. Die Frau nimmt sie wahr und flüchtet nicht vor ihr. Nachasch kann den Menschen also nicht fremd oder gefährlich erschienen sein. Nachasch war klug und konnte sich mit den Menschen in deren Sprache verständigen. Man muß Nachasch also wohl als eine intelligente Entwicklung deuten, die entweder aus den »kriechenden Lebewesen der Adamah« (Gen. 1.25) oder aus den erkenntnisfähigen Menschen (Gen. 1.27) hervorgegangen ist. Nachasch gehörte aber nicht zu denen, die aufgrund der Zeugungserkenntnis ihre Lebensform geändert und Verantwortung für ihre Mitmenschen übernommen haben. Sie drang in die Kulturwelt des Gartens »im Land der Vorzeit« ein. Ihr Interesse galt dem »Baum der Erkenntnis des Guten und des Bösen«, der im hebräischen Text < '>z h d< '>th twv w r< '> heißt.

ez ist der Baum. *daat* heißt Erkenntnis oder Wissen. *tov* bedeutet gut und *ra* böse. *ez ha daat tov w ra* kann auch verstanden werden als »Baum des Wissens von dem, was gut und böse zugleich ist«.

Mit der rätselhaften Formel sollte etwas bezeichnet werden, das gut ist, solange es sorgfältig bewahrt bleibt, und böse Wirkung entfaltet, wenn es in unwissende, unerfahrene oder böswillige Hände gerät.

Das Feuer, das für die menschliche Entwicklung entscheidende Bedeutung hatte, kommt in der Textgestaltung der Auslegungstradition nirgends vor. Aber das Feuer ist gut und böse zugleich, lebenswichtig und lebensgefährlich. Vielmehr als auf irgendwelche geschlechtlichen Handlungen oder Gedanken trifft die biblische Bezeichnung auf das Feuer zu und – im weiteren Sinne – auf jede aus den Naturgewalten abgeleitete Energie.

Der Satz, mit dem im Namen Jhwh Elohim den Menschen am Anfang der Kulturentwicklung geboten wird, den Baum des Wissens von dem, was gut und böse zugleich ist, unberührt zu lassen, war vermutlich die Erkenntnis der lebensvernichtenden Gefahr, die aus dem Mißbrauch des Feuers und aller aus der Natur zu gewinnenden Energien für die Gemeinschaft entstehen würde.

Die uralte Todeswarnung wird gerade in unserer Zeit sehr deutlich verstanden werden. Verlust der Energiequellen bedeutet ebenso Tod für eine Gemeinschaft wie die Verheerung, die Mißbrauch oder böser Wille damit auslösen können.

Feuer wächst aber nicht auf Bäumen. Im Bibeltext heißt es »Baum« der Erkenntnis oder »Baum« des Wissens.

Im hebräischen Wortschatz findet sich dazu keine sinnvolle Erklärung. *ez* bedeutet Baum und nichts anderes. Im Sumerischen gibt es das Wort *es,* das »Tempel« bedeutet. Die Ähnlichkeit des rekonstruierten Wortklanges ist deshalb frappierend, weil in Sumer Tempel oft auch »Baum« genannt wurden. Ischme Dagan, König von Isin, nannte den Tempel von Lagasch den »großen Baum des Landes Sumer«. In den Gründungstexten des Königs Gudea am Tempel des Gottes Ningirsu in Lagasch wird der »kosmische Baum« erwähnt. Der Tempel gilt hier als Symbol dieses Baumes.

Wenn wir uns die Situation in der Kultur des Gartens im Land der Vorzeit vorzustellen versuchen, so sehen wir in einer Steppenlandschaft am Rande des

Urwaldes künstlich gepflanzte und bewässerte Bäume, die nahrhafte Früchte und Blätter tragen. Es scheint zumindest erste Versuche gegeben zu haben, eierlegende Vögel und milchgebende Säugetiere zu domestizieren. Die Menschen konnten wahrscheinlich nicht ihren gesamten Nahrungsbedarf aus der Pflanzenkultur decken. Sicher haben sie weiterhin Nahrung auch gesammelt und aus dem Überschuß Vorräte angelegt. Dafür brauchten sie Plätze, an denen ihre Lebensmittel vor Nässe und Räubern geschützt werden konnten. Hohle Bäume waren in dieser Lebenssituation die sichersten Verwahrungsorte.

Aus diesen Erfahrungen in der Frühzeit mag das Wort Baum *(ez, es)* ein Begriff für die Verwahrung des kostbarsten Besitzes geworden sein. Vielleicht war die Baumkultur im Garten der Vorzeit der Ursprung der heiligen Haine und der Verehrung von Bäumen in viel späteren Zeiten.

Der biblische Baum der Erkenntnis des Guten und des Bösen kann auch als Baum gedeutet werden, in dem zunächst das Feuer gegen das Verlöschen durch Wind oder Regen geschützt wurde, als Baum oder »Tempel des Feuers«. Der Tempel, in dem das bewahrt und bewacht wird, was für alle nützlich ist, was aber auch für alle gefährlich werden kann.

Feuer und Wasser sind seit ältester Zeit die heiligen Lebenselemente der Menschen. Bewahrung des Wassers und Erhaltung des Feuers waren die wichtigsten Dienste an der Gemeinschaft. Das heilige Wasser und das ewig brennende Licht in den Heiligtümern der Völker sind Urerinnerungen an die ältesten Zeiten.

Mit der Entdeckung des Geheimnisses der Pflanzenvermehrung durch künstliche Bewässerung, mit Seßhaftwerdung, Tierdomestizierung und Beherrschung des Feuers entstand die menschliche Kultur: »Und Jhwh Elohim ließ aufwachsen aus der Adamah allerlei Bäume, lustig anzusehen und gut zu essen.«[177]

Wendet man die sumerische Gleichsetzung der Begriffe »Baum« und »Tempel« auf diesen Vers an, so ist ihm die Information zu entnehmen, daß noch in der Zeit, als der erkenntnisfähige Mensch von der Urwelt der Adamah umgeben war, die ersten »Bauten« in der Kultur des Gartens entstanden. In ihnen wurden Feuer, Saatgut und Ernteertrag aufbewahrt. Aus diesen Tempeln/Bäumen versorgten sich die Menschen in Zeiten, in denen sie in der freien Natur wenig Nahrung fanden.

Die Wissenden, die Elohim, gaben in den Zeiten, die sie dafür als günstig erkannten, das Saatgut zum Pflanzen neuer Bäume aus, sie verwalteten und bewachten die Vorräte, die Zugänge zu den Anlagen der Bewässerung und der Energien, des Feuers.

Die Lebewesen Nachasch kamen entweder in den Garten, weil sie vom Wohlstand angelockt waren, oder weil sie aus ihren Gebieten durch eine Verschlechterung der Lebensbedingungen vertrieben wurden. Ihr Interesse galt den verwahrten Lebensreserven und den verwahrten Energien als Schlüssel zur Macht.

> Gen. 3.4
>
> *Da sprach die Schlange [nachasch] zum Weibe: Ihr werdet mitnichten des Todes sterben; (5) Sondern Gott [elohim] weiß, daß an dem Tag, an dem ihr davon esset (es verbraucht), eure Augen aufgetan sein werden und werdet sein wie Gott [elohim] und wissen, was gut und böse ist.*

Diese Sätze sind die einfachste, ewig wirksame Formel der Demagogie. Das geltende Gesetz wird als Lüge, als Mittel zur ungerechtfertigten Unterdrückung der Angesprochenen dargestellt und so entwertet. Die Menschen sollen die bestehende Ordnung zerstören. Es wird ihnen versprochen, daß sie dann selbst die Macht übernehmen können.

Nachasch sagt nicht: Ihr werdet sein wie die Schöpfungsmacht des Universums. Nachasch lockt die Frau mit dem Versprechen, die Macht der Elohim zu besitzen, der wissenden Menschen, die durch ihre Kenntnisse erzwingen können, als Götter verehrt zu werden. Wer das Feuer oder die Energiequellen besitzt, kann alle anderen beherrschen.

Gen. 3.6
Und das Weib schaute an, daß von dem Baum gut zu essen wäre, und lieblich anzusehen, daß es ein lustiger Baum wäre, weil er klug machte; und nahm von der Frucht, und aß, und gab ihrem Mann auch davon; und er aß.

Der spärliche Text läßt uns nicht erkennen, was durch den Raub der Früchte vom »Baum der Erkenntnis dessen, das gut und böse ist« verlorenging und den Verfall des Gartens auslöste oder beschleunigte.

Es ist aus den Sprachen der alten Welt eine Deutung des Begriffes *nachasch* möglich, die wohl nicht den Inhalt der Alten Überlieferung trifft, die ich aber nicht vorenthalten möchte, denn es liegt eine Warnung darin, die in manchen Gebieten unserer Erde gehört werden sollte. Im Assyrischen bedeutete das Wort *nahaschu* »Überfluß«, die darin wirkende verführerische und zerstörerische Kraft ist in manchen Bereichen unserer Gegenwart unübersehbar.

Gen. 3.7
Da wurden ihrer beider Augen aufgetan, und sie wurden gewahr, daß sie nackt waren; und flochten Feigenblätter zusammen, und machten sich Schurze.

Nicht aus erwachter Schamhaftigkeit und Prüderie mußten sie sich Schurze machen, sondern weil es plötzlich kälter geworden war. Die Menschen begannen zu frieren. Durch eine Klimaänderung verschlechterten sich die Lebensbedingungen. Aus den Randgebieten der Kultur drang Nachasch in das geordnete und vorsorgend bewirtschaftete Kulturgebiet ein.

Auch die Menschen des »Gartens« wurden durch die Anzeichen einer nahenden Katastrophe unsicher. Sie konnten sich die Veränderung nicht erklären, und die Zauber der Elohim hatten plötzlich keine Wirkung mehr. Die Mächtigen und die Wissenden konnten die früheren Lebensbedingungen nicht wiederherstellen. In dieser Not wurden die ängstlich gewordenen Menschen anfällig für demagogische Verführung.

In einer Gesellschaftsordnung der Gleichberechtigung wird für die Interessen einer Gruppe, die nach dem Mutterrecht unter der Vorherrschaft der Frauen lebt, nur die Frau verführbar sein. Nachasch konnte deshalb nur die Frau ansprechen.

Durch den Raub des Feuers oder der Energiequellen wurden auch die Lebensbedingungen im »Garten« endgültig verschlechtert. Die Augen der Menschen wurden »aufgetan«, sie erkannten die Gefahr. Die demagogische Verheißung hatte sich nicht erfüllt. Die Kälte nahm zu. Aus Pflanzen oder Pflanzenprodukten versuchten die Menschen, sich schützende, wärmende Kleider zu erzeugen.

An dieser Stelle vermittelt die mittelalterliche Auslegung den Eindruck, daß nun der Patriarch Jahweh Elohim in der angenehmen, kühlen Luft des Abends seinen täglichen Spaziergang unternahm und die vom Weibe angerichtete Misere entdeckte.

Gen. 3.8
Und sie hörten die Stimme Gottes des Herrn [jhwh elohim], der im Garten ging, da der Tag kühl geworden war. Und Adam versteckte sich mit seinem Weibe vor dem Angesicht Gottes des Herrn [mipnej jhwh elohim] unter die Bäume im Garten.

In der unerwarteten plötzlichen Veränderung der Lebensverhältnisse erleben die Menschen wieder die Urkraft des Geistes der Schöpfung. Die bisher erworbenen Kenntnisse nützen ihnen in der veränderten, feindlich gewordenen Natur nichts mehr. In den neuen Lebensbedingungen werden sie nur durch neue Erkenntnisse, durch neu erworbenes, auf die neuen Bedingungen ausgerichtetes Wissen überleben können.

Die Autoren beschreiben, daß die Menschen nun wieder die lebende Stimme der Schöpfung, Jhwh Elohim, hören.

In der Übersetzung von Martin Buber und Franz Rosenzweig ist die Klimaveränderung noch besser zu erkennen: ». . . und sie hörten seinen Schall, Gottes, der sich beim Tageswind im Garten erging . . .« Leider gehen die Übersetzer hier noch sorgloser mit den Gottesnamen um als ihre Vorgänger. Im Text steht *jhwh elohim*. Die Übersetzung Buber/Rosenzweig enthält nur einen. Es wird nur noch der Glaubensinhalt ins Deutsche übertragen, der Begriff Gott, obwohl im Original zwei Wörter stehen. Den Wortbedeutungen wird aber nicht mehr nachgeforscht.

Bei einem unbekannten Text müßten die Übersetzer zunächst fragen, was die Stimme Gottes zu bedeuten hat. In den naiven Glaubensinterpretationen wird der Eindruck erweckt, der Schöpfer des Himmels und der Erde sei rufend, schreiend oder singend durch das Paradiesgärtlein gestapft.

Der ursprüngliche Inhalt sollte indes vor allem mitteilen, daß die Tage kälter geworden waren. Ein Kälteeinbruch geht aber nie ohne Wetterturbulenzen vor sich. Mit dieser Vorstellung kommen wir dem Begriff »Schall Gottes« dann schon erheblich näher.

Der Schall, der Ruf, die Stimme der Götter war zu allen Zeiten, bei allen Völkern, der unheimliche, drohende Donner.

In der Kultur des Gartens »im Lande der Vorzeit« suchten die Menschen Schutz unter den Bäumen. Wenn die sumerische Wortauffassung gelten darf, suchten sie Schutz auch in Tempeln; Schutz vor der Kälte, dem Donner und dem, was den Donner begleitet, Regen, Hagel, Schnee.

Die Auslegungstradition präsentiert uns Jahweh Elohim nun als den wütenden, rächenden Gott, der beleidigt ist, weil die Menschen nicht bedingungslos seinen Befehlen gehorcht haben. Gnadenlos jagt er seine Geschöpfe aus ihrem »Garten«.

Dieser Gott der Auslegung ist eifersüchtig und fürchtet die Menschen. In Selbstgesprächen, die tatsächlich nur sein eigener Geist den Autoren verraten haben könnte, stellt er grollend fest: »*Sie sind geworden wie einer von uns*«[178], und vertreibt die Menschen aus dem Paradies, damit sie nicht auch noch vom Baum des Lebens essen und unsterblich werden.[179]

Die Alte Überlieferung wußte nichts von einem eitlen und eifersüchtigen Gott. Sie gab den Menschen die Beschreibung einer verheerenden Naturkatastrophe, der verzweifelten Situation von Menschen, die den Naturgewalten wehrlos ausgeliefert waren.

Im brutalen Lebenskampf, der durch den Klimasturz und den vermutlichen Verlust der Energiequellen in der Kultur des Gartens wieder ausbrach, war die Adamah stärker. In Katastrophen geraten Menschen immer in Versuchung, sich aus ihren Bindungen und Verpflichtungen zu lösen, weil sie hoffen, besser überleben zu können, wenn sie auf die Schwachen keine Rücksicht mehr nehmen müssen.

Von den Frauen aus der Kultur des Gartens scheinen viele dies nicht getan zu haben, denn in der Katastrophe erhalten diese Frauen als erste Menschen einen Namen.

Gen. 3.20
Und Adam hieß sein Weib Heva [chawa], darum, daß sie eine Mutter ist aller
Lebendigen.

Die Auslegungstradition leitete den Namen *chawa* vom Wortstamm »Leben« und erklärte ihn mit der Formel: darum, daß sie eine Mutter ist aller Lebendigen. Diese Namenserklärung ergäbe nur einen Sinn, wenn es, wie selbst die Auslegungstradition uns nicht mehr vormacht, nur einen Mann und eine Frau gegeben hätte, von der alle Menschen abstammen. Da die mittelalterliche Deutung nicht mehr ernsthaft vertreten wird, kann die Erklärung des Namens – auch aus dieser Sicht – nicht mehr gültig sein. Es ist somit nicht nur erlaubt, sondern auch geboten, nach einer besseren Erklärung zu suchen. Das Wort *chawa* darf nicht nur mit dem Stamm »Leben« in Beziehung gesetzt werden, sondern mit mindestens ebensoviel Recht als Ableitung aus dem Wortstamm »Liebe« angenommen werden. Mit dieser Auffassung ist dann im Namen Chawa eine tiefe Bedeutung zu erkennen. Von den Frauen, die in der Kultur des Gartens mit ihren Familien lebten, verfielen manche der demagogischen Verführung durch Nachasch. Andere blieben trotz aller Verlockungen in der Gemeinschaft ihrer Familie.

Bis zu diesen Ereignissen hat der Text nur von Erkenntnissen des materiellen Lebens berichtet. Nun, in der Katastrophe, erkennen die Menschen die geistige Kraft ihrer Beziehung zueinander, sie erleben mutige Opferbereitschaft und selbstlose Liebe: **Und es nannte der Mensch** *[ha adam]* **den Geist** *[schem]* **seiner Frau Chawa (Liebe), denn sie wurde Wohltäterin/Ratgeberin** *[<a>m]* **des ganzen Lebens.**

Liebe ist kein Naturgesetz, das theoretisch ergründet oder durch Beobachtung aus Jhwh Elohim zu erkennen wäre. Liebe ist Tat des Menschen für den Menschen und nur durch den Menschen zu erkennen, zu empfinden und zu erwidern. Im Text der Alten Überlieferung wird dies dadurch ausgedrückt, daß der Mensch selbst der Frau den Namen Chawa gibt. Es ist keine ihm übergeordnete geistige Kraft daran beteiligt. Das besagt, die menschliche Liebe, die von den Frauen ausging, war die Antwort auf die Bereitschaft des Mannes, nach der Zeugungserkenntnis, in der Gemeinschaft der Familie, Verantwortung für das Leben der Kinder zu übernehmen.

In der fortschreitenden Katastrophe können die Menschen nur durch neue, aus den Erfahrungen gewonnene Erkenntnisse überleben. Im Text heißt es, Jhwh Elohim machte den Menschen Kleider aus Fellen, als sie den Garten verlassen mußten.[180] Es war noch kälter geworden, die Kleidung aus geflochtenen Pflanzen reichte zum Schutz gegen die Kälte nicht mehr aus. Durch Jhwh Elohim erkannten die Menschen, daß sie das Fell getöteter Tiere haltbar und sich daraus wärmende Kleider machen konnten. Sie hatten begonnen, Tiere zu töten, um zu überleben.

Wenn wir das von der Auslegung geformte Bild des rachsüchtigen, patriarchalischen Gottes beiseite schieben, erkennen wir, daß alles, was Jhwh Elohim als »Strafe« verkündet, nur das Schicksal beschreibt, dem die Menschen aus dem Garten – und auch die Verführer aus der den Garten umgebenden Welt der Adamah – in der Kältekatastrophe entgegengingen.

Gen. 3.16
Und zum Weibe sprach er: Ich will dir viele Schmerzen schaffen, wenn du
schwanger wirst; du sollst mit Schmerzen Kinder gebären; und dein Verlangen
soll nach deinem Manne sein; und er soll dein Herr sein.

Das wichtigste Merkmal zur Unterscheidung von Menschen und Menschenaffen ist die Größe des Gehirns. Es kann kein Zweifel daran bestehen, daß das zunehmende

Gehirnvolumen und die dadurch bedingte Vergrößerung des menschlichen Schädels, bei unveränderter Enge des weiblichen Kanals, die Geburt für die Frauen erschwerte. In der Gemeinschaft der Familie reicht aber die mütterliche Verantwortung für die bewußt gezeugten Kinder auch weit über die animalische Bindung hinaus. Die menschliche Mutter gleicht einem Beuteltier ohne Beutel. Die Kinder der Menschen sind nach der Geburt aus eigener Kraft noch nicht lebensfähig. Sie sind im Anfang des Lebens dem Nachwuchs der Tiere weit unterlegen. Ihr Überleben und ihre Entwicklung zum Menschen hängt von der Fürsorge der Mutter ab. Erst mit dem Eintritt der Geschlechtsreife sind junge Menschen im animalischen Bereich, also nur begrenzt, lebensfähig. In der »menschlichen« Familie bleibt auch der bereits lebenskräftige Nachwuchs in der Gemeinschaft, muß behütet, versorgt und geleitet werden. Die lebenslangen Sorgen und »Schmerzen« der verantwortungsbewußten und (*chawa*) liebenden Mutter sind vorhersehbar und unausweichlich, wenn die Frau schwanger geworden ist. Mit der Liebe entstehen die Sorgen, die Trauer um verlorene Partner und auch die Schmerzen der Enttäuschungen. Das sind Schmerzen, denen Lebewesen ohne Liebesbeziehungen, ohne Verantwortungsbewußtsein, nicht ausgesetzt sind.

Die Auslegungsgelehrten verachteten die Sexualität, und sie konnten offenbar doch an nichts anderes denken. Die Neuplatoniker und Gnostiker betrachteten die Verheißung, daß die Frauen Verlangen nach ihrem Mann haben werden, als Strafe Gottes für ihre Verfehlung. Das Verlangen der Frau nach Gemeinsamkeit mit dem Lebenspartner beschränkt sich aber nicht nur auf sexuelle Triebbefriedigung. Das ist durch viele eindrucksvolle Beispiele aus der Menschheitsgeschichte längst bewiesen. Das Verlangen, das die Frau nach ihrem Mann empfindet, soll nichts anderes beschreiben als die Erwiderung der Zuneigung, die nach der Zeugungserkenntnis in den Männern entstand und dazu führte, daß der Mann »Vater und Mutter verlassen und an seinem Weibe hangen« sollte.

Gen. 3.17

... verflucht sei der Acker [ha adamah] um deinetwillen, mit Kummer wirst du dich drauf nähren dein Leben lang.

Diese Wortauffassung führte zu einer grotesken Umkehrung der historischen Tatsachen. In den Erläuterungen zur Auslegungstradition wird dieser Fluch gelegentlich auch »Verdammung des Menschen zum Ackerbau« genannt.

Was bei allen Völkern als Segen der Götter angesehen wird, die Kenntnis von Ackerbau und Saatpflanzen, wurde von engstirnigen, weltfremden Grüblern zu einem Fluch umgedeutet. Im hebräischen Text wird nicht der »Acker« verflucht, sondern die *adamah*.

Als die Menschen die von ihnen geschaffene Kulturlandschaft verlassen mußten, gingen alle, die in ihrer Gemeinschaft auch für Schwache und Alte sorgen wollten, in der Welt der animalischen, egozentrischen Rücksichtslosigkeit der Adamah einem kummervollen Schicksal entgegen. Die umherstreifenden Rudel tierhaft lebender Menschen beraubten die bebauten Felder, bevor die Früchte geerntet werden konnten. Von dem, was er gesät hatte, war dem Menschen nur das geblieben, was die Rudel der »Großen Mutter« zurückgelassen hatten.

Gen. 3.18

... Dornen und Disteln soll er dir tragen ...

Es wurde ein ständiger Kampf zwischen den Menschen *adam* und den Lebewesen der *adamah*.

. . . und sollst das Kraut auf dem Felde essen.

Die Welt der Adamah war stärker. Es mußte dazu kommen, daß auch die Menschen aus der Kultur des »Gartens« wieder nur von den wild wachsenden Feldfrüchten lebten. Sie fielen aus dem Kulturleben wieder zurück in ihre frühere Daseinsform der im Rudel lebenden Sammler.

Gen. 3.19

. . . bis daß du wieder zur Erde [adamah] werdest, davon du genommen bist. Denn du bist Erde [aphar] und sollst wieder zu Erde [aphar] werden.

Nach dieser Übersetzung gäbe es im Hebräischen die drei Wörter *aretz, aphar* und *adamah*, die alle »Erde« bedeuten. Mit den hier verwendeten Wortbedeutungen müßte die in Gen. 2.7 angeblich beschriebene Erschaffung des Menschen: *w jjzär Jhwh Elohim äth ha adam aphar min ha adamah,* mit der folgenden Weisheit übersetzt werden: Und Jhwh Elohim erschuf den Menschen aus Erde von der Erde. Damit will ich aber eigentlich nur darauf hinweisen, daß die Übersetzungen der Auslegungstradition nicht so unfehlbar sind, wie sie sein müßten, wären sie alle vom Heiligen Geist überwacht worden.

Der unredigierte hebräische Wortlaut berichtet von der durch Jhwh Elohim aufgenommenen Erkenntnis der Menschen, daß sie nach dem Zusammenbruch ihrer Kultur wieder in das tierhafte Dasein der Urmenschen zurückfallen würden.

Durch die Erkenntnisse aus Jhwh Elohim war die Quelle Ed *(<a>d)* entstanden, die künstliche Bewässerung. Dann bildete Jhwh Elohim den Menschen aus der Menge der Adamah: *adam aphar min ha adamah.*

Nach der Zerstörung der Kultur des Gartens fielen diese Menschen in ihre frühere Daseinsform zurück. Sie wurden wieder zur tierhaft lebenden Menge, zu Staub im Urrudel der Großen Mutter. Und *aphar,* das, wozu Adam wieder werden sollte, war Nahrung für Nachasch, die dazu »verdammt« wurde, auf dem Bauch zu kriechen und Staub (*aphar*) zu essen.[181] Auch Nachasch fiel zurück in die Daseinsform ihrer Vorfahren, der Rämäss ha Adamah, der kriechenden, primitiven Lebewesen der Adamah.

Die Frauen Chawa mußten erbitterte Feindschaft zwischen ihren Nachkommen und den Nachkommen der Nachasch erleben, denn von Aphar, zu dem die Menschen wieder geworden waren, ernährten sich die Nachkommen der Nachasch.

Wenn eine Katastrophe die Einrichtungen einer Kultur lahmlegt, bricht das Chaos aus. Die Schlauen, die Flinken, die Kräftigen haben vielleicht Überlebenschancen. Wer mit Kindern und lebensuntüchtig gewordenen Alten belastet ist, wird es schwer haben. Alle Beweise für diese Behauptung sind der »heroischen« Zeit des Zweiten Weltkriegs zu entnehmen; auch das Beispiel für Kannibalismus.

Gen. 3.24

Und trieb Adam [ha adam] aus und lagerte vor dem Garten Eden die Cherubim mit dem bloßen hauenden Schwert, zu bewahren den Weg zu dem Baum des Lebens.

Die Menschen mußten die Kulturlandschaft des Gartens »im Land der Vorzeit« verlassen. Es wird nicht gesagt, wie viele es waren, nur, daß alle betroffen gewesen sind.

Die zunehmende Kälte ließ den Boden gefrieren und die Wasserzufuhr versiegen. Auf der Suche nach lebensfreundlicheren Zonen konnten die Menschen noch aus großer Entfernung sehen, daß Schneemassen und weithin blinkende Eisberge den Garten, das Land ihrer Vergangenheit, bedeckten. Vielleicht ist aus dieser Erinnerung der Begriff entstanden, der in allen Texten nur als hebräisches Wort steht: *cherubim*, denn auch dafür hat es schon zur Zeit der alten Schriftsteller keine Deutung mehr gegeben.

Die Autoren der Alten Überlieferung teilen uns mit, daß die aus dem tierhaften Leben in der nichtigen Menge der Großen Mutter hervorgegangenen Kulturmenschen *ha adam* wieder zurückfielen in die tierhafte Nichtigkeit des Daseins ihrer Vorfahren.

Im Bild der modernen Naturwissenschaften gibt es keine Denkmodelle für eine frühe Kulturentwicklung und den totalen Rückfall in die Urwelt tierhafter Lebensformen. Auch die Geisteswissenschaften werden diesen Gedanken, der die Hoheit des Menschen in Frage stellt, möglicherweise mit Abscheu von sich weisen. Aber dieser Gedanke ist schon sehr alt. In der Überlieferung des jüdischen Volkes gibt es die »Jalkut Schim'oni«, eine Sammlung von Legenden und Parabeln zur Bibel. Sie wurde vermutlich zwischen dem elften und dem 13. Jahrhundert n. Chr. in Deutschland niedergeschrieben. Um 1500 ist die Sammlung zum ersten Mal in einer anderen Schrift erwähnt worden. In einer ihrer Legenden wird erzählt, nach einem Weltuntergang sei ein Teil der Menschen zu Affen geworden, ein anderer Teil zu primitiven, unwissenden Wesen.[182] Weit entfernt vom mittelalterlichen Europa, bevor die Missionare des Christentums ihre Erinnerung auslöschten, überlieferten die Maya-Völker Mittelamerikas in ihrem »Popol Vuh«, dem Buch des Rates, daß die Götter in grauer Vorzeit Menschen aus Bäumen erschaffen hatten, die sie dann aber wieder vernichteten, zur Strafe, weil sie weder ihres Vaters noch ihrer Mutter gedacht haben. Die Nachkommen jener untergegangenen Menschen seien Affen geworden, die in den Wäldern lebten.[183]

Das Bemerkenswerte an dieser Übereinstimmung ist, daß beide Kulturen, nach den Geschichtsvorstellungen unserer Wissenschaft, keine Gemeinsamkeiten und keine Kontakte gehabt haben und daß es in Amerika auch keine Menschenaffen gegeben hat.

Die Alte Überlieferung der Bibel berichtet uns nicht nur vom Rückfall der Menschen in den Zustand eines tierhaft egozentrischen Lebens, aus dem sich ihre Vorfahren durch die Zeugungserkenntnis und den Aufbau menschlicher Lebensverhältnisse in der Kultur des Gartens im Land der Vorzeit gelöst hatten. Sie beschreibt uns auch den Untergang der Menschen, die noch unter urweltlichen Lebensbedingungen die menschliche Verantwortung nicht aufgeben wollten. Dieser Inhalt ist in einer Geschichte verborgen, an der in der Auslegungstradition endlos herumgerätselt worden ist, in der Erzählung von den Brüdern Kain und Habel. Auch hier erweist sich die Adamah als Schlüssel, der uns den Zugang ermöglicht zur Weisheit der alten Überlieferung.

Der Brudermord

Gen. 4.1
Und der Mensch [ha adam] erkannte sein Weib Heva [chawa], und sie ward schwanger, und gebar den Kain, und sprach: Ich habe einen Mann gewonnen mit dem Herrn [jhwh].

Die zeitliche Einordnung des Brudermordes war schon den Gelehrten früherer Jahrhunderte schwergefallen. Der 1040 n. Chr. in Troyes geborene Raschi[184] fügte an den Bibelsatz »*Und Adam erkannte sein Weib Chawa*« den Kommentar an: »Dies geschah noch bevor er gesündigt und aus dem Eden verwiesen wurde; auch die Schwangerschaft und das Gebären waren schon vorher.«[185]

Dieser Auffassung sollte man folgen. Sie schließt aus, daß die »Sünde« eine geschlechtliche Handlung gewesen ist, denn Raschi sah die Schwangerschaft vor der »Sünde«. Wenn die Menschen Kain und Habel schon in der Zeit lebten, als die Kultur des Gartens noch bestand, bekräftigt der den Frauen gegebene Name Chawa die von der Auslegungstradition abweichende Textauffassung. Die Frauen, die sich im Herrschaftsbereich der Adamah zu der durch die Zeugungserkenntnis erkannten gemeinsamen Verantwortung von Frau und Mann für die bewußt gezeugten Kinder bekannten und sich den Versuchungen und Bedrohungen aus ihrer bisherigen Umwelt widersetzten, ließen Männer und Kinder die über die körperliche Beziehung hinausreichende Liebe erfahren. Mit dem Namen Chawa – nicht als Ableitung von »Leben«, sondern von »Liebe« verstanden – hielten die alten Autoren den Ursprung menschlicher Liebe fest, die von den Frauen ausgegangen war. In dieser Auffassung ergänzt der oben zitierte Bibelvers die frühere Feststellung, daß die Menschen in der entstehenden Kultur des Gartens »zu zweien« lebten und sich nicht schämten, obwohl die Bindung in eine dauernde Gemeinschaft mit dem Paarungspartner und die daraus erwachsende lebenslange Sorge um Partner und Kinder denen absonderlich, lächerlich, vielleicht sogar auch »ketzerisch« erschien, die in der Egozentrik der Adamah verharrten. Nachaschs Versuch, in der beginnenden Katastrophe durch Überredung der Frauen an die Vorräte und/oder die Machtmittel der Elohim in der Kultur des Gartens zu kommen, ist konsequente Folge dieser Entwicklung.

Der Text sagt nichts aus über die Autorität, in deren Namen die menschlichen Elohim der Kultur des Gartens handelten und redeten. Mit Sicherheit war es nicht die Adamah, aus deren Herrschaft sich die Menschen nach der Zeugungserkenntnis befreit hatten.

Will man aus der in den ersten drei Kapiteln des Buches Genesis geschilderten Menschheitsgeschichte eine Manifestation des göttlichen Willens erkennen, so kann sie nur in der Hinleitung der Menschen zur Zeugungserkenntnis gesehen werden. Indem Jhwh Elohim sie zur Erkenntnis der leiblichen und geistigen Zusammengehörigkeit von Mann, Frau und Kindern führt, wird der Wille bekundet, daß die Menschen die ihnen daraus erkennbar werdende Verantwortung füreinander annehmen und danach leben. Andere, von Gott verfügte oder von Menschen erdachte Gebote oder Moralgesetze enthält der Bibeltext bis dahin nicht.

Aus der Zeugungserkenntnis ist die menschliche Familie entstanden. In dieser Gemeinschaft wird auch das Leben der physisch Schwachen geschützt. Der Mensch wird nicht mehr nur nach der animalischen Lebenskraft bewertet, geistige Fähigkeiten und Ethik erhalten ihren Wert. Bis zur Zeugungserkenntnis gab es außerhalb der Paarungszeiten keine Bindung der Geschlechtspartner. Dann erkannten die Menschen, durch die zu Erkenntnissen führende göttliche Kraft Jhwh Elohim, daß sie in der Paarung ihre Kinder zeugen. Diese Erkenntnis wird zum Wissen, das im Gedanken, im Wort, bewahrt und anderen vermittelt werden kann. Das unter den Menschen lebende Wort ist der dritte Gottesbegriff, der in den Texten der Urgeschichte vorkommt – *Jhwh,* das »lebende Wort«.

Nach der Zeugungserkenntnis wird die neue Position des Mannes im Leben der Gemeinschaft beschrieben. Er wird seiner Frau folgen, und sie werden »ein Fleisch« sein.

Im ersten Vers des vierten Kapitels der Genesis erfahren wir nun die weibliche »Bestätigung« der Zeugungserkenntnis.

Durch den im Namen Jhwh lebenden Geist hat die Frau Chawa einen Mann gewonnen, einen Lebenspartner, der sich an sie bindet, um Verantwortung und Sorge für den Nachwuchs mit ihr zu teilen.

»Ich habe einen Mann gefunden mit [durch] Jhwh« ist das Bekenntnis der Frau zu diesem Geist. Im Zusammenhang mit der Zeugungserkenntnis ist ihr Ausspruch Bestätigung der Verbindung mit dem Mann zur dauernden Lebensgemeinschaft, die es erst durch diesen Geist gibt. Es könnte dieser Ausspruch die bestätigende Formel für die Frau in der Hochzeitszeremonie vergangener Zeiten gewesen sein.

> *Gen. 4.2*
> *Und sie fuhr fort, und gebar Habel [hvl], seinen Bruder. Und Habel ward ein Schäfer; Kain aber ward ein Ackermann.*

Der Name Kain bezeichnet die Menschen, die als erste in der neuen Lebensform der menschlichen Familie aufwuchsen. Sie waren den Gedanken und Vorstellungen der alten Lebensform noch näher als die später geborenen.

Die Auslegungstradition erweckt den Eindruck, der ältere Kain hätte sich aus eigenem Entschluß einen Beruf gesucht, der Gott nicht gefiel.

Für »Kain aber ward ein Ackermann« steht im hebräischen Text: *<'>bd <a>dmh (oved adamah)*. Lassen wir das Wort *adamah* wieder unübersetzt, so lautet der Gedanke: **Kain war ein Diener der Adamah**. Mit dieser Formulierung wird ausgesagt, die Menschen Kain wollten die neue Lebensform nicht annehmen. Sie folgten weiterhin der instinktgetriebenen Lebensart ihrer tierhaften Vorfahren.

Habel ist der Name der später geborenen Menschen. Für sie war die geistige Beziehung der Eltern zu ihren Kindern, die Verantwortlichkeit der Kinder für Eltern und Geschwister zur Grundlage des Lebens geworden.

»Habel ward ein Schäfer«. In wörtlicher Übertragung wird durch den hebräischen Text mitgeteilt: **Habel wurde ein Hirte (Hüter) der kleinen Tiere (oder Lebewesen)**.

Es gilt also zu fragen, welche Bedeutung das Wort »Hirte« in den alten Zeiten gehabt haben mag.

Eines der berühmtesten Worte, das Jesus von Nazareth zu Petrus sagte, ist: »Hüte meine Schafe.«[186] Niemals wurde die Vermutung geäußert, Jesus hätte seine Jünger vielleicht auffordern wollen, Schafzüchter zu werden. Sein Wort wurde immer als Auftrag verstanden, die Herde der Gläubigen zu schützen und zu leiten.

Die altägyptische Stadt Nechem – von den Griechen wurde sie später Hierakonpolis genannt – war im dritten Jahrtausend v. Chr. die königliche Residenz des südlichen Reiches. Ehrentitel der Priesterfürsten dieser Stadt war seit ältester Zeit »Hirte von Nechem«.[187]

Der Prophet Mose flüchtete nach Midian, heiratete dort Ziporah, die Tochter Reguels, des Priesters in Midian[188], und »hütete die Schafe« seines Schwähers.

In allen alten Schriften bezeichnet das Wort »Hirte« die Priesterfürsten, zu deren Pflichten es gehörte, die Rechte der Schwachen gegen den Anspruch der Stärkeren zu schützen.

Hirte war ein Ehrentitel, mit dem sich ägyptische und sumerische Könige schmückten; ob zu Recht oder zu Unrecht, soll dahingestellt bleiben.

Die Bischöfe der christlichen Kirchen werden »Hirten« genannt, und das Wort Pastor hat eben diese Bedeutung. In allen Jahrhunderten haben diese »Hirten« von den

Kanzeln ihren »Schafen« den 23. Psalm vorgebetet: »Der Herr ist mein Hirte, mir wird nichts mangeln.«

Aber in der Auslegungstradition wurden die »Hirten« Habel und Mose zu Schafmist sammelnden Nomaden degradiert, weil das spätbabylonisch-neuplatonische Weltbild eine andere Deutung nicht zuließ.

Häväl roeh zon wird in der Tradition »Habel ward ein Schäfer« übersetzt. Es heißt: »Habel wurde ein Hirte.« Das hebräische *zon* bezeichnet sowohl die von Menschen behütete Herde kleiner Tiere als auch die von Gott Jahweh behütete Herde der Menschen.[189]

In Hieroglyphenschriften aus der altägyptischen Hauptstadt Memphis (*mn nfr*) werden die Menschen zuweilen das »Kleinvieh Gottes« genannt.[190]

Aus der Zeit um 2000 v. Chr. stammen die »Anweisungen für Merikare«, in denen zu lesen ist: »Versorgt sind die Menschen, das Kleinvieh Gottes.«[191]

Der Auslegungstext »Habel ward ein Schäfer« entspricht weder dem hebräischen Wortlaut noch der Begriffsauffassung der alten Welt.

Die traditionelle Auffassung der Texte erklärt Kain und Habel zu den ersten und bis dahin einzigen Kindern der Ureltern Adam und Eva. Sie sollen gezeugt worden sein, nachdem Adam und Eva wegen des »Sündenfalls« aus dem Paradies vertrieben worden waren. Eines Tages brachten die Brüder dem Gott Jahweh Brandopfer dar. Habel opfert vom Fleisch der Schafe, Kain von den Früchten des Feldes. Adonaj/Jahweh nahm das Opfer Habels an. Kain dagegen wurde abgewiesen. Die Kirchenauslegung sagt dazu, Gott hätte dadurch erkannt, daß dem Kain die Kraft fehlte, über die Sünde zu herrschen. Wieso ein Tieropfer bessere Moral beweisen soll als ein Pflanzenopfer, bleibt unerklärt.

> *Gen. 4.8*
> *Da redete Kain mit seinem Bruder Habel. Und es begab sich, da sie auf dem Felde waren, erhub sich Kain wider seinen Bruder Habel, und schlug ihn tot.*

Gott Jahweh verdammte den Mörder dazu, »unstet und flüchtig« zu leben, und zeichnete ihn mit dem Kainsmal, damit ihn niemand töten und dadurch von seinem grausamen Schicksal erlösen würde.

Die Geschichte vom Brudermord wurde eine der beliebtesten Lehrfabeln der mittelalterlichen Kirchen. Mit ihr konnte bewiesen werden, daß der Mensch das von Gott verfügte Schicksal anzunehmen habe, ohne zu fragen, ohne sich dagegen aufzulehnen. Mit dieser Geschichte wurde der Gehorsam als edelste Tugend des Menschen verherrlicht. Gott, so wurde gelehrt, hat seinen Willen in der Heiligen Schrift offenbart. Nur die Kirche war befugt, die Schrift zu deuten. Damit war jeder Verstoß gegen die Gebote der Kirche auch Sünde gegen Gott. Nur die Kirche konnte erklären, welches Opfer der Herr liebt und welches ihn verärgert.

In der Auslegung liebt Jahweh hier den »lieblichen Geruch« von brennendem Fett und verkohltem Fleisch. Er verabscheut brennende Feldfrüchte.

Als er sein Opfer zurückwies, warnte er Kain: »Die Sünde lauert vor deiner Tür, du aber herrsche über sie.« Was aber Sünde ist, wie Kain sich verhalten sollte, das wurde ihm nicht gesagt.

Was Sünde ist, bestimmen die eingesetzten Autoritäten. Wie das Gottesbild, das die Auslegung aus der Geschichte vom »Sündenfall« formt, ist der Gott der Fabel vom Brudermord ein menschengleicher, patriarchisch harter Wüstengott, der Gehorsam fordert und Erklärungen nicht gibt. Es ist das »Bild« von Gott Adonaj/Jahweh, das erst in der Spätzeit des Altertums entstanden war und alle Vorstellungen der verschiedenen Traditionen in sich vereinen sollte. Diese Gottesvorstellung muß umstritten gewesen sein; dies ist aus den schon zitierten Gedanken einiger Psalmen zu erkennen, in denen Jhwh angerufen wird, der »das Brandopfer nicht liebt«.

Bis zum vierten Kapitel sind in der biblischen Beschreibung der Urgeschichte den Menschen keine Opfergesetze oder Rituale verkündet worden. Den beiden Brüdern kann keine Opfervorschrift bekannt gewesen sein. Das weist die Verse, die von den Brandopfern der beiden Brüder erzählen, als Einfügungen von Textredakteuren einer viel späteren Zeit aus, in der Tier-, Brand- und Blutopfer allen vertraute Rituale waren, zur vermuteten Besänftigung Gottes, vor allem aber zur fleischlichen Ernährung seiner Priester. Aus der Sicht der irdischen Stellvertreter eines Gottes erscheint es selbstverständlich, daß nur jene willkommen sind, die nahrhafte, wohlschmeckende und deshalb teure Lämmer als Opfergaben bringen. In dieser Zeit aber wurde der geistige Gottesbegriff Jhwh, dessen Offenbarung der Prophet Mose erlebte, schon nicht mehr im Sinne der alten Tradition verstanden. Er war bereits in das Bild des männlichen, menschengleichen, unberechenbaren Himmelspatriarchen Adonaj/Jahweh eingefügt worden.

In der Urform der Fabel vom Brudermord ist Jhwh der Gottesbegriff, das »lebende Wort«, das den Menschen die Verantwortung für ihre Mitmenschen auferlegt. Die Welt, in der die Menschen nach den Lebensvorstellungen des Geistes Jhwh leben, ist umgeben von der Urwelt, aus der diese Menschen hervorgegangen sind, der Adamah.

Kain ist diesen Urvorstellungen noch nahe. Er lebt wohl in der Welt und nach den Lebensvorstellungen der Hirten, aber er »dient« den Ritualen der Adamah. Habel hingegen hat die Verantwortung für die Schwachen in der Gemeinschaft angenommen. Er ist ein Hüter für die Herde der Hilflosen geworden.

In dieser Auffassung ist dem Text die Schilderung eines unüberbrückbaren Gegensatzes zu entnehmen. Es braucht keine fadenscheinige, mystische Erklärung, weshalb Jhwh auf der Seite Habels, des Hirten, ist.

In der Zeit der Auslegungtradition, als man den Begriff »Adamah« nicht mehr verstand, nicht mehr verstehen wollte oder durfte und ihn als »Erde« deutete, weil die herrschenden Völker lehrten, die Menschen seien zum Dienst an den Göttern aus Erde erschaffen worden, war der Gegensatz nicht mehr erkennbar. Mit der Umwertung der Adamah zu dem ausgehöhlten, neutralisierten Begriff »Erde« gaben die erhaltenen Texte der Alten Überlieferung keine Erklärung mehr für die »Parteinahme« des Namens Jhwh, der inzwischen zur Gottesvorstellung Adonaj/Jahweh personifiziert worden war.

Die Redakteure waren gezwungen, den Menschen ihrer Zeit »Bilder« zu vermitteln, die dem Geist der Herrscher genehm waren. In dieser Zeit waren die Könige niemandem Rechenschaft schuldig. Ihre oft unberechenbare Willkür wurde von den Staatsdienern als höhere Gerechtigkeit ausgelegt.

Aus dieser Weltsicht wurde die Vorstellung vom Himmelspatriarchen Adonaj/Jahweh geschaffen, des Königs des Himmels, dessen Handlungen und Entscheidungen als unergründlich galten. Pflicht des Menschen sollte es sein, den Willen des Himmelsherrschers zu erahnen – oder ihn sich von den Elohim deuten zu lassen – und gehorsam zu befolgen. Das durch den Geist des Namens Jhwh geforderte Gewissen des freien Menschen galt nun nichts mehr. Verlangt wurde Unterwerfung unter einen höheren, von den Mächtigen verkündeten Willen, dessen Befehle befolgt werden mußten, ohne zu fragen.

Diesen Denkstrukturen entsprechend, wurden erklärende Episoden in die Fragmente der Alten Überlieferung eingefügt. In der Zeit, als die Schriften rekonstruiert wurden, war es selbstverständlich, daß die aus Erde gebauten Menschen den Göttern Opfer bringen mußten. Es war ihnen, nach den Glaubensvorstellungen dieser Zeit, vom ersten Augenblick ihres Lebens auferlegt worden. Mit der Einfügung der Brandopfer und des menschengleichen Himmelstyrannen Adonaj/Jahweh gaben die Textredakteure ihren Zeitgenossen eine zeitgemäße Erklärung für die Parteinahme der Gottesvorstellung Jhwh. Da die bedingungslose Unterwerfung unter den von den Elohim verkündeten Willen Gottes als höchste Tugend der Menschen galt, war es eine allen verständliche schwere Sünde Kains, die göttliche Entscheidung über sein Opfer nicht demütig hinzunehmen.

Gen. 4.5
Aber Kain und sein Opfer sah er nicht gnädiglich an. Da ergrimmte Kain sehr,
und seine Gebärde verstellte sich.

In der Alten Überlieferung, in der »Adamah« nicht »Erde« bedeutete, sondern die Mystik der Urkulte im Dienst der »Großen Mutter« bezeichnete, war der Inhalt klar verständlich und brauchte keine ergänzenden Erklärungen.

Kain diente der Adamah, lebte aber in der Welt der Hirten. Er mußte sich verstellen, um in der Welt des Wohlstandes bleiben zu können.

Der Gedanke, daß die Sünde – die Verlockung, gegen den Geist der Hirten zu handeln und sich von der bequemen Egozentrik der Adamah leiten zu lassen – »vor der Tür« ruht, ist in dieser Auffassung von zwingender Logik, denn die Welt dieses neuen Lebensgesetzes war umgeben von der Adamah.

Die Auslegungstradition erklärt, daß Kain danach den Bruder aus Neid erschlug, weil Gott Adonaj/Jahweh den rauchigen Geruch der verbrennenden Tiere, die ihm von Habel als Opfer dargebracht wurden, lieber hatte als die brennenden Feldpflanzen. Das ist nicht zu begreifen.

Der wunderbare Kern des Berichtes der Alten Überlieferung ist aber auch im Text der Übersetzungen noch zu erkennen, wenn man das in der Spätzeit eingefügte, schreckliche Opferritual nicht mitliest.

Gen. 4.8
»Da redete Kain mit seinem Bruder Habel. Und es begab sich, da sie auf dem
Felde waren, erhub sich Kain wider seinen Bruder Habel, und schlug ihn tot.«

Im Zusammenhang mit der Naturkatastrophe, die den »Garten im Land der Vorzeit« bedrohte, kann man diesen Bibelvers als eine ergänzende Beschreibung der Begegnung zwischen der Welt der Frauen *ischah/chawa* und der Urwelt *nachasch* erkennen.

Nachasch wird im Kapitel 3 der Genesis als »klüger als alle Tiere (alle Lebenden) auf dem Felde« beschrieben. Dieses Feld wird mit demselben hebräischen Wort bezeichnet wie das Feld, auf dem Kain mit Habel spricht. Ich habe es mit dem auch von der Tradition hierfür gebrauchten Begriff »bebautes Land«[192] übersetzt. Kain lebte mit Habel im »bebauten Land«, das heißt in der Kulturwelt. Plötzlich aber schlug er ihn tot.

Im Zusammenhang mit den vorher gegebenen Beschreibungen braucht der Text dann keine weiteren Erläuterungen für das Verhalten Kains. In der aufkommenden Katastrophe wurden die Menschen unsicher. Nachasch nutzte die Verwirrung, um die Frauen der Lebensart Kain zum Raub der Vorräte oder Energiequellen zu verführen.

Wenn man nicht an der Geschichte von zwei einzelnen, nackten, unwissend-unschuldigen Menschen und einer wirklichen Schlange im Paradies festhalten will, muß man akzeptieren, daß der von Nachasch initiierte Raub nicht ohne Gewalt stattgefunden haben kann.

Vor diesem Hintergrund erzählt uns die Fabel vom Brudermord über das Verhalten der Männer in der Katastrophe. Da waren die Menschen von der Art des Habel, die die Ordnung aufrechterhielten und die Schwachen schützten, und da waren die Menschen Kain, die noch an den alten Vorstellungen hingen oder sich wieder dazu überreden ließen.

Gen. 4.9
Da sprach der Herr [jhwh] zu Kain: Wo ist dein Bruder Habel? Er sprach: Ich weiß nicht; soll ich meines Bruders Hüter sein?

Kain kannte den Begriff »Bruder«. Er war nicht unwissend, aber nicht bereit, das Wissen in seinem Leben anzuwenden.

Jhwh gibt keine Antwort auf die Frage Kains, ob er der Hüter seines Bruders sein müsse. Daran ist der Geist zu erkennen, den die alten Autoren im Namen Jhwh überliefern wollten. Es wird keine Lebensvorschrift erlassen, der Kain, ohne zu denken, gehorchen soll, weil im Geist, im *schem* (Name) *jhwh*, Freiheit und Eigenverantwortlichkeit des Menschen im Vordergrund stehen.

Auf die Frage, ob er der Hüter seines Bruders sein soll, muß jeder die Antwort für sich selbst finden. Nicht durch Gesetz und Vorschrift können die Mitmenschen behütet werden, sondern nur durch das wache Gewissen der Menschen.

Gen. 4.10
Er [jhwh] aber sprach: Was hast du getan? Die Stimme deines Bruders Bluts schreit zu mir von der Erde [min ha adamah].

Es wird nicht mehr überraschen, daß im hebräischen Text für »Erde« *adamah* steht und nicht *aretz*. Nicht die Erde hat das Blut des Bruders erhalten, sondern die Adamah. Dieser Text beschreibt nüchtern und ohne mystische Verklausulierung ein kannibalisches Menschenopfer. Die Frage: »Wo ist dein Bruder?« zeigt an, daß sein Körper nicht mehr vorhanden war.

Blutopfer in alten Riten und Kulten wurden in vielen Mythen, Überlieferungen und Forschungsberichten beschrieben. Das Blut galt als Sitz des Lebens, der Lebensgeister und oft auch als Sitz der Seele. Im Blutopfer erhielt die Große Mutter, von der nach den Vorstellungen ihrer Verehrer alles Leben ausgeht, die Lebensgeister des getöteten Lebewesens zurück. Sie hat, was ihr gehörte, erhalten und wurde dadurch versöhnt.

Gen. 4.11
Und nun, verflucht seist du auf der Erde [min ha adamah], die ihr Maul hat aufgetan, und deines Bruders Blut von deinen Händen empfangen hat.

Natürlich wird Kain nicht »auf der Erde« verflucht, sondern »in der Adamah«. Diesmal wird nicht die Adamah selbst verflucht, das muß besonders beachtet werden. Die Verdammung gilt nicht den anderen Glaubensvorstellungen, sondern dem Menschen, der sich aus der Adamah bereits befreit hat, aber wieder in sie zurückfällt, indem er sich der bereits erkannten Verantwortung, »Hüter des Bruders« zu sein, entzieht und wieder den »Bildern« der Adamah dient.

Gen. 4.12
Wenn du den Acker [ha adamah] bauen wirst, soll er dir hinfort sein Vermögen nicht geben. Unstät und flüchtig sollst du sein auf Erden [aretz].

Für Erde steht diesmal *ha aretz* im hebräischen Text. Der angebliche Acker heißt dagegen wieder einmal *adamah*. Bleibt das hebräische Wort unübersetzt, muß man über die Auffassung wohl nicht mehr lange diskutieren, denn es heißt: **Wenn du der Adamah dienst, wird sie es dir nicht lohnen.** Du hast ihr dein Leben, dein Gesetz, deinen Bruder gegeben. Aber von ihr wirst du nichts dafür erhalten, denn in ihrer Welt gilt nur das Faustrecht des Stärkeren.

Aufregend ist die Antwort, die Kain nun gibt. Im konventionellen Text geht das Wichtigste allerdings unter.

> Gen. 4.14
> *Siehe, du treibst mich heute aus dem Lande [adamah], und muß mich vor deinem Angesicht verbergen, und muß unstät und flüchtig sein auf Erden [aretz]. So wird mir's gehen, daß mich totschlage, wer mich findet.*

Diesmal hat sich die Adamah in der Textgestaltung der Auslegung zu »Land« verwandelt. Wäre *adamah* auch hier »Acker«, dann müßte die Übersetzung lauten: Du treibst mich vom Angesicht des Ackers. Das ergäbe im Zusammenhang keinen Sinn. Bleibt *adamah* unübersetzt, ist der Sinn unschwer zu erkennen: **Du treibst mich vom Angesicht der Adamah, und vor deinem Angesicht muß ich mich verbergen . . .**

Die Menschen Kain erkannten, daß sie in der Welt der Adamah nicht überleben würden. In die zerbrechende Welt der menschlichen Verantwortung zurückzufinden war aber nicht mehr möglich, weil es die Menschen Habel nicht mehr gab.

> Gen. 4.15
> *Aber der Herr [jhwh] sprach zu ihm: Nein; sondern wer Kain totschlägt, das soll siebenfältig gerochen werden. Und der Herr [jhwh] machte ein Zeichen an Kain, daß ihn niemand erschlüge, wer ihn fände.*

Das Kainsmal soll den Mörder nicht brandmarken, damit jeder sich gegen ihn als Werkzeug eines wütenden, haßerfüllten Gottes ausgeben und seine eigene Mordlust an ihm befriedigen kann. Es bedeutete aber auch nicht Tolerierung des Menschenopfers, denn dieses war zuvor schon verurteilt und verflucht worden. Das Mal schützt die anderen Glaubensvorstellungen.

Wer die Zeichen der Dämonen trägt, die Masken der Schamanen oder die rituellen Stammestätowierungen von Völkern, die noch ohne Erkenntnis leben, darf deshalb nicht getötet werden. Wer den Kult der Dämonen, der Urwelt der Großen Mutter dient, gehört nicht zur Welt des Namens Jhwh, aber es ist allen, die zu dieser Welt gehören, verboten, einen anderen wegen seiner Glaubensvorstellungen oder seiner Lebensauffassung zu verfolgen.

In dieser Textauffassung wandelt sich das Bild des harten, willkürlich handelnden Wüstengottes zu einer menschennahen, zu sittlicher Lebensauffassung leitenden geistigen Kraft.

Die Geschichte von Kain und Habel läßt so bereits das spätere Gebot ahnen: Töte nicht. Es steht neben dem Gebot, das die Anbetung der selbstgerechten Vorstellungen von Himmel und Erde untersagt.

Kain mußte nach dem Mord jenseits des »Gartens in Eden« wohnen. Damit erlitt er aber nur das Schicksal aller Menschen, die durch die Katastrophe aus dem Kulturland vertrieben wurden.

In der brutalen Urwelt konnten die Menschen, auch wenn sie es wollten, nicht nach den Vorstellungen leben, die in der Kultur des Gartens entwickelt worden waren. Die »Hirten der Herden«, die »menschlichen« Menschen, starben, oder sie unterwarfen sich den Lebensgesetzen der Adamah und wurden dadurch zu dem, was ihre Vorfahren gewesen waren – Staub in der Menge der Adamah.

In den Lehrbüchern der Auslegungstradition ist die Lehrfabel mit der Verdammung des Kain zu unstetem und flüchtigem Leben zu Ende. Was war die Moral der Auslegungsfabel? Lehren wie diese: »Die eine Linie führt von Abel direkt zu Christus, die andere von Kain zu ›der Blutthat des jüdischen Volkes an seinem Bruder nach dem Fleische, Jesus‹.«[193] Wir müssen begreifen, daß von solchen Auslegungsexzessen auch ein direkter Weg nach Auschwitz führte.

Nichts von der weisen Lehre von Toleranz und Geduld, die in der Alten Überlieferung vermittelt werden sollte, blieb in der Traditionsgeschichte vom Brudermord erhalten. Dafür wurde eine andere seltsame Schlußfolgerung aus der deprimierenden Brandopferverherrlichung gelehrt. Das »unstete und flüchtige« Dasein sollte angeblich das Leben der Nomaden beschreiben. Gott hatte, nach dieser Auffassung, den Ackerbauer Kain verflucht, ihn dann aber doch zum Stammvater der Nomaden geläutert.

Nomaden sind aber nicht »unstet und flüchtig«! Sie haben ihre festen Wege, ihre Weideplätze, Wasserstellen und ihre Märkte. Sie haben die Gräber ihrer Ahnen und die Stätten ihrer Anbetung. »Unstet und flüchtig« ist das Leben der Sammler und Jäger, die dem Wild folgen müssen, von dem sie leben. Es ist das Dasein der jagenden Urrudel, das Leben von *aphar min ha adamah*.

Die Menschen Kain lebten unstet und flüchtig, aber auch zwischen den Glaubenswelten und Lebensauffassungen. Wer Wert darauf legt, einen Stammvater der Nomaden zu finden, der wird weitersuchen müssen. Kain war es nicht. Und wer andere lehrt, daß Gott den Kain für immer zu unstetem und flüchtigem Leben, zum Schicksal des »Ewigen Juden«, verdammt hat, sollte die Bibel lesen, bevor er sie zitiert.

> *Gen. 4.17*
> *Und Kain erkannte sein Weib, die ward schwanger, und gebar den Chenoch.*
> *Und er baute eine Stadt, die nannte er nach seines Sohnes Namen Chenoch.*

Die Menschen Kain und ihre Nachkommen lebten eine unbestimmte Zeitspanne »unstet und flüchtig« in der Urwelt. Doch sie lösten sich aus der Adamah, als auch sie in der Frau den gleichberechtigten, gleichverantwortlichen Lebenspartner »erkannten«. Kain baute eine Stadt und nannte sie nach seinem Sohn. Diese Menschen übernahmen die Verantwortung und fanden die Liebe zu ihrem Nachwuchs. Nach dem Geschichtsbild der alten Autoren bauten die Menschen Kain die erste Stadt der Menschheitsgeschichte.

Das weitere Schicksal der Nachkommen aus dem Stamm Kain lehrt uns, daß auch die Menschen, die nach anderen oder falschen Vorstellungen leben, aus eigener Kraft durch Erfahrung oder Erkenntnis zu besseren, gerechteren Lebensinhalten finden können. Die Möglichkeit zu dieser Entwicklung darf ihnen nicht genommen werden. Niemand darf sie wegen ihrer Lebensauffassung verfolgen oder töten.

Die hier angebotene Textauffassung ließe sich auch in jeder herkömmlichen Übersetzung der Traditionen erkennen, wenn der Begriff *adamah* unübersetzt geblieben wäre. Daß das Kainsmal Schutz bedeutet und nicht Brandmarkung, wird auch in der konventionellen Textfassung deutlich.

Es kann Menschen geben, die von anderen für Götter gehalten werden, und es gab und gibt auch solche, die sich selbst für Götter halten. Sie werden im Bibeltext *ha elohim* genannt – »Götter«, die vorgeben, Zeichen zu deuten und weissagen zu können. Solange es Menschen gibt, werden ha Elohim auftreten und behaupten, sie wüßten genau, was der oberste Himmelsgott wünscht, denkt und sagt. Zu solchen Elohim gehörten auch die Autoren, die für sich in Anspruch nahmen zu wissen, was Gott dachte und empfand. Sie behaupteten, Gott hätte das Brandopfer Habels »gnädiglich« und das des Kain »nicht gnädiglich« angesehen.[194] Für alle Menschen, die eine solche Beschreibung lesen oder hören, ergibt sich daraus das Bild eines Gottes, dessen Gesichtsausdruck klar erkennen läßt, was er denkt und empfindet. Der Eindruck des menschengleichen Gottes wird verstärkt durch die Formulierung: »Der Herr machte ein Zeichen an Kain.«

Außer in diesen Einfügungen aus der Spätzeit läßt sich aus dem Text ein konkretes Bild der göttlichen Existenz nicht ableiten. Dies hervorzuheben ist deshalb wichtig, weil der Gottesbegriff Jhwh im vierten Kapitel zum ersten Mal erscheint.

Für die Auslegungstradition gibt es zwischen Elohim, Jhwh Elohim und Jhwh keinen Unterschied. Die drei Namen sind angeblich nur wechselnde Bezeichnungen für den einen Gott, nach dessen Ebenbild der Mensch gemacht worden ist.

Der menschenähnliche Gott ist aber eine Vorstellung, die dem Gebot, sich keine »Bilder« zu machen, widerspricht und mit der Feststellung nicht vereinbart werden kann, daß kein Lebender Gott sehen wird.[195]

Ich habe Jhwh als das aus den Erkenntnissen (*jhwh elohim*) entstandene, von den Menschen bewahrte und verbreitete »lebende Wort« gedeutet. Es wird nicht von einem auf Erden als Mensch herumspazierenden Gott gesprochen, sondern von Menschen, die im Geist des Namens Jhwh leben. Nur so ist es erklärlich, daß der Brudermord geschehen konnte. Ein Gott, der in die Seelen der Menschen schaut, der allmächtig, allwissend ist und, menschengleich auf Erden wandelnd, zu jeder Zeit in das irdische Geschehen eingreifen kann, hätte den Brudermord niemals geschehen lassen dürfen. Aber der Begriff Jhwh ist Geist, der in den Menschen lebt und durch sie handelt. Er braucht die Menschen, um durch sie wirken zu können.

Der Dialog Jhwhs mit Kain entspricht den verzweifelten Bemühungen der »Hirten«, Irrende vor Fehlhandlungen zu bewahren. Diese »Hirten« waren vielleicht die menschlichen Elohim, von denen Nachasch sprach, als sie versuchte, die Frau zum Raub der Früchte vom »Baum« der Erkenntnis zu verführen. Nachasch erwähnte Jhwh nicht, und auch der Frau, die der Verführung erlag, war dieser Name offensichtlich fremd. Solange die »Hirten« in ihrem Bereich in der Mehrheit waren, verstellten sich Nachasch und Kain. Erst als die Gelegenheit günstig schien, erhoben sie sich gegen die Ordnung. In allen Zeiten danach war die Gelegenheit immer dann günstig, wenn die »Hirten« sich nicht mehr einig waren.

Die Anzeichen der Klimaänderung verwirrten die Menschen in der Kultur des Gartens. Das aus Jhwh Elohim gewonnene Wissen reichte nicht aus, die Geschehnisse zu deuten, die Naturgewalten zu besänftigen. Zeiten, in denen die Menschen einer Entwicklung ausgesetzt sind, die sie nicht begreifen, gegen die sie deshalb auch nichts unternehmen können, sind die Zeiten der Zeichendeuter, Wahrsager, Zauberer und Demagogen.

Die Angst vor dem Kommenden, das völlig ungewiß und undurchschaubar ist, fördert den aus der Angst entstehenden Glauben an urtümliche Zauber, an Beschwörungsformeln und Beschwichtigungsopfer.

Es heißt im Text: »Da redete Kain mit seinem Bruder Habel.«[196] Wir erfahren nicht, worüber sie gesprochen haben. Sicher ist, daß sie sich nicht verständigen konnten, denn nach dem Gespräch erschlug Kain den Bruder. Die Gemeinschaft zerfiel. Kain mußte das bisherige Lebensgebiet verlassen.

Ein drittes Fragment der Alten Überlieferung, das von den Redakteuren der Textrekonstruktion erst in die Zeit nach der Sintflut eingeordnet wurde, zeigt uns die Tragödie der Menschen Habel und Kain, der Menschen aus der Kultur des Gartens, aus einer anderen Perspektive, deren Aspekte zweifellos für später lebende Menschen wichtig werden können. Wohl deshalb wurde sie von den alten Autoren in ihre Überlieferung aufgenommen. Es ist dies die Geschichte der Turmbauer, die nach meiner Überzeugung in der ursprünglichen Reihung der Alten Überlieferung zur Urgeschichte der Menschheit gehört.

Die Namenlosen
(Der Turm zu Babel)

Die Auslegungstradition hat aus den Berichten über die Urgeschichte ein seltsames Gottesbild entwickelt. Erst ließ dieser Gott den Brudermord zu. Danach verjagte er den Mörder von seinem »Angesicht«, verfluchte die »Erde« um seinetwillen, gewährte ihm aber bald darauf die Freude eines männlichen Stammhalters. Danach durfte der Brudermörder eine Stadt bauen und auch noch reich und mächtig werden. Bei anderer Gelegenheit ließ dieser Gott es aber seltsamerweise nicht zu, daß Menschen eine Stadt bauten und einen Turm vollendeten, nur weil er fürchtete, es könnte ihnen gelingen, den Turm bis an den Himmel zu bauen. Diese Turmbauer hatten nicht gemordet und nicht gesündigt. Sie durften ihre Stadt dennoch nicht zu Ende bauen.
Beide Geschichten sind von der Auslegung zur Festigung des konstruierten Gottesbildes ebenso verzerrt worden wie die Paradieserzählung.
Konzentriert man sich nur auf den Inhalt der drei Berichte, ohne ihn religiös zu deuten, so bemerkt man überraschende Übereinstimmungen zwischen den Erzählungen von der Verführung der Frau durch Nachasch, dem Menschenopfer Kains und der Legende vom Turmbau.
Alle drei Geschichten behandeln die Schicksale von Menschen, die derselben Geisteswelt angehören, einander aber plötzlich nicht mehr verstehen und dadurch scheitern.
Im christlichen Abendland wurde nach dem aus der Bibeldeutung abgeleiteten Geschichtsbild die Entstehung der Sprachen mit der Legende vom Turmbau zu Babel erklärt.
Da in der Sintflut alle Menschen bis auf Noach (Noah), dessen Söhne Schem (Sem), Cham (Ham) und Japhet und deren Familien vernichtet wurden, alle Menschen des neuen Zeitalters daher von dieser einen Familie abstammen mußten, war es für die Auslegungsgelehrten schwierig, das Entstehen der Völkervielfalt und ihrer Sprachen zu erklären, denn sie hatten aus den Texten eine Menschheitsgeschichte von nur wenigen tausend Jahren errechnet. In der Geschichte vom Turmbau zu Babel sahen sie die Möglichkeit, eine Erklärung zu geben, und fügten den Text deshalb dort ein, wo die Geschichte ihrer Auslegungstheorie am besten nützte.
So steht die Legende vom Turmbau nun nach der Sintflut zwischen der Völkertafel der Nachkommen von Schem, Cham und Japhet[197] und dem Register der Geschlechter von Schem bis Avram.[198]
Sowohl die Völkertafel als auch das Register der Geschlechter werden von den meisten Forschern der Textkritik als nicht zur Überlieferung gehörende, nachträgli-

che Einfügungen der Spätzeit beurteilt.[199] Es besteht auch kein Zusammenhang zwischen der Völkertafel, der anschließenden Legende vom Turmbau und dem nachfolgenden Register der Geschlechter. Die Turmbauer, von denen die Völker zumindest ihre Sprachen erhalten haben sollen, werden in der Völkertafel nicht erwähnt und kommen auch im Register der Geschlechter nicht vor.

Einordnung der Turmbaufabel an dieser Stelle und der daraus konstruierte Zusammenhang sind seit langem Gegenstand kritischer Betrachtungen.[200] Da die Einordnung der Turmbaulegende nach der Sintflut nicht überzeugte, wurde ein Zusammenhang mit der Urgeschichte in Betracht gezogen.[201]

Wissenschaftliche Übereinstimmung gab es auch zu dieser Frage nicht. Während eine Denkrichtung die Turmerzählung im elften Kapitel der Genesis als eine an die Sintflut anschließende Ergänzung der Völkertafel des zehnten Kapitels ansah[202], wurde von anderen eine Beziehung zur Paradiesgeschichte gesehen.[203]

Aus dem Wortlaut der Erzählungen ist ein inhaltlicher Zusammenhang zwischen dem Sintflutbericht[204] und der Erzählung vom Turmbau nicht zu erkennen. Wenn man die biblischen Berichte nicht der Lächerlichkeit preisgeben will, indem man behauptet, die alten Autoren hätten immer den Gottesnamen in den Text geschrieben, der ihnen gerade in den Sinn kam, wird man anerkennen müssen, daß die verwendeten Gottes- und Autoritätsbegriffe die Zweifel an der Richtigkeit der Einordnung der Turmbaulegende nach der Sintflut erhärten.

Am Ende der Flutkatastrophe, wenn Noach aus der Arche steigt, gibt es in seinem Lebensbereich nur noch Elohim.

Der Gottesbegriff in der Legende vom Turmbau ist Jhwh. Die Menschen, die »eine Stadt und einen Turm« erbauen wollten, lebten demnach mit den durch Jhwh Elohim gewonnenen Erkenntnissen und dem daraus entstandenen, in Jhwh, dem »lebenden Wort«, bewahrten Wissen, wie die Menschen Habel, die »Hirten«.

Die Turmbauer haben keine Namen. Sie lebten also vor so langer Zeit, daß sich nur eine vage Erinnerung an sie erhalten hat.

Freunde der Auslegungstradition halten dem entgegen, die Turmbauer wollten doch die Stadt und den Turm bauen, um sich erst einen »Namen« zu machen.[205] Da Gott ihr Werk aber nicht zuließ und der Turm nicht vollendet wurde, waren sie namenlos geblieben und können daher auch nicht in den Namensregistern geführt werden. Es müßte dann aber zumindest erwähnt sein, von wem die »Namenlosen« abstammten.

Gelegentlich wird nach der traditionellen Textauffassung auch erklärt, die Turmbauer seien nicht namenlos gewesen, denn es waren Noach und seine drei Söhne, die nach der Flut vom Berge Ararat nach Osten gezogen und in das Land Sinear (Mesopotamien) gekommen waren. Damit würde das Gottesbild, das in dieser Legende vermittelt wird, vollends zu einem Popanz gemacht. Die Behauptung, vier Männer, deren Frauen und einige Nachkommen hätten sich ernsthaft vorgenommen, eine Stadt zu bauen und einen Turm zu errichten, dessen Spitze bis an den Himmel reicht, wäre schon lächerlich. Wird einem aber zusätzlich noch vorgemacht, der allwissende Schöpfer des Universums hätte Angst gehabt, es könnte der Noachschen Großfamilie gelingen, das närrische Werk zu vollenden, dann sollte man den Erzähler nicht mehr ernst nehmen.

Solange die mittelalterliche Textauslegung als unanfechtbare Wahrheit galt, zweifelte niemand an der geschichtlichen Realität der Erzählung vom Turmbau. Die Forschungsergebnisse der Neuzeit widerlegten auch dieses mittelalterliche Geschichtsbild. Der Bericht vom Turmbau wurde zur Fabel erklärt.

Das galt, bis man unter dem Wüstensand Mesopotamiens die Ruinen der Stadt Babylon entdeckte, von der in den biblischen Schriften so oft, meist mit Verachtung und Haß, berichtet wird. Als man dort das Fundament eines 90 Meter hohen Stufenturms fand, war man überzeugt, nun doch den geschichtlichen Kern der biblischen Legende gefunden zu haben.

Der Tempelturm zu Babylon war aber nicht unvollendet geblieben. E Temen Enki war jahrhundertelang das in der ganzen Welt berühmte Heiligtum der Stadt gewesen. Der babylonische Turm war wohl auch ein imponierendes Bauwerk. Er war aber in der alten Welt keineswegs einmalig. Bis jetzt wurden in den Ruinen der alten Städte Mesopotamiens die Fundamente von mindestens 36 Stufentürmen ausgegraben. Einer dieser Türme ist als jahrtausendealte Ruine noch 60 Meter hoch.

Daß die Redakteure versuchten, die Geschichte der namenlosen Turmbauer mit Babylon in Verbindung zu bringen, ist freilich zu verstehen. Im sechsten Jahrhundert v. Chr. waren viele Bewohner Jerusalems nach Babylon verschleppt worden. Ihr Gott, von dem sie glaubten, er sei der einzige und stünde über allen Mächten des Himmels und der Erde, hatte es zugelassen, daß sein Tempel geschändet und zerstört, seine Stadt geplündert und vernichtet worden war. In dieser verzweifelten Situation mußte verhindert werden, daß das versklavte Volk an der Existenz seines Gottes zu zweifeln begänne und sich den fremden Göttern zuwendete. Was an Schriften gerettet worden war oder aus dem Gedächtnis rekonstruiert werden konnte, wurde zusammengefügt. In allen Berichten über historische Ereignisse wurde nach Beweisen für die Existenz des eigenen Gottes und dessen beständiges Wirken für sein Volk gesucht. Jeden geringen Ansatz deuteten die Lehrer des Volkes als Hoffnungszeichen. Nicht mehr erinnerbare Ereignisse der Vergangenheit wurden in ihre Umwelt und in die nahe Vergangenheit projiziert, damit die Menschen sichtbare Zeichen für die Existenz und das Wirken ihres Gottes fanden.

Die gedemütigten Bewohner Jerusalems sahen in Babylon, daß der Tempelturm E Temen Enki auf dem Fundament eines viel älteren Bauwerkes stand. Dieses alte Fundament hielten sie für den Beweis, daß diese Stadt der Schauplatz der Geschichte war, die davon erzählte, wie ihr Gott den Hochmut der Menschen gestraft hatte. Das alte Fundament mußte die Ruine des unvollendeten Turmes ihrer Überlieferung sein. Gott hatte damals den hoffärtigen Bau verhindert. Die Erbauer waren ohne Namen geblieben: das Schlimmste, was Menschen geschehen kann. Wahrscheinlich hatten andere Menschen später den kleineren, nicht bis an den Himmel reichenden Turm auf das alte Fundament gebaut. Aber auch diese Menschen würden, wie ihre Vorfahren, der gerechten Strafe nicht entgehen.

Welcher Mensch sucht in Zeiten tiefer Verzweiflung und bedrückender Einsamkeit nicht nach Zeichen, die Hoffnung geben, nach Anzeichen, mit denen er sich und anderen beweisen kann, daß Hilfe kommen wird?

In der Vermutung, das alte Fundament des Tempelturmes zeige, daß Gott den Hochmut Babylons schon einmal hart bestraft hatte, mögen die verzweifelten Bewohner Jerusalems Hoffnung gefunden haben. Aber es war ein Wunschtraum.

Babylon war in zwei lange dauernden Perioden Hauptstadt eines mächtigen, zeitweise des mächtigsten Reiches der alten Welt. In historischer Zeit, seit der Turm E Temen Enki gebaut worden war, hat es dort keine Völkerzerstreuung gegeben. Das Wort vom babylonischen Sprachgewirr bezeichnet das Gewirr der Völker, die sich in der Stadt versammelten. In der Legende vom Turmbau wurden die Menschen zerstreut.

Zu Ende des 19. Jahrhunderts wurde in assyrischen Schriften eine Erzählung entdeckt, die dem biblischen Bericht ähnlich ist. Der Bau ist darin mit einem Bericht über die Sintflut verbunden, hat aber in diesem Text vor der Flutkatastrophe stattgefunden.[206]

Zwischen den Ereignissen in der Kultur des Gartens »im Lande der Vorzeit« und der Geschichte vom Turmbau gibt es eine Reihe von beachtenswerten Ähnlichkeiten.

Aus der Stadt des Turmbaues wurde das Volk »über alle Länder zerstreut«. Dieses Schicksal erlitten auch die Menschen, die den »Garten« verlassen mußten.

Ursache der Vertreibung aus dem »Garten« war die Kältekatastrophe. Außer dem »Zorn Gottes« wird für die Vertreibung kein Grund angegeben. Woraus meinen Menschen, die an ein tätiges Wirken göttlicher Mächte glauben, auf Unmut und Zorn ihres Gottes oder ihrer Götter schließen zu müssen? Aus dem Ausbruch von rätselhaften Seuchen, aus dem Wüten entfesselter Naturgewalten, aus der schrecklichen Stille regenloser Trockenheit oder dem Absterben des Lebens in der Kälte eines Klimasturzes.

Die Stadt der Turmbauer wurde nicht zerstört. Es heißt, die Menschen konnten sich untereinander nicht mehr verständigen.

Die Vertreibung aus dem Garten in Eden wird im Text durch Jhwh Elohim begründet:

Gen. 3.22

Und Gott der Herr [jhwh elohim] sprach: Siehe, Adam ist worden als unsereiner, und weiß, was gut und böse ist. Nun aber, daß er nicht ausstrecke seine Hand, und breche auch von dem Baum des Lebens, und esse, und lebe ewiglich!

Die Vollendung des Turmbaues wurde nach dem Text durch Jahweh aus einem sehr ähnlichen Motiv verhindert:

Gen. 11.6

Und der Herr [jhwh] sprach: Siehe, es ist einerlei Volk und einerlei Sprache unter ihnen allen, und haben das angefangen zu tun; sie werden nicht ablassen von allem, das sie vorgenommen haben, zu tun.

In beiden Berichten stellt die Auslegungstradition das Bild eines menschengleichen, auf seine Geschöpfe eifersüchtigen Gottes dar. Der Text gibt das aber nicht her. Nirgends ist ein unmittelbares, körperliches Eingreifen einer göttlichen Gestalt beschrieben.

In beiden Fällen scheiterten die Menschen an sich selbst.

In der Paradiesgeschichte erhalten die Menschen durch Jhwh Elohim die Kenntnisse zur Nutzung wärmender und dadurch lebensrettender Kleidung aus Tierfellen.

Genaue Prüfung des hebräischen Wortlautes widerlegt auch die Auffassung, durch Jhwh Elohim wären die Menschen aus dem »Paradies« vertrieben worden.

Gen. 3.23

Da ließ ihn Gott der Herr [jhwh elohim] aus dem Garten Eden, daß er das Feld [adamah] baute, davon er genommen ist.

Die Poeten der Auslegungstradition schilderten den Garten in Eden als ein Paradies, in dem der Mensch nicht arbeiten mußte. Sie haben dabei großzügig einen Bibelsatz übersehen:

Gen. 2.15

Und Gott der Herr [jhwh elohim] nahm den Menschen, und setzte ihn in den Garten Eden, daß er ihn baute und bewahrte.

Im Vergleich müßte aus den Texten der Auslegungstradition geschlossen werden, es habe sich durch die Vertreibung aus dem Garten nicht viel geändert, denn vorher mußte er den Garten bebauen und nun eben das »Feld«. Das hebräische *oved* (<·>*vd*) bedeutet aber vor allem »dienen«. Zuerst hatte der Mensch dem Garten zu dienen, ihn zu pflegen und zu bewahren. Nach der Vertreibung diente er wieder der Adamah. Das ergibt einen gewaltigen Unterschied.

Selbstverständlich steht für »Feld« *adamah* im hebräischen Text. Das Wort »er ließ ihn« erlaubt die Ausdeutung zu einer willkürlichen Vertreibung nicht. Man kann es auch als »loslassen« oder »nicht zurückhalten«[207] lesen: **So ließ ihn Jhwh Elohim los aus dem Garten[*gan*]-Land [*eden*]; er diente (wieder) der Adamah, aus der er gekommen war.**

Die Menschen aus der Kultur des Gartens fielen zurück in die Adamah. Das Schicksal der Turmbauer war kaum gnädiger.

> *Gen. 11.8*
> *Also zerstreute sie der Herr [jhwh] von dannen in alle Länder [aretz], daß sie mußten aufhören, die Stadt zu bauen.*

Auch die Turmbauer mußten die Welt des Namens Jhwh verlassen, die umgeben und beständig bedroht ist von der Welt der Adamah.

Die Autoren der Alten Überlieferung zeigen sehr deutlich immer wieder, wie Menschen durch den Geist Kraft zu ethischen und kulturellen Leistungen finden. Wenn sie sich von diesem im Namen Jhwh lebenden Geist entfernen, erleben sie den Zerfall dessen, was sie zuvor errichtet und geleistet haben.

Es scheint, daß mit den Erzählungen vom Garten und den Turmbauern ursprünglich Beschreibungen von Menschen gegeben werden sollten, die imponierende Leistungen vollbracht hatten, dann aber in eitler Selbstzufriedenheit glaubten, auf den in Jhwh lebenden Geist der Menschlichkeit verzichten und dennoch Menschen bleiben zu können. Wenn aber die Sorge der Menschen nicht mehr der Mensch ist, verlieren sie sich wieder in der Egozentrik der Adamah und sind nicht mehr fähig, Schwierigkeiten, die aus Änderungen ihrer Lebensbedingungen entstehen, zu bewältigen.

Die Alte Überlieferung berichtete nicht von einem beleidigten Patriarchen, der die Menschen für ihren Ungehorsam straft. Sie erzählt vom menschlichen Geist, aus dem unsere Vorfahren die Kraft bezogen haben, die Adamah zu beherrschen, der aber den Rückfall der Menschen in die tierhafte Urwelt nicht verhindern konnte, wenn sie nicht an ihm festhielten.

Die aus dem Text entnehmbaren Hinweise auf die Art der Katastrophe, die den Zerfall der Kultur des Gartens auslöste, lassen auf einen verheerenden Kälteeinbruch schließen. Ähnlich, wenn auch nicht so deutlich, sind die Anzeichen der Katastrophe, an der die Turmbauer scheiterten.

Menschen, die im Hochmut über den erreichten Standard und die in ihrem Bereich vollbrachten Leistungen ihrer Egozentrik freien Lauf lassen und sich selbst in den Mittelpunkt des Weltgeschehens stellen, sprechen nicht mehr dieselbe Sprache wie ihre Nachbarn, die ebenso auf sich selbst konzentriert am Schicksal des anderen kein Interesse mehr haben. Sie werden – von einer plötzlichen, unerwarteten Katastrophe betroffen – nicht genug Opferbereitschaft und Energie aufbringen, um den Zerfall ihrer Welt aufhalten zu können.

Das im Ablauf der Katastrophe wirkende Naturgesetz wird nicht rechtzeitig erkannt werden. Sie versäumen es, Jhwh Elohim so frühzeitig zu hören, daß es ihnen durch neue Erkenntnisse möglich wäre, auf die Lebensveränderungen mit vorsorgender

Menschlichkeit zu reagieren. Sie scheitern nicht, weil ein menschengleicher Gott sie vernichtet, sondern weil sie den Geist nicht bewahrt haben, der den Fortbestand ihrer menschlichen Welt auch in einer Katastrophe gesichert hätte.

Der hebräische Text erzählt, die Turmbauer hätten sich über das Angesicht der ganzen Erde (aretz) verbreitet. Mit ihnen breitete sich das aus, was sie von den Bräuchen und dem Wissen ihrer Welt in Erinnerung behalten konnten oder wollten. Die Auslegungstradition hat das Schicksal der Turmbauer nach Babel/Babylon projiziert, weil dort die Fundamente eines Turmes gefunden worden sind. Aber in der Geschichte wird gesagt, diese Menschen wollten einen Turm bauen, dessen Spitze bis an den Himmel reichen sollte.[208] Was immer man sich darunter vorstellen will, das Fundament eines 90 Meter hohen Turmes kann ein viel höheres Bauwerk nicht tragen.

Wenn wir in unserer Zeit an Türme denken, die bis an den Himmel reichen sollen, so werden wir die Raketentürme von Cape Kennedy oder Baikonur vor uns sehen. Aber selbst die erreichen nicht eine Höhe, die dem Bereich der Schöpfungsmacht des Universums, wo immer sie sein mag, nahe kommen könnte. Den Gott, der eifersüchtig oder ängstlich auf unsere Leistungen reagiert, haben wir Menschen allzusehr »nach unserem Bilde, uns ähnlich« erschaffen.

Die Geschichte der Turmbauer ist im Mittelalter zu Unrecht für eine besondere, nur dem auserwählten Volk zuteil gewordene Offenbarung gehalten worden. Aber auch dieses Motiv war in der alten Welt weit verbreitet. Es kommt in den indischen Veden vor, und es wurde dazu die Vermutung geäußert, daß die Sanskrit-Version älter sein könnte als der Bericht im Buch Genesis.[209]

Das Motiv der Sprachenverwirrung wurde in sumerischen Schriften entdeckt, deren Ursprung vermutlich zweieinhalb Jahrtausende vor der Endredaktion der biblischen Schriftensammlung angesetzt werden muß.[210]

Wir haben entweder den Ursprung der Erzählung in der Phantasie eines sumerischen Priesters zu suchen oder in einem historischen Ereignis, für das es noch keine außerbiblischen Anhaltspunkte gibt.

Solange wir dieses Ereignis nicht kennen, wird es nicht möglich sein, annähernd zu deuten, was das Wort »bis an den Himmel« aussagen sollte. Auch die Frage nach der Bedeutung des Begriffes »Baum des Lebens« ist aus den Bibeltexten allein nicht zu erkennen. Für welche Deutung sich die Phantasie entscheidet, hängt davon ab, wie hoch man die Erkenntnisreife und den Wissensstand einschätzt, den die frühen menschlichen Kulturen, von denen wir noch nichts wissen, vielleicht erreicht haben. In unserer Zeit haben wir viele Möglichkeiten geschaffen, das Leben des Menschen zu verlängern, aber keine, es für ewig zu erhalten.

Für das Verständnis der Alten Überlieferung ist die Deutung dieser Begriffe nicht mehr wichtig. Es genügt zu wissen, daß diese Menschen für ihre Verhältnisse viel erreicht hätten, wenn sie nicht an sich selbst gescheitert wären.

Im Garten verfällt die Frau der Verführung durch fremde Eindringlinge. Kain und Habel können nicht zu einer gemeinsamen Lebensauffassung finden. In Babel will und kann einer nicht mehr verstehen, was der andere sagt.

Im Text steht: Jhwh verwirrte ihre Sprache. Es heißt nicht, daß alle Sprachen der Völker durch göttliche Verwirrung in Babel entstanden sind und sich durch die Zerstreuung der Menschen über alle Länder verbreitet haben. Dies ist wieder nur die Auslegung. Die Sprache der Turmbauer wurde verwirrt. Das kann auch heißen: Sie sprachen noch die gleiche Sprache, aber nicht mehr dieselbe.

Wer eine Sprache hören und zugleich Sprachverwirrung beobachten möchte, der kann sich eine der internationalen Konferenzen anhören, die in englischer Sprache geführt werden und »Gerechtigkeit« zum Thema haben.

In Babel war Jhwh, das »lebende Wort«, unter den Menschen. Es wurde nicht mehr verstanden von den einen, von anderen wurde es anders gedeutet, und wieder andere wollten es nicht hören, weil sie von anderen Vorstellungen größere Vorteile erwarteten.

Menschen, die verschiedene Sprachen sprechen, aber den guten Willen haben und versuchen, sich zu verständigen, werden sich immer einigen. Menschen, die dieselbe Sprache sprechen, sich aber verschiedenen Ideologien zuwenden, in denen es Toleranz nicht gibt, werden nie zu einer Einigung finden. Ihr gemeinsames Werk wird unvollendet bleiben.

Der geschichtliche Kern der Legende vom Turmbau zu Babel ist leicht zu erkennen, wenn man sie vom Auslegungskorsett befreit. Durch die »Zerstreuung« wurden nicht viele Sprachen aus einer Quelle über die Erde verbreitet, sondern eine Sprache breitete sich über viele Länder, zu vielen Völkern aus. Sprache und Wissen der Vertriebenen haben die Menschen vieler Völker beeinflußt.

Es gibt für diese Deutung des biblischen Textes als Beweis nur den Text selbst, die Mythen der Völker und die Logik. Das reicht nicht aus, um alle Zweifel zu zerstreuen, aber es fällt damit sicher leichter, die reifen künstlerischen Leistungen der eiszeitlichen Höhlenmalereien und deren Motive zu verstehen. Verzichtet man nämlich darauf, die spätzeitlichen Einfügungen vom opferlüsternen, menschengleichen Himmelstyrannen Adonaj/Jahweh mitzulesen, so bleibt die schlichte, glaubhafte Beschreibung einer menschlichen Tragödie.

Der »Garten in Eden« war die erste Kulturentwicklung der Menschheit. Der Begriff »ein Garten im Lande der Vorzeit« läßt im Zusammenhang mit anderen kargen Angaben darauf schließen, daß diese Kultur in einer Warmzeit entstanden war, durch einen jähen Kältesturz aber zerstört wurde.

Der erreichte Wissensstand dieser Kultur ist aus dem Text nicht zu erkennen. Baumkultivierung und Anfänge von Tierdomestizierung waren bekannt. Das Feuer war wichtiger Besitz der Gemeinschaft. Es gab künstliche Bewässerung und vermutlich zumindest erste Kenntnisse der Baukunst. Durch die Vereisung des bebauten Gebietes waren die Menschen gezwungen, das Kulturland zu verlassen. In der zunehmenden Kälte mußten sie Tiere töten, mit deren Fellen sie sich gegen Frost und Eis zu schützen suchten.

Das begonnene Kulturwerk war unvollendet geblieben.

VI

Die Nachkommen Kains und der namenlosen Turmbauer

In der Kältekatastrophe veränderte sich durch die Vereisung weiter Gebiete allmählich auch das Oberflächenbild der Erde. In den Gletschern der Kontinente und der Pole wurden ungeheuere Wassermassen gebunden. Die dadurch absinkenden Weltmeere gaben Landbrücken zwischen Asien und Nordamerika und zwischen Australien und Südasien frei. Der afrikanische Kontinent war über Sizilien mit Italien verbunden.

Durch eine Vergletscherung der Quellgebiete verändert sich die Welt. Viele Wasserläufe versiegen. Aus dem Schmelzwasser bilden sich in den Tälern neue Flüsse. Die gewohnten Futterplätze geben keine Nahrung mehr. Es beginnt ein erbitterter Kampf um die neuen Wasserstellen, Weideplätze und Jagdgebiete. Vertraute Nahrungspflanzen wachsen durch die Klimaänderung nicht mehr. Die Tiere suchen neue Lebensgebiete, und die Menschen müssen versuchen, ihnen zu folgen.

Die Kulturmenschen wurden vermutlich wieder zu Sammlern und Jägern, die »unstet und flüchtig« zu entbehrungsreichen Wanderungen gezwungen waren. So wie zuvor im »Garten« die Menschen Kain ihre wahre Lebensart nicht zu erkennen gegeben hatten, so lebten nun die Nachkommen der Menschen Habel in der Adamah.

Gen. 4.17

Und Kain erkannte sein Weib, die wurde schwanger und gebar den Chenoch.

Wenn man nicht annehmen will, daß die biblische Überlieferung in manchen Teilen nur ein besserer »Schulmädchenreport« ist, in dem von Zeit zu Zeit immer wieder ein Beischlaf publikumswirksam eingeflochten werden muß, dann sollte man sich entschließen, das »Erkennen« der biblischen Überlieferung nicht länger als Synonym für Beischlaf mißzuverstehen, sondern meinem Vorschlag nähertreten und es als Ausdruck der Zeugungserkenntnis akzeptieren: Mann und Frau erkennen einander als gleichberechtigte und gleichverantwortliche Lebenspartner. Der Frau allein nützt das Wissen um die Zusammenhänge nichts, denn sie kann den Mann nicht zwingen, die Verantwortung für seinen Nachwuchs zu übernehmen. Es ist daher keine Höherstellung des Mannes, wenn es heißt, der Mann erkannte seine Frau, sondern eine dem Leben entsprechende Schilderung der benachteiligten Position der Frauen, die sich ihrer Verantwortung wohl auch, aber nicht so leicht, entziehen können wie der Mann.

Wäre es den alten Autoren nur darum gegangen, die Schwangerschaft zu vermelden, so hätte es genügt zu sagen, daß die Frau des Kain einen Sohn gebar. Seit der Zeugungserkenntnis wußten die Menschen, daß der Schwangerschaft die geschlechtliche Vereinigung von Frau und Mann vorausgehen muß. Es kann nun sein, daß manche fortschrittlichen Geister hierzu ein triumphierendes »nicht mehr!« anmerken. Mag sein, daß die Künstlichkeit vorübergehend Mode wird. Das heißt dann nur: Unsere Nachkommen werden später einen neuen Anfang suchen müssen, von dem später vielleicht wieder mit der Formel berichtet wird: »Und abermals erkannte der Mann seine Frau«. Und auch das wird dann nicht heißen, sie kopulierten, denn das haben unsere Vorfahren getan, lange bevor sie einander erkannten.

Die Autoren der Alten Überlieferung vermerken, daß die Menschen Kain ihre Frau erneut »erkannten«. Bis dahin hatten sich die Nachkommen der Menschen nach der Kältekatastrophe wieder tierhaft vermehrt.

Es gibt keine Andeutung, wieviel Zeit seit der Kältekatastrophe vergangen war. Die Wandlung der Menschen Kain hat sich vermutlich vollzogen, als sie in neuen, lebensfreundlicheren Gebieten die noch erhaltenen Kenntnisse aus der Kulturwelt des Gartens anzuwenden begannen und wieder seßhaft wurden.

»Östlich« von Eden, von der Kulturlandschaft des Gartens, sollen sie später die erste Stadt erbaut haben, Chenoch.

Die Himmelsrichtung Osten ist auch hier wieder sinnlos. Die Richtung qdm ist die Erscheinung des Lichtes und der Sonne.

Ich meine, die Menschen Kain waren in der Kältekatastrophe aus dem bebauten Land des Gartens der Sonne entgegengezogen, das heißt in Gebiete, in denen durch die Wärme bessere Lebensbedingungen gegeben waren.

Ob Chenoch von den Autoren der Alten Überlieferung als erste Stadt der Menschheit geschildert wurde, läßt sich aus dem Wortlaut nicht mehr entscheiden. Er sagt nur aus, Kain »baute eine Stadt«, nachdem die Menschen dieses Namens die Frau als Lebenspartnerin »erkannt« hatten.

Sollten die alten Autoren Chenoch als erste Stadt gesehen haben, dann müßte die Stadt der namenlosen Turmbauer eine spätere Entwicklung gewesen sein. Vermutlich aber waren auch die Quellen der alten Denker ebenso unvollständig und schwer zu deuten, wie es die Dokumente der Geschichtsforschung bis in unserer Zeit geblieben sind. Es wäre unsinnig, nach einer zeitlichen Ordnung zu suchen, denn es hat sie in der Alten Überlieferung vielleicht auch nicht gegeben. Für ebenso falsch halte ich es allerdings, einen Bericht aus der Vergangenheit nur deshalb als Erfindung abzutun, weil wir nicht wissen, wann und wo das erzählte Ereignis stattgefunden hat.

Sprache und Wissen der namenlosen Turmbauer verbreiteten sich in alle Länder. Ihre Kenntnisse sicherten ihnen Überlegenheit über die unerfahrenen Bewohner der Gebiete, in die sie einwanderten. Die Kenntnisse der mächtigen, zauberkundigen Fremden, die ihnen ähnlich und doch von ganz anderer Art waren, müssen noch tierhaft lebenden Urmenschen rätselhaft und überirdisch erschienen sein.

Die »Wissenden« aus dem Garten in Eden und die Nachkommen der Turmbauer sind wahrscheinlich die Urbilder der Götter und Heroen, die den primitiven Urmenschen die Kultur gebracht haben. Für diese Wohltat verlangten die »Mächtigen« einen Anteil vom Ernteertrag und an den gezüchteten Tieren.

Im Anfang haben die primitiven Menschen die Opfer vermutlich auch gern gebracht und versucht, die »Wissenden« mit Beschwörungen und Demutsbeweisen zu bewegen, durch ihre »Zaubermacht« auch weiterhin dafür zu sorgen, daß sich Pflanzen und Tiere vermehren.

Unter Aufsicht der »Mächtigen« durften »Auserwählte« unter den Urmenschen einen Teil der Geheimnisse kennenlernen, um den Menschen Arbeit und Nahrung zuzuteilen. Diese Auserwählten lernten die Kenntnisse der Mächtigen durch das Wort. Sie geben die Befehle der »Mächtigen« durch das Wort an die Menschen weiter. Durch diese Erfahrungen erhielt das Wort die magische Bedeutung, die ihm in vielen Mythen gegeben wird, in denen wir immer wieder auf das Motiv der »Götter« stoßen, die durch ihr Wort Menschen, Tiere und Pflanzen ins Leben rufen konnten.

Wer den Namen der Mächtigen kennt, kann sie mit dem Wort rufen. Im Namen und im Wort sind alle Zauberkräfte der »Mächtigen« enthalten. Die das Wort kennen, besitzen das Wissen und die Macht.

Im babylonischen Weltschöpfungsepos »Enuma elisch« wird vor dem Sieg der neuen über die alten Kräfte eine Phase des Niederganges beschrieben, die an den Kulturzerfall erinnert, den uns die Alte Überlieferung schildert: »Der Herr [Marduk] erhob den Zyklon, seine gewaltige Waffe. Und der Tiamat, die Versöhnung heuchelte, rief er zu . . . Die Söhne haben sich getrennt, ohne Achtung von ihren Vätern. Denn du, die sie geboren, hast jedem mütterlichen Sinn entsagt.«[212]

Zum Unterschied von der Alten Überlieferung, in der die Frauen geehrt werden, indem sie als erste einen Namen erhalten, betont der babylonische Text das Männliche als Lichterscheinung gegenüber der düsteren Falschheit des Urweiblichen. Es ist die Grundstruktur des Weltbildes, nach dem die Schriften der Alten Überlieferung gedeutet und dem sie angeglichen wurden.

Bedeutsam ist aber die Andeutung einer anderen Lebensordnung, in der die Frauen höhere Bedeutung hatten als in der neuen Ordnung nach der Katastrophe, die entstanden war, als die »Götter« den Menschen Kulturkenntnisse gebracht, das Königtum gestiftet und die Männer die alleinige Herrschaft übernommen hatten.

Die Mythen vieler Völker berichten, daß die Berge die Wohnung der »Götter« sind. Von den hohen, bis an den Himmel ragenden Schneegipfeln waren die Götter gekommen, als sie das Wissen gebracht, das Königtum gestiftet und von den Opfern der Menschen gelebt hatten.

Diese mächtigen, »göttlichen« Erscheinungen verhielten sich wie Menschen. Sie haben gearbeitet und gekämpft. Manche waren gerecht und fleißig, andere launisch und faul. Wie die Menschen haben sie geliebt und gehaßt; und oft haben sie auch Menschen geliebt. Die Nachkommen, die Menschenfrauen von den »Mächtigen« empfangen hatten, waren zu Auserwählten geworden.

Die von mir vorgeschlagene Textauffassung in den Fragmenten der Alten Überlieferung ist keineswegs unvereinbar mit dem Wissensstand der Menschen in der alten Welt. Sie widerspricht lediglich dem Menschen- und Götterbild, das wir unter dem Einfluß der Auslegungtradition gebildet haben. Die Anfangszeile des babylonischen Atramhasis-Mythos verrät, daß damals wie heute Menschen bemüht waren, in Schriften und Kunstwerken verklausuliert, Information und Wissen zu verbreiten, das die Herrschenden nicht aufkommen lassen wollten, weil Wissen – so wurde es auch von der mittelalterlichen Kirche oft formuliert – die Menschen nur verwirrt und in die Irre leitet. Ein Dichter oder Forscher versuchte mindestens 1600 Jahre v. Chr. den Menschen seiner Zeit die Kluft zwischen ihnen und den Göttern zu verkleinern, als er schrieb: »Als die Götter (auch noch) Mensch waren«.[213]

Der Gedanke, daß die Götter ursprünglich Menschen waren und im eigentlichen Wesen auch immer Menschen sind, klingt auch in altägyptischen Dokumenten an. Die »Heliopolitanische Kosmogonie« beschreibt, die Menschen wären aus den Tränen des Sonnengottes entstanden, noch vor den Göttern.[214]

Kein Mensch wird mit der Vorstellung oder dem Wissen von einer göttlichen Existenz geboren. Die Urmenschen, in deren Gebiete die aus der Turmbauerstadt »Zerstreuten« einwanderten, mußten die Erfahrung machen, daß es wissende, mächtige Lebewesen gab, die – so erschien es ihnen – Leben erschaffen und zerstören konnten. Sie lernten, daß es nützlich war, sich das Wohlwollen der Mächtigen zu sichern und sich ihrem Schutz zu unterstellen.

In den alten Schriften werden Götter mit einem Namen bezeichnet und einem Zusatz, der die Göttlichkeit des bezeichneten Wesens erkennen läßt. In allen bildlichen Darstellungen werden die »Götter« durch ihre Größe oder besondere Zeichen kenntlich gemacht, die ägyptischen haben häufig den Körper der Menschen, aber Köpfe von Tieren, die ihnen geweiht waren. Weshalb sie so dargestellt wurden, ist umstritten. Wahrscheinlich sollte dadurch auch gezeigt werden, daß die Götter nicht den Menschen gleichen.

In Mesopotamien scheint es durchaus ernsthafte und interessante Gedanken zur Entwicklungsgeschichte der Menschen gegeben zu haben, bevor die bequeme Legende zur bevorzugten Version der Herrschenden wurde, die Menschen wären zum Dienst an den Göttern erschaffen worden.

In dem Text »Berg des Himmels und der Erde« wird von einer Zeit berichtet, in der die Götter noch ohne Anbeter waren. Sie lebten im Inneren eines Berges, im heiligen Hügel Dulkug, um den herum die Horden der Tiere wanderten, die später Menschen werden sollten.[215] Es war die Zeit, heißt es in der sumerischen Schrift, in der die Göttin Aschnan (Göttin des Getreides) noch nicht grünte, in der die Kanäle um die Göttin Uttu noch nicht angelegt waren; das Schaf hatte noch keinen Namen, das Lamm vermehrte sich noch nicht, und die Ziege war noch nicht da.

Aus der Erscheinung der »übermenschlichen« Lebewesen, die ihnen die Kulturkenntnisse brachten, entstanden die Gottesvorstellungen der Urmenschen.

Die fremden, mächtigen und wissenden Lebewesen, die von den Bergen gekommen waren, konnten Zauber wirken. Sie waren Lebewesen, die über den Menschen standen. Wahrscheinlich kannten sie auch manche Pflanzen mit berauschender und betäubender Wirkung, die sie als Mittel gebrauchten, um ihren Willen durchzusetzen.

Es gab bei den »Wissenden«, die von den Urmenschen für überirdische Wesen gehalten wurden, Rangordnungen. Die Unwissenden sahen daran, daß es hohe und niedrige »Götter« gibt.

In den Mythen vieler Völker ist das Erscheinen der »Götter« verbunden mit der Erschaffung der »richtigen« Menschen, denen die Kenntnisse der Tier- und Pflanzenvermehrung und die Kulturpflanzen übergeben wurden.

Ägyptische Schöpfungsmythen erzählen vom Anfang der Zeiten, als der Gott Ptah die Nahrungspflanzen erschuf, damit die Menschen entstehen konnten.[216]

Aus dem kulturvernichtenden Bekehrungswerk der christlichen Missionare konnten die Nachkommen der Maya-Völker einige Fragmente ihrer alten Mythen bewahren. Sie erzählen, daß die richtigen Menschen erst geschaffen werden konnten, als die Götter den Edelstoff Mais dazu verwendeten.[217]

Götter, die aus Erde und Blut einen Brei mengten, um daraus Menschen zu erschaffen, wie es sumerisch-babylonische Mythen erzählen[218], sind menschliche Erfindungen. Ganz sicher aber hat es Menschen gegeben, die nach den Erfahrungen mit den Mächtigen, denen sie dienen mußten, ihren Nachkommen von freundlichen und feindlichen menschengleichen »Göttern« erzählten, die auserwählte Menschen an ihrem Wissen teilhaben ließen und dafür einen Anteil von Ernte und Jagdbeute verlangten, um davon zu leben.

Die Auserwählten der Götter, der Elohim, überbrachten den gewöhnlichen Menschen die Wünsche der Götter und sprachen in deren Namen. Sie lernten bald, daß jeder seine Macht über die gewöhnlichen Menschen verlor, sobald sein Elohim starb. Da sie aber auf die Macht nicht verzichten wollten, ließen sie deshalb die Menschen nach seinem Tod glauben, ihr Elohim sei immer noch am Leben. Vielleicht wurden die »Götter« so zu unsterblichen Sterblichen. Für die gewöhnlichen Menschen gab es dadurch allmählich keinen Unterschied mehr zwischen den aus »anderen Welten« gekommenen Elohim und denen, die sie als ihre »Boten« auserwählt hatten. Im Bibeltext heißen deshalb auch die »Auserwählten« Elohim.

Der aufrecht stehende Stab (auch Kreuz oder Pfeil) ist in vielen Schriften die Urform der Silbe *ti*[219] oder *tj* oder *t'ai*. Sie hat in vielen Wortbildungen immer den Silbenwert einer Bedeutung des Begriffsbereiches: Leben, Himmel, Macht.

Die Elohim brachten das *ti*, das Leben. Sie brachten auch das Wort, das *hu*. Im Wort waren der Wille der Elohim und ihr Wissen enthalten.

Der Laut *hu* bezeichnete bei den nordamerikanischen Indianern das »unveränderliche Wort«. In den Runen der Germanen und in der Bilderschrift der Sumerer bedeutet ein aufrecht stehender Pfeil die Silbe *ti,* und bei beiden Völkern heißt sie »Leben« und »Himmel«.

Der ägyptische Gott des Wissens und der Schrift ist im Abendland unter dem Namen Thoth bekannt. Im alten Ägypten hieß er *dhwtj*.[220] Auch der hebräische Gottesbegriff des Pentateuch *jhwh* enthält das *hw*, das Wort.

Die Silben *hw* und *ti/tj* haben bei allen Kulturvölkern ähnlichen Wert. Sie sind nicht Beweis für eine gemeinsame Ursprache aller Völker, aber ihr Vorkommen bestärkt die Vermutung, daß sich vor langer Zeit Kenntnisse aus einer Sprache über viele Länder verbreitet haben. Im *hw/hu* und *ti/tj* kann vielleicht die Spur der »Turmbauer« noch heute verfolgt werden. In den alten Namen und Bezeichnungen tauchen *hu* und *ti* in besonderer Häufung dort auf, wo auch Ruinen alter Bauwerke oder Spuren alter Kultstätten zu entdecken sind. Nicht selten gerät man bei der Suche nach diesen beiden Silben an den Anfang der Kulturentwicklung eines Volkes, und dort begegnet man sehr häufig dem Symbol der Schlange.

Die Schlange ist eines der vielen Rätsel, die noch zu lösen sind. Die üble Rolle des Voyeurs, der ohne Motive die beiden ersten und einzigen, unschuldigen und ahnungslosen Menschen zum Geschlechtsakt verführte, hat sie nur in den Gehirnen bedürftiger, altertümlicher Bibeldeuter gespielt. Aus dem Wortlaut des Bibeltextes ergibt sich diese Rolle nicht.

In den Überlieferungen der Völker waren es häufig Schlangen, die Wissen und Kultur gebracht haben. Diese Schlangen waren übermächtige, zauberkundige Wesen. Sie sind selten nur positiv beschrieben. Meistens sind sie unberechenbar, launisch, »gut und böse zugleich«.

Auch aus der Geschichte des Volkes Israel wird im Bibeltext eine weitere seltsame Begegnung mit der Schlange Nachasch berichtet. Auf der Wanderung durch die Wüste hat Jhwh angeblich feurige Schlangen (*ha nchaschjm ha ssarphjm*) unter das Volk geschickt, durch deren Bisse viele starben. Als das Volk seine Sünden bereute, soll Jhwh seinem Propheten geboten haben, eine »eherne (kupferne) Schlange« aufzurichten. Durch den Anblick dieses Bildes wurde dann, so wird behauptet, jeder geheilt, der gebissen worden war.[221] Die Verfasser dieser Episode scheinen weit entfernt von dem Gottesbegriff Jhwh gewesen zu sein, der, wie das Buch Exodus lehrt, seinen Propheten Mose beauftragt hat, dem Volk das Gebot zu verkünden: Ihr sollt euch keine Bilder machen.

Der inhaltliche Gegensatz ist einer der vielen Beweise, daß im Namen Mose zumindest zwei sehr unterschiedliche Überlieferungen in der Auslegungszeit miteinander verflochten worden sind.

Jahrhunderte nach der Wüstenwanderung, wenige Jahre bevor die Assyrer das Nordreich Israel vernichteten, ließ Hiskia, der König des Südreiches Juda, im Namen Jhwh die »eherne Schlange« *(nachasch ha nchscheth)* zerstoßen, die vom Volk Israel »Nechuschtan« genannt und verehrt worden war, seit Mose sie angeblich gemacht hatte.[222]

Es gibt keine geschichtlich belegbare Erklärung für Herkunft und Inhalt dieser Bilderverehrung. Auch ist nicht zu klären, ob das Bild tatsächlich eine Schlange gewesen ist oder ob der Begriff Schlange in der Spätzeit aus der Deutung der Paradiesgeschichte abgeleitet worden ist. Häufig wird in diesem Zusammenhang auf die Ähnlichkeit mit indischen Göttersagen hingewiesen. Der vedische Schlangenkönig Nahuscha[223], vor Zeiten einer der Urgötter, mit allen Tugenden begabt, verfiel dem Hochmut und der Sinnlichkeit und ließ sich davon zu Genußsucht und Eigensinn verführen. Zur Strafe wurde er von Gott Indra in den Abgrund gestoßen und dazu verdammt, 10 000 Jahre als riesige Schlange auf der Erde umherzuirren. Man muß dabei wohl wieder auch an die Klangverwandtschaft zu dem assyrischen Wort *nahasu* denken, das »Überfluß« bedeutet.

In einem anderen Sagenkreis sind Schlangen, die Nagas, Hüterinnen des materiellen, irdischen Wissens. Ihre Aufgabe ist es, dem Unwürdigen den Zugang zum Wissen zu verwehren.

Die biblische Nachasch hat die Katastrophe in der Kultur der Vorzeit überlebt. Von ihr wird gesagt, sie sei klüger gewesen als alle Lebenden im »bebauten Land«. Die Klugheit der Nachasch scheint sich ebenfalls über die Erde verbreitet zu haben.

Nachkommen der Nachasch werden im überlieferten Text der rekonstruierten Schriften ebensowenig erwähnt wie die der namenlosen Turmbauer. Namentlich werden nur die Nachkommen Kains in sieben Generationen aufgezählt. Die Zahl sieben bedeutet hier die weit darüber hinausreichende Fortdauer dieses Menschenstammes.

> *Gen. 4.18*
> *Henoch aber zeugete Irad, Irad zeugete Mahujael, Mahujael zeugete Methusael, Methusael zeugete Lamech.*

Alle alten Namen haben Bedeutung, nur ist anzunehmen, daß wir sie ohne ergänzende Informationen im ursprünglichen Inhalt nicht mehr erkennen können. Das hebräische Wort *ir* bedeutet Stadt. Der Name Irad schließt damit logisch an die Städtegründung unter dem Namen Chenoch an.

In den Namen Machujael und Methusael ist zum erstenmal das Wort *el* enthalten, das in vielen Namen des semitischen Sprachbereiches vorkommt. Es gilt als Determinativ, der den Namen als den eines Gottes kenntlich machen soll, und kommt auch als Eigenname des obersten Gottes vor. El galt bei den Völkern Kanaans als oberster Gott, Göttervater, Weltenschöpfer und Vater der Menschen.[224] Seine Mitgötter führten den Beinamen *el* und hießen in der Mehrzahl *elim*.

Ich glaube, daß die Gottesbezeichnung *el* in den Namen der beiden Nachkommen Kains den Gedanken der Vergöttlichung der »Wissenden« des Gartens bestätigt.

Die Menschen Kain bauten die Stadt Chenoch. Vielleicht war es nur eine Befestigung, um die aufgesammelten Vorräte gegen die Angriffe umherstreifender Urmenschen zu verteidigen. Es war den Menschen nur möglich, in einer Stadt seßhaft zu werden und zu bleiben, wenn sie sich aus der Umgebung ausreichend ernähren konnten. Die Gründung einer Stadt kann nur bedeuten, daß die Menschen wieder Pflanzenkulturen angelegt und Tierdomestizierung versucht haben.

Die Situation erinnert an die sumerischen Götter, die einige hunderttausend Jahre vor der großen Flut auf die Erde gekommen sein sollen. Sie waren zunächst allein auf der Erde, mußten die Bewässerungskanäle selbst bauen und auch die Felder bestellen. Als ihnen die Arbeit zuviel wurde, hielten sie einen Götterrat ab. Sie beschlossen, Kingu, einen der niedrigen Götter, zu töten. Gott Enki, der Weise, holte Schlamm aus dem Abzu, der »Süßwassertiefe«. Aus dem Schlamm der Erde und dem Blut des Gottes baute er die Menschen. Der Himmelsherr An hauchte den Menschen den Lebensatem ein, aber nur so viel, daß es für ein Menschenalter reichte.[225]

Im der vierten Folge der Geschlechter nach Kain war möglicherweise unter den »Mächtigen« Machujael zum El, zum Gott, geworden.

Gen. 4.19

Lamech aber nahm zwei Weiber: eine hieß Ada, die andere Zilla.

Zu Lamechs Zeit war die Gesellschaftsordnung bereits zum absoluten Patriarchat zerfallen. Die ursprünglich auch von Kain »erkannte« gleichberechtigte Partnerschaft von Frau und Mann war nicht Lebensgesetz geblieben.

Jabal, Sohn der Ada, wurde Stammvater der Viehzüchter, die in »Hütten« oder Zelten wohnten. Sein Bruder hieß Jubal; von ihm steht geschrieben, er sei der Ahnherr der Musiker geworden.

Der bedeutendste Nachkomme des Lamech muß Thubalkain gewesen sein. Er wurde »Meister in allerlei Erz- und Eisenwerk« und Ahnherr der bergbautreibenden und metallverarbeitenden Menschen genannt. Wenn man dazu bedenkt, daß 1968 bei Ban Chiang im Mekong-Tal Thailands die Siedlungsstätte eines Volkes gefunden wurde, das bereits im vierten Jahrtausend v. Chr. – früher als die Völker im Fruchtbaren Halbmond – Metalle verarbeitet hat[226], wird man vielleicht auch bereit sein, über diese Fragmente im Bibeltext noch einmal nachzudenken.

Die Schwester des Thubalkain war Naema. Ihr Name findet im Text keine Ergänzung. Entweder war zur Zeit der Niederschrift die Bedeutung dieses Frauennamens noch so bekannt und wichtig, daß eine Ergänzung nicht notwendig war, oder die dazu gehörenden Berichte konnten nicht mehr rekonstruiert werden.

Chawa, Ada und Zilla sind die ersten Frauennamen im Bibeltext. Alle drei wurden im Zusammenhang mit dem Mann und der Nachkommenschaft genannt. Naema ist die erste Frauengestalt, die für sich allein erwähnt wird. Leider wissen wir nicht mehr, weshalb.

Lamech war ein Menschengeschlecht, das sich an kein Gesetz, an keine Rücksicht mehr gebunden fühlte.

Gen. 4.23

Und Lamech sprach zu seinen Weibern Ada und Zilla: Ihr Weiber Lamechs höret meine Rede, und merkt, was ich sage: Ich habe einen Mann erschlagen für meine Wunde und einen Jüngling für meine Beule; (24) Kain soll siebenmal gerochen werden, aber Lamech sieben und siebenzigmal.

Lamech und die Verwalter seiner Macht standen wie Götter über den gewöhnlichen Menschen.

Enoschim – die neuen Menschen

Gen. 4.25
Adam [adam] erkannte erneut sein Weib, und sie gebar einen Sohn, den hieß sie
Seth; denn Gott [elohim] hat mir, sprach sie, einen anderen Samen gesetzt für
Habel, den Kain getötet hat.
Es wird nicht erkennbar, wieviel Zeit seit dem Untergang der Kultur des Gartens im
Land der Vorzeit vergangen war, als diese neue Entwicklung begann. Es muß sehr
lange gewesen sein, denn der Name Chawa kommt nicht mehr vor. Mann und Frau
haben keine Namen.

Es ist ein neuer Anfang unter den Nachkommen der Menschen *(ha adam),* die vor
vermutlich sehr langer Zeit durch ihre Erkenntnisse, durch Jhwh Elohim, aus *aphar*
min ha adamah gebildet worden waren. Die Beziehung zur Vergangenheit wird
durch den Namen Habel hergestellt. Die alten Autoren haben also den Geist der
Hirten Habel als Wurzel des neuen Anfangs angenommen, nicht die Lebensart der
Menschen Kain.

Der Anstoß zu dieser neuen Entwicklung kam von Elohim. In der von mir vorgeschlagenen Wortauffassung sind darunter wissende, kenntnisreiche und geschickte
Menschen zu verstehen, die von den Urmenschen, in deren Gebiete sie eindrangen,
für übermächtige, zauberkundige Wesen, für »Götter«, gehalten wurden.

In der Auslegungstradition wird Elohim hier wieder als Bezeichnung für den
einzigen, allmächtigen und allwissenden Erschaffer von Himmel und Erde aufgefaßt.
Aber man fühlt sich in die dumpfe Schwüle spätbabylonischer oder neuplatonischer
Studierstuben versetzt bei der Vorstellung, daß der allmächtige Schöpfer von
Himmel und Erde den Menschen Zeugungshilfe geleistet haben soll, wie Zeus dem
Amphytrion. Der »Samen«, den Elohim der Frau gesetzt hat, war ohne Zweifel von
den Autoren als geistiger Begriff gemeint.

In der Zeugungserkenntnis hatten die Menschen *(ha adam)* den Zusammenhang von
Paarung, Zeugung und Geburt begriffen. In der neuen Entwicklung, die nun beschrieben wird, führten menschliche Elohim die Frau, die wieder in der matriarcha-
lischen Urwelt der Adamah lebte, dazu, die Gemeinsamkeit mit ihrem Paarungspartner zu erkennen. Dem Mann nützt das Wissen über die Gemeinsamkeit nichts, wenn
die Frau sie nicht akzeptiert und ihn nicht in die Gemeinschaft mit ihrem Kind
aufnimmt. Der Mann hat nur die Möglichkeit, so wie es die Autoren der Alten
Überlieferung für die Zeit nach der Zeugungserkenntnis beschrieben haben, seiner
Paarungspartnerin zu folgen. Wird er von ihr nicht als Lebenspartner für Mutter und
Kind akzeptiert, bleibt er weiterhin Außenseiter und allein. Er könnte dann nur mit
physischer Gewalt das Kind rauben. Das aber würde den Tod des Kindes bedeuten.
Er könnte der Frau seine Gegenwart vielleicht mit physischer Gewalt aufzwingen,
aber Gemeinsamkeit würde er damit nicht erreichen.

Erst wenn der Frau der geistige Samen »gesetzt« wird, wenn sie die geistige, die
menschliche Dimension des Lebens zu ahnen beginnt, wird auch sie die Gemeinsamkeit suchen, weil sie erkannt hat, daß ihr Nachwuchs in der Familiengemeinschaft
bessere Entwicklungsmöglichkeiten haben wird. Der neue, in Genesis 4.5 beschriebene Anfang ging von der Frau aus. Mit dem »Samen« war nicht das zur Zeugung
eines Sohnes notwendige Sperma gemeint, sondern der aus dem Wissen der Elohim
gegebene geistige Anstoß, die Verantwortung für Nachkommen und Mitmenschen
zu erkennen, sie anzunehmen und danach zu leben.

Auch in der neuen Entwicklung war das erste in der sich neu bildenden menschlichen Gemeinschaft aufwachsende Geschlecht noch ein Übergang. *Scheth* war das unerläßliche, aber nicht auffallende, glanzlose Fundament[227], auf dem sich der neue Geist zu entfalten begann.

Gen. 4.26
Und Scheth zeugte auch einen Sohn, und hieß ihn Enosch. Zu derselbigen Zeit fing man an, zu predigen von des Herrn Namen [b schem jhwh].

Im Geschlecht Enosch ist die Entwicklung zum Anfang einer neuen »menschlichen« Lebensform im Geist des Namens Jhwh vollzogen.

In der hebräischen Sprachtradition hat der Begriff Enosch oder Ben-Enosch[228] die Bedeutung »Mensch«, auch »neuer Mensch« oder »richtiger Mensch«. Diese Auffassung ist in das Aramäische übernommen worden. Der vom Propheten Daniel verheißene Messias, der Gesalbte, der das Volk erlösen soll, heißt *bar enosch*.[229] Das Wort wurde mit »Menschensohn« übersetzt. Es könnte jeden bezeichnen, der ein Nachkomme des Geschlechtes Enosch ist, in dem sich die Menschen vom Geist des Namens Jhwh leiten ließen.

Die Menschen Enosch formten ihre Lebensordnung nach den gedanklichen Relikten der Vergangenheit, sie entwickelten die Religion.

Zuneigung und Verantwortung für Kinder und Eltern band die Gemeinschaft der Familie und in weiter gefaßtem Rahmen auch die Stämme. Gemeinsame Erinnerung und Verehrung der Vergangenheit schufen einen Zusammenhalt der Menschen über verwandtschaftliche Beziehungen hinaus zu einer Gemeinschaft im »Geiste«, im »Namen« des lebenden Wortes Jhwh.

Das Wort *qr<a>*, das in der Auslegungstradition mit »predigen« übersetzt wird, hat auch viele andere Bedeutungen: »öffentlich ausrufen« oder »einladen«, auch »ihn anrufen«, »nennen«, »herbeirufen«, »feierlich nennen«.[230] Schem ist der hebräische Begriff für unser Wort »Name«. Die Bedeutung des Wortes geht aber weit über das hinaus, was wir unter diesem Begriff verstehen. Im *schem* lebt der Geist. Den Namen Jhwh auszurufen, zu nennen, auszusprechen bedeutet, den im Namen enthaltenen Geist, den *schem jhwh*, herbeizurufen.

Der Bibelsatz teilt uns mit, daß in der Zeit der Menschen Enosch vom Geist des »lebenden Wortes« Jhwh gesprochen und danach gelebt wurde. Abweichend von der Wortwahl der Tradition, läßt sich also auch sagen: **In dieser Zeit begann man den (im) Geist Jhwh zu verkünden (zu lehren).**

Eine Verkündung des Namens Jhwh und irgendwelcher damit verbundener Vorschriften hat es davor nicht gegeben. Das zeigt, daß der Brandopfer fordernde, launische, menschengleiche Patriarch Adonaj/Jahweh, dem wir in der Geschichte vom Brudermord begegnen, eine Einfügung der Spätzeit ist.

Ursache der Auseinandersetzung war der Gegensatz der Lebenseinstellungen. Die Menschen Kain verehrten die Adamah in Urkulten und mit Blutopfern. Die Menschen Habel lebten als Hirten der kleinen Lebewesen, als Hüter ihrer Gemeinschaft. Die alten Autoren haben Jhwh als Namen, also als geistigen Begriff, beschrieben. Die Menschen brauchen nicht nur die Fähigkeit, den Geist aufzunehmen, sie müssen auch dazu bereit und willig sein. Das Erahnen, Erkennen und Aufnehmen des Geistes ist ein gedanklicher Prozeß. Zum lebendigen Wort wird der Geist, wenn die Menschen ihn aufgenommen und in Worte gefaßt haben, um ihn anderen zu übermitteln.

Der Geist des Namens Jhwh, der sich mit dem Brudermörder Kain mit Worten auseinandersetzt, kann durch das Wort der Menschen zu Kain sprechen. Wenn also Jhwh beschließt, den Brudermörder für seine Tat nicht zu töten, dann ist darin ein Entschluß jener Menschen zu sehen, die den Geist des Namens Jhwh erkannt hatten und ihn in ihrem Leben befolgten.

Der Name Jhwh muß als Erkenntnis der Menschen verstanden werden. Er ist ihnen nicht verkündet worden. Es hat sich ihnen keine körperliche Gotteserscheinung mit diesem Namen offenbart. Von den Hirten Habel wird keine in leiblicher Begegnung mit einem Gott erlebte Offenbarung berichtet. Auch über die Menschen Scheth und Enosch erfahren wird nichts Derartiges. Ihnen war weder ein Gesetz verkündet noch eine Offenbarung zuteil geworden. Sie haben nichts erfahren über zu erfüllende Rituale oder einzuhaltende Opfervorschriften.

Es wird zwar in der Tradition auch über eine mögliche Uroffenbarung gerätselt, die der erste Mensch empfangen haben und an seine Nachkommen weitergegeben haben soll; aber diesen ersten männlichen Menschen namens Adam hat es nach dem ursprünglichen, inzwischen auch von der Tradition anerkannten Wortverständnis nicht gegeben, weil *adam* eben die Gesamtheit der Menschen bezeichnet. Es müßte diese Uroffenbarung an alle im Anfang lebenden Menschen ergangen sein. Wäre es so, dann hätte es keinen Grund für den Heiligen Geist gegeben, den Schreibern nicht auch den Inhalt dieser ohnehin allen Menschen gewährten Offenbarung zu diktieren. Was hätte denn eine Heilige Schrift für einen Sinn, wenn sie das Wichtigste nicht enthielte?

Die Autoren der Alten Überlieferung haben den Weg des Menschen anders gesehen. Unsere Vorfahren waren danach nicht Marionetten, die von dem sich stets verändernden Willen eines menschengleichen Himmelspatriarchen gegängelt worden sind, sondern Geschöpfe, denen die Fähigkeit gegeben war, ihre über das Lebensverständnis der Tiere hinausreichenden geistigen Begabungen zu entwickeln und beständig zu steigern, um zunehmend mehr vom Geist der Schöpfung aufnehmen und im Leben auf der Erde verwirklichen zu können. Die Erkenntnisfähigkeit der Menschen war noch ein Akt der Schöpfung, eine Gabe oder Entwicklung aus der Natur. Die Bereitschaft, diese Fähigkeit anzuwenden und nach den Erkenntnissen zu leben, muß ein Entschluß sein, zu dem der Mensch sich selbst überwindet.

Der 25. Vers des vierten Kapitels der Genesis sagt aus, Frau und Mann hatten durch das Wissen ihrer Elohim wieder zu der Erkenntnis ihrer gleichberechtigten Verantwortung gefunden und waren bereit, danach zu leben. Nach der Quellentheorie sind die Verse 25 und 26 dieses Kapitels der Quelle J (Jahwist) zuzuordnen.[231] Ebenso soll auch die Geschichte vom Brudermord[232] der Quelle J entnommen sein.

Der Gottesbegriff der Brüder Kain und Habel ist Jhwh. Auch die Menschen Scheth und Enosch gehören zu diesem Gottesnamen. Dennoch steht Elohim an einer wichtigen Stelle dieses Textes, der doch aus einer Quelle stammen soll, die angeblich Jhwh und nicht Elohim als Gottesbezeichnung gebraucht. In der genauen Abfolge der Ereignisse führte Elohim die Menschen erneut zu einer Erkenntnis, als deren Folge sie später begannen, den Namen Jhwh anzurufen. Wir sollten den alten Autoren zugestehen, daß auch sie sich etwas gedacht haben, als sie ihre Texte verfaßten.

In der Alten Überlieferung ist Jhwh eine den Menschen unbegreifliche, aber freundlich gesonnene geistige Kraft.

Die Elohim sind Menschen, die im Namen von Göttern sprechen, wie der Prophet Mose[233], der Prophet Samuel[234], wie die Richter, vor die man die Streitenden bringen soll.[235] Der Geist des Namens Jhwh verpflichtet die Menschen, ihre Kraft einzusetzen, um die Hilflosen und Schwachen gegen die Willkür der Adamah zu schützen.

Verantwortung für die Schwachen zu übernehmen heißt auch, ihnen alle Rechte zu sichern, die sie sich aus eigener Kraft nicht erkämpfen können, denn die Menschen haben ohne Unterschied die gleichen Rechte.

In der Lebensform der »Hirten« ist die Gerechtigkeit untrennbar verbunden mit dem »Namen Jhwh«. Geist und Wissen sind nicht Vorrechte der Elohim. Die Lebensordnung im Geist des Namens Jhwh gibt den Menschen die Freiheit zu eigener geistiger Entwicklung.

Die älteste Überlieferung in den biblischen Schriften lehrt, daß die Welt der Gerechtigkeit, die Welt Jhwhs, nur durch die Menschen verwirklicht werden kann. Sie haben »aus dem Schatten des Schattens« der Schöpfungsmacht die Erkenntnisfähigkeit erhalten. Sie selbst aber müssen die Bereitschaft aufbringen, ihren Lebenspartner und ihre Verantwortung für die Mitmenschen zu »erkennen«. Erst dann ist der Geist, der Name Jhwh, gegenwärtig.

Im Geschlecht Enosch haben die Menschen dies erkannt und zum erstenmal ausgesprochen. In den fünf Büchern Mose wird ein Leben vor der Geburt oder nach dem Tod nicht erwähnt. Wohl nicht, weil man darüber nicht nachgedacht hat, viel eher deshalb, weil die Autoren der Alten Überlieferung überzeugt waren, daß andere Welten oder andere Leben den Menschen nie als Alibi dienen dürfen, sich der Verantwortung zu entziehen, die sie in diesem Leben, in dieser Welt übernehmen sollten.

Die Alte Überlieferung ist auch ein Denkmal für die Menschen, durch deren Opferbereitschaft die Erkenntnisse der Vergangenheit über Zeiten der Verfolgung und der Versuchung, durch Epochen der Unterdrückung und der Katastrophen, bewahrt und weitergegeben worden sind.

Die Menschen sind nicht erschaffen worden, um irgendwelchen Göttern durch Brand- und Speiseopfer zu dienen oder durch Demutshaltungen um deren Gunst zu werben, sondern sie sind erst Menschen, wenn sie ihre Pflichten und ihre Verantwortung für die Mitmenschen erkennen und übernehmen. Der Mensch dient Jhwh, wenn er dem Menschen »dient«. Die Menschen sollen ihre Handlungen so einrichten, daß ihre Nachkommen nicht unter den Folgen ihrer Fehler leiden müssen.

Die Theorie von der »Erbsünde« ist die Umkehrung dieses Gedankens. Durch sie wird der verantwortungsbewußte Mensch von seiner erkannten Verpflichtung abgelenkt und zugleich entmündigt. Denn alles Leid des Menschen – so läßt sich die Erbsündentheorie interpretieren – kann Strafe Gottes sein für die Schuld der Urmutter Eva. Die Qualen der brennenden Ketzer, der gepeinigten »Hexen« und der gejagten und verfolgten Andersgläubigen konnten mit der Theorie der Erbsünde begründet und vergoldet werden. Niemand durfte es wagen, das Schicksal eines Ketzers zu mildern, denn nur durch Leiden konnte ein Teil seiner Erbschuld getilgt und Gott milde gestimmt werden.

Es wird Gelehrte geben, die aus den theologischen Schriften eine freundlichere Theorie zur Erbsünde verkünden. Aber leider fand das Leben der gequälten Menschen nie in Büchern statt, sondern immer in Kerkern, Konzentrationslagern, in Bombenkellern, auf den Scheiterhaufen und den Schlachtfeldern.

Im nächsten Vers, dem ersten des fünften Kapitels, wird an die Weisheit der Alten Überlieferung übergangslos die Einfalt der Auslegungstradition angefügt:

Gen. 5.1

Dies ist das Buch von des Menschen Geschlecht. Da Gott [elohim] den Menschen schuf, machte er ihn nach dem Gleichnis Gottes [elohim].

Die Gottesgleichheit des Menschen war den Redakteuren der Tradition so wichtig, daß sie immer wieder betont werden mußte. Gott sieht so aus wie wir.

Diese Geisteshaltung hat aber schon in alter Zeit nicht überall Beifall gefunden, sonst hätte nicht einer der inspirierten Dichter in der biblischen Überlieferung so bittere Worte für die Elohim gefunden:

Ps. 82.6

Ich habe wohl gesagt: Ihr seid Götter [elohim] und allzumal Kinder des Höchsten [bnj eljon]; (7) Aber ihr werdet sterben wie Menschen [adam], und wie ein Tyrann zu Grund gehen.

Auch der verbissenste Verfechter der Auslegungstradition wird in diesem Text das Wort *elohim* nicht als Bezeichnung für den Schöpfer von Himmel und Erde erkennen wollen, denn er müßte dann mit dem Gedanken weiterleben, daß Gott sterben wird wie ein Mensch. Der Verfasser des Textes wollte das aber nicht ausdrücken. Er wollte wohl sagen: Auch wenn die Elohim sich über die Menschen erheben, sie sind nicht anders, nicht besser und ebenso sterblich.

Es gibt auch Texte, die eindeutig der Lehrmeinung der Auslegungstradition widersprechen, nach der *elohim* und *jhwh* nur zwei verschiedene Bezeichnungen derselben Gotteserscheinung sein sollen.

Ps. 8.5

Was ist der Mensch [enosch], daß du sein gedenkest, und des Menschen Kind [ben adam], daß du dich sein annimmst? (6) Du hast ihn wenig niedriger gemacht denn Gott [elohim] . . .

»Wenig niedriger« kann heißen, du hast ihn fast so groß gemacht. Bezogen auf eine Schöpfungsmacht, die Himmel und Erde erschaffen hat, wäre dieser Vergleich lächerlich. Es kann aber auch heißen: »Du hast ihn nicht viel besser gemacht.« Und es ist diese Auffassung wahrscheinlich die richtige, denn insgesamt vermittelt der Gedanke die Klage über die Nichtigkeit des Menschen, und er verherrlicht die Größe des Angerufenen, weil er sich trotzdem dieser Nichtigkeit zuwendet.

Die angerufene Autorität ist Jhwh, aber mit dem Zusatz »Unser Herr« (*jhwh adonjnw*).[236] Der Dichter – es ist ein Psalm, der König David zugeschrieben wird – lobt Jhwh als den Schöpfer von Himmel und Erde:

Wenn ich sehe die Himmel, deiner Finger Werk, den Mond und die Sterne, die du bereitet hast.

Der Psalmist sieht Jhwh als männlichen Gott. Die Anrede *adonjnw* zeigt, daß die Tradition der Alten Überlieferung schon mit einer kanaanäischen Tradition einer Gottesvorstellung <a>dn (Herr) verbunden ist; desto deutlicher aber muß die Unterscheidung der Begriffe *jhwh* und *elohim* auffallen, denn der Dichter singt nicht »Du hast ihn wenig niedriger als dich gemacht«. Er betont den geringen Unterschied zwischen den Menschen und den Elohim und beschwört die Größe Jhwhs.

Jhwh ist unerreichbar erhaben über den Menschen – und über die menschlichen Elohim.

Die Auslegungstradition hat Vergleiche zwischen den Menschen und den menschlichen Elohim als Beweise der Gottesebenbildlichkeit des Menschen ausgegeben, weil es im Text der Schöpfungsgeschichte heißt: Laßt uns den Menschen machen nach unserem Gleichnis.

Das hebräische Wort für Gleichnis ist *dmwth*. Es ist aus dem Stamm *dmh* abgeleitet, dem die Bedeutung zukommt: »etwas nach seiner Vorstellung bilden«, »sich etwas vorstellen«.[237] Hätten die auslegenden Gelehrten in sich nicht göttliche Erhabenheit gefühlt, dann hätten sie vielleicht auch die Möglichkeit in Betracht gezogen, es könnte gemeint sein, daß die Schöpfungsmacht die Menschen nicht nach ihrem Gleichnis, sondern nach ihrer Vorstellung, nach ihrem Konzept entstehen ließ, damit sie in ihren Grenzen, mit ihren Fähigkeiten, den Sinn der Erde für alle Lebewesen im Geist von Toleranz und Gerechtigkeit erfüllen.

Wenn es aber hieße, der Mensch sei nach den Vorstellungen, das heißt, im Sinne des in der Schöpfung waltenden Geistes, geschaffen worden, dann wären die Auslegungen von Sündenfall und Erbsünde nicht mehr möglich. Der so geschaffene Mensch wäre ja so, wie Gott ihn gewollt hat. Er dürfte sich dann, als ein willkommenes Kind der Schöpfung, ohne Schuldgefühle, frei und unbefangen in der von Gott geschaffenen Welt sehen lassen, nackt oder nicht.

Die Auslegungsredakteure haben auch zu Scheth und Enosch ein Geschlechtsregister mit Altersangaben und Jahreszahlen verfaßt. Es sind zum Teil dieselben Namen wie in der Abstammung Kain, auch der Name Chenoch kommt hier vor. Im Stammbaum Scheth wird er aber zum Mysterium. Unzählige Bücher wurden über ihn geschrieben, und in jedem Jahrhundert werden neue Deutungen und bizarre Schlußfolgerungen aus diesen Deutungen angeboten.

Gen. 5.24
Und dieweil er (Chenoch) ein göttlich [ha elohim] Leben führte, nahm Gott [elohim] ihn hinweg, und ward nicht mehr gesehen.

Nach der hebräischen Wortbedeutung führte Chenoch nicht ein »göttliches« Leben, sondern ein »Leben der Elohim«: **Er wandelte mit ha Elohim; und sie nahmen ihn hinweg.**

Das bedeutet nicht, daß Chenoch nie gestorben ist, sondern nur: Niemand hat von seinem Tod erfahren. Chenoch erhob sich über die Menschen, »er wandelte mit den Göttern«, mit ha Elohim.

In der Alten Überlieferung sollte mit dem Namen Chenoch wahrscheinlich gelehrt werden, daß auch die Menschen, die aus der Gemeinschaft kommen, in der Frau und Mann einander als gleichberechtigte und gleichverantwortliche Lebenspartner erkennen, anfällig und verführbar sind, ihr Wissen zu mißbrauchen. Die Elohim nahmen Chenoch hinweg, um weiterhin in seinem Namen herrschen zu können.

Viele der Elohim in der Auslegungstradition haben die Sexualität als schlimmste Verführung und als ärgste Sünde angesehen, die Menschen begehen können. Das war nur möglich, weil viele von ihnen selbst der viel schlimmeren Versuchung, der viel ärgeren Sünde, nicht widerstehen konnten, der Verführung durch die Macht.

Die menschlichen Elohim waren der Verführung erlegen und hatten die Macht mißbraucht. Mit dieser Deutung des Begriffes Elohim wird ein anderes angeblich »mystisches« Geheimnis des Bibeltextes zu einer verständlichen Beschreibung einer Epoche aus der Menschheitsgeschichte, von der wir bisher meinten, es hätte sie nie gegeben.

Gen. 6.1
Da sich aber die Menschen [ha adam] begannen zu mehren auf Erden [al pnj ha adamah], und ihnen Töchter geboren wurden, (2) Da sahen die Kinder Gottes [ha elohim] nach den Töchtern der Menschen [ha adam], wie sie schön waren, und nahmen zu Weibern, welche sie wollten.

Der hebräische Text teilt nüchtern mit: **Die Menschen mehrten sich im Angesicht der Adamah.**

Im Stamme Kain war die Mutterherrschaft durch die »Erkenntnis« der gleichberechtigten Partnerschaft beendet worden. Gleichberechtigung und Gerechtigkeit wurden aber nicht zum Lebensgesetz. Die Menschen waren wieder von der triebbestimmten Egozentrik der Adamah beherrscht.

Wie vordem die Mutter unanfechtbare Autorität war, so wurde es jetzt der Vater, der durch seinen Samen die Fruchtbarkeit des Mutterleibes beherrscht. Im Geschlecht Lamech bestand bereits das absolute, uneingeschränkte Patriarchat, in dem den Männern Polygamie erlaubt, den Frauen aber Monogamie vorgeschrieben war. Lamech nahm sich zwei Weiber[238], und die »Kinder der ha Elohim« nahmen sich von den Töchtern der Menschen, welche sie wollten.

Martin Luther kam dem Inhalt so nahe, wie es zu seiner Zeit möglich war, als noch der Gedanke einer göttlichen Inspiration der Texte als unanfechtbare Glaubenswahrheit galt: ». . . das waren der heiligen Väter Kinder . . .«[239]

Dem Reformator wäre es noch nicht möglich gewesen, den hebräischen Wortlaut höher zu stellen als die Textauffassung der Tradition und darin nach ursprünglichen Wortbedeutungen zu suchen. Das Weltbild, das die Auslegungstradition aus der Überlieferung konstruiert hatte, bestimmte das Denken der Menschen. Das überlegene Wissen der alten Zeiten war seit Jahrtausenden verschüttet. Erst langsam begannen die Menschen, es wiederzuentdecken. Die ersten Fernrohre wurden zaghaft, unter ständiger Bedrohung durch die Inquisition, auf die Sterne gerichtet. Jeder Zweifel an dem von den Spätbabyloniern, den Hellenisten und Neuplatonikern verordneten Weltbild bedeutete Lebensgefahr, denn in der Auslegungstradition galt jedes Wort der Schrift und jedes Wort jeder Übersetzung als durch »göttliche Inspiration«[240] zustande gekommen. Diese Behauptung ließ auch den Gedanken nicht zu, daß jede Gottesbezeichnung eine eigene und für den Inhalt wichtige Bedeutung haben könnte. Der Geist, so hieß es, hatte die verschiedenen Namen gewählt, um Gott in den Nebel des unergründlichen Geheimnisses zu hüllen.

Der hebräische Begriff *elohim* muß aber eben auch in den Übersetzungen der Auslegungstradition nicht selten mit der Bedeutung »Götter« übersetzt werden. Es geschieht leider immer nur dort, wo es absolut nicht möglich ist, die mit »Elohim« bezeichneten Erscheinungen einem allmächtigen und allwissenden Schöpfer von Himmel und Erde gleichzusetzen.

Ex. 22.19
Wer den Göttern [elohim] opfert und nicht dem Herrn [jhwh] allein, der sei verbannt.

Die Übersetzung: »Wer Gott opfert und nicht Gott allein«, wollte man den Menschen doch nicht zumuten.

Viele Textstellen, an denen auch die Quellentheorie mit ihren Erklärungsversuchen versagen muß, weil sich aus ihnen zwingend ergibt, daß Elohim auch Priester oder Zauberer sein können, wurden übergangen oder mit dem Geheimnis Gottes verklärt: Gott habe sich den Menschen nur langsam, stufenweise, mit verschiedenen Namen offenbart.[241]

Ex. 6.2
Gott [elohim] redete mit Mose und sprach zu ihm . . .

In dieser Formulierung ist der Priester zu erkennen, der sich in Ekstase vom Geist des

104

Gottes erfüllt fühlt, dessen Kult er ausübt. Die Verwandlung der Priester und Schamanen in die Geister und Wesenheiten von Göttern und Dämonen ist vieltausendfach aus allen Erdteilen belegt. Im 17. Kapitel der Genesis steht im Text, als offensichtlicher Einschub der Spätzeit, der Herr (Jahweh) wäre dem Avram erschienen und hätte ihm gesagt: »Ich bin El Schadaj.« Gleich darauf aber ist dem Fragment der Alten Überlieferung zu entnehmen, in welcher Gestalt der Name El Schadaj dem Avram erschienen ist.

Gen 17.3
Da fiel Avram auf sein Angesicht. Und Gott [elohim] redete weiter . . .
Die Elohim sprechen im Namen ihrer Götter zu den Menschen. Viele von ihnen haben sich selbst wie Götter verehren lassen. Ich will auch nicht bestreiten, daß manche von ihnen sich im Wahn ihrer Macht tatsächlich so fühlten, als hätten sie selbst Himmel und Erde erschaffen. Es ist nur sicher, daß dies, auch wenn sie es behauptet haben sollten, nur ein Zeichen von Irrsinn und nicht von Göttlichkeit gewesen sein kann.

Auch das Goldene Kalb wurde von Aaron als Elohim bezeichnet und dem Volk zur Anbetung präsentiert, als Mose 40 Tage auf dem Berg verharrte, um das Gesetz zu empfangen.

Ex. 32.4
. . . und machte ein gegossen Kalb. Und sie sprachen: Das sind deine Götter [elohejkha], Israel, die dich aus Ägyptenland geführt haben.
Es gibt im Text keine Hinweise, wie die Bedeutung des Wortes jeweils aufzufassen ist. Die auslegenden Gelehrten haben entschieden, wann Elohim als Name des allmächtigen Gottes verehrt und wann er als Goldenes Kalb gemieden werden mußte.

Es sind nun aber den Gelehrten der Auslegungstradition bisher schon viele Deutungsirrtümer nachgewiesen worden. Es wäre an der Zeit, daß die Elohim unserer Gegenwart überprüfen, ob sie ihrem Gott wirklich weiterhin zumuten wollen, gelegentlich mit machtsüchtigen, hemmungslosen Menschen verwechselt zu werden.

Die Autoren der Alten Überlieferung hofften zweifellos, durch die Beschreibung des Ruhens der weltenschaffenden Allmacht Elohim, im siebenten Jom der Schöpfung, diesen Geist den weltlichen Auseinandersetzungen entzogen zu haben.

Sie ahnten nichts vom Ehrgeiz der Elohim, die später ihre Texte auslegen würden, sonst hätten sie gewußt, daß diese es nicht ertragen würden, nur im Schatten des Schöpfers von Himmel und Erde entstanden zu sein.

Die Bnj ha Elohim, die in der neuen Entwicklung bei den Töchtern der Menschen (*bnoth ha adam*) eingingen, mögen sich als Götter gefühlt haben, aber sie waren Menschen.

Daß es den Auslegungstraditionalisten nicht möglich war, »Söhne der Götter« zu sagen statt »Kinder Gottes«, läßt sich nur mit dem Frauenhaß der Nach- und Neuplatoniker erklären. Die Absicht der Auslegungstradition, das Weibliche abzuwerten, war allgegenwärtig. »Kinder Gottes« sollte als Begriff der Reinheit verstanden werden, denn Gott ist rein. »Söhne der Götter« hätte nach Aberglauben und Ketzerei geklungen, und die »Töchter der Menschen« wären dann vielleicht als Opfer der Willkür verstanden worden. Das durfte nicht sein.

Die Auslegungstradition hat die Frauen zu gierig, die Männer zu edel, die Menschen zu groß und die Macht, die das Universum erschuf, entschieden zu klein gedacht. Sie hat aber vor allem den mutigen Menschen längst vergangener Zeiten, die mit Demut und Opferbereitschaft eine weise Überlieferung über die Zeiten gerettet haben, bitteres Unrecht getan. Diese Menschen der alten Zeiten wollten aus der schmerzlichen Erfahrung ihrer Vergangenheit an die Zukunft die Lehre weitergeben, daß es die Pflicht des Menschen ist, nach den Erkenntnissen zu leben, die in Jhwh, dem lebenden Wort, bewahrt sind. Das Schicksal ist nicht durch Beschwörung der Dämonen oder durch Gelübde und Opfergaben an bestechliche Götter zu beeinflussen. Nur durch Toleranz und Gerechtigkeit kann »menschliches« Leben für alle, auch für die Schwachen und die Andersdenkenden, gesichert werden.

Die neuen Menschen Enosch lebten wieder im Geist der Menschen Habel, die den Brudermörder leben ließen, um ihm nicht die Möglichkeit der Wandlung und Besinnung zu nehmen.

Der Gegensatz zwischen dem Geist der Hirten und der tierhaften Egozentrik, zwischen Jhwh und Adamah, wird fortbestehen, solange es körperliches Leben gibt. Der Geist aber kann im Leben der Menschen nur durch die Menschen wirksam sein; wenn sie ihn aufgeben, herrscht die Urwelt der Adamah.

Gen. 6.3

Da sprach der Herr [jhwh]: Die Menschen wollen sich von meinem Geist nicht mehr strafen lassen, denn sie sind Fleisch . . .

Die Tradition läßt die verdüsterte Miene eines menschengleichen Patriarchen aus den Wolken schauen. Er ist bekümmert über die Verderbtheit des Weibes und voll Mitgefühl für die Männer, die kein Mittel haben, sich gegen die weibliche Bösartigkeit zu verteidigen. Der hebräische Wortlaut schreibt diese Deutung nicht vor. Es könnte auch heißen: **Da sprach Jhwh (das lebende Wort): Nicht für immer wird mein Geist in den Menschen bleiben, denn sie sind sterbliche, körperliche Wesen . . .**

Für den Gott, der die Menschen aus seiner Schöpfung hervorgehen ließ, hätte dies auch keine Überraschung oder Enttäuschung sein können, denn *ha adam* war nach seinem »Bilde« erschaffen worden, männlich und weiblich.

Die alten Zeiten

Gen. 6.4

Es waren auch zu den Zeiten Tyrannen [nephiljm] auf Erden [aretz]; denn da die Kinder Gottes [bnj ha elohim] zu den Töchtern der Menschen [bnoth ha adam] eingingen, und ihnen Kinder zeugeten, wurden daraus Gewaltige in der Welt und berühmte Männer [enoschi].

Die konventionelle Textordnung läßt uns nicht erfahren, wer die Gewaltigen und die berühmten Männer gewesen sind.

In einer sich ebenfalls auf die Übersetzung Luthers stützenden Bibelausgabe wird dieser Vers wesentlich anders gedeutet.

Gen. 6.4

Zu der Zeit und auch später noch, als die Gottessöhne zu den Töchtern der Menschen eingingen und sie ihnen Kinder gebaren, wurden daraus die Riesen [nephiljm] auf Erden. Das sind die Helden der Vorzeit, die hochberühmten.[242]

In der Auslegungstradition wurden die alten Zeiten nicht zur Kenntnis genommen. Dadurch entstand ein seltsames Bild der Menschheitsgeschichte: Im Paradies verführte die Frau den Mann zum Sündenfall. Zur Strafe wurden beide aus dem Paradies gejagt. Nach der Vertreibung verführten die Frauen die »Kinder Gottes« zu fleischlichen Sünden. Gott mußte die Menschen wieder strafen. Mit der Sintflut vernichtete er alles Leben auf der Erde. Nur Noach (Noah) durfte mit seiner Familie und den Tieren in der Arche überleben. Von den Tieren der Arche stammen im Weltbild der mittelalterlichen Auslegungstradition alle Tiere unserer Welt ab, und von den drei Söhnen Noachs, Schem, Cham und Japhet, wird die Abstammung aller Menschen hergeleitet. So die Auslegung.

Die Nephiljm können in dieses Geschichtsbild nirgends eingeordnet werden. Sie kommen dementsprechend in den später eingefügten Namenslisten und »Geschlechtsregistern« nicht vor. Aus diesen Einfügungen ist auch nichts über die »berühmten Leute der alten Zeiten« zu entnehmen, obwohl zumindest doch die Nachkommen der Töchter der Menschen als Abkömmlinge des angeblichen Stammvaters Adam in der Reihe der Namen oder Geschlechter genannt sein müßten.

Die Griechen haben das hebräische Wort *nephiljm* mit »Giganten« übersetzt. Luther schrieb »Tyrannen«, andere gaben »Riesen« an. Englische Versionen schreiben im Text »Nephiljm« und setzen in Fußnoten hinzu: »oder Riesen«[243].

Obwohl nach der Textauffassung der Auslegungstradition alle Lebewesen, außer Noach und seinen drei Söhnen sowie deren Familien, in der Flutkatastrophe umgekommen sein sollen, gibt es in den Texten Nephiljm oder Nachkommen der Nephiljm auch noch nach der Sintflut. Allerdings sind sie in der Textordnung der Auslegungstradition wie Irrlichter. Vor der Flut hat es sie gegeben. Zur Zeit der Patriarchen Abraham, Isaac und Jakob gab es sie nicht mehr. Als der Prophet Mose das Volk durch die Wüste führte, gab es sie; das müßte nach der Ordnung der Auslegungstradition mindestens 400 Jahre nach der Zeit der Patriarchen gewesen sein. Die Kundschafter, die der Prophet Mose in der Wüste aussandte, entdeckten sie in einem Gebiet, von dem die Auslegungsredakteure meinten, es sei das Land um Hebron gewesen.[244] Dort aber waren zur Zeit des Patriarchen Abraham keine Nephiljm. Abrahams Frau Sarah war in der Stadt Kirjath Arba, die Hebron heißt, gestorben. Damals lebten dort die Kinder Heth. Abraham erwarb von ihnen Land, um Sarah zu bestatten und ein Erbgrab für sich und seine Nachkommen zu errichten.[245]

Hebron ist zu einer heftig umstrittenen Gedenkstätte der Religionen geworden, deren Vertreter noch heute den Touristen die Stätte zeigen, von der sie meinen, es sei das Erbgrab der Patriarchen Abraham, Isaac und Jakob.

Im Leben der drei Patriarchen kommen die Nephiljm bei Hebron nicht vor. 400 Jahre später, als das Volk unter der Führung des Propheten Josua den Jordan überquerte und das Land eroberte, soll es sie dort aber noch gegeben haben. Josua rottete sie aus, wie es heißt ». . . von dem Gebirge von Hebron«.[246]

Es gab die Nephiljm vor der Flut. Es gab sie nicht in der Zeit der drei Patriarchen, lange nach der Flut. Es gab sie aber wieder zur Zeit der Propheten Mose und Josua, die nach den Angaben der Auslegungstradition Jahrhunderte nach den Patriarchen gelebt haben sollen.

Es gibt für diesen Wirrwarr nur die eine Erklärung: In der Textordnung der Auslegungstradition sind zwei voneinander völlig unabhängige Berichte über zwei weit auseinanderliegende Epochen zu einer Geschichte verflochten und von den Redakteuren in die Geographie ihrer eigenen Umwelt projiziert worden.

Die beiden Bibelverse über die Nephiljm und die berühmten Leute der alten Zeiten haben den Gelehrten aller Zeiten Rätsel aufgegeben. Das weist sie als Relikte einer sehr alten Überlieferung aus. Erfindungen und Zusätze sind immer gefällig, abgerundet und im Sinne des Erfinders unauffällig in eine Geschichte eingepaßt. Diese beiden Verse sind das nicht. Sie sträuben sich gegen jede Einordnung.

Zu dem hebräischen Wort *nphljm* gibt es im Wörterbuch nur die Deutung »Riesen«. Sie wird durch den Hinweis auf die von den Griechen in der Septuaginta verwendete Bedeutung *gigantes* bekräftigt.[247] Der hebräische Wortstamm im Verbum *nphl* deckt hingegen einen sehr weiten Bedeutungsbereich.[248] Die Vielfalt der Begriffe hat die Gelehrten im Laufe der Zeit zu vielerlei Vermutungen angeregt. Die Deutungsmöglichkeit »fallen« führte im Spätjudentum durch Verbindung des Bibelverses mit der neu entstandenen Engelslehre zu der Auffassung, die Bnj Elohim wären »gefallene Engel« gewesen.[249] Vermutlich aus dieser Quelle übernommen, findet sich der Gedanke auch im frühen Christentum. Im Text des Neuen Testamentes lassen die Autoren Jesus von Nazareth in bezug auf den Satan sagen: »Ich sah ihn fallen als einen Blitz.«[250]

Im Verlauf der Jahrhunderte wurde selbstverständlich auch heftig diskutiert, ob die Nephiljm identisch sind mit den Bnj ha Elohim oder für sich gedeutet werden müssen.

Im Talmud werden die Bnj ha Elohim nur als »Söhne der vornehmen Leute« bezeichnet, weil sie in den Targumim, den frühen Übersetzungen von Bibeltexten in die aramäische Sprache, so aufgefaßt worden waren. Die daraus entwickelte rabbinische Auslegung, es habe sich bei der Verbindung der Bnj Elohim mit den Töchtern der Menschen um unrechtmäßige Ehen zwischen Angehörigen höherer und niederer Stände gehandelt, wird auch in der Gegenwart noch vertreten.[251]

Im Christentum war, gestützt durch den Judasbrief des Neuen Testamentes, die Engelsdeutung von Kirchenvätern als richtig angesehen worden.[252] Martin Luther hat sich dieser Auffassung nicht angeschlossen: »(Kinder Gottes) Das waren der heiligen Veter kinder/die in Gottesfurcht aufferzogen darnach erger denn die andern worden/vnter dem namen Gottes. Wie alle zeit der Heiligen Nachkommen/die ergesten Tyrannen vnd verkertesten zu letzt worden sind.«[253]

Die moderne Forschung sieht die Verse als einen von der Sintfluterzählung unabhängigen Text, der für sich gedeutet werden muß.[254]

Warum die Gelehrten in der griechischen Übersetzung des Wortes *nephiljm* den Begriff »Giganten« gewählt haben, ist unklar. Da in der griechischen Mythologie die Giganten Kinder der Ge, der Erde, sind, besteht die Möglichkeit, daß auch sie auf eine irdische Herkunft der Bnj Elohim hindeuten wollten.

Ein weiterer, nicht mehr deutbarer Begriff bezeichnet in den Beschreibungen der späteren Zeiten vermutliche Nachkommen der Nephiljm, die »Bnj Enak von den Nephiljm«.[255]

Die von Mose auf der Wüstenwanderung ausgeschickten Kundschafter berichteten, daß sie »Menschen von großer Länge« und auch »Nephiljm« gesehen hatten.[256] Außerdem waren da auch noch »Enaks Kinder von den Nephiljm« gewesen. Die Männer sagten, sie wären sich vor den Nephiljm wie Heuschrecken vorgekommen. Das kann freilich auch bedeuten, daß sie sich wegen der Macht, der Stärke oder des Reichtums der Bewohner dieses Landes klein gefühlt haben.

Zu überzeugenden Deutungen der Begriffe finden wir auch mit dem Wissen des 20. Jahrhunderts nicht.

Das hebräische Wort *enak* wird in anderem Zusammenhang auch mit der Bedeutung »Halskette« oder »Halsschmuck« übersetzt.[257] Das führte zu Mutmaßungen über eine Beziehung der Bnj Enak zu den Megalith-Menschen. Aus der schwer datierbaren, noch völlig unbekannten Kultur der Riesensteinbauten gibt es die Dolmengottheiten. Sie sind, wie die Menhire, oft aus tonnenschweren Steinblöcken geformt. Unter ihrem Kopf haben sie häufig Verzierungen, die wie ein seltsamer Halsschmuck aussehen.

Der Gebrauch des hebräischen *nphl* für eine »im Gegensatz zum regelmäßigen Naturprozeß stehende Geburt« oder »Fehlgeburt«[258] läßt an ein bisher ebenfalls noch nicht gelöstes Rätsel aus prähistorischen Höhlenmalereien denken. Unter den Motiven der Malereien in den Eiszeithöhlen entdecken wir immer wieder Abbildungen von Händen. Sie erscheinen wie ein besonders wichtiges Erkennungszeichen, weil es in vielen vorgeschichtlichen Darstellungen auch Abbildungen von Händen mit nur vier Fingern gibt. Sie kommen besonders oft in Amerika vor.

Die berühmteste der Felszeichnungen im nordafrikanischen Tassili-Gebirge zeigt Figuren, die ihre Hände hochhalten. Einige strecken fünf Finger aus, die anderen nur vier.[259] Ich will damit nur auf bisher unbeantwortbare Fragen hinweisen. Da wir keines dieser Rätsel nur annähernd erklären können, wäre jede daraus abgeleitete Vermutung ein falsches Bild.

Wir können die gefundenen Darstellungen menschenähnlicher Wesen, deren Hände nur vier Finger haben, mit den Kenntnissen der profanen Wissenschaft ebensowenig erklären, wie wir aus den biblischen Schriften überzeugende Deutungen für die Begriffe *nephiljm* und *bnj ha elohim* zu entwickeln vermögen.

Innerhalb der wissenschaftlichen Textkritik hat sich immerhin die Meinung weitgehend durchgesetzt, die biblischen Berichte über die Nephiljm im sechsten Kapitel der Genesis als eine selbständige Texteinheit zu sehen, deren ursprünglicher Sinn unabhängig von den Sintflutberichten gesucht werden muß.[260]

Wenn wir dem Gebot folgen wollen, keine falschen Bilder zu entwickeln, können wir mit dem zu diesen Fragen bisher noch sehr geringen Wissen unserer Zeit nur feststellen, daß im Bibeltext menschengleiche Lebewesen erwähnt werden, die sich von den von *ha adam* abstammenden Menschen vielleicht durch wichtige Merkmale unterschieden haben.

Ein anderes Fragment, das ebenfalls einen Bericht über die alten Zeiten enthält und Riesen erwähnt, wurde von der Auslegungstradition in die Zeit der Patriarchen eingeordnet. Dieses andere Riesengeschlecht, die Rephajm *(rph<a>jm)*[261], werden in der Auslegungstradition als Urbevölkerung von Palästina angegeben, obwohl sich – außer durch erkennbare Zusätze der Tradition – im Text kein Grund zu der Annahme finden läßt, die beschriebenen Ereignisse hätten sich im später von den Philistern bewohnten und nach ihnen benannten Land Palästina zugetragen. Die Auslegungsredakteure wußten noch nichts von den Höhlen bei Haifa, in denen erst im 20. Jahrhundert Spuren von Neandertaler- und Cro-Magnon-Menschen gefunden wurden. Ihnen dürfte mit mehr Recht die Bezeichnung Urbevölkerung zukommen als den Völkern, die dort vor der Einwanderung der Stämme des Volkes Israel siedelten. Die Höhlen am Berg Karmel waren in der mittleren Würmeiszeit, einer Periode des Wechsels von Erwärmung und Vereisung, etwa 100 000 bis 50 000 Jahre vor unserer Zeit, schon von Menschen besiedelt.

»Karmel« stammt von einem hebräischen Wort, das bei den Propheten Jesaja und Jeremia vorkommt, auch bei Micha und im zweiten Buch der Chronik. Es wird mit »Baumgarten« übersetzt. Auch damit soll nicht etwa ein Bild gezeichnet oder angedeutet werden. Es sollte aber auch niemand behaupten, daß die Namensgebung keinen Zusammenhang haben könnte mit den menschlichen Entwicklungsstufen, die in den Berichten der Alten Überlieferung beschrieben sind.

Die Nephiljm, die Bnj Enak und die Rephajm geben eine zusätzliche Bestätigung, daß in der Textordnung der Auslegungstradition chronologisch falsch eingeordnete Fragmente einer sehr alten Überlieferung enthalten sind. Den Texten ist in der traditionellen Anordnung und Auslegung keine Erklärung zu entnehmen, woher diese Texte stammen, was sie bedeuten oder weshalb sie in die Überlieferung aufgenommen worden sind.

Vielleicht verdanken wir die Aufnahme dieser Schriften in den Bibelkanon nur der Tatsache, daß diese Verse für eine Asmachta[262] zur Legende vom Himmelssturz des Satans genutzt werden konnten. Asmachta ist die Verbindung eines erst in späterer Zeit entwickelten Glaubensgesetzes mit einem Bibelsatz, auf den zur Begründung Bezug genommen wird, obwohl aus seinem Inhalt allein die spätere Deutung noch nicht zu erkennen ist.

Die Gelehrten gingen dabei davon aus, daß der »inspirierte« Verfasser des Bibelsatzes das spätere Gesetz vorhergesehen hat. Für die Nephiljm würde das bedeuten, der ursprüngliche Verfasser hätte diesen Satz nur in den Text aufgenommen, weil er durch Inspiration vorhersah, daß man in späterer Zeit darauf die Lehre vom Höllensturz des Satans und der anderen »gefallenen Engel Gottes« stützen würde.

Da die Bibelsätze aber durchaus keine Andeutung einer Schuld enthielten, derentwegen Gott die früheren Engel aus dem Himmel gestoßen haben sollte, mußten auch dafür Gedanken konstruiert und in den Bibeltext gedeutet werden. Die Lösung, zu der die frühen Grübler kamen, ist leicht zu erraten. Die Schuld der Engel waren sexuelle Handlungen mit Menschenfrauen.[263] Als Bnj ha Elohim setzten die gefallenen Engel ihre Unzucht mit den Menschenfrauen fort.

In der Auslegungstradition waren die alten Zeiten vor der Flutkatastrophe für die Redakteure nur wichtig, um den Zorn Gottes und die Strafe der Sintflut zu begründen. Alle Fragmente, die Berichte über die Menschheitsgeschichte vor der Flut enthielten, wurden in die Zeit nach der Sintflut eingeordnet, denn die Auslegungsredakteure waren der Vorstellung verpflichtet, daß seit der Erschaffung der Welt, bis zu den Königen David und Salomo, wenig mehr als 2700 Jahre vergangen waren.

Dieser Irrtum der Gelehrten kann nicht durch göttliche Offenbarung hervorgerufen worden sein, sondern nur durch »falsche Bilder« der textauslegenden Redakteure und Übersetzer. Es hat deshalb wenig Sinn, in den Zeitangaben »tiefere Weisheit« zu suchen.

Die sumerischen Mythen erzählen, das von den Göttern gestiftete Königtum hätte von der Ankunft der Götter auf der Erde bis zur großen Flut gedauert. Nach den Königslisten[264] soll es in dieser Zeit fünf Städte gegeben haben, in denen die acht Könige vor der Flut abwechselnd insgesamt 241 200 Jahre regierten. Berossos[265] nannte zehn Könige und eine Dauer des Königtums bis zur Flut von 432 000 Jahren.

Für diese Zahlen gibt es keine Erklärungen. Sie sollen in dieser Form auch nicht als reale Angaben zur Geschichte vorgeschlagen werden. Die Zeitangabe von 432 000 Jahre gibt uns aber vielleicht die Erklärung für eine rätselhafte Zahl im Bibeltext:

Gen 6.3

Da sprach der Herr [jhwh]: Die Menschen wollen sich von meinem Geist nicht mehr strafen lassen; denn sie sind Fleisch. Ich will ihnen noch Frist geben hundertundzwanzig Jahre.

In den modernen Deutungsversuchen wird erklärt, daß Gott das Leben der Menschen, das bis dahin angeblich nicht begrenzt gewesen war, auf eine Höchstdauer von 120 Jahren festgelegt hat.[266] Es gibt Interpreten, die diesen Gedanken in den Wortlaut ihrer Übersetzungen aufnehmen: »Seine Lebenszeit soll nur 120 Jahre betragen.«[267]

Diese Erklärung gibt aber wieder nur zu neuen Fragen Anlaß. Die angebliche göttliche Verfügung über das Lebensalter der Menschen erging vor der Sintflut. Die Menschen nach der Sintflut müßten diese göttliche Verfügung aber ignoriert haben. Die Altersangaben der Geschlechter nach der Flut, von Sem bis Avram, geben als kürzeste Lebensdauer 140 Jahre an, für etliche aber auch mehr als 400. Die Auslegungsredakteure, von denen die unrealistischen Altersangaben in die Texte eingefügt worden sind, haben demnach die 120 Jahre noch nicht als Begrenzung der menschlichen Lebenszeit ausgelegt.

Die rätselhaft erscheinende biblische Zahlenangabe läßt sich wahrscheinlich aus den sumerischen Königslisten erklären. In der alten mesopotamischen Kultur gab es eine »sar« bezeichnete Zahleneinheit[268] mit dem Wert 3600. Die 432 000 Jahre, die Regierungszeit der zehn Könige bis zur Flut, waren genau 120 sar(en).

Vermutlich alle Zahlen, mit Sicherheit aber zumindest die meisten Zahlen und Altersangaben in den Bibeltexten, sind Einfügungen aus der Spätzeit, mit denen die rekonstruierte Überlieferung in das damals geltende Weltbild eingepaßt wurde, um sie für die verzweifelnden Menschen, die sich von ihrem Gott verlassen fühlten, glaubwürdig zu machen. Den zehn sumerischen Urkönigen stellte man zehn biblische Geschlechter von Adam bis zur Sintflut gegenüber, um eine ebenso lückenlose Ahnenkette vorweisen zu können. Die sumerischen Altersangaben wurden freilich für absurd gehalten. Den Gelehrten der Auslegungstradition muß eine Zeitspanne von 400 000 Jahren als teuflische Übertreibung erschienen sein. Sie waren überzeugt, daß das irdische Leben von Gott vor wenigen tausend Jahren erschaffen worden war. Die Angaben über die langen Lebenszeiten der sumerischen Könige waren den Menschen der Auslegungszeit so rätselhaft, wie die Altersangaben der biblischen Patriarchen es für die Menschen im Mittelalter gewesen sind. Sie sind auch für uns noch rätselhaft. Das Thema aber deshalb abzutun und die Angaben als Phantasien primitiver Urzeitmenschen zu denunzieren, halte ich ebenfalls für ein falsches Bild. Wenn es für Angaben zu vorgeschichtlichen Ereignissen in unserem Weltbild keine Erklärungen gibt, müssen sie deshalb noch nicht sinnlos sein. Wir müssen auch in Erwägung ziehen, daß unser Weltbild vielleicht noch unvollständig ist. Flavius Josephus schrieb 94 n. Chr. in seinen Betrachtungen über die Sintflut, Gott müsse den Alten eine längere Lebensdauer gegeben haben, weil sie sonst nicht Zeit genug gehabt hätten, zu den großen Erkenntnissen in der Geometrie und der Sternenkunde zu finden, die alle eine lange Beobachtungszeit benötigten: »Denn wenn sie nicht mindestens 600 Jahre gehabt hätten, so hätten sie nichts Sicheres ermitteln können«.[269]

Als die Bibeltexte ihre endgültige Form erhielten, war das Sumerische nur noch wenigen Priestern als heilige Sprache bekannt. Vermutlich haben die Redakteure der Textrekonstruktion die sumerische Rechnungseinheit sar nicht gekannt und die Zahl 120 als Jahre in den Text und ihre daraus abgeleitete Zeitrechnung aufgenommen. Unter der Herrschaft der persischen und der nachfolgenden griechischen Eroberer wurden die alten mesopotamischen Götter und die mit ihnen verbundenen Überlieferungen bedeutungslos. Die alten Sprachen wurden vergessen, und die Erinnerungen an die alten Zeiten verblaßten. Nur in manchen Festen und Riten blieben unerkannte Reste der alten Weltvorstellungen erhalten.

Der griechische Historiker Herodot[270] bereiste Babylon in der Mitte des fünften Jahrhunderts v. Chr. Über den Tempelturm E Temen Enki schrieb er: »Auf dem letzten Turm befindet sich ein großer Tempel, in dem Heiligtum steht ein großes, mit einer schönen Decke bereitetes Lager und neben ihm ein goldener Tisch. Aber kein Götterbild ist darin aufgerichtet, und kein Mensch bringt eine Nacht darin zu, außer eine von den Frauen des Landes, die sich der Gott unter allen erwählt, wie die Chaldaier sagen, die die Priester dieses Gottes sind.«[271]

Die »heilige Hochzeit« war lange Zeit das wichtigste Fest des Jahres in Sumer gewesen. In der Zeremonie vermählten sich ein Priester des Gottes Dumuzi und eine Priesterin der Göttin Innana stellvertretend für ihre Götter. Das Fest dauerte sieben Tage. In dieser Zeit mußte sich der König unerkannt unter das Volk mischen und die Arbeit eines gewöhnlichen Handwerkers verrichten.[272] Sieben Tage waren alle Unterschiede aufgehoben. Es gab nicht Herren und Sklaven, nicht Könige und Untertanen. Die Menschen waren gleich und feierten, wie es heißt, ein fröhliches Fest.

In den abendländischen Festen Karneval, Fasching oder Fastnacht, bei denen die Standesunterschiede durch Masken und Kostüme aufgehoben werden sollen, lebt wahrscheinlich der Urbestand der sumerischen heiligen Hochzeit immer noch fort, ohne Erinnerung an den Ursprung des Brauches aus den alten Zeiten, in denen »die Kinder der Götter von den Töchtern der Menschen nahmen, welche sie wollten«.

Eine von den Göttern ausgelöste Katastrophe, in der alle Menschen vernichtet werden, beendet in den mesopotamischen Mythen, ebenso wie in der Bibel, die alten Zeiten.

Im Bibeltext lassen die Redakteure Gott Jhwh, empört über das Treiben auf Erden, die Sintflut auslösen, weil sich die Menschen von seinem Geist nicht mehr »strafen« lassen.

Wie beim Sündenfall verschweigen uns die Auslegungsgelehrten, was denn nun das sündhafte Verhalten der Menschen gewesen ist.

Die Sumerer, bei denen die Frauen noch in höherem Ansehen standen als bei den biblischen Auslegungsgelehrten[273], hatten eine weniger verkrampfte Einstellung zur Sexualität. Sie fanden eine andere Erklärung für den Unmut der Götter. Der zunehmende Lärm der sich ständig vermehrenden Menschen soll den obersten Himmelsgott belästigt haben: »Das Land lärmt wie Stiere / durch ihr lautes Tun geriet der Gott in Unruhe. Enlil hörte ihr Geschrei. Er sprach zu den großen Göttern / Zu lästig wurde mir das Geschrei der Menschen.«[274]

Das Gebiet des Fruchtbaren Halbmondes gilt als Wiege der menschlichen Kultur. Zumindest in der profanen Wissenschaft wird kaum noch daran gezweifelt, daß die meisten Motive der biblischen Berichte aus sumerischen und sumerisch-babylonischen Schriften übernommen worden sind.

Ich glaube, auch diese Auffassung sollte überprüft werden, denn wenn die biblischen Texte ohne die Vorbelastung durch die Prägungen der Auslegungstradition gelesen werden, erweist es sich, daß der Kern der Alten Überlieferung wesentlich älter sein muß als die Schriften der anderen Kulturen.

Die Verfasser der Alten Überlieferung haben die Menschen nicht aufgefordert, sich dem Orakelspruch der Mächtigen bedingungslos zu unterwerfen, sondern wachsam zu sein und Menschen, die sich mit dem Anschein der Göttlichkeit schmücken, zu

112

mißtrauen. Am Beispiel Chenoch haben sie gelehrt, daß der Mensch auch wachsam gegen sich selbst sein muß, denn Wohlstand und Macht verführen zu einem Leben der ha Elohim.

Der Gottesbegriff Jhwh der Alten Überlieferung, der einen weisen, den Menschen zugewandten Geist beschreibt, unterscheidet sich wesentlich von der Gottesvorstellung, die sich aus dem Verhalten des menschengleich gezeichneten Himmelspatriarchen Adonaj/Jahweh in den Einfügungen der Spätzeit erkennen läßt.

Dieses Gottesbild der Spätzeit entspricht den Vorstellungen, die sich Sumerer und Babylonier von ihren Göttern gemacht haben. Neu ist dabei vermutlich nur der Anspruch, daß Adonaj/Jahweh der wahre und einzige Gott ist, der sich ein Volk auserwählt und es dadurch über alle anderen stellt.

Die geistige Vorstellung Jhwh der Alten Überlieferung vermittelt den Menschen das Bewußtsein der Verantwortung für ihre Mitmenschen. Im Geist des Namens Jhwh wird der Brudermord verurteilt, aber Kain bleibt ohne herrische Antwort auf seine Frage: »Soll ich der Hüter meines Bruders sein?«

Das »Ja« ist eine Erkenntnis, zu der der Mensch selbst finden muß. Nicht Jhwh zwingt den Menschen, sich gerecht zu verhalten, sondern das gerechte Verhalten des Menschen ruft Jhwh herbei.

Das geschah in der Zeit der Menschen Enosch. Da ha Elohim in einer neuen Kulturentwicklung Macht gewannen und sie gegen die Menschen mißbrauchten, war vorauszusehen, daß der Geist Jhwh nicht für immer in den Menschen bleiben würde.

Die Welt des Namens Jhwh ist beständig bedroht von der Versuchung, sich der Adamah, der triebbestimmten, egozentrischen Lebensauffassung, hinzugeben, die Verantwortung für den Mitmenschen zu leugnen und das satte Leben der Mächtigen zu führen, wie Chenoch. Zwischen den Versuchungen der Adamah und der Bedrohung durch ha Elohim muß der Mensch versuchen, den Namen Jhwh, den Geist des lebenden Wortes, zu bewahren.

Die Auseinandersetzung des Geistes im Namen Jhwh mit der egozentrischen, animalischen Urwelt der Adamah ist das zentrale Thema der Alten Überlieferung, deren Spuren wir überall dort erkennen, wo die beiden Namen einander gegenüberstehen. Ein wichtiges Fragment ist in der Erzählung einer »Gottesbegegnung« des Patriarchen Jakob enthalten, nach der er gelobt, falls er gesund und unversehrt aus der Fremde heimkehren dürfe: »So soll Jhwh mein Elohim sein.«[275]

Jakob aber war der Name Jhwh nicht bekannt.[276] Daran erkennen wir, daß an dieser Stelle ein alter Text in die Nationalgeschichte des Volkes eingearbeitet wurde, dessen Wurzeln und ursprüngliche Bedeutung in der Zeit der Textrekonstruktion nicht mehr erkannt worden sind.

Bevor der im Namen Jakob aufgegangene Patriarch, dessen Erlebnisse in der Alten Überlieferung berichtet wurden, versprach, sich zum Namen Jhwh zu bekennen, erlebte er einen Traum, in dem er, wie der ergänzende Text der Redakteure versichert, Jhwh an der Spitze der Leiter stehen sah, die bis zum Himmel reichte.

Wir erkennen die spätzeitliche Ergänzung auch an dem unauflösbaren Widerspruch zu der im Namen Mose gegebenen Erklärung, daß kein Lebender Jhwh sehen wird[277], dessen Namen Jakob auch nicht kannte.

In der Vision verspricht der Name Jhwh dem Träumenden, daß seine Nachkommen zahlreich sein werden, »Staub (*aphar*) auf Erden (*aretz*)«, und daß in ihm »alle Geschlechter auf Erden (*adamah*)« gesegnet sein sollen.

Da es auch den Auslegungsgelehrten zu dümmlich erschienen wäre, hier zu sagen, alle Geschlechter auf dem »Acker« würden in Jakob gesegnet sein, schrieben sie zweimal »Erde«, obwohl im Text einmal *aretz* steht und einmal *adamah*.[278]

In diesem Fragment der Alten Überlieferung wird ein Mensch im Geist des Namens Jhwh ermutigt, dem Geist zu vertrauen, denn die Menschen, die in Zukunft nach seinem Beispiel den »Namen« verbreiten, werden nicht zu zählen sein. Nicht alle »Geschlechter auf Erden« werden in diesem Schicksal gesegnet sein, sondern alle in der Adamah werden Segen erleben, durch den, der den Geist des Namens Jhwh aufnimmt und zu ihnen bringt. In diesem Zusammenhang ist es eine zutiefst menschliche Reaktion, daß ein einsamer Mensch sich schwört, den Geist des Namens Jhwh anzunehmen und zu verbreiten, falls es ihm vergönnt ist, lebend heimzukehren. Die Überlieferung dieser Gedanken war die große Tat der »berühmten Leute der alten Zeiten«. Weil sie den Geist bewahrt haben, war es anderen möglich, nach einer kulturvernichtenden Katastrophe in der verwüsteten Welt zu überleben. Das ist die Geschichte, die in der Alten Überlieferung unter dem Gedankenballast der Auslegungstradition erzählt wird.

Die Auslegungstradition hat andere Schwerpunkte gesetzt. Nach traditioneller Textdeutung lebte in der neunten Generation nach Schem der Patriarch Avram. Ihm befahl Gott angeblich später, sich Abraham zu nennen. Zuvor mußte er im Thardema erkennen, daß seine Nachkommen 400 Jahre in einem fremden Land würden dienen müssen. Abraham zeugte Isaac, und dieser zeugte Jakob. Rachel war die Frau, die Jakob heiraten wollte. Aber sein Schwiegervater Laban betrog ihn, und Jakob heiratete, ohne es zu wissen, Rachels Schwester Lea. Später gab Laban ihm aber für weitere sieben Dienstjahre auch noch Rachel zur Frau. So hatte Jakob zwei Frauen, ohne dies eigentlich gewollt zu haben. Rachel war unfruchtbar. Lea dagegen brachte ein Kind nach dem anderen zur Welt. Daraufhin verlangte Rachel, so wird behauptet, von Jakob, daß er mit ihrer Magd Bilha Kinder zeugte, damit ihr Haus nicht ohne Nachwuchs blieb. Jakob tat das auch. Lea aber wollte nicht zurückstehen und forderte Jakob auf, auch mit ihrer Magd Silpa Kinder zu zeugen. Also hatte Jakob am Ende vier Frauen, ohne es richtig gewollt zu haben.

Auch Rachel hat dann doch noch einen Sohn geboren. Er hieß Joseph. Zusammen mit den Kindern von den anderen Frauen hatte Jakob dann elf Söhne.

Auch Jakob erhielt von Gott *(elohim)* den Befehl, seinen Namen zu ändern. Er sollte fortan Israel heißen. Danach schenkte Rachel ihm noch einen zweiten Sohn. Sterbend nannte sie ihn Ben-Oni. Sein Vater aber änderte den von Rachel gewünschten Namen und gab dem jüngsten Sohn den Namen Benjamin.[279] Joseph war der klügste von allen Brüdern. Das neideten sie ihm und verkauften ihn deshalb als Sklaven nach Ägypten. Dort wurde Joseph durch erfolgreiche Traumdeutungen »der zweite Mann nach Pharao«. In der Hungersnot der sieben mageren Jahre kamen seine Brüder nach Ägypten. Joseph war großmütig, vergab ihnen und holte auch seinen Vater und Benjamin zu sich. So kamen Jakob und seine zwölf Söhne nach Ägypten. Aus den Söhnen wurden die zwölf Stämme des Volkes Israel. Als Joseph starb, wurden die Nachkommen der zwölf Söhne versklavt. Es vergingen die 400 Jahre, die Avram vorhergesehen hatte. Danach erhielt Mose von Gott den Befehl, das Volk aus der Knechtschaft Ägyptens in das Land zu führen, das er dem »auserwählten« Volk schon vor langer Zeit versprochen hatte. Das Land, in dem »Milch und Honig fließen«.

Mit Gottes Hilfe und zehn Plagen, die Gott über die Ägypter kommen ließ, konnte

Mose das Volk befreien. Das Rote Meer teilte sich, das Volk wanderte trockenen Fußes hindurch. Die ägyptischen Verfolger dagegen wurden von den Wasserfluten verschlungen. Von Mose geführt, wanderte das Volk durch die Wüste. Die Wanderung dauerte 40 Jahre.

Einmal kamen die Geretteten ganz nahe an das Gelobte Land. Mose schickte Kundschafter aus, die das Land Kanaan erforschen sollten.[280] Dieses Land hatte aber wenig Ähnlichkeit mit dem Kanaan, in welches das Volk unter Führung des Propheten Josua später einwanderte.

Im Text heißt es, die Kundschafter »kamen bis gen Hebron«. Dort sahen sie Nephiljm und Enaks Kinder von den Nephiljm. Aber das Grab der Patriarchen Abraham, Isaac und Jakob haben sie nicht gesehen. In der Geschichte Abrahams ist andererseits keine Rede davon, daß Hebron von den Nephiljm beherrscht wurde.

In der Welt des Namens Avram hat es vor der Verbindung der beiden Namen[281] die Rephajm gegeben.[282] Auch sie sollen Riesen gewesen sein. Wie die Nephiljm hat es sie in der Welt des Namens Abraham nicht mehr gegeben.

Die Textordnung der Auslegungstradition erweckt den Eindruck, daß die Rephajm lange nach der Sintflut gelebt haben. Aber auch sie waren keine Nachkommen der Menschen aus der Arche. In den Registern und Abstammungslisten sind sie nicht zu finden.

Die Hauptschuld an der Konfusion tragen Erscheinungen, die alle Elohim genannt werden. Dem Avram/Abraham gab sich Elohim als »El Schadaj« zu erkennen. Dieser Name ist in der Auslegungstradition als »Gott, der allmächtige« übersetzt worden. Die ursprüngliche Bedeutung des hebräischen Wortes ist unbekannt und umstritten.[283] Auf Befehl dieses Elohim, der im Namen El Schadaj sprach, wurde der Name Avram in Abraham geändert.

Eine andere Erscheinung, die wieder als Elohim bezeichnet wurde, aber auch in der Auslegungstradition nicht als Gott angesehen wird, hat später angeordnet, daß Jakob, der Enkel Abrahams, fortan Israel heißen sollte.

Mose, der selbst ein Elohim war, änderte – zumindest wird es im Text der Auslegungstradition so behauptet – den Namen Hosea in Josua. Nur die Änderung des Namens Ben-Oni in Ben-Jamin schreiben die Redakteure einem gewöhnlichen Menschen zu.

Solange in der Auslegungstradition die Fiktion aufrechterhalten werden konnte, daß alle Texte von Gott selbst geschrieben oder vom Geist inspiriert und alle Übersetzungen vom Geist überwacht worden seien, mußten die Menschen glauben, daß die Heilige Schrift in jedem Wort den Willen des einzigen und wahren Gottes, des Schöpfers von Himmel und Erde, wiedergibt. Niemand durfte daher über die Namensänderungen laut nachdenken.

Da wir nun aber wissen, daß die Texte von Menschen erdacht und geschrieben worden sind, dürfen wir fragen, wie es zu den Namensänderungen gekommen ist und welche Absicht die Autoren damit verfolgten. Es gibt nur eine logische Antwort auf diese Frage: Durch die Verbindungen der Namen wurden verschiedene Erzählungen miteinander verknüpft.

Die Verflechtung verschiedener Traditionen kommt auch im Text zum Ausdruck:
Ex. 6.2
Und Gott [elohim] redete mit Mose und sprach zu ihm: Ich bin der Herr [jhwh].
(3) Und ich bin erschienen Abraham, Isaac und Jakob als der allmächtige Gott [el schadaj]; aber mein Name: Herr [jhwh] ist ihnen nicht offenbart worden.

Abraham, Isaac und Jakob haben den Namen Jhwh nicht gekannt. Im Leben des Propheten Mose hat es den Namen El Schadaj nicht gegeben. Die Elohim der Auslegungstradition vermengten die beiden Traditionen lange nachdem Josua die einwandernden Nachkommen der zwölf Stämme jenseits des Jordan auf dem Berg Gilgal beschneiden ließ.

Alle Berichte über Elohim, die Menschen angeblich befahlen, ihren Namen zu ändern, wären zu allen Zeiten mühelos als Verflechtung von Personen und Traditionen zu erkennen gewesen, wenn die textauslegenden Gelehrten sich darauf beschränkt hätten, diese Elohim als Menschen zu beschreiben. Daher mußte der Begriff »Elohim« zur Erscheinung eines menschengleichen Schöpfers von Himmel und Erde umgedeutet werden, der sich, »aus unergründlichem Ratschluß«, seinen Menschen-Marionetten mit verschiedenen Namen und Gestalten präsentierte.

Die Bekundung, daß Abraham, Isaac und Jakob den Namen Jhwh nicht gekannt haben, scheint mit mutiger Absicht eingefügt worden zu sein, damit erkennbar bleibt, daß verschiedene Traditionen und Glaubensvorstellungen miteinander verbunden worden sind: die des Namens Jhwh der Alten Überlieferung und die der Patriarchen, in der die Menschen El Schadaj verehrten.

Diese Verbindung führte dazu, daß auch Berichte über zwei verschiedene Wanderungen, die in weit auseinanderliegenden geschichtlichen Epochen stattgefunden haben, zu einer Geschichte verflochten wurden. Eine große Wanderung fand nach einer kulturvernichtenden Katastrophe statt und führte die Überlebenden durch eine verwüstete Welt. Die Redakteure der Auslegungszeit wußten nichts mehr von dieser Zeit und der kulturvernichtenden Katastrophe. Sie haben daher, ihrem Geschichtsverständnis folgend, diese uralte Wanderung mit der Flucht einer Volksgruppe in der historischen Zeit am Ende des zweiten vorchristlichen Jahrtausends durch die Wüste Sinai verbunden.

Trotz der geistigen Entmündigung durch die babylonischen und hellenistischen Interpretanten haben die biblischen Redakteure und Textrekonstrukteure alle alten Schriften mit großer Ehrfurcht bewahrt, ohne sie zu verändern. Aber die Fragmente wurden eben in der Rekonstruktion so in die Sammlung eingefügt, wie es dem Geschichtsbild der Auslegungszeit entsprach. Die entscheidenden Veränderungen ergaben sich dann durch Wandlung der Wortbedeutungen und Veränderungen der Namen.

Wird Elohim als Bezeichnung von Menschen verstanden, die im Namen ihrer Götter Macht ausüben, so bleibt die Zusammenführung der Namen Avram und Abraham als eine Entscheidung von Menschen erkennbar, deren Ziel es war, die beiden Traditionen der Gottesnamen Jhwh und El Schadaj miteinander zu verbinden. Erst als die entsprechenden Textergänzungen zu einer Verfügung des Schöpfungsgeistes von Himmel und Erde umgedeutet wurden, machte man die Namen Jhwh und El Schadaj, Avram und Abraham austauschbar.

Als der Vers geschrieben wurde, durch den die beiden Gottesnamen Jhwh und El Schadaj zu einem Begriff verbunden wurden, ist es vermutlich schon verbindliches Verbot gewesen, den als unantastbar heilig erklärten Gottesnamen Jhwh auszusprechen. Wo immer Jhwh in den Schriften steht, muß seither das *kere,* das »zu Lesende« gedacht und gesprochen werden; das *kere* heißt: Adonaj – Herr.

Die versammelten Gemeinden hören seit dieser Zeit in den Lesungen, daß Adonaj dem Avram geboten hat, aus dem Land seiner Väter zu ziehen.[284] Sie erfahren, daß Avram später einen Altar errichtete und den Namen seines Gottes verkündete. Im ursprünglichen Text lautete dieser Name Jhwh. Da für ihn aber Adonaj gelesen und gedacht werden mußte, entstand keine Irritation, wenn es hieß, Abraham, Isaac und Jakob hätten den Namen Adonaj nie erfahren, denn das ist kein Name, sondern eine Anrede. Für die Menschen wurde ihr Gottesname nicht geändert, sondern erhöht.

Daß der Name Jhwh nun nicht mehr vorkam, empfanden die Anhänger dieser Tradition nicht als Wesensänderung des Gottes, an den sie sich gebunden fühlten. Lediglich die Formel, mit der man seine Aufmerksamkeit auf sich zu lenken versuchte, lautete ein wenig anders als früher.

In den Schriften blieb der heilige Name Jhwh erhalten. Aus ihnen können wir den ursprünglichen Inhalt entnehmen, wenn wir, ohne die Auslegungen und Deutungen aus späteren Jahrhunderten zu beachten, das lesen, was geschrieben steht.

Wenn in der Lesung der Name Jhwh nicht durch Adonaj ersetzt, sondern ausgesprochen wird, erhalten wir den Beweis, daß Avram und Abraham nicht eine Person gewesen sein können, denn Abraham kannte nur den Gottesbegriff El Schadaj und Avram nur den Namen Jhwh. Den Begriff Adonaj kannten sie beide noch nicht.

Avram gehörte zu der Tradition des Namens Jhwh der Alten Überlieferung. Er lebte lange vor dem Patriarchen Abraham, der den Namen Jhwh nicht gekannt hat. Der Geist des Namens Jhwh hatte Avram dazu bewegt, das Land zu verlassen. Den Geist des Namens Jhwh verkündete Avram dann in dem Land, in dem er fremd war.

Wie bei den Namen Avram und Abraham[285] wurden auch andere Namen von den »berühmten Leuten der alten Zeiten« mit Namen der viel jüngeren Tradition des El Schadaj verknüpft: Jakob/Israel[286], Hosea/Josua[287] und Ben-Oni/Benjamin[288].

Aus den Verflechtungen der Namen sind die Traditionen der neuen Religionen aufgebaut worden, die sich auf die Bibel berufen. Religionen unterliegen ihren eigenen Gesetzen. Welchen Wert die Verbindung der alten Traditionen und die Gleichsetzung der Gottesnamen für die Glaubensformen hat, will ich nicht diskutieren, weil dies allein Sache der Glaubensgemeinschaft ist. Die Entflechtung der Namen läßt uns den historischen Ablauf besser erkennen, führt aber dadurch weg von den Glaubensvorstellungen, die aus den redigierten Texten aufgebaut worden sind. Im Talmud wird deshalb eindringlich davor gewarnt, Abraham auch Avram zu nennen, weil damit gegen ein von Gott ausgesprochenes Verbot verstoßen wird.[289]

Wird die Verflechtung der Namen gelöst, und folgen wir dann dem Namen Jhwh, so sehen wir eine Spur, die uns von Enosch bis an die Grenzen des Landes führt, in dem die heiligen Schriften der verschiedenen Überlieferungen so zäh verteidigt worden sind.

Avram, Israel und Hosea sind zu den »berühmten Leuten der alten Zeiten« zu rechnen. Der Name Mose, der auch die Bedeutung »aus dem Wasser gezogen« oder »über die Zeiten gerettet« hat, ist die Brücke zwischen den Zeiten. In diesem Namen werden die Bewahrer des Geistes Jhwh geehrt, deren aufopferungsvollem Bemühen es zu danken ist, daß die Alte Überlieferung über die Katastrophenzeit gerettet werden konnte. Unter diesem Namen werden die Menschen nach der Katastrophe durch eine verwüstete Welt geführt. Auf der Wanderung begegnen die Kundschafter des Volkes noch einigen Nachkommen der Nephiljm.

In der Zeit der Patriarchen Abraham, Isaac und Jakob gab es die Nephiljm nicht mehr. Auch die Rephajm waren bereits untergegangen, als die Gruppe der Nachkommen Abrahams aus Ägypten durch die Wüste Sinai flüchtete. Diese Flucht, die ich »die kleine Wanderung« nennen möchte, fand lange, lange nach der großen Wanderung statt, auf der die Überlebenden nach einer unfaßbaren Katastrophe durch eine verwüstete Welt gezogen sind und nach neuen Lebensgebieten gesucht haben.

Seit die sumerisch-babylonischen Sintflut-Sagen entdeckt worden sind, ist man überzeugt, die Quellen gefunden zu haben, denen der biblische Sintflutbericht entnommen ist.

Die Ähnlichkeiten sind auch nicht zu übersehen. Wie Enlil ist auch der biblische Gott mit den Menschen unzufrieden. Wie in den sumerisch-babylonischen Epen rettet Gott – oder ein Gott – einen einzigen, bevorzugten Menschen und dessen Familie. Wie Ziusudra (Sumer) und Utnapischtim (Babylon) baut auch Noach ein Schiff, nimmt die Tiere darin auf und überlebt mit seiner Familie die Flut.

Ganz sicher wurde der uns überlieferte biblische Text unter dem Einfluß der sumerisch-babylonischen Auffassung in der Rekonstruktion ausgestaltet und verändert. Die Alte Überlieferung der Bibel ist aber zweifellos von allen die älteste Quelle. Sie beschreibt nicht Marionetten der Götter, sondern eigenverantwortliche Menschen.

Denn es reut mich, daß ich die Menschen gemacht habe

Gen. 5.28
Lamech war hundertzweiundachtzig Jahre alt, und zeugte einen Sohn, (29) Und hieß ihn Noah [Noach], und sprach: Der wird uns trösten in unserer Mühe und Arbeit auf der Erde [min ha adamah], die der Herr [jhwh] verflucht hat.

Es wird nicht mehr überraschen, daß im hebräischen Text *min ha adamah* steht. Noachs Vater beklagt nicht, daß Gott die Erde (*aretz*) verflucht hat, um dadurch das Leben der Menschen zu erschweren. Er sieht in seinem Sohn die Hoffnung, weiterhin den Übeln widerstehen zu können, die aus der von Jhwh verfluchten Adamah hervorgehen. Auch in diesem Text gilt Jhwhs Fluch der Adamah und nicht der Erde (*aretz*).

Der Wortlaut entspricht dem Grundgedanken der Alten Überlieferung. Nur aus der verantwortungsbewußten und liebevollen, wechselseitigen Beziehung der Eltern zu ihren Nachkommen und der Kinder zu ihren Eltern können die Menschen in der beständigen Auseinandersetzung mit der Adamah bestehen.

Die in der Auslegungstradition immer wiederkehrende Deutung, daß Gott den Acker verflucht und den Menschen als Strafe für den Sündenfall zum Ackerbau verdammt hat[290], ist eine der absonderlichsten Gedankenkonstruktionen, die es über die Beziehung des Menschen zur fruchtbaren, ihn ernährenden Erde gibt.

In der Alten Überlieferung war das ursprünglich anders dargestellt worden. Die durch Jhwh Elohim gewonnenen Erkenntnisse, die ein menschliches Leben erst ermöglichten, wurden durchaus als eine positive, für den Menschen hilfreiche Auswirkung des Geistes aufgefaßt. Die göttliche Gnade, die den ersten Menschen zuteil wurde, war die Erkenntnisfähigkeit und die Begabung, daraus Wissen aufzubauen, mit dem sie die Gnadenlosigkeit ihres naturabhängigen, tierhaften Lebensablaufes mildern konnten. Durch begrenzte Nahrungsvorsorge wurde ihr Leben beständiger. Der erkannte Geist der Verantwortung führte zur Bereicherung des Lebens durch Gerechtigkeit, Vertrauen und Liebe. Nach der ersten Kulturentwicklung wurden die Überlebenden einer Katastrophe zerstreut und trugen ihre Kenntnisse in alle Himmelsrichtungen.

In den Erinnerungen aller Völker dieses Erdballs werden die »Götter«, die ihnen die Kenntnisse von Ackerbau und Viehzucht, die Saatpflanzen und die Zuchttiere gebracht haben, als Kulturbringer den guten Göttern zugerechnet, mit Opfern bedacht und seit Ewigkeiten dankbar verehrt.

Alle Völker sahen die Verleihung der Kenntnisse von Ackerbau und Viehzucht und die Übergabe der Samen und Zuchtpflanzen als Gnade ihrer Götter an. In der biblischen Auslegungstradition ist diese »Göttergabe« zu einer Strafe des Himmelspatriarchen umgedeutet worden.

Sonderbar daran ist, daß zwar einerseits aus den Texten gelehrt wurde, Gott habe die Erde um der Menschen willen verflucht, andererseits aber die Redakteure der Auslegungstradition in den rekonstruierten Schriften die Wiedergewinnung des aus der verfluchten Erde bestehenden Landes, das Gott den Vätern Abraham, Isaac und Jakob verheißen haben soll, als wichtigstes Motiv zum Zentrum der biblischen Überlieferung gemacht haben.

Die Erklärung, es handle sich bei den Schriften um die Überlieferung eines Nomadenvolkes und es gäbe seit Urzeiten erbitterte Feindschaft zwischen Nomaden und Ackerbauern, ist eine untaugliche Hilfskonstruktion. Diesen Gegensatz nimmt man vorwiegend deshalb als gegeben an, weil er aus der Geschichte der Brüder Kain und Habel so gedeutet worden ist. Auch die Erklärung, Gott hätte das Brandopfer Habels abgelehnt, weil dessen Opfergaben von den Früchten des später zu verfluchenden Ackers genommen waren, ist eine gedankliche Fata Morgana der spätantiken Mystik. Die blutrünstigen Gedanken, Gott ziehe das opferrituelle Verbrennen geschlachteter Tiere dem Pflanzenopfer vor, konnte nur in den wirklichkeitsfernen Studierstuben weltfremder Gelehrter entstehen, die von den Opfern des ackerbauenden und viehzüchtenden Volkes lebten, aber anscheinend nicht mehr wußten, daß das Brot, das sie aßen, aus dem Korn erzeugt wurde, das auf Äckern wächst.

Das Zerrbild einer göttlichen Stellungnahme entstand aber nur aus der Mißdeutung des Begriffes *adamah*.

Der Gegensatz der später eingefügten Opfererzählung war noch geprägt vom Geist der Alten Überlieferung, in der die Welt Habels, die Welt der »Hirten«, als Gemeinschaft beschrieben wird, die sich vom Geist der Verantwortung für die Mitmenschen leiten ließ. Die Menschen Habel sind die Menschen, die in der Kultur des Gartens im Land der Vorzeit seßhaft wurden und von den Früchten ihrer Arbeit lebten. Die »Früchte der Adamah« sind hingegen nicht Früchte des Feldes, denn das »bebaute Feld« gab es in der Welt der Adamah nicht. Das Opfer, das die Menschen Kain, die in der Adamah lebten, darbrachten, war das Blut ihrer »Brüder«, und die Adamah »tat ihr Maul auf«, um das Blut der geopferten Menschen zu empfangen.

Als die im Tempel Salomos vernichteten Schriften rekonstruiert wurden, fehlten den Menschen die Dokumente, aus denen der geschichtliche Hintergrund zu entnehmen gewesen wäre. Die geretteten oder wiederaufgefundenen Bruchstücke ihrer Überlieferung mußten daher mit Begriffen und »Bildern« ergänzt werden, die der vertrauten Umwelt ihrer Gegenwart und der unmittelbaren Vergangenheit entnommen waren. Das Hauptinteresse der Lehrer, die sich bemühten, die Überlieferungen zu rekonstruieren, war auch nicht ein möglichst objektiver Bericht über die Menschheitsgeschichte, sondern die Zukunft ihres verzweifelten Volkes. Nach der Zerstörung des Tempels versuchten sie, die heiligen Schriften aus geretteten Bruchstükken und mit Texten, die in Archiven Babylons wiedergefunden wurden, zu rekonstruieren.

Unfaßbares war geschehen. Der einzige und wahre Gott hatte es zugelassen, daß Jerusalem erobert, sein Tempel zerstört und sein Volk in die Gefangenschaft geführt worden war. Er hatte die Menschen seines auserwählten Volkes in die Hände ihrer Feinde gegeben.

In den geretteten Bruchstücken der alten Schriften wurde jede Andeutung hervorgehoben, mit der die Auserwähltheit des Volkes und die Stärke Gottes zu beweisen waren. Das verzweifelte Volk mußte überzeugt werden, daß Gott wieder zu versöhnen sein würde. Wenn sein auserwähltes Volk die Gesetze einhielt, seine Vorschriften gehorsam beachtete und die ihm gebührenden Opfer darbrächte, würde er ihm das Land zurückgeben, das schon den Vätern Abraham, Isaac und Jakob verheißen worden war.

Aus diesen Gedanken wurde das Gottesbild der Auslegungstradition, Adonaj, geformt. Gott war zu einem Himmelskönig geworden, der das Lebensrecht seines auserwählten Volkes wiederherstellen und den Vertriebenen das Land zurückgeben würde. Es ist der Gott des Buches Job, dessen Name Elohim ist.

In Elohim wurden am Beginn der Auslegungstradtion alle in den Bruchstücken der Schriften erwähnten Gottesnamen zusammengefaßt. Es waren unterschiedliche, oft gegensätzliche Vorstellungen, die in den Archiven des Tempels aus den jahrhunderte- und jahrtausendealten Überlieferungen und Geistesströmungen zusammengekommen waren.

Es hatte schon in den Jahrhunderten vor der Zerstörung des Tempels Schriften gegeben, die im Reichtum des Archives unentdeckt geblieben waren. Als der Hohepriester (*ha cohen ha gadol*) Hilkia (*chilqijahw*) im Tempel eine Schrift fand, die in einem Text aus der Spätzeit das »Gesetzbuch des Herrn« (*ha thora*)[291] genannt wird, führte dieser Fund zur Tempelreform des Königs Josia.[292] Es muß im Tempel zu Jerusalem ein beachtliches Archiv gegeben haben, wenn eine so wichtige Schrift lange Zeit darin unentdeckt bleiben konnte. Es ist aber auch diese Schrift nicht erhalten geblieben.

30 Jahre nach der Zerstörung des Tempels[293] soll der Prophet Ezra, vom Geist erfüllt, die im Feuer vernichteten Schriften neu diktiert haben.[294]

Legenden bilden sich immer dort, wo die tatsächlichen Ereignisse nicht mehr bekannt sind. Nach der Rückkehr aus dem Exil wurden die hebräischen Texte mit veränderten Schriftzeichen geschrieben. Die Sprache des Volkes war Aramäisch. Das Hebräische war nur noch unter Schriftgelehrten verbreitet.

Was von den alten Schriften erhalten geblieben war, wurde nicht verändert. So sind uns die Fragmente mit dem Namen Jhwh erhalten geblieben, aber der Name selbst durfte nicht mehr ausgesprochen werden. Mit dem Gottesbild Adonaj wurden die Räume zwischen den Fragmenten älterer Schriften und den Rekonstruktionen aus mündlicher Überlieferung überbrückt und ergänzt, um den Anspruch des Volkes auf das von Adonaj verheißene Land nachzuweisen.

Es wurde ein Weltbild konstruiert, in dem es als Ziel der menschlichen Geschichte angesehen wurde, den durch die Schuld der Ureltern Adam und Eva verlorenen Garten in Eden wiederherzustellen. Im Gelobten Land sollte sich das Paradies für das auserwählte Volk verwirklichen. Dies mußte dem Volk aus den Schriften bewiesen werden, damit es nicht den Verlockungen erlag, die von den Götzen in den Tempeln Babylons ausgingen.

Als die Perser Babylon eroberten, durfte das Volk nach Jerusalem zurückkehren. Dort wurde dem Gott Israels (*elohe jsrael*) ein Altar gebaut:

120

Ezra 3.2
. . . um Brandopfer drauf zu opfern, wie es geschrieben steht, im Gesetz Mose,
des Mannes Gottes [isch ha elohim] (3) . . . Und opferten dem Herrn [adonaj/
jhwh] Brandopfer drauf des Morgens und des Abends.
Im Namen des Propheten Jesaja wurde aber geschrieben:
Jes. 1.11
Was soll mir die Menge eurer Opfer? spricht der Herr [jhwh]. Ich bin satt der
Brandopfer von Widdern und des Fetten von den Gemästeten, und habe keine
Lust zum Blut der Farren, der Lämmer und Böcke.
Je mehr verschiedene Traditionen, Überlieferungen und Gottesvorstellungen in dem
einen unaussprechlich heiligen Gottesnamen, für den nur Adonaj gesagt werden
durfte, zusammengefaßt wurden, desto schwerer war es, in den verschiedenen, als
Worte Gottes überlieferten Aussprüchen der Elohim früherer Zeiten den Willen
Gottes zu erkennen. Klar und unerschütterlich stand nur die Verheißung des Gelobten Landes im Zentrum der rekonstruierten Überlieferung.
Nach den Persern eroberten die Griechen das Land. Geist und Sprache des Hellenis-
mus beeinflußten die gesamte alte Welt. Ein Großteil des gebildeten Volkes sprach
nach wenigen Jahrzehnten nur noch griechisch. Die Schriften mußten übersetzt
werden. Die gelehrten Übersetzer schrieben nicht mehr den heiligen Namen Jhwh in
die neuen Texte, sondern nur noch das *kere* – »das zu Lesende«. Seit der Name Jhwh
als unaussprechlich heilig erklärt worden war, mußte überall dort, wo Jhwh stand,
»Adonaj« gedacht und ausgesprochen werden. Die griechischen Übersetzer schrieben also überall dort, wo in den hebräischen Texten *jhwh* oder *adonaj* stand, nur noch
das eine Wort »kyrios« (Herr). Nach welchen Gesichtspunkten sie entschieden, ob
für Elohim »theos« (Gott) eingesetzt werden mußte oder eine der vielen anderen
möglichen Übersetzungen, weiß niemand.
Die Deutungen der griechischen Übersetzer waren Jahrhunderte später, als die
Gelehrten an den Ursprung ihrer Überlieferung zurückkehren wollten, maßgebend
für die Auslegung der in der toten hebräischen Sprache nicht mehr faßbaren Wörter
und Begriffe.
Am Beginn des Sintflutberichtes hatten sich die Übersetzer entschieden, Noachs
Leben in zufriedener Harmonie mit Gott zu sehen.
Gen. 6.9
Noach war ein frommer Mann und ohne Tadel, und führte ein göttliches Leben
[ha elohim] zu seinen Zeiten.
Daraus muß man entnehmen, daß die Welt seit seines Vaters Zeiten um vieles besser
geworden war, denn Noach kann ein »göttliches« Leben führen. In katholischen
Ausgaben steht sogar: »Noah wandelte mit Gott.« Manche Traditionalisten werden
sagen, es bedeute auch: Noach konnte ein gottgefälliges Leben führen.
Der Versuch, den Inhalt des hebräischen Satzes mit Wortbedeutungen zu suchen, die
in anderen Texten zur Übersetzung derselben Wörter verwendet wurden, führt auch
hier zu einem überraschenden Ergebnis, das an den Gedanken des Vaters Lamech
anschließt und zeigt, daß die Welt keineswegs besser geworden war: **Noach war ein
gerechter Mann, er lebte abgesondert, verspottet von den ha Elohim seiner
Zeit.**
Flavius Josephus hat vor 2000 Jahren das Leben Noachs, aus der Sicht der Tradition
seines jüdischen Volkes, noch ähnlich beschrieben: »Denn es verkehrten viele Engel
Gottes mit Weibern und erzeugten ruchlose Söhne, die im Vertrauen auf ihre Kraft

121

alles Gute verachteten und gleich den Giganten der Griechen in Frevelthaten sich auszeichneten. Noe (Noach), über ihr Treiben entrüstet, riet ihnen eindringlich zur Umkehr. Da er aber sah, daß sie ihm nicht gehorchten und ganz in Laster versunken waren, fürchtete er, mit Weib und Kind von ihnen getötet zu werden, und verließ deshalb das Land.«[295]

Es war kein »göttliches« Leben. Es war das mühselige Leben, das auch sein Vater geführt hatte, das Leben der »Hirten« im Geist des Namens Jhwh.

Vor einigen Jahrzehnten war man überzeugt, den historischen Kern der Sintflutsage gefunden zu haben. Im südlichen Mesopotamien, zunächst in den Ruinen der Stadt Ur und später auch in den nördlicheren Gebieten, wurden die Spuren einer Flut erkannt, die etwa um 3700 v. Chr. große Teile des Landes überschwemmt hatte. Inzwischen wird auch die mesopotamische Flut nüchterner beurteilt. Es waren nur die flacheren Gebiete überflutet, Hügel und höher gelegene Stadtteile waren nicht betroffen gewesen. Aus dieser Überflutung konnte sich nicht die Sage einer menschheitsvernichtenden Katastrophe gebildet und über die Erde verbreitet haben. Die Frage, ob die bei allen Völkern vorkommenden Legenden über eine Flutkatastrophe auf ein historisches Ereignis zurückgehen, bleibt weiterhin offen.

Man wird aber an der Bedeutung und am hohen geschichtlichen Wert der biblischen Sintfluterzählung weniger zweifeln, wenn man den Inhalt erkennt, der sich aus den unterschiedlichen Bedeutungen der Gottesbezeichnungen ergibt.

Der Gottesbegriff Noachs war Jhwh. Noach lebte abseits von den ha Elohim, den Wissenden und Mächtigen seiner Zeit.

Die Warnung vor der kommenden Katastrophe erhielt er nicht von Jhwh, sondern von der weltlichen Instanz der Wissenden, von Elohim.

> *Gen. 6.13*
>
> *Da sprach Gott [elohim] zu Noah: Alles Fleisches Ende ist vor mich kommen; denn die Erde [aretz] ist voll Frevels von ihnen; und siehe da, ich will sie verderben mit der Erde [aretz].*

Nach der kulturvernichtenden Katastrophe waren die Lebensverhältnisse wieder urweltlich geworden. Der Gottesbegriff Jhwh war bei den Überlebenden nicht mehr vorhanden. Ihre Autorität war Elohim.

Die eifrigen Redakteure der Auslegungstradition ließen allerdings Adonaj/Jahweh auftauchen, angelockt durch den »lieblichen Geruch« des Brandopfers, das nach ihrer Ansicht von den Überlebenden dargebracht worden sein muß. In dieser Textformulierung hat die Auslegungstradition aber nur die sumerische Schilderung übernommen.

In den mesopotamischen Epen versammelten sich die Götter nach der Flut hungernd und frierend um die überlebenden Menschen, denn sie hatten nicht bedacht, so heißt es, daß sie ohne die Opfer der Menschen keine Nahrung mehr auf Erden haben würden: »Die Götter rochen den Duft, / Die Götter rochen den wohlgefälligen Duft,/ Die Götter scharten wie Fliegen sich um den Opferer.«[296]

> *Gen. 8.20*
>
> *Noah [Noach] aber baute dem Herrn [jhwh] einen Altar, und nahm von allerlei reinem Vieh und reinem Gevögel, und opferte Brandopfer auf dem Altar. (21) Und der Herr [jhwh] roch den lieblichen Geruch . . .*

Die Tontafeln des Gilgamesch-Epos wurden in Niniveh gefunden. Sie stammen aus der Bibliothek des Königs Aschurbanapali, der im siebenten Jahrhundert v. Chr. regiert hat. Das Epos geht auf einen Sintflutbericht der Sumerer zurück, der bereits im dritten Jahrtausend v. Chr. verbreitet war. Das Motiv der Götter, die sich, angelockt vom Duft des brennenden Fleisches, um den überlebenden Helden versammeln, kommt in allen bekannt gewordenen Versionen vor. Die biblischen Auslegungsredakteure haben zweifellos Motive aus mesopotamischen Vorlagen übernommen. Um in ihren Lesern keinen Zweifel aufkommen zu lassen, daß Gott Adonaj/ Jahweh der Retter Noachs war, haben sie ihm die Aufforderung in den Mund gelegt, von den »reinen Tieren« je sieben Paar in die Arche aufzunehmen, von den »unreinen« aber nur je zwei.

Nach der aus den Einfügungen der Auslegungstradition errechneten Chronologie wurden allerdings die Vorschriften über »reine« und »unreine« Tiere dem Propheten Mose erst viele Jahrhunderte nach der Sintflut verkündet. Die retuschierenden Hände der Redakteure sind nicht zu übersehen.

Aus dem Gilgamesch-Epos läßt sich ein zweites Beispiel anführen, das zeigt, wie sehr der Inhalt der biblischen Überlieferung durch Wortdeutungen an die griechisch-babylonischen Denkmuster angepaßt worden ist. In den Schulen der Religionen lernen wir, es sei ein großer biblischer Gedanke von hohem ethischen Wert, daß der Mensch aus Erde geschaffen ist und am Ende seines Lebens wieder zu Erde zerfallen muß.

Enkidu, der Freund des Helden, stirbt, und Gilgamesch klagt verzweifelt darüber: »Ach, wie soll ich stumm bleiben? / Ach, wie schweigen? / Mein Freund, den ich liebte, / ist zu Erde geworden! / Enkidu, mein Freund, den ich liebte, / ist zu Erde geworden.«[297]

Es hat schon sehr früh Gelehrte gegeben, die aus solchen Ähnlichkeiten zu dem Schluß gekommen sind, daß große Teile der alttestamentlichen Erzählungen Ableitungen aus dem altbabylonischen Gilgamesch-Epos sind.[298]

In einem weiteren wichtigen Bereich spiegelt sich die mesopotamische Geistesentwicklung in den biblischen Schriften. Im dritten Jahrtausend war in Sumer die Stellung der Frau hochgeachtet, ebenso wie in der Alten Überlieferung der biblischen Schriftensammlung, in der die Frau vor dem Mann »einen Namen« bekommen hat. In frühesten Zeiten hat es auch im Bereich der biblischen Überlieferung mit ziemlicher Sicherheit Prophetinnen und Priesterinnen gegeben. Der Name Deborah kommt aus dem Wortstamm *dbr*. Er bezeichnet das bedeutende, verkündende Wort. In den späten Fassungen des Gilgamesch-Epos »ist das Weib im priesterlichen Sinn nur Verführerin und Geschlechtswesen«[299].

Der Geist dieser Wandlung von Sumer zu Spätbabylon findet sich fast deckungsgleich in den spätzeitlichen Auslegungsgedanken, mit denen die Alte Überlieferung verdeckt worden ist.

Die Wissenschaft hat sich aus der Vorstellung befreien können, die biblischen Texte seien Wort für Wort von Gott selbst verfaßt worden. Nun sollten wir uns auch von dem Gedanken lösen, der biblische Bericht über die Entstehung der Menschen sei nur ein Abklatsch der babylonischen Mythen und Legenden.

Der Kern der biblischen Schriften, die Alte Überlieferung, ist älter als alle anderen Dokumente aus dem Fruchtbaren Halbmond. In dieser uralten Beschreibung der Menschenentstehung wurden die Menschen aus tiergleichen Lebewesen durch die Gabe der Erkenntnisfähigkeit und den damit aufgenommenen Geist zur menschlichen Lebensform und zum menschlichen Geist geleitet.

Mit dieser Textauffassung würden wir von der Vorstellung befreit, daß ein menschengleicher Gott unseren männlichen Urvater mit seinen Händen aus Erde gebaut hat, und dürften endlich auch den folgenden Satz als eine grausige Erfindung unterhaltungsbedürftiger Sadisten erkennen:

Gen. 6.6
Da reute es ihn, daß er die Menschen gemacht hatte auf Erden, und es bekümmerte ihn in seinem Herzen, (7) Und sprach: Ich will die Menschen, die ich geschaffen habe, vertilgen von der Erde [aretz] . . .«,

denn er macht jeden religiösen Einwand gegen Geburtenregelung lächerlich.

Die Steinernen Tafeln
(Die Sintflut)

Gen. 6.11
Aber die Erde [aretz] war verderbt vor Gottes [ha elohim] Augen und voll Frevels.

In einer Textaufteilung nach der Quellentheorie[300] werden die ersten vier Verse des sechsten Kapitels der Quelle L (oder J[1]) zugeordnet. Sie wird als die älteste angesehen. In Vers 4 wird von den Nephiljm erzählt, die in dieser Zeit auf Erden waren, und von den Bnj ha Elohim, die mit den Töchtern der Menschen die »berühmten Leute der alten Zeiten« zeugten.

Über das Wesen der Bnj ha Elohim erfahren wir unmittelbar nichts. Rabbi Solomon Yitzhaki, der berühmte Raschi, dessen im elften Jahrhundert geschriebener Kommentar zur Thora (Pentateuch) einer der berühmtesten der Geschichte wurde, sah in ihnen die »Söhne der Vornehmen und Richter« oder »göttliche Sendboten«.[301]

In den Erläuterungen zur katholischen Jerusalemer Bibel wird die Stelle als ein »schwierig zu deutender Text« bezeichnet. Der »inspirierte Verfasser« nimmt auf eine volkstümliche Legende Bezug. Danach waren die »Nephilim die Titanen der orientalischen Welt, die man sich aus der Verbindung zwischen irdischen und himmlischen Wesen entstanden, vorstellte«. Sie wurden angeblich nur als Beispiel erwähnt »für die wachsende Verderbnis, die zur Ursache der Sintflut wird«.[302]

Da sich die Bnj ha Elohim mit den Töchtern der Menschen paarten und die »berühmten Leute der alten Zeiten« – also Menschen – zeugten, werden sie auch Menschen gewesen sein.

Nach der überlieferten Textfassung stehen sie hoch über den Menschen, denn sie haben die Macht, von deren Töchtern jede zu nehmen, die ihnen gefällt. Keiner der Auslegungsredakteure hat ihnen das übelgenommen. In der Auslegungstradition wird hauptsächlich über die Schuld der menschlichen Frauen verhandelt.

Die Alte Überlieferung hat die Bnj ha Elohim als Menschen verstanden, und somit können auch die Eltern, von denen sie abstammten, die Elohim, nichts anderes als Menschen gewesen sein.

Die Redakteure der überlieferten Textfassungen lassen, nach schlechtem babylonischen Vorbild, den Himmelspatriarchen Adonaj/Jahweh ein kurzes, haßerfülltes Gastspiel geben, mit der Erklärung, daß er die Menschen, die immerfort böse seien, vertilgen werde; über die Bnj ha Elohim lassen die Autoren ihn nichts sagen.

In der Quellentheorie wird auch dieser Text der Quelle J (Jahwist) zugeordnet, die darauffolgende Beschreibung der Flut dagegen der Priesterquelle P. Das zeigt, daß auch in der Tradition dieser »göttliche« Haßausbruch als Fremdkörper in der eigentlichen Erzählung angesehen wird.

Der Gottesbegriff der Alten Überlieferung, der Name Jhwh, wurde zuletzt von Lamech, nach der Geburt seines Sohnes Noach, erwähnt, als er sich auf Jhwh berief, »der die Adamah verflucht hat«. Hier ist der Geist der Alten Überlieferung unverändert zu erkennen. Noach, der in der Familie geborene Sohn, wird den Vater »trösten« über die Mühsal eines Daseins in der Adamah. Der Nachkomme ist Sinn und Lebensinhalt; in ihm und durch ihn wird der Geist des Namens Jhwh verwirklicht. Der Vater beschwört nicht, wie sonst in der Zeit der beginnenden Auslegungstradition üblich, einen menschengleichen Gott, von dem er tätiges Eingreifen in das irdische Leben als Hilfe für seinen Sohn erwartet. Er sieht in seinem Sohn die Hoffnung, daß auch weiterhin der Geist des Namens Jhwh in der von ihm verfluchten Adamah lebendig erhalten wird.

Die Auslegungstradition sieht die Frevel jener Zeit nur in der Verführung der »Kinder Gottes« durch die Frauen. Diese weiblichen Sünden sollen der Hauptgrund für das Strafgericht gewesen sein, das Gott mit der Sintflut über die Menschen gebracht hat. Der Wortlaut der Texte enthält keine Beschreibung derartiger Untaten der Menschen. Er enthält dagegen aber – auch in der Wortauffassung der Auslegungstradition – die Beschreibung eines schweren Frevels; und die Frage drängt sich auf, wieso die Auslegungsgelehrten diese Sünde nicht zur Kenntnis genommen haben: die Mißachtung des freien Willens und der Würde der Frauen. Der Text teilt uns lapidar mit: »Die Mächtigen nahmen von ihnen, welche sie wollten, und schwängerten sie.« Die Auslegung machte daraus, dem Muster der Erbsünde entsprechend, eine Schuld der Frauen. Die Schriften der fünf Bücher Mose sprechen an keiner Stelle den Mächtigen das Recht zu, von den Frauen zu nehmen, welche sie wollen. Im Gegenteil, die Alte Überlieferung fordert im Geist des Namens Jhwh Gleichberechtigung und Gleichverantwortlichkeit für Frau und Mann. Über die Verstöße der Bnj ha Elohim gegen dieses Menschenrecht verlieren die Auslegungsgelehrten kein Wort.

Ohne die Deutungen der Auslegungstradition hat man keine Mühe, die Bnj ha Elohim als Menschen zu erkennen. Manchen geistigen Nachkommen dieser »Götter« begegnen wir auch noch im 20. Jahrhundert der modernen Zeitrechnung. Die Zahl ihrer Anhänger, deren Unwissenheit und Angst sie sich und ihren Sekten zunutze machen, ist nicht gering. Indem sie geschichtliche und erdgeschichtliche Vorgänge als das sichtbare Wirken der geheimen Mächte darstellen, in deren Auftrag sie angeblich auf der Erde sind, suggerieren sie den Menschen, daß nur Unterwerfung unter ihren Willen das Unheil, das Götter oder Dämonen über die anderen, Ungläubigen, bringen werden, von ihnen abwenden kann. Sie achten die Würde ihrer Anhänger so gering wie die Bnj ha Elohim zu Noachs Zeiten.

Die Alte Überlieferung sieht in derlei Sekten und Kulten – das Mal des Kain zeigt dies an – das Urwesen der Adamah, das egozentrische, raubtierhafte Ausnützen der Schwächen anderer.

Der Mensch, der durch Jhwh Elohim aus der absolut naturabhängigen »Niedrigkeit« der Adamah hervorgegangen ist, vermag durch die Phantasie der menschlichen Erkenntnisfähigkeit, mit dem erworbenen Wissen, hilfreich oder schädigend auf das Leben anderer einzuwirken. Durch sein Wissen erkennt er die Zusammenhänge von Naturvorgängen und kann die Folgen in geringem Maße vorhersehen. Den Unwissenden in seinem Lebensbereich, in seiner Sekte oder seinem Stamm, kann er dieses Wissen als Information der Götter darstellen, damit die Menschen ihn als Vertreter der göttlichen Mächte anerkennen und seinen Befehlen folgen.

In der Alten Überlieferung wurde kein Zusammenhang zwischen Handlungen oder Verfehlungen der Menschen und dem Wirken der Naturgewalten behauptet. Der schreckliche Gedanke von einer erblichen Schuld der Menschen gegenüber der Schöpfungsmacht, der von den Bnj ha Elohim zum Instrument der Machterhaltung mißbraucht wurde, ist die Umkehrung des Geistes der Alten Überlieferung.

Durch die Zeugungserkenntnis hatten sich die Menschen aus der naturgegebenen Abhängigkeit vom Muttertier und der Vorherrschaft der animalisch-mystischen Urkulte der Großen Mutter befreit. In der Zeit der Bnj ha Elohim war die Entwicklung in das andere Extrem umgeschlagen. In den Nachkommen Kain nimmt Lamech zwei »Weiber« und strafte in seinem unumschränkten Machtanspruch jede geringe Verletzung seiner Bequemlichkeit mit dem Tod von Menschen. Der Geist des Namens Jhwh, der Kain am Leben ließ und ihm dadurch die Möglichkeit der Wandlung gab, ist in dieser Welt unbekannt.

In der Alten Überlieferung ist der Geist des Namens Jhwh auf der Seite der Menschen, die das Lebensrecht der Schwachen gegen die elementaren und animalischen Urkräfte der Natur verteidigen.

Im Gottesbild Adonaj/Jahweh der Spätzeit ist auch dieser Gedanke umgekehrt worden. Die Düsternis der spätbabylonischen Mystik, aus persischen und hellenistischen Perspektiven noch verdunkelt und verzerrt, überwucherte die geistige, den Menschen befreiende Vorstellung vom menschenzugewandten Namen Jhwh.

Durch die Einfügungen der Spätzeit ist aus Jhwh ein launenhafter, frauenfeindlicher, beleidigter Monarch geworden, der von den Menschen verlangt, die Befehle gehorsam zu befolgen, die ihnen von seinen irdischen Stellvertretern verkündet werden. Läßt man die Einfügung dieses Gottesbildes aus dem Anfang des Sintflutberichtes weg, so entfällt die Klammer, durch die das Verhalten der Menschen als Ursache für die kommende Naturkatastrophe gedeutet wird. Die traditionelle Textinterpretation: »Aber die Erde war verderbt . . .«, ergibt dann keinen Sinn mehr, weil nicht erkennbar ist, worauf sich diese Aussage bezieht.

Das hebräische Wort *schchth* meint keineswegs ausschließlich die »Verderbtheit« durch sittlichen Verfall. Es wird in der Beschreibung der Plagen verwendet, um auszudrücken, daß das Land von Ungeziefer »verheert« oder »verdorben«[303] wird. Die Erde (*aretz*) kann nicht sittlich verkommen sein. Moralisch »verderbt« könnten nur die Menschen sein. Der Wortlaut bezieht sich aber eindeutig auf die Erde, und daher muß der Ausdruck »verheert« angewendet werden.

Die Erde wird verheert und verwüstet. Es geschieht vor den Augen ha Elohim, aber auch die Mächtigen können nichts dagegen tun. Als Folge dieses Geschehens breiten[304] sich Unrecht und Gewalttätigkeit[305] aus.

In dieser Auffassung gibt uns der Wortlaut die Beschreibung des Anfanges einer Naturkatastrophe, gegen die auch die Mächtigen, die sich als Götter fühlten, machtlos waren: **Die Erde wurde verheert vor dem Angesicht ha Elohim, und erfüllt wurde die Erde mit Gewalttätigkeit.**

Gewalttätigkeit, zunehmendes Unrecht, Gesetzlosigkeit waren Folgen der Verheerung. Wieder, wie im Zusammenbruch der Kultur des Gartens, mußten die »Hirten« versuchen, sich in der Adamah zu behaupten.

Die Autoren der alten Überlieferung beschreiben, daß in einer Naturkatastrophe alle Kulturleistungen verfielen, die von Menschen gestaltete Erde verheert wurde und in der zusammenbrechenden Ordnung, vor dem Angesicht der machtlosen Mächtigen, sich Gewalttätigkeit ausbreitete.

126

Gen. 6.12

Da sah Gott [elohim] auf die Erde [aretz], und siehe, sie war verderbet; denn alles Fleisch hatte seinen Weg verderbet auf Erden [aretz].

Das hebräische Wort *bassar* bedeutet nicht nur »Fleisch«, sondern auch »körperliches Leben«. Die Elohim erkannten die Unaufhaltsamkeit der Naturkatastrophe, in der das »fleischliche« Leben der Landtiere[306] und der Menschen zugrunde gehen mußte. Die Wassertiere waren von der Katastrophe nicht betroffen und bleiben deshalb unerwähnt. **Da sahen Elohim die Erde an, und sie sahen das Verderben, das auf seinem Wege alles (körperliche) Leben verdarb auf der Erde.**[307]

Es ist das Muster, das sich in den Fragmenten der Alten Überlieferung in den Beschreibungen aller Naturkatastrophen erkennen läßt. Die Menschen waren im Bereich ihrer Kultur, in dem sie sich die Natur »untertan« gemacht hatten, satt und träge geworden, sie glaubten sich ungefährdet, unabhängig und strebten nach beständiger Steigerung ihrer Macht. Mahnende Stimmen wurden verlacht, Warnungen ignoriert. Sie wähnten sich selbst ausreichend gesichert. Die Bedrohung anderer, die weit entfernt in ungesicherten Zonen lebten, berührte sie nicht.

Der aus Jhwh Elohim erkannte und im »lebenden Wort« Jhwh bewahrte Geist hätte sie vielleicht befähigt, vorsorgend die schlimmsten Auswirkungen zu mäßigen und ein Überleben der menschlichen Gemeinschaft in diesem Geist zu sichern. Aber die Menschen scheiterten wieder an sich selbst. Besessen von dem Wunsch, selbst vergöttlicht, selbst Elohim zu werden, ignorierten sie die Not der anderen.

Menschen, die im Geist des Namens Jhwh lebten, sahen diese Gefahren voraus. Ihre Einsicht kommt in dem Satz zum Ausdruck, den Otto Eissfeldt, abweichend vom Wortlaut der Tradition, übersetzt hat: »Nicht soll ›bleiben‹ mein Geist im Menschen für immer . . .«[308]

Die alten Autoren haben ihren Gottesbegriff nicht als Menschen, sondern als Namen, als Geist aufgefaßt, der die Menschen leitet, solange sie bereit sind, ihn zu bewahren und in ihrem Leben anzuwenden. Das Nachlassen der Bereitschaft, den Geist der Menschlichkeit zu verwirklichen, ließ die Entwicklung vorhersehen: **Die Menschen werden sich von meinem Geist nicht für immer leiten lassen, denn sie sind körperliche Wesen.**[309] Das heißt, die Menschen sind, so wie sie geschaffen wurden, nicht Geistwesen, nicht Engel, nicht gottgleiche Paradiesgeschöpfe, sondern animalische, körperliche Wesen, die einen langen Entwicklungsweg aus den Rämass ha Adamah hinter sich haben, deren Entwicklung noch für sehr lange Zeit nicht abgeschlossen sein wird.

Von Elohim wurde Noach aufgefordert, die Thevah zu bauen, in der er alles retten und für kommende Geschlechter bewahren sollte, was aus dem Geist des Namens Jhwh entstanden war: das Wissen und den Geist, durch den menschliches Leben in der Adamah möglich ist.

Es darf nicht übersehen werden, daß Noach auch die Rämäss ha Adamah in die Arche bringen sollte.[310] Die traditionelle Deutung, daß es sich dabei um Würmer und Kleintiere des Ackers handelte, sollte nicht in Erwägung gezogen werden, denn die Autoren wollten wohl kaum betonen, daß auch Mäuse und Würmer, die die Saat gefährden und deren Unheil die ackerbauenden Menschen längst erkannt haben mußten, aus der Katastrophe gerettet werden sollten.

Wir müssen den Begriff »Tiere« als Ausdruck des Wissens verstehen. Mit den Rämäss ha Adamah sollte den Menschen auch ihre Geschichte und das Wissen um die eigene Herkunft erhalten werden, damit sie sich auf dem Weg durch die Adamah immer an ihrem Ursprung orientieren können, wenn sie unterwegs meinen, das Ziel nicht mehr erkennen zu können.

Über Gestalt und Art der Arche läßt sich dem Text wohl nichts Wesentliches entnehmen. Zu sehr sind die Berichte mit Motiven aus mesopotamischen Mythen vermengt. Die biblische Beschreibung weicht allerdings in einigen Punkten vom mesopotamischen Muster ab, und daraus wurden allerlei Theorien abgeleitet.

Nach den Anweisungen von Elohim mußte die Arche drei Ebenen haben, ein Fenster oben und die Tür in der Mitte. Diese Beschreibung wurde mit dem Querschnitt der Cheopspyramide verglichen. Auf drei Ebenen sind drei Kammern. Oben sind die Öffnungen der Luftschächte – man könnte sie als Fenster bezeichnen. Der Zugang befindet sich in der Mitte. Die Pyramide konnte – soweit es bisher erforscht wurde – von innen nicht geöffnet oder verschlossen werden. Im traditionellen Text wirft Noach nach der Landung der Arche das Dach ab – verschlossen wurde sie zuvor von außen. Das erregte die Phantasie, und man suchte Parallelen zum Geheimnis der Cheopspyramide. Im konventionellen Text wird das »Verschließen« der Arche so beschrieben:

Gen. 7.16
Und es waren Männlein und Weiblein von allerlei Fleisch, und gingen hinein [in die Arche], wie denn Gott [elohim] ihnen befohlen hatte. Und der Herr [jhwh] schloß hinter ihm zu.

Da der menschengleiche Adonaj/Jahweh ohnehin auf der Erde sein Unwesen trieb und Freude daran hatte, alle Völker und alle Tiere zu verderben, dachten die altertümlichen Textredakteure wohl, es sei eben ein besonderer Gunstbeweis, daß der alte Herr auch noch Zimmermannsarbeit für seinen Liebling verrichtete.

In der Tradition wird diese Phrase ernst genommen und doch auch wieder nicht. Man findet auch in den Kommentaren nicht so leicht heraus, was man nun glauben soll.[311] Das hebräische Wort für Arche ist Thevah (*thvh*). Die Wörterbücher geben dazu nur karge Hinweise. Herkunft und ursprüngliche Bedeutung sind nicht mehr bekannt.[312] Von manchen Sprachforschern wird eine Verwandtschaft zu dem koptischen Wort *taibe* (Kasten) angenommen. Das ergibt allerdings vermutlich nur eine Erklärung für die Herkunft des koptischen Wortes, das wahrscheinlich von dem älteren biblischen Begriff abgeleitet worden ist. Andere Forscher glauben, den Ursprung des Wortes *thevah* in dem ägyptischen Wort *dbt* (Sarg)[313] zu erkennen. Die dritte Denkrichtung nimmt einen babylonischen Ursprung des Wortes an, ohne dazu ausreichende Wortverwandtschaften angeben zu können.

Im Sintflutbericht ist *thevah* ein riesiger Kasten, der viele Menschen und von allen Tiergattungen etliche Paare aufnehmen kann.[314] In der Geschichte des Propheten Mose ist sie dagegen etwas ganz anderes. Dort bezeichnet das Wort *thevah* einen kleinen kostbaren Behälter, in dem das drei Monate alte Kind Mose von seiner Mutter ausgesetzt werden mußte.[315] In der Auslegungstradition wurde es an dieser Stelle mit »Kästchen« oder »Körbchen« übersetzt.

In beiden Erzählungen wurde in einer Thevah das gerettet, wodurch der Geist bewahrt werden konnte. *thevah* ist also ein Behälter für das Wichtigste, das unbedingt zu Schützende, für das, was nicht verletzt werden darf und nicht verlorengehen soll.

Gen. 6.7
Ich will die Menschen, die ich geschaffen habe, vertilgen von der Erde [meal pnj ha adamah].

Im hebräischen Wortlaut heißt es nicht, daß die Menschen von der »Erde« (*aretz*) vertilgt werden sollen, denn hier steht an dieser Stelle wieder *adamah*. Es ist rätselhaft, weshalb niemand auf den Gedanken gekommen ist, an dieser Stelle *adamah* mit »Ackerboden« zu übersetzen. Damit wäre das Gottesbild wenigstens nicht ganz so sadistisch gezeichnet, denn es hieße, die Menschen sollten nur aus dem Acker vertilgt werden.

Sollten die Auslegungsgelehrten angenommen haben, daß der Heilige Geist die inspirierten Texte in hebräischer Sprache diktiert hat, dann haben sie sich bei ihren Auslegungen sehr wenig darum gekümmert, was er eigentlich sagen wollte.

Die Wortwahl zeigt sehr deutlich, daß es ein Auslegungskonzept gegeben hat, dem die hebräischen Wortbedeutungen untergeordnet worden sind. Das Konzept der Auslegungstradition bestimmte, mit welcher Bedeutung die Wörter *elohim* und *adamah* jeweils zu übersetzen waren. Weicht man von diesen, nicht aus dem Wortlaut bestimmten Übersetzungsvorschriften ab, so ist das Auslegungskonzept nicht mehr haltbar.

Alle wichtigen deutschen Übersetzungen, auch die katholisch genehmigten, folgen in diesem Bibelvers der Wortwahl Martin Luthers: »Jch wil die Menschen / die ich geschaffen habe vertilgen / von der Erden.«[316] Die englische King-James-Version verwendet das Wort *destroy* (zerstören).[317] The New English Bible: »I will wipe them off.«[318] In diesem Sinne übersetzten auch Martin Buber und Franz Rosenzweig: »Wegwischen will ich vom Antlitz der Erde den Menschen.«

In den überlieferten Schriften erscheint das hebräische *mchh* nur in diesem Vers mit der Bedeutung »vertilgen« und »ausrotten«. Autoren der Spätzeit zitieren es in dieser Bedeutung nur, wenn auf den Vers in der Wortauffassung der Auslegungstradition Bezug genommen wird. In anderen Texten hat es auch die Bedeutung von »Schuld tilgen« oder »Tränen abwischen«.[319] Tilgen oder wegwischen hat aber keineswegs die Bedeutung von »vernichten«. Wegwischen ist ein Entfernen, ein Auflösen und in andere Formen oder Verbindungen übergehen lassen. Wasser, das weggewischt wird, ist nicht vernichtet. Es ist von einer Stelle entfernt worden und anderswo in anderem Wasser aufgelöst oder in anderen Stoffen verschwunden.

In Genesis 6.7 ließen die Autoren den Geist des Namens Jhwh erkennen, daß sich die Gemeinschaft der Menschen auflösen würde.

Im Zusammenhang mit der vorher im Namen Jhwh erfolgten Feststellung »Nicht immer werden sich die Menschen leiten lassen von meinem Geist« gewinnt die Aussage dann andere Konturen. Nicht durch die Einwirkung des Geistes erfolgt die Zerstörung, sondern durch das Fehlen seiner Kraft. Da die Menschen ihn nicht bewahrten, konnte der Zerfall ihrer Gemeinschaft nicht verhindert werden: **Ich werde die Menschen (Menschheit) auflösen (wegwischen), die ich erschaffen habe aus dem Angesicht der Adamah . . .**

Der Scheideweg zwischen dem Geist der Alten Überlieferung und der Auslegungstradition erweist sich an dem nächsten Wort, bei dem man an den Ausspruch des Psalmisten erinnert wird: »Eines hat Gott gesagt, ein Zweifaches habe ich gehört.«[320] Das hebräische *nchm* übersetzt die Auslegungstradition mit »bereuen«: »Es reut mich, daß ich sie gemacht habe.« Viel öfter wird dem Wort aber auch in der Auslegungstradition die Bedeutung »trösten« gegeben.[321] Es könnte also auch heißen: **Aber es tröstet mich, daß ich sie geschaffen habe . . .**

Die Menschen werden in der Adamah, aus der sie hervorgekommen sind, wieder untergehen. Es wird nach der Katastrophe wohl die Adamah geben, aber die

Menschen der Tradition Enosch werden umgekommen sein, wie früher die Menschen Habel.

Der naturwissenschaftliche Einwand, daß es keine Flutkatastrophe gegeben haben könne, die alles Leben auf der Erde vernichtete, ist gegenstandslos, denn in der ursprünglichen Überlieferung wurde das auch nicht behauptet. Die Alte Überlieferung schilderte eine Katastrophenfolge, in der die bestehenden Kulturen und die aus der Natur kultivierten Lebensformen vernichtet wurden.

Um den geschichtlichen Hintergrund der Beschreibung zu erkennen, müssen wir nicht die Spitze des 6000 Meter hohen Schneegipfels Ararat besteigen. Wir sind auch nicht von Überlegungen abhängig, wie das organisatorische und technische Wunder der Errettung aller Tierarten in einem »Kasten« möglich gewesen sein könnte. In der Katastrophe kamen nur die aus Jhwh entstandenen Tiere um. Was in der Thevah gerettet werden mußte, waren nicht die Tiere selbst, sondern das Wissen, wie die Pflanzen- und Tierkulturen, wie alle anderen Kultureinrichtungen wiederhergestellt werden können. Tiere sind die Symbole der ägyptischen Götter. Sie gelten bei vielen Völkern als Träger des Wissens und sind schützende Stammeszeichen.

In der chassidischen Überlieferung gelten die Tiere als Gedanken oder als »wichtigste Dinge an sich«.[322] Es gibt keine Bilderschrift ohne Tiersymbole und vermutlich keine Schrift, an deren Anfang nicht eine Bilderschrift steht.

Gen. 7.15
Da ging alles zu Noah in den Kasten bei Paaren, von allem Fleisch, da ein lebendiger Geist innen war.

In der Thevah wurde alles irdische Leben über die Flut gerettet, das den »lebendigen Atem« aus Jhwh Elohim in sich trug, den Geist, aus dem die menschliche Lebensform, der Kulturmensch *ha adam,* entstanden war. Alles, was nach den menschlichen Erkenntnissen gebildet worden war und außerhalb der Thevah bleiben mußte, wurde zerstört.

Gen. 7.22
Alles, was einen lebendigen Odem hatte auf dem Trockenen, das starb.

Zu diesem Wortlaut sind Vergleiche mit anderen Übersetzungen interessant:
»Alles, was Lebens-Geist-Odem in seiner Nase hat und auf dem Trockenen lebt, starb.« (Otto Eissfeldt)[323]
»Alles, das Hauch, Braus des Lebens in seinen Nasenlöchern hatte, was alles auf dem Festland war, es starb.« (Buber/Rosenzweig)[324]

Den lebendigen Atem – wir erinnern uns an Genesis 2.7 – hat nur der Mensch empfangen, der durch Jhwh Elohim aus der Menge der Adamah hervorgegangen war. Den lebendigen Atem trug also nur das in sich, was vom Menschen erschaffen, gestaltet oder beeinflußt worden war. Das alles starb. Die Kultur ging unter.

Wäre das von den Menschen erworbene Wissen nicht gerettet worden, so hätten Schem, Cham und Japhet alles neu erlernen müssen. Davon steht nichts im Text.

Auch eine andere – der Tradition lieb gewordene – Vorstellung ist aus anderen Mythen entlehnt worden und steht so nicht in der biblischen Überlieferung: die Behauptung, daß die Katastrophe eine Flut gewesen sei, die über die Spitzen der Berge reichte.

Im hebräischen Text steht *ha mabul.* Auch dieses Wort ist fremd. Die Sprachforscher können dazu nur Vermutungen anstellen. Das assyrische Wort *abubu* wird zitiert, mit der Einschränkung aber, daß die Abstammung des Wortes *mabul* von der Ableitung *bubbulu* (Überschwemmung) wahrscheinlicher ist.

Als »Wasserflut« wird das Wort *mabul* nur im Zusammenhang mit der Katastrophe in der Zeit Noachs verwendet.

Mabul ist eines der vielen im Text vorkommenden Wörter, die zur Sprache der Alten Überlieferung gehören, deren ursprüngliche Bedeutung aber vom Geflecht der Auslegungen überwuchert wurde und untergegangen ist. Die Wortauffassung der Tradition rechtfertigt sich hier nur aus der traditionellen Auslegung.

Wo die Gedanken der Alten Überlieferung noch zu erkennen sind, ist es allerdings manchmal möglich, die Deutungen zu widerlegen.

Gen. 7.11

In dem sechshundertsten Jahr des Alters Noahs, am siebenzehnten Tag des zweiten Monats, das ist der Tag, da aufbrachen alle Brunnen der großen Tiefe, und taten sich auf die Fenster des Himmels.

Daß aus »Brunnen der Tiefe« Wasser hervorbricht, werden sich nur jene Menschen einreden lassen, die nach dem spätbabylonischen Weltbild glauben, auch unter der Erde sei Wasser. Ein Kind unserer Zeit wird den Vorgang ohne Schwierigkeiten als Erdbeben und ausbrechende Vulkane beschreiben.

Wenn die Ursache einer Katastrophe erkannt werden kann, ist ihre Entwicklung von den »Wissenden« auch in großem Rahmen vorherzusehen. Der zwölfte Vers im sechsten Kapitel der Genesis erzählt uns genau dies, wenn wir das Wort Elohim nicht als den Namen des Schöpfers von Himmel und Erde auffassen, sondern, der Wortbedeutung entsprechend, es als Bezeichnung für Menschen verstehen, die, wie Mose und Samuel, im Namen ihrer Götter Wissen verwalten und zu Führern des Volkes berufen wurden: **Da sah Elohim die Erde** *[aretz]* **an, und sah das Verderben, das auf seinem Wege alles Leben verdarb auf der Erde** *[aretz]*.

Wenn durch rasche Erwärmung der Atmosphäre die im Kontinentaleis gebundenen Wassermassen abzuschmelzen beginnen und unter der veränderten Spannung ihrer Oberfläche die Erdkruste aufbricht, entsteht eine verheerende, lang andauernde Katastrophenfolge, die auch von klugen und kenntnisreichen Menschen nicht verhindert oder eingedämmt werden kann.

Durch den ansteigenden Wasserspiegel der Weltmeere waren die lebensfreundlichen Zonen der Eiszeit in den geschützten Buchten der Flußmündungen am meisten gefährdet. Aus den Gebieten, die zuerst von der Katastrophe betroffen waren, hatte sich die Nachricht zu den Mächtigen und Wissenden anderer Siedlungen verbreitet.

Die Elohim erkannten, daß sich die Katastrophe unaufhaltsam ausbreitete.

Manche Menschen nahmen die Warnungen der Elohim ernst, andere verlachten sie, weil sie sich in der Sicherheit ihrer kultivierten Umwelt eine weltvernichtende Katastrophe nicht vorstellen konnten.

Die Erwärmung bringt stärkere Verdunstung. Der Wasserkreislauf wird beschleunigt, die verdunsteten Wasser kehren aus den Eiszonen als Regen zurück.

Niemand vermag in den Himalajatälern die Gipfel der Berge zu sehen, wenn der Monsunregen losbricht – dann scheinen Erde, Himmel, Berge und alles Leben in Wasser gehüllt zu sein.

Gen. 7.15

Das ging alles zu Noah [Noach] in den Kasten bei Paaren, von allem Fleisch, da ein lebendiger Geist [ruach chajjm] innen war; (16) Und das waren Männlein und Weiblein [sachar w neqwah] von allerlei Fleisch, und gingen hinein, wie denn Gott [elohim] ihm geboten hatte. Und der Herr [jhwh] schloß hinter ihm zu.

Nach den quellentheoretischen Vorstellungen muß dieser Vers aus zwei verschiedenen Quellen stammen, denn Elohim und Jhwh stehen nur wenige Silben voneinander entfernt. Auch mit diesem gedanklichen Drahtseilakt bleibt die traditionelle Übersetzung verwegen, denn nach dem hebräischen Wortlaut müßte es mit den Wortbedeutungen der Auslegungstradition eigentlich heißen: »Er schloß zu Jhwh schloß aus.« Das ergäbe keinen Sinn.

Viel Sinn ergibt aber auch die angebotene Übersetzung nicht, wonach Gott Jahweh hinter Noach die Arche verschlossen haben soll.

In der Quellenzuordnung nach Otto Eissfeldt kommt der erste Satz aus der Quelle P, der zweite, der uns weismacht, Gott Jahweh hätte hinter Noach den Deckel auf die Arche gesetzt, soll aus der Quelle J in den Text aufgenommen worden sein.

Demnach hätten die Autoren eigens eine andere Quelle angezapft, um uns an der Weisheit teilnehmen zu lassen, daß der menschenvernichtende Gott aus den Wolken gestiegen sei, das Elend der durch ihn zugrundegehenden Menschen und Tiere genossen und dann fürsorglich den schweren Deckel hinter seinem Liebling auf die Arche gehoben habe.

Auch der dargebotene geistige Fleckerlteppich kann den Eindruck nicht verhindern, daß hier die Wortbedeutungen wieder nach der Auslegungskonzeption zugeordnet und verändert worden sind.

Im verfallenden Altertum und im Mittelalter glaubte man an einen menschengleichen Gott. Da dachte man vielleicht gerade über diese absurde Wortfolge nicht lange nach, denn damit war die Existenz des eigenen und einzigen Gottes doch anschaulich bewiesen. Wahrscheinlich haben aber auch viele über diese seltsame Formel den Kopf geschüttelt, denn er kann die Gelehrten der Vergangenheit nicht glücklich gemacht haben.

Es bieten sich aus dem hebräischen Wortlaut zwei andere Deutungsmöglichkeiten an. Bei der einen haben die Auslegungsredakteure möglicherweise im Text einen Schreibfehler vermutet und von dem Wort < '>*dwth* am Ende das *th* weggelassen. Es hätte dann im Wortlaut der Alten Überlieferung geheißen[325]: **Und er verschloß Jhwh (das lebende Wort) in den (Steinernen) Tafeln.**

Schreibern und Übersetzern der Spätzeit mußte dieser Sinn gotteslästerlich erscheinen und vielleicht ebenso absurd wie uns die Vorstellung, daß der Schöpfer des Universums vom Himmel stieg und den Deckel auf die Arche setzte.

Hält man die Möglichkeit der Wortkorrektur durch die Redakteure für unmöglich, so muß mit den anderen Wortbedeutungen der Auslegungstradition nach einer Erklärung gesucht werden. Sie lautet: **Und gingen hinein, wie Elohim ihm (Noach) geboten hatte. Und er schloß Jhwh hinter sich aus.**

Das bedeutet dann, daß für jene, die sich vor der Katastrophe retten konnten, ein Leben im Geist des Namens Jhwh nicht mehr möglich war.

Der Verlauf der Überflutung, die Arche, die dann auf dem Wasser schwimmt, das alles ist auch in den mesopotamischen Epen und in der indischen Sage von Manu zu lesen, dessen Boot von einem Fisch an den Himalaja gezogen wird. Was aber in der Bibel vom alten Inhalt noch zu erkennen ist, beweist, daß diese Überlieferung der Weisheit alter Zeiten und damit der gemeinsamen Quelle der Mythen am nächsten ist.

Gen. 8.4
Am siebenzehnten Tag des siebenten Monats ließ sich der Kasten [thevah] nieder auf das Gebirge [hrj] Ararat [<a>rrt].

Der Berg Ararat wurde ohne positive Ergebnisse immer wieder durchforscht, auch das Gebiet Urartu – das heute Hochland von Armenien genannt wird. Spuren der Arche wurden nie gefunden. Es ist anzunehmen, daß auch diese Ortsangabe, wie das Lebensgebiet der Nephiljm, das nach Hebron projiziert worden ist, von den Gelehrten der Auslegungstradition in ihre überschaubare Umwelt eingeordnet wurde, damit die Geschichte für ihre Zeitgenossen real und dadurch glaubwürdig schien.

In der ägyptischen Sprache gibt es einige Wortbildungen, die mit ebensoviel Recht wie »Ararat« als das biblische <a>rrt[326] gedeutet werden könnten: wrr.t wurde die Krone von Oberägypten genannt, wr.t die Krone von Unterägypten und (rrw.t hieß: das Tor.[327]

Vielleicht wollten die alten Autoren nicht den Berg Ararat bezeichnen, sondern das »Tor der Berge«. Vor den Sturmfluten gerettet ist man erst in einem Gebiet, das von den höchsten Wellen nicht mehr erreicht werden kann, dort, wo die Pässe, die Tore der Berge, Zugang zu den geschützten Tälern erlauben.

Wir wissen nicht, um wieviel tiefer der Meeresspiegel während der Eiszeit lag.[328] Aber es wird so viel gewesen sein, daß die Hügel heutiger Küstengebiete in der damaligen Landschaft Berge gewesen sind. Im südöstlichen Mittelmeer müßte das Tor der Berge an der Grenze zwischen Unter- und Oberägypten angenommen werden.

Der griechische Schriftsteller Herodot schreibt in seinen historischen Schriften, daß nach Aussage ägyptischer Tempelpriester in der alten Zeit das Nildelta und das Tal zum Jordangraben in Palästina vom Meer überflutet und versumpft gewesen seien.[329] Herodot war den Naturwissenschaften näher als die nachplatonischen Textdeuter, und er war den alten Zeiten näher als wir.

Noach wurde von Elohim gewarnt. Nirgends steht, er sei der einzige gewesen. Nachdem das »Tor der Berge« erreicht war, hoffte Noach, andere Überlebende seiner Lebensart zu finden. Das steht nicht im Text, aber sein Verhalten läßt es so vermuten. Am Tor der Berge ließ er erst einen Raben und dann eine Taube ausfliegen. Im Wortlaut der Auslegungstradition hat er es getan, um zu erfahren, ob die Wasser gesunken waren. Aber wie hätte er das von den Vögeln erfahren sollen? Wie hätten sie ihm mitteilen können, ob sie Land gesehen haben?

In den Mythen der Völker sind die Raben alt und weise. Sie sind »Boten der Götter«. Auf der Schulter des germanischen Götterkönigs Huotan (Wotan) sitzen die Raben Hunin und Munin. Sie berichten ihm, was in der Welt vorgeht. Nach der Katastrophe schickt Noach zuerst die Boten der Götter und dann die Taube, die Botin der Menschen. Sie bringt den Ölzweig als Zeichen, daß auch andere die Katastrophe überlebt haben.

> Gen. 8.13
> *Im sechshundert und ersten Jahr des Alters Noahs [Noach], am ersten Tag des ersten Monats, vertrocknete das Gewässer auf Erden [aretz]. Da tat Noah das Dach von dem Kasten, und sah, daß der Erdboden [pnj ha adamah] trocken [chrvw] war.*

In der genauen Zeitangabe erkennen wir die »erläuternde« Retusche der Auslegungsredakteure. An den Wörtern, die für »Erde« und »Erdboden« stehen, finden wir aber auch die Spur der Alten Überlieferung wieder: **Noach sah, daß die Erde trocken wurde . . . und sah im Trockenen das Angesicht der Adamah.**

Wir finden aber das Wort *chrvw*, das hier mit »trocken« übersetzt wurde, in einem anderen Text. Es hat dort die Bedeutung: »entsetzen« oder »starr vor Schrecken«.[330]

Mit dieser Wortauffassung kann man auch sagen: **Noach sah entsetzt das Antlitz der Adamah.**

Was aus dem Geist Jhwh entstanden war, wurde durch die Katastrophe wieder vernichtet. In urweltlichen Lebensverhältnissen waren die Überlebenden wieder zu tierhaften Verhaltensweisen gezwungen.

Aus manchen Bildern, die in den mesopotamischen Sagen vermittelt werden, entsteht der Eindruck, daß diese Erzählungen ähnliche Gedanken enthalten haben wie die Alte Überlieferung. Der babylonische Sintflutheld Utnapischtim erzählt seinem Nachkommen Gilgamesch, was er gesehen hat, als die Sintflut wieder abzusinken begann: »Nach dem Festland hielt ich Ausschau: Schweigen ringsum / Und das Menschengeschlecht war ganz zu Erde geworden.«[331]

Menschen, die zum Dienst an den Göttern aus Erde erschaffen worden sind, können zu nichts anderem werden als wieder zu Erde. Nach der Sintflut war der Mensch wieder zu dem geworden, was er vor seiner Entstehung gewesen ist.

Die Verfechter der Auslegungstradition, die eine Inspiration der Autoren und Übersetzer durch den Heiligen Geist behaupten, müßten meinen Vorschlägen als erste zustimmen. Der Heilige Geist muß doch gewußt haben, was unsere Vorfahren waren, bevor sie zu Menschen geworden sind. Sie waren *aphar min ha adamah*. Sie waren Adamah, aber sie waren nicht Erde. Diese Deutung des Begriffes stammt aus mesopotamischen Quellen, die wesentlich jünger sind als die Alte Überlieferung.

Nach der Flut kommt im Leben Noachs der Gottesbegriff Jhwh nicht mehr vor. Es gibt nur eine Ausnahme. Die Auslegungsredakteure lassen Noach dem Himmelspatriarchen Brandopfer darbringen, aus reinem Vieh und reinen Vögeln; dies, obwohl den Menschen bisher kein Opfergesetz verkündet worden war und sie auch den Unterschied zwischen reinen und unreinen Tieren noch nicht wissen konnten. Die Einfügung ist also leicht zu erkennen.

Im babylonischen Atramhasis-Mythos lesen wir an dieser Stelle: »Es rochen die Götter den Duft, / waren wie Fliegen über dem Opfer versammelt. / Nachdem sie das Opfer genossen hatten, / erhob sich Nintu, und sie alle beschwerten sich: / Wohin war gegangen Anu, der den Entschluß gefaßt hatte? / Enlil kam heran an das Räucherwerk, / der ohne rechte Überlegung die Flut herbeigeführt . . .«[332]

Die Bibelredakteure übernahmen diese Szene in ihren Bericht, mit dem einzigen Unterschied, daß nicht viele Götter auftraten, sondern nur Adonaj/Jahweh allein.

> Gen. 8.21
> *Und der Herr [jhwh] roch den lieblichen Geruch und sprach in seinem Herzen: Ich will hinfort nicht mehr die Erde [ha adamah] verfluchen um der Menschen willen; denn das Dichten [jizär] des menschlichen Herzens ist böse von Jugend auf . . .«*

Von dieser spätzeitlichen Einfügung abgesehen, kommt in Noachs weiterem Leben der Geist des Namens Jhwh nicht mehr vor. Der Text gibt uns aber auch eine überzeugende Erklärung dafür. Die Autorität der Überlebenden ist Elohim. Das von ihnen verkündete Lebensgesetz ist einfach zu begreifen:

> Gen. 9.3
> *Alles, was sich reget und lebet, das sei eure Speise; wie das grüne Kraut hab ich's euch alles gegeben.*

Die Gelehrten der Auslegungstradition waren in der glücklichen Lage, die Anzeichen menschlicher Not aus Mangel an Erfahrung nicht zu erkennen. Sie formten ein anmutiges Bild eines friedlichen Göttervaters, der den Menschen ein neues, glück-

134

liches Leben anbietet. Aber was bedeutet das gnädige Speisenangebot: »alles, was sich regt«? Die Überlebenden müssen nach allem jagen, was sich bewegt, um nicht zu verhungern. Sie fressen Maulwürfe und Würmer, Gras und Disteln, Kakteen und Geier.

Wie grausig die Lebensumstände gewesen sein müssen, mit welcher Gier sich die Menschen auf jede Nahrung gestürzt haben, läßt eine weitere Vorschrift der Elohim ahnen:

Gen. 9.4
Allein, esset das Fleisch nicht, das noch lebt in seinem Blut . . .

Alles, was sich regt, wird zur Nahrung der Überlebenden. Auch der Mensch regt sich auf Erden. Deshalb mußten die Elohim das erste Gesetz nach der Katastrophe verkünden:

Gen. 9.6
Wer Menschenblut vergießt, des Blut soll auch durch Menschen vergossen werden; . . .

Kain hatte Menschenblut vergossen. Im Namen des Gottesbegriffes Jhwh wurde aber allen Menschen verboten, den Mörder zu töten. Im Namen Elohim wird die Todesstrafe verkündet. Wer Menschenblut vergießt, soll von den Menschen getötet werden.

In einem Teil der Alten Überlieferung, der in der Textgestaltung der Auslegungstradition später eingeordnet worden ist, wird im Namen Jhwh das Gesetz verkündet, das für jeden Überlebenden gelten soll: Töte nicht!

Nichts kann deutlicher zeigen, daß die Begriffe Jhwh und Elohim sehr verschiedene Geisteswelten bezeichnen.

In der Welt Jhwh, der Gerechtigkeit, ist es dem Menschen möglich, »Hirte« zu sein und Hüter des Bruders.

In der Welt der Elohim ist Gerechtigkeit nicht eine allen zustehende Forderung. Der Mensch wird nicht, wie in der Welt des Namens Jhwh, aufgerufen, aus sittlichem Verantwortungsbewußtsein das Leben des »Bruders« zu schützen, sondern es wird die Angst beschworen, die Todesdrohung ausgesprochen, um das Recht der Herrschenden durchzusetzen.

Die Welt der Elohim kann gerecht sein, dann ist auch in ihr der Geist des »lebenden Wortes« gegenwärtig. Elohim gibt es in jeder Lebensordnung – Jhwh nur in der »menschlichen«.

Gen. 9.20
Noah [Noach] aber fing an, und ward ein Ackermann [isch ha adamah], und pflanzte Weinberge.

Die Auslegungstradition muß viele Umwege gehen, weil das Wort *adamah* nicht nach seiner tatsächlichen Bedeutung angenommen werden darf. Das Unbehagen darüber kommt immer wieder zum Ausdruck.[333] Noach wurde nicht ein »Ackermann«, sondern ein *isch ha adamah*, das, was auch Kain gewesen ist.

Der Prophet Mose wurde für den Geist des Namens Jhwh ein *isch ha elohim*[334], Noach wurde ein *isch ha adamah*.

Gen. 9.21
Und da er des Weins trank, ward er trunken, und lag in der Hütte aufgedeckt.

Der weinselig-unschuldigen Idylle des Weinbau-Selfmade-Mannes, der seinen eigenen blitzgegorenen Heurigen verkostet, kann nach dem hebräischen Wortlaut der Alten Überlieferung auch ein anderer Sinn abgewonnen werden, der uns vielleicht

tiefer in die Seele von Menschen schauen läßt, die nach einer Katastrophe gestrandet sind: **Aber Noach entweihte sich und wurde ein Mann der Adamah** *[isch ha adamah]*, **und er verirrte sich in ihrem Weingarten.**[335]
Die Gelehrten nahmen liebevolle Rücksicht auf den Rausch des Patriarchen, der sich nach ihrer Beschreibung in seine Hütte zurückzog, um nach harter Arbeit für sich allein den edlen Wein zu genießen. Ganz zufällig und unabsichtlich deckte er sich dabei auf.
Noach hat sich berauscht, aber nicht in seiner Hütte. Im hebräischen Text steht »im Zelt«. Zelte *(<a>hl)*[336] wurden auch die Heiligtümer genannt.[337] So könnte Vers 21 im neunten Kapitel der Genesis dereinst auch weniger patriarchenfreundlich gelautet haben: **Und da er (Noach) trunken war, vom Wein besinnungslos, deckte er seine Blöße auf im Heiligtum.**
Die Überlebenden fielen zurück in das animalische Dasein der Urzeit und flüchteten in den Rausch orgiastischer Kulte.
In der Auslegungstradition wird nun berichtet, Cham habe den Brüdern Schem und Japhet von der Schande des Vaters erzählt. Die beiden Brüder seien dann mit abgewandtem Gesicht hinzugetreten und hätten mit einer Decke die Blöße ihres Vaters zugedeckt. Als Noach dann aus seinem Rausch erwachte und erfuhr, was Cham getan hatte, verfluchte er ihn und alle seine Nachkommen.
Die ganze Dekadenz der Nach- und Neuplatoniker ist an der »Schuld« erkennbar, die Cham angeblich auf sich geladen hat. Im traditionellen Text wird beschrieben, er habe den aufgedeckten Penis seines Erzeugers betrachtet und seine Brüder verleiten wollen, das auch zu tun.
Einige Kapitel später verlangt der Patriarch Abraham von seinem Knecht zur Bekräftigung eines Schwures: »Lege deine Hand unter meine Hüfte.«[338] Bei Cham wäre innerhalb der Familie das Anschauen schon Sünde, bei Abraham ist dagegen unter Fremden das Berühren eine verpflichtende Ehre.
Im Falle Abraham wird uns in einer Episode ein Brauch erzählt, der geschichtliche Realität ist. In der Geschichte von der »verbrecherischen« Tat des Stammvaters Cham wird zum Zweck der Suggestion einer sehr zweifelhaften Moral die Überlieferung verformt und durch Zusätze entstellt.
In dieser »Korrektur« der biblischen Überlieferung wurde leider das große Erbe der Vergangenheit, das mit vielen Opfern bewahrt worden war, durch die sexualneurotischen Vorstellungen weltfremder Denker verändert und durch unversöhnlichen Haß entwertet, denn daß Völker wegen einer angeblichen Untat ihrer Vorfahren für alle Zeiten minderwertig sein könnten und unwert zu leben, ist ein Gedanke, der im 20. Jahrhundert der angeblich christlichen Ära die schrecklichste Blüte der biblischen Tradition getrieben hat.
Im ursprünglichen Inhalt kann der »Fluch« Noachs nichts anderes gewesen sein als der Fluch Jhwhs nach der Kältekatastrophe: die Beschreibung des weiteren Geschickkes der Überlebenden.
Noach verirrte sich im Weingarten, wurde ein Mann der Adamah und deckte seine Blöße im Heiligtum auf.
Für Kulte, die dieser Beschreibung entsprechen, finden wir in der Menschheitsgeschichte zahlreiche Beispiele. Cham folgte dem Beispiel Noachs und versuchte, die Brüder zu verlocken, auch dem Beispiel des Vaters zu folgen.
Der Fluch Noachs für den Sohn Cham entspricht der Verfluchung der Adamah durch den Geist des Namens Jhwh.

Vier »Namen« überleben die Flutkatastrophe. Sie bezeichnen vier verschiedene Geschlechter oder Menschheitsentwicklungen, die in der Spätzeit zu Einzelpersonen uminterpretiert wurden.

Das Geschlecht Noach ist die älteste Generation. Diesen Menschen fehlt nach der Katastrophe die Kraft. Sie suchen Schutz bei den Dämonen an den Kultstätten der Zauberriten der Adamah.

Im Auslegungstext beobachtet Cham den nackten Vater. Er kann ihn nur sehen, wenn er sich dort aufhält, wo der Vater seine »Blöße« aufdeckt. Das heißt, auch Cham war im Heiligtum der Adamah. Der Name bezeichnet also die Menschen, die nach der Katastrophe alle Kulturerfahrungen vergessen und in das tierhafte Dasein der Urwelt zurückfallen.

In der Welt der Adamah wird auf die Alten nicht Rücksicht genommen, sie werden ausgestoßen. Der Auslegungstext versichert zwar, daß Noach nach der Sintflut noch 350 Jahre gelebt hat, »daß sein ganzes Alter ward 950 Jahre«. Es fehlt aber der in den Geschlechterregistern übliche Zusatz »und zeugte Söhne und Töchter«. Noach hat das letzte Drittel seines Lebens ohne Nachkommenschaft gelebt.

In der Auffassung der alten Welt heißt das, der im Namen Noach enthaltene Geist lebte nach der Katastrophe nicht mehr fort.

Das Konzept der Auslegungstradition sieht die ganze Menschheitsentwicklung nur als eine Beweiskette für das Wirken des menschengleichen Gottes, der die Menschen, die sich seinen Wünschen fügen, gnädig behandelt, alle anderen aber gnadenlos vernichtet. In diesem Konzept durfte Noach nicht zugrunde gehen, sowenig wie die Menschen Adam wieder in ihr früheres tierhaftes Dasein zurückfallen durften. Das Bild der Geschehnisse mußte immer mehr verkleinert und durch Einfügungen retuschiert werden, damit es in das Auslegungsgefüge paßte.

Im Fluch oder in der Prophezeiung Noachs erweist sich erneut, wie wichtig die Bedeutung der Namen und der Gottesbezeichnungen genommen werden muß, wenn das vermittelte Geschichtsbild richtig verstanden werden soll.

Gen. 9.26

Gelobt sei der Herr [jhwh], der Gott [elohe] Sems [schem]; . . .

Nach den Stammtafeln der Auslegungstradition ist Schem der Stamm, aus dem die Patriarchen und das »auserwählte Volk« hervorgehen. Sein hebräischer Name ist *schm*, das heißt »Name« oder »Geist«.

Noachs »Fluch und Segen über seine Kinder« enthält das erste Beispiel von generationenlanger Sippenhaftung, denn es heißt auch:

. . . und Kanaan sei sein Knecht.

Kanaan lebte zu dieser Zeit noch nicht. Der Name bezeichnet die Völker, die im Gelobten Land ansässig waren, als die Stämme unter Josua einwanderten. In der Stammtafel der Geschlechter ist Kanaan als Nachkomme Chams aufgeführt. Den aber hatte Noach wegen seiner »Untat« verflucht.

Gen. 9.24

Als nun Noah erwachte von seinem Wein, und erfuhr, was ihm sein jüngster Sohn getan hatte, (25) Sprach er: Verflucht sei Kanaan, und sei ein Knecht aller Knechte unter seinen Brüdern.

Niemand kann erklären, weshalb dieser Fluch über Menschen ausgesprochen worden sein soll, die damals noch nicht gelebt haben. Unter der Oberfläche aber schufen die Elohim der Auslegungszeit damit die angeblich aus göttlichem Geist empfangene Offenbarung, daß es Menschen wegen ihrer Abstammung vorbestimmt ist, für immer

Sklave zu sein. Dieser Gedanke der Auslegungstradition ist unendlich weit entfernt von dem in der Alten Überlieferung bewahrten Geist des Namens Jhwh.

Für das andere Geschlecht nach der Sintflut, Japhet, wird der Name Jhwh nicht ausgesprochen.[339]

Gen. 9.27

Gott [elohim] breite Japhet aus, und lasse ihn wohnen in den Hütten des Sem [schem]; und Kanaan sei sein Knecht.

Ursprünglich sollte, wie mir scheint, mit dieser Bestimmung – ohne den Zusatz über Kanaan – der unter der Retusche der Auslegung kaum noch erkennbare Gedanke der Toleranz vermittelt werden. Die Menschen Japhet folgten anderen Glaubensvorstellungen und lebten vielleicht auch in anderen Gesellschaftsformen.[340] Ihre Autoritäten waren Elohim, die Priesterfürsten, die göttlichen Menschen oder menschengleichen Götter, die von den »Opfern« der Menschen lebten und den »göttlichen« Willen aus Orakeln, Sternkonstellationen und Naturerscheinungen deuteten.

Zwischen den Menschen der Traditionen Schem und Japhet sollte es keine Feindschaft geben. Alle, die den Glaubensvorstellungen der Elohim folgen, sind, wo ihnen begegnet wird, als Gäste in die eigenen Heiligtümer (Zelte/Hütten) aufzunehmen, denn – wie Kain – soll ihnen der Weg zur Wandlung nicht versperrt werden.

Für das dritte Geschlecht der Überlebenden, Cham, den angeblichen Urahn der Völker Kanaans, wird kein Gottesbegriff genannt. In den Urkulten der tierhaften Menschen sind Gottesvorstellungen nicht vorhanden. Die Beschwörungen gelten den Natur- und Lebensgeistern, den Dämonen und den Ahnen. Noach verirrte sich und wurde ein Mann der Adamah, Cham folgte ihm. Noach starb, und Cham blieb in dieser Geisteswelt gefangen.

Den Silben *schem* und *cham* begegnen wir auch in der ägyptischen Sprache: *sm* bezeichnet die Wappenpflanze von Oberägypten.[341] Das Gebiet liegt hoch genug über dem Meeresspiegel, man könnte es in einer sintflutartigen Flutkatastrophe als »Tor der Berge« ansehen.

Das Hieroglyphenwort *chm*[342] bietet einen konkreteren und besser prüfbaren Zusammenhang. Es war eine verächtliche Schmähung für Feinde des Volkes. Schmähende Bedeutung hatte auch das griechische Wort »troglodyten«, mit dem primitive Menschen bezeichnet wurden, die vermutlich zur Urbevölkerung Ägyptens gehörten. Die Troglodyten (ägypt. *iwntjw*) sind in Hieroglypheninschriften erwähnt. Sie wurden mit drei gleichen Symbolen bezeichnet. Diese drei Symbole sind seit dem Neuen Reich auch in der Bedeutung »Leichenhaufen« belegt.[343]

Gen. 9.25

Verflucht sei Kanaan, und sei ein Knecht aller Knechte unter seinen Brüdern.

Die Großen Pyramiden zählen auch heute noch zu den Wundern unserer Erde. Realisten mißtrauen den angebotenen Erklärungen, daß sie freiwillig und aus religiöser Begeisterung für den als Gott verehrten König zwischen den Ernten vom ägyptischen Volk erbaut worden sind. Spätestens seit den Pyramideninschriften[344] ist die Silbe *hm* auch für das Wort »Sklave« belegt. Das Zeichen der Pyramide neben dem Zeichen der Menschen kann ein Schlüssel sein zum Verständnis der alten Zeit und des biblischen Fluches. Auch dieses Zeichen bedeutet »Leichenhaufen«.

Die Troglodyten waren Staub. Sie hatten keine Götter, nur primitive Zauberkulte. Sie wurden Sklaven der Sklaven bei der Errichtung der Riesenbauten im Alten Reich. An Steinbrüchen und Baustellen konnte man die Leichenhaufen sehen. Das Schicksal dieser Menschen konnte den Eindruck erwecken, über ihnen sei ein Fluch gewesen.

In der Stammtafel der Auslegungstradition ist Cham der Vater der Völker Kanaans, jener Menschen, die vor dem Volk Israel in Palästina lebten. Auch die Ägypter wurden in der Liste der Abstammungen als Nachkommen Chams eingereiht.

Der Fluch über Cham stellte die Nachkommen Sems, das auserwählte Volk, und Japhets, denen die Völker Griechenlands zugeordnet wurden, über die Völker Ägyptens und Kanaans. Auch das ist eine Ergänzung aus dem Geist der hellenistisch beeinflußten Auslegungstradtion.

In der Alten Überlieferung werden die Menschen nur nach ihrer Lebensauffassung unterschieden. Die Auslegungstradition veränderte die Botschaft in ihr Gegenteil, durch die Verbreitung einer Einteilung der biblischen Völker in höher- und minderwertige Rassen. Dieser Gedanke wirkte seit dem Mittelalter so tief auf das Abendland ein, daß in der Terminologie der Naturwissenschaften die semitische und hamitische Rasse feste Begriffe geworden sind. Die »chamitischen« Leichenhaufen der altägyptischen Inschriften hätten mehr Verständnis der Religionsdeuter verdient, die im Zeichen der Nächstenliebe dazu angetreten waren, ihre Kultur über die Völker zu verbreiten.

Namen

Ezra

In der überlieferten Textordnung zerfällt das Buch Genesis in zwei grundverschiedene Teile. Die Kapitel 1–11 berichten über Ereignisse der Urgeschichte, von der Schöpfung bis zur Sintflut. Sie enthalten einige in der Spätzeit eingefügte Kommentare und Monologe des menschengleichen Himmelspatriarchen Adonaj/Jahweh.

Die Mehrheit der mit wissenschaftlicher Textkritik befaßten Forscher nimmt an, daß diese Erzählungen lange vor ihrer Niederschrift entstanden sind.[345] Insgesamt soll der Bericht über die Urgeschichte aus einer israelitischen und einer außerisraelitischen Quelle zusammengesetzt worden sein.[346] Das Register der Geschlechter (Gen. 5) ist, wie schon zu Anfang des Jahrhunderts vermutet wurde, wahrscheinlich aus babylonischen Texten abgeleitet.[347] Auch die Völkertafel und das Geschlechtsregister von Sem bis Abram (Gen. 11) sind Einfügungen aus der Spätzeit.

Mit Abraham, dem ehrwürdigen Patriarchen und Völkervater, beginnt in Genesis 12 die Nationalgeschichte des Volkes Israel. In der Tradition der Kirchen wird sie auch die »Heilsgeschichte« genannt. Sie erzählt die Wanderungen Abrahams, seine Gottesbegegnungen, seine Vision über das Schicksal seiner Nachkommen und die Vernichtung der Städte Sodom und Gomorra. Das Schicksal seines Sohnes Isaac wird knapper erzählt, das Leben von Isaacs Sohn Jakob um so ausführlicher. Die letzten Kapitel des Buches Genesis berichten über Jakobs Sohn Joseph, der von seinen Brüdern als Sklave nach Ägypten verkauft wurde. Durch seine Traumdeutungen gewann er das Vertrauen Pharaos und wurde der mächtigste Mann nach ihm. In der Hungersnot der »sieben schlechten Jahre« vergibt er seinen Brüdern und nimmt sie und seinen Vater in Ägypten auf. Das Buch Genesis endet damit, daß Jakob/Israel und seine zwölf Söhne – mit ihren Familien insgesamt 70 »Seelen« – in Ägypten wohnen.

In der Geschichte der Väter Abraham, Isaac und Jakob wurde die Weisheit der ältesten Traditionen mit der Einfalt der Spätzeit zu einer fortlaufenden Erzählung verwoben. Die Verbindung zur Urgeschichte wird nur durch die Stammtafeln und Register hergestellt, mit denen der Beweis erbracht werden soll, daß die Väter in direkter Linie von Adam und Noach abstammen.

Es gilt als sicher, daß Urgeschichte und Vätergeschichte völlig unabhängig voneinander entstanden sind.[348]

Nach den Angaben im Register (Gen. 11) lebte Abraham in der neunten Generation nach Schem, 292 Jahre nach der Sintflut. Er soll 175 Jahre alt geworden und im Jahre 467 nach der Sintflut gestorben sein. Von seinem Ururvater Schem heißt es, er zeugte Arphachsad zwei Jahre nach der Flut[349], lebte danach 500 Jahre und zeugte Söhne und Töchter. Schem müßte Abraham um 35 Jahre überlebt haben.

130 Jahre nachdem die Truppen des babylonischen Königs Nebukadnezar den Tempel Salomos zerstört und die »heiligen Geräte« nach Babylon verschleppt hatten, erlaubte der persische König Artaxerxes den Juden, die Tempelschätze nach Jerusalem zurückzubringen. 458 v. Chr. kamen der Prophet Ezra und 1800 Juden aus Babylon in die Stadt Davids, wo der Prophet mit Erlaubnis und in Vollmacht des persischen Königs die Thora zur Verfassung der jüdischen Gemeinde erklärte.[350]

Die biblischen Bücher Ezra und Nehemia beschreiben einige der von Ezra verfügten Gesetzesbestimmungen und Reformen. Besonders betont werden die Heiligkeit des Sabbath-Tages, die Wiedereinsetzung der hohen Feste und eine für alle, die schon früher heimgekehrt waren, wohl sehr grausame Bestimmung: die Trennung von den fremden Frauen, die sie in der Zeit der Zerstreuung geheiratet hatten.

Ezra 9.2
Denn sie haben derselben Töchter genommen sich und ihren Söhnen, und den heiligen Samen gemein gemacht mit den Völkern in den Ländern.

Ezra ließ das Volk nach Jerusalem rufen und verlangte, daß sie sich »scheiden von den fremden Weibern«.

Ezra 10.19
Und die gaben ihre Hand drauf, daß sie die Weiber wollten ausstoßen, und zu ihrem Schuldopfer einen Widder für ihre Schuld geben.

Die in dieser Maßnahme erkennbare, unerbittliche Behauptung der Auserwähltheit des Volkes durch den Reformer und Propheten ist der Gedankenfundus, aus dem das spätzeitliche, menschengleiche Gottesbild Adonaj/Jahweh aufgebaut worden ist. Aus diesem Geist wurden die Texte der fünf Bücher geordnet und redigiert.

Im Kanonisierungsprozeß der fünf Bücher war nicht mehr die Entwicklung der Menschheit wichtigster Inhalt der Überlieferung, sondern nur noch die Geschichte des eigenen Volkes. Man projizierte Ereignisse der Vergangenheit in räumliche und zeitliche Nähe. Sie sollten dadurch zu glaubhaften, weil sichtbaren Beweisen für das Wirken Gottes an seinem Volk werden.

Durch die Einfügung der Register und Völkertafeln wurde ein lückenloser Zusammenhang mit den Geschehnissen der Urgeschichte geschaffen, um zu demonstrieren, daß die ganze Menschheitsgeschichte eine von Gott so vorbestimmte Entwicklung war, bis zum ewigen Bund mit Abraham, Isaac und Jakob, deren Nachkommen das Gelobte Land für alle Zeiten besitzen sollten. Man suchte nach Erklärungen, wieso der einzige, wahre und starke Gott den Bund nicht gehalten hatte. Sie fanden sich in der Sündhaftigkeit der Menschen, die immer wieder von Gott abgefallen waren und die Gesetze seines Bundes mißachtet hatten.

Als Ezra in Jerusalem das »Gesetz« verkündete, waren alle Gebiete, die das Volk jemals besessen hatte, zu einem winzigen Teil des persischen Weltreiches geworden. Es gab keine Hoffnung für die Kinder Israel, aus eigener Kraft das Reich Davids wiedererrichten zu können. Ein Volk ohne Land aber war wie Sand im Wind. Die Zerstreuung konnte nur verhindert werden, wenn der Glaube gestärkt wurde, daß Gott den Kindern Israel das Land der Väter für alle Zeiten bestimmt hatte.

In der Geschichte der Väter Abraham, Isaac und Jakob wiederholt sich diese göttliche Verheißung immer wieder. Sie ist Sinn und Höhepunkt jeder erzählten Gottesbegegnung. Die Verheißung ist eine immer wiederkehrende, ermutigende Beschwörung des zweifelnden und verzweifelnden Volkes, daran zu glauben, daß eine Zeit kommen werde, in der die Menschen wieder frei von Unterdrückung und Bedrohung im Lande der Väter leben dürften.

Der Gedanke, daß Gott mit einer von ihm erwählten Menschengruppe einen Vertrag schließt oder, wie es im biblischen Text heißt, einen Bund errichtet, geht von der Vorstellung aus, daß Gott und Mensch gleichartig sind.

Der Mensch aber hatte durch seinen Sündenfall die göttliche Vollkommenheit verloren, die ihm von Gott wie von einem gütigen Vater gewährt worden war. Seither wäre es die Aufgabe der Menschen gewesen, den enttäuschten, zürnenden Gott durch erhöhte Opferbereitschaft und strikte Einhaltung seiner Vorschriften wieder zu versöhnen.

Durch diese Gottesauffassung wurde es lebenswichtig, keinen Gedanken zu übergehen, in dem Gott seinen Willen kundgetan haben könnte. In jedem aus der Tempelzerstörung geretteten Schriftfragment war heilige Offenbarung enthalten. Es wurde zur Aufgabe der Gelehrten, das Geheimnis Gottes zu ergründen, seinen Willen aus den einander oft widersprechenden Bestimmungen zu erkennen. Mit Ezra endet deshalb auch die Ära der Propheten, und es beginnt die Zeit der Schriftgelehrten. Ezra, so wird gelehrt, soll der erste gewesen sein, der dem Volk das Gesetz erklärt und ausgelegt hat.

In der kanonisierten und überlieferten Textfassung gleicht die Schriftensammlung der fünf Bücher einem Festungswall, den ein verzweifeltes Volk errichtet hat, um seine Erinnerungen zu bewahren und seine Tradition gegen den Ansturm übermächtiger Feinde zu verteidigen. In dieser Festungsmauer sind kunstvoll behauene Blöcke aus den Ruinen uralter Heiligtümer mit unbehauenen Steinen und billigen Ziegeln aus den Zweckbauten späterer Zeiten zu einem Bollwerk verbunden, das Jahrtausende überdauert hat.

In der Schriftensammlung sind Dokumente verschiedener Traditionen und Quellen aus weit auseinanderliegenden Epochen zu einem geistigen Fundament zusammengefügt, in dem die bisher älteste Erinnerung der Menschheit, der Geist des »lebenden Wortes« Jhwh, enthalten ist.

In der kanonischen Textordnung schließt die Geschichte der Väter fast unmittelbar an die Sintflut an. Zwischen Noach und Avram/Abraham wurden nur die Völkertafel, die Geschichte der »namenlosen Turmbauer« und das Register der Geschlechter von Schem bis Abraham eingeordnet.

Nach der aus den Auslegungstexten konstruierten Zeitrechnung wurde Avram/Abraham 1948 Jahre nach der Erschaffung der Welt (3761 v. Chr.) geboren.

Wissenschaftlich gesicherte Daten zum Leben der Väter gibt es nicht. Alle Datierungen der Ereignisse vor der Reichsgründung durch König David sind Vermutungen oder Hypothesen.

Nach Meinung der Forscher weisen die Berichte über die Wanderungen der Väter in das kulturelle Milieu des zweiten Jahrtausends v. Chr.

Die meisten der in den Erzählungen erwähnten Stätten sind von den Archäologen inzwischen entdeckt worden. Wissenschaftlich anerkannte Tatsachen, mit denen sich das Leben der drei Väter, so wie es in den Texten beschrieben wird, beweisen ließe, konnten aber bisher nicht gefunden werden. Daher bleiben die modernen Wissenschaften zum Leben der Väter in kritischer Distanz, als nähmen die Gelehrten es den Alten übel, daß jedes im Bibeltext geschriebene Wort jahrhundertelang als geschichtliche Wahrheit angebetet werden mußte.

Ich meine, Menschen, die über viele Jahrtausende mit zähem Opfermut an ihren Erinnerungen festgehalten haben, brauchen ihre Väter nicht zu erfinden, denn sie hatten sie nie vergessen. Es gibt kein anerkennenswertes Argument gegen die

Annahme, daß die Väter Abraham, Isaac und Jakob so in der Welt gelebt haben, wie es die Überlieferung beschreibt. Nicht die Autoren der Überlieferung sind unglaubwürdig, sondern die Eiferer der Auslegungstradition, die Erzählungen aus verschiedenen Epochen in einen Zusammenhang zwangen, der ihrem Inhalt widerspricht, und die deshalb mit der primitiven Mystik der babylonischen Spätzeit umgeben werden mußten.

Die Verwirrung um das Schicksal der Väter entsteht, weil die Redakteure der Auslegungstradition viermal die Schicksale von zwei verschiedenen Menschen aus weit auseinanderliegenden Zeiten zu einem Leben geknetet haben, um die verschiedenen Teile der rekonstruierten Überlieferung in das angestrebte Geschichtsbild einordnen zu können.

Wer zum erstenmal im Buch Genesis das zwölfte Kapitel aufschlägt, um im geheiligten Text die Geschichte des ehrwürdigen Patriarchen Abraham kennenzulernen, wird verwundert, verwirrt, vielleicht auch enttäuscht glauben müssen, daß er einem Fremden begegnet.

Gen. 12.5
Also nahm Avram sein Weib Saraj und Lot, seines Bruders Sohn, mit aller ihrer Habe, die sie gewonnen hatten, und die Seelen, die sie erworben hatten in Haran; und zogen aus, zu reisen in das Land Kanaan.

Der Suchende, der vom Bibeltext Bestärkung seines Glaubens erhofft, wird durch einen der nächsten Verse in noch größere Verwirrung versetzt:

Gen. 12.8
... und [Avram] baute daselbst dem Herrn [jhwh] einen Altar und predigte vom Namen [schem] des Herrn [jhwh].

Den Patriarchen Abraham, Isaac und Jakob war der Gottesname Jhwh nie offenbart worden.[351] Avram aber predigte den Namen Jhwh.

Gen. 17.1
Als nun Avram 99 Jahre alt war, erschien ihm der Herr [jhwh], und sprach zu ihm: Ich bin der allmächtige Gott [el schadaj] ...

In der Textgestaltung der Auslegungstradition scheint diese göttliche Offenbarung eine erläuternde Selbstdarstellung zu sein, die in Avram alle eventuellen Zweifel an der Identität seines Gottes ersticken soll. Aber die Zweifel entstehen erst richtig, wenn man die im hebräischen Text bewahrten Gottesnamen der ursprünglichen Überlieferung ausspricht. Dann wäre dem Avram Jhwh erschienen und hätte gesagt: Ich bin El Schadaj.

Soweit scheint das noch mit dem übereinzustimmen, was im Buch Exodus berichtet wird. Dort erschien Jhwh dem Propheten Mose und sprach zu ihm:

Ex. 6.3
Und bin erschienen Abraham, Isaac und Jakob als El Schadaj. Aber mein Name Jhwh [Herr] ist ihnen nicht offenbart worden.

Der Scheint trügt aber, denn Avram hat von dem Namen Jhwh gepredigt, den Abraham nicht gekannt hat.[352] Avram kann also nicht zugleich Abraham gewesen sein.

Avram lebte vor einer Katastrophenzeit, in der die fünf Städte im Tal Siddim (*schedim*) für immer zerstört wurden. Zu seiner Zeit lebten noch Nephiljm auf der Erde. Sein Gottesbegriff war Jhwh, dessen Namen er verbreitete.

Dem Patriarchen Abraham ist der Name Jhwh nicht offenbart worden. Sein Gottesbegriff war El Schadaj. Zu seiner Zeit lebten bei Hebron die Kinder Heth.

Zwischen Avram und Abraham liegen viele Generationen. Aber nach dem Geschichtsbild der Auslegungstradition war die Welt zur Zeit der Textkanonisierung knappe 3000 Jahre alt. Alle Geschichten, die den Fragmenten der zerstörten Schriften zu entnehmen waren, konnten nur durch Verflechtung der Namen und Schicksale in diese kurze Zeitspanne gepreßt werden.

Gen. 17.5

Darum sollst du nicht mehr Avram heißen, sondern Abraham soll dein Name sein; denn ich habe dich gemacht zu vieler Völker Vater.

In den Namen Avram und Abraham wurden die Traditionen der Gottesbezeichnungen Jhwh und El Schadaj miteinander verbunden. Weder Avram noch Mose kannten die Beschneidung. Sie waren selbst nicht beschnitten und ließen auch an ihren Söhnen diese rituelle Handlung nicht vollziehen. Die Beschneidung aber scheint in der Tradition El Schadaj nicht weniger wichtig gewesen zu sein als im Christentum die Taufe.

El Schadaj

Zur Zeit gilt als Lehrmeinung, daß die biblische Überlieferung frühestens im elften Jahrhundert v. Chr. entstanden ist. Man geht davon aus, daß die Texte von Anfang an in hebräischer Sprache und Schrift verfaßt worden sind. Die ältesten Zeugnisse hebräischer Schrift stammen eben aus dem elften oder zehnten Jahrhundert.

Es gibt bisher keine außerbiblische Bestätigung dafür, daß die zwölf Stämme des Volkes Israel erobernd nach Palästina eingedrungen sind, so wie es im Buch Josua beschrieben wurde.

In Ägypten konnte nur eine einzige Inschrift entdeckt werden, die wahrscheinlich den Namen Israel enthält. Sie stammt aus der Zeit des Pharaos Merenptah[353] und berichtet von einem erfolgreichen Kriegszug nach Retenu (Kanaan). Die Ägyptologen glauben, in den Hieroglyphen den Satz »Israel liegt darnieder« erkannt zu haben. Weder im biblischen Text noch in anderen Quellen ist aber aus dem 13. Jahrhundert v. Chr. ein Staat oder Stammesgebiet erwähnt, das den Namen Israel trug.

Ein anderer fester Punkt zur Zeitbestimmung wäre der Auszug des Volkes aus Ägypten. Aber auch dazu gibt es keine außerbiblischen Quellen. In Ägypten wurden keine Spuren vom längeren Aufenthalt eines kanaanäischen Stammes gefunden, weder aus der Zeit der Hyksos noch aus der Ramessidenzeit.[354] Ebensowenig gibt es Hinweise auf eine Katastrophenfolge in geschichtlicher Zeit, die den von Mose und Aaron ausgelösten, von Jahweh über Ägypten verhängten »Plagen« entsprechen würde.

Die in der Katastrophe von Sodom und Gomorra vernichteten fünf Städte befanden sich im Tal Siddim, »dort, wo jetzt das Salzmeer ist«[355]. In der Auslegungstradition wird dieses »Salzmeer« mit dem Toten Meer identifiziert. Geologen schätzen aber, daß es schon vor ungefähr zwei Millionen Jahren entstanden ist. Ich glaube nicht, daß es aus einer so weit zurückliegenden Epoche noch Menschheitserinnerungen geben könnte.

Die Katastrophe von Sodom und Gomorra wird im Bibeltext als gewaltiges Ereignis beschrieben. Sie ist aber in keiner anderen mesopotamisch-palästinensischen Quelle des zweiten Jahrtausends erwähnt. Entweder, wir haben die entsprechenden außerbiblischen Bestätigungen noch nicht gefunden, oder diese Katastrophe ist erdichtet worden. Die dritte Möglichkeit halte ich für die zutreffende: Die Katastrophe hat sich in anderer Zeit und einem anderen Gebiet ereignet.

Wenn wir weiterhin die historischen Informationen aus den fünf Büchern nur im Zusammenhang der Textordnung und Auffassung der Auslegungstradition sehen und entsprechend in unser Geschichtsbild einordnen wollen, werden die meisten Rätsel ungelöst bleiben. Die Ereignisse, die von der Auslegungstradition in die Jahrhunderte zwischen Avram und Josua gedrängt wurden, gehören oft einer lange vor der Zeit der Väter anzusetzenden Epoche an.

In den Texten, die Ereignisse aus späteren Epochen beschreiben, werden als Namen der Patriarchen immer nur Abraham, Isaac und Jakob genannt. Sie sind auch das Zeichen des Stammesgottes, der sich mit der Formel zu erkennen gibt: »Ich bin der Gott deiner Väter Abraham, Isaac und Jakob.«

Der Name Avram wird in späterer Zeit nie mehr genannt. Eifrige Lehrer erklärten das sehr einfach: Gott hat dem Avram geboten, sich künftig Abraham zu nennen. Avram ist der von Menschen gegebene, Abraham aber der von Gott verliehene Name.

Der gleiche Grundsatz müßte dann auch für Jakob gelten, dem von Gott der Name Israel verliehen wird. Hier ist es aber umgekehrt. Bis zu seinem Tod und darüber hinaus wird der Name Jakob in den Texten weitergeführt. Nur manchmal wird Israel eingeschoben.

Der Name Israel ist jedoch immer die Bezeichnung für das Volk, für die »Kinder Israel« oder für die »zwölf Stämme Israel«. Wenn der von Gott verliehene Name höher zu werten wäre als der vom Menschen gegebene, müßte es immer heißen: Ich bin der Gott deiner Väter Abraham, Isaac und Israel. Der Name Israel wird aber in diesem Zusammenhang nie genannt, denn die Namen Avram und Israel waren ursprünglich mit dem Gottesbegriff Jhwh verbunden und nicht mit El Schadaj.

Im Leben der Väter Abraham, Isaac und Jakob ist El Schadaj der wichtigste Gottesname. Der Name Jhwh ist ihnen nicht offenbart worden.

Aus dem Inhalt des Buches Genesis darf angenommen werden, daß Abraham in das Gebiet des El Schadaj eingewandert ist und sich durch die Beschneidung den von Elohim des El Schadaj diktierten Gesetzen unterworfen hat.

Abrahams Sohn Isaac kannte nur den Gottesbegriff El Schadaj. In dessen Namen segnete er seinen Sohn Jakob[356], als dieser auszog, um sich unter den Nachkommen im Gebiet »jenseits des Flusses« eine Frau aus dem eigenen Volk zu nehmen.

Wenn es, wie in der Auslegungstradition behauptet wird, keinen Unterschied in der Bedeutung der Gottesnamen gäbe, wäre die folgende Überlegung, die Jakob von den Redakteuren in den Mund gelegt worden ist, nicht möglich und auch nicht notwendig gewesen:

Gen. 28.20

Und Jakob tat ein Gelübde und sprach: So Gott [elohim] wird mit mir sein und mich behüten auf dem Wege, den ich reise, und mir Brot zu essen geben, und Kleider anzuziehen.(21) Und mich mit Frieden wieder heim zu meinem Vater bringen, so soll der Herr [jhwh] mein Gott [elohim] sein.

Wenn, wie behauptet wird, *jhwh* und *elohim* dieselbe Bedeutung haben, also nur verschiedene Bezeichnungen für ein und denselben Gott sind, dann wäre Jakob an dieser Stelle nur ein lallender Narr. Er würde nämlich an El Schadaj, den Gott seines Vaters, glauben. Dieser El Schadaj wäre aber identisch mit Elohim und mit Jahwe. Jakob hätte nach dieser Version also bereits an den einzigen und richtigen Gott geglaubt. Sein Gelübde[357] wäre purer Unsinn, denn es hieße eigentlich: »Wenn

Gott mit mir ist und mich gesund wieder heimbringt, so wird Gott mein Gott sein.«

Dazu stellt sich auch hier die Frage, wieso Jakob den Namen Jhwh ausgesprochen haben kann, der ihm ebenso wie seinem Großvater nicht offenbart worden ist. Es wird wohl auch diese Formulierung dem Eifer eines Redakteurs zuzuschreiben sein, der Jakob in Beziehung zu Jhwh bringen wollte, nicht wissend wahrscheinlich, daß ein anderer Redakteur in einer anderen Schrift schreiben würde, Jakob sei der Name Jhwh niemals offenbart worden.

Nach langen Dienstjahren im Haus seines Schwiegervaters Laban erschien dem Jakob ein Engel Gottes (*maleach ha elohim*) im Traum. Er gab sich ihm so zu erkennen:

Gen. 31.13

Ich bin der Gott zu Beth-El, da du den Stein gesalbt hast, und mir ein Gelübde getan.

Im hebräischen Text heißt der Gottesname *ha el beth-el*. Diesem El (Gott) von Beth-El hat Jakob angeblich das Versprechen gegeben, Jhwh – dessen Namen er nicht kannte – als Gott anzuerkennen, falls er gesund heimkommen dürfe. Er hat aber zugleich dem El Beth El zugesagt, ihm »den Zehnten« zu geben. Den zehnten Teil dessen, was er verdienen oder erwerben würde. Eine Schutzgebühr sozusagen, zu zahlen an jene, die den Anspruch erheben, im Namen des El Beth El zu sprechen und zu handeln.

Gen. 35.9

Und Gott [elohim] erschien Jakob abermals, nachdem er aus Mesopotamien kommen war, und segnete ihn. (10) Und sprach zu ihm: Du heißest Jakob; aber du sollst nicht mehr Jakob heißen, sondern Israel sollst du heißen. Und also heißet man ihn Israel.

Der Gottesname Avrams war Jhwh. Der Gott Abrahams hieß El Schadaj. Durch die Verknüpfung der Namen wurden Avram und Abraham in den Schriften zu einer Person.

Isaac, der Sohn Abrahams und Vater von Jakob, kannte nur den Gottesnamen El Schadaj. Sein Sohn Jakob kommt mit mehreren Gottesnamen in Berührung. Dem Gott von Beth-El – oder den Elohim, die in seinem Namen auftreten – bezahlt er einen festen Steuersatz, ein Zehntel seines Einkommens. Über Jakob wird im Buch Exodus gesagt, er habe den Namen Jhwh nicht gekannt. In seiner Geschichte wird dieser Name zwar zweimal erwähnt, aber doch in einer Art, die es möglich erscheinen läßt, daß es sich um spätere Einfügungen handelt. Andererseits müssen wir auch im Fall der Namensänderung Jakob/Israel die Verschmelzung zweier Schicksale zu einer Person annehmen. Es ist also auch möglich, daß die Beziehung zum Namen Jhwh echt ist, einer der beiden Namen der Alten Überlieferung zugehört und, wie der Name Avram, der anderen Tradition eingefügt und untergeordnet worden ist, denn es ist dieselbe Autorität, die bei Avram und Jakob die Namensänderung verfügt:

Gen. 35.11

Und Gott [elohim] sprach zu ihm: Ich bin der allmächtige Gott [el schadaj] . . .

Über die Namensänderung Jakobs wird im Buch Genesis noch in einer anderen Version berichtet. Auf der Flucht vor seinem Schwiegervater Laban soll Jakob mit seiner Familie und seinen Herden an den Fluß Jabbok gekommen sein. Nachdem er seine Familie und seinen Besitz über »das Wasser« gebracht hatte, erlebte er eine seltsame Begegnung.

Gen. 32.25

Und [Jakob] blieb allein. Da rang ein Mann [isch] mit ihm, bis die Morgenröte anbrach.

Dieser Mann gab sich nicht zu erkennen. Da der Unbekannte Jakob nicht besiegen konnte, verfügte er die Namensänderung.

Gen. 32.29

Er sprach: du sollst nicht mehr Jakob heißen, sondern Israel; denn du hast mit Gott [elohim] und mit Menschen [enoschim] gekämpft und bist obgelegen.

Auch der Traditionalist wird nicht unterstellen wollen, daß Jakob hier mit dem Schöpfer von Himmel und Erde gerungen hat. Aber es steht, er hat mit Elohim gekämpft, und kurz davor wurde die Erscheinung, mit der er gerungen hat, näher bezeichnet mit *isch (<a>jsch)* – Mann. Dieser Elohim war ein Isch – ein Mann, ein Enosch – ein Mensch. Im hebräischen Text steht auch nur: **Du hast mit Elohim gekämpft und mit Enoschim und hast nicht aufgegeben.**

Die Enoschim waren – lange vor der Flutkatastrophe – die ersten gewesen, die den Geist des Namens Jhwh verkündet hatten. Vor der Flutkatastrophe mußten die Menschen, die im Geist dieses Namens lebten, sich gegen den Machtanspruch der Elohim zur Wehr setzen und gegen die Versuchung kämpfen, der Adamah zu verfallen. Für die Bewahrer des Geistes und des Namens Jhwh war es ein beständiger Kampf gegen die Machtgier der Elohim und die Verführbarkeit der Enoschim.

Mit dieser Auffassung ist es keineswegs vermessen zu behaupten, daß Israel gegen Elohim und Enoschim »obgelegen war«, denn es kann dann nur heißen, daß durch Israel Name und Geist Jhwh erfolgreich gegen die menschlichen Elohim verteidigt und in der zunehmenden Gedankenlosigkeit der Enoschim bewahrt worden sind.

Damit weist aber auch der Name Israel in die ferne Vergangenheit vor der Flut, als die Geschlechter nach Enosch lebten und aus der Verbindung der »Kinder ha Elohim« und der »Töchter ha Adam« die »berühmten Leute der alten Zeiten« hervorgegangen sind.

Die Namen Avram und Israel sind aus dieser fernen Zeit in der Alten Überlieferung erhalten geblieben. Sie wurden in der Spätzeit mit den Legenden und Namen aus der Tradition der Väter, mit dem Gottesbegriff El Schadaj verknüpft.

Eine dritte Namensänderung war zur Verflechtung der Traditionen noch notwendig:

Gen. 35.18

Da ihr aber die Seele ausging, daß sie sterben mußte, hieß sie ihn Ben-Oni [bn-<a>wnj]; aber sein Vater hieß ihn Ben-Jamin [bnjmjn].

Die sterbende Rachel nannte ihren neugeborenen Sohn Ben-Oni. Auch im Denkschema der Auslegungstradition war Ben-Oni nicht ein Sohn Jakobs, denn er wurde nach der Namensänderung geboren. Rachel hatte diesen Sohn von Israel empfangen.

On (<a>n) steht im Buch Genesis für das ägyptische '*n*, für den Namen der Stadt, die von den Griechen dann Heliopolis genannt wurde.[358]

Rachel hatte zwei Söhne, Joseph und Ben-Oni. Von Joseph wird berichtet, daß er in Ägypten ein mächtiger Mann war. Er heiratete dort Asnath, die Tochter des Potiphera, »des Priesters zu On« (Heliopolis).

Die Namen Israel und Ben-Oni stammen wahrscheinlich wie Avram aus der Alten Überlieferung. Sie wurden mit den Namen Jakob, Benjamin und Abraham aus der Tradition der Väter verbunden.

Bei Hebron wird die Höhle verehrt, in der die Väter Abraham, Isaac und Jakob bestattet sind, das »Erbbegräbnis«, das Abraham für seine Frau Sarah von den Kindern Heth erworben hat. Hier wird der Patriarch Jakob verehrt, nicht Israel – aber Abraham und nicht Avram. Hier liegt, mit Jakob, dessen erste Frau Lea, die ihm von Laban »aufgezwungen« worden sein soll, nicht aber Rachel.

In der vierten Namensänderung wird eine Verbindung geschaffen zwischen der großen Wanderung nach der Katastrophe in vorgeschichtlicher Zeit und der Einwanderung der Stämme in das Gebiet des El Schadaj, in dem der Prophet Josua, jenseits des Jordan, alle Männer des Volkes beschneiden ließ und sie das Getreide des Landes aßen.[359]

Num. 13.16

. . . aber Hosea [hwsch<'>] den Sohn Nuns [bn-nwn] nannte Mose Josua [jhwsch<'>].[360]

Erst durch diese Namensänderung entsteht der Anschein eines zeitlichen Zusammenhanges zwischen der mit dem Namen des Propheten Mose verbundenen Wanderung des »Volkes Israel« durch die Wüste und den Siedlungskämpfen vor der Reichsgründung durch die Könige Saul, David und Salomo.

In der Textordnung der Auslegungstradition wird die Geschichte des Volkes Israel von Abraham bis Josua so beschrieben: Gott befiehlt Avram/Abraham, ihm in ein anderes Land zu folgen. Dort gelobt er, das fruchtbare Land Kanaan den Nachkommen Abrahams zu geben, läßt aber bald darauf Abraham im Thardema eine schreckliche Vision erleben, in der der Patriarch erfährt, daß seine Nachkommen 400 Jahre lang in einem Lande werden dienen müssen, das nicht ihnen gehört. Da seine Frau Saraj unfruchtbar ist, zeugt Avram/Abraham mit einer ägyptischen Magd seinen ersten Sohn, Ismael. 13 Jahre später erscheint ihm Jahweh und gibt sich als El Schadaj zu erkennen. Avram muß seinen Namen in Abraham und den Namen seiner Frau von Saraj in Sara ändern. Zum Zeichen des ewigen Bundes verkündet El Schadaj das Gesetz der Beschneidung. Danach wird Isaac geboren und am achten Tag beschnitten. Abraham schickt einen seiner Knechte nach Haran, in das Land seiner Väter, er möge für Isaac eine Frau aus dem eigenen Volk bringen. Der Knecht kehrt mit Rebecca zurück. Sie bringt die Zwillinge Jakob und Esau zur Welt. Jakob ist wohl der jüngere, aber mit Hilfe seiner Mutter gelingt es ihm, von Esau die Abtretung des Rechtes der Erstgeburt zu erpressen und den Segen seines blinden Vaters zu erschwindeln. Er zieht dann aus, um aus dem Volk seiner Väter eine Frau zu nehmen. Es wird nicht bei allen Nachkommen betont, aber es geht eindeutig aus dem Text hervor, daß sämtliche Söhne Jakobs beschnitten sind. Aus Neid darüber, daß Jakob ihm den Vorzug gibt, verkaufen die Brüder Joseph an vorüberziehende Ismaeliten – oder Midianiter –, die Joseph dann nach Ägypten weiterverkaufen.

Joseph läßt sich von der Frau des Potiphar, seines Herrn, nicht verführen. Er wird deshalb von ihr gehaßt und falsch beschuldigt, von Potiphar für schuldig erkannt und ins Gefängnis geworfen. Später läßt der ägyptische König Joseph aus dem Kerker holen, damit er ihm seine Träume von sieben fetten und sieben mageren Kühen deute. Joseph erkennt, daß es zunächst sieben Jahre mit reichen Ernten geben soll und darauf sieben Jahre mit Katastrophenernten folgen würden. Der Pharao macht Joseph zum zweiten Mann im Staat. Er hat die Aufgabe, in den sieben guten Jahren für die schlechte Zeit vorzusorgen.

148

In der Hungersnot der sieben schlechten Jahre ziehen auch Josephs Brüder nach Ägypten, um Korn zu kaufen. Joseph vergibt ihnen, was sie ihm angetan haben, und läßt die ganze Familie nach Ägypten kommen.

Das 49. Kapitel enthält den Segen Jakobs und die Vorhersage des Schicksals der von seinen Söhnen ausgehenden zwölf Stämme. Dieser »Segen« wird von manchen Forschern als Beweis dafür genannt, daß die zwölf Söhne oder Stämme nicht alle nach Ägypten eingewandert und dort geblieben sind. Das Buch Genesis endet mit Josephs Tod.

Zwischen Genesis und Buch Exodus vergehen nach Auffassung der Auslegungstradition die 400 Jahre, die Abraham als Zeit der Knechtschaft seiner Nachkommen in einem fremden Land prophezeit worden waren. Im Buch Exodus wird das unterdrückte Volk mit einem bis dahin nicht erwähnten Namen bezeichnet: Evräer (Hebräer). Das Volk muß Sklavendienste leisten, und der Pharao hat befohlen, alle neugeborenen Knaben zu töten, die Mädchen aber leben zu lassen.

Da die Mutter ihn nicht behalten kann, ihn aber auch nicht töten lassen will, wird ein neugeborener Knabe in eine Thevah gelegt und im Strom ausgesetzt. Eine ägyptische Prinzessin entdeckt den Knaben. Sie nennt ihn Mose, gibt ihn zunächst seiner Mutter zurück und läßt ihn von ihr säugen. Später nimmt die Prinzessin Mose in ihr Haus und zieht ihn groß.

Als Mose erwachsen ist, beobachtet er, wie ein ägyptischer Aufseher einen Hebräer quält. Mose erschlägt den Aufseher und flüchtet nach Midian. Reguel, der Priester in Midian, nimmt ihn auf und gibt ihm seine Tochter Ziporah zur Frau. Mose »hütet die Schafe« seines »Schwähers« Jethro, des Priesters in Midian. Er kommt dabei an den »Berg Gottes Horeb«, wo ihm die Stimme aus dem brennenden Dornbusch den Auftrag gibt, das Volk aus der ägyptischen Knechtschaft zu befreien. Der Pharao ist nicht bereit, das Volk ziehen zu lassen. Mit dem »Stab Gottes« rufen Mose und Aaron die Plagen über Ägypten. Erst als Gott Jahweh selbst durch das Land zieht und alle ägyptische Erstgeburt tötet, gelingt die Flucht.

Unter Führung des Propheten Mose wandert das Volk 40 Jahre durch die Wüste. Mose stirbt, bevor er das Gelobte Land erreicht.

Im nachfolgenden Buch Josua wird beschrieben, wie der von Gott bestimmte und von Mose ernannte Nachfolger Josua das Volk über den Jordan in das Gelobte Land führt. Es ist das Land der Väter Abraham, Isaac und Jakob, das Land des El Schadaj, in dessen Namen dem Vater Abraham das Gesetz der Beschneidung zum Zeichen des ewigen Bundes verkündet worden war.

In diesem Ablauf wird der Eindruck einer ununterbrochenen Kommunikation zwischen dem Himmelspatriarchen Jahweh und seinem auserwählten Volk erweckt.

Die Textfragmente, die erhalten geblieben sind, widerlegen das Auslegungskonzept der Spätzeit.

Dem Propheten Mose war das Beschneidungsgebot des El Schadaj nicht bekannt. Das Volk, das unter Josua nach Kanaan einwanderte, war nicht beschnitten.

Josua 5.3
Da machte sich Josua steinerne Messer, und beschnitt die Kinder Israel auf dem Hügel Araloth.

Die Träger der Überlieferung des Namens Jhwh wanderten in das Gebiet des El Schadaj ein und nahmen zumindest einige Bräuche der Bewohner an.

Aus der Symbiose der beiden Traditionen Jhwh und El Schadaj entstand vermutlich die Glaubenswelt der Könige David und Salomo. Unter dem Einfluß persischen, mesopotamischen und letztlich hellenistischen Denkens wurden Jhwh und El Schadaj mit anderen, weniger bedeutenden Überlieferungen in die Gottesbegriffe Elohim und Adonaj gefaßt, in denen die mesopotamischen und griechischen Vorstellungen von menschengleichen Göttern mit dem geistigen Begriff des Namens Jhwh vermengt worden sind.

Der Name, der am engsten mit dem Geist des Namens Jhwh verbunden ist, wurde mit dem Begriff »Schande« belastet.

Josua 5.8
Und da das ganze Volk beschnitten war, blieben sie an ihrem Ort im Lager, bis sie heil waren. (9) Und der Herr [jhwh] sprach zu Josua: Heute habe ich die Schande Ägyptens von euch gewendet.

Die »Schande« Ägyptens war auch die Schande des Propheten Mose.

Josua 5.5
Denn alles Volk, das auszog [aus Ägypten], war beschnitten; aber alles Volk, das in der Wüste geboren war, auf dem Wege, da sie aus Ägypten [mzrjm] zogen, das war nicht beschnitten.

40 Jahre soll Mose der Führer des Volkes gewesen sein. Der Prophet, mit dem Gott Adonaj/Jahweh »wie mit einem Freund« gesprochen haben soll, hatte es zugelassen, daß kein Mann beschnitten worden war.

Der nicht zu übersehende und auch durch mystische Deutung nicht aufhebbare Widerspruch ist nur durch die Vermengung verschiedener Schriften zu erklären. In den Archiven des ersten Tempels zu Jerusalem müssen aus verschiedenen Traditionen stammende Berichte über zwei Wanderungen aufbewahrt worden sein. Die geretteten Fragmente wurden dann, nach Gutdünken der auslegenden Schriftgelehrten, zur Rekonstruktion einer zusammenhängenden Geschichte des Volkes, zum Bericht einer Wanderung geordnet. Deshalb stoßen wir auch in den Büchern der Thora immer wieder auf einander widersprechende oder inhaltlich nicht zu vereinbarende Texte.

Ex. 12.37
Also zogen aus die Kinder Israel von Raemses gen Sukkoth, sechshunderttausend Mann zu Fuß ohne die Kinder. (38) Und zog auch mit ihnen viel Pöbelvolk und Schafe und Rinder, sehr viel Viehs.

600 000 Mann über 20 Jahre alt – mit ihren Familien und den »Fremden« müssen das, grob gerechnet, über zwei Millionen Menschen gewesen sein.

Ex. 15.27
Und sie kamen gen Elim, da waren zwölf Wasserbrunnen und siebenzig Palmbäume, und sie lagerten sich daselbst ans Wasser.

Wenn 600 000 Männer sich an zwölf Wasserbrunnen lagerten, müßten 50 000 aus einem Brunnen trinken. Es blieben dann aber die Frauen, die Kinder, das »Pöbelvolk« und das gesamte Vieh noch ohne Wasser.

Zu behaupten, daß gerade daran das wunderbare Wirken Gottes an seinem Volk zu erkennen sei, wäre nach Auschwitz und Bergen-Belsen mehr als zynisch.

Die Träumer, die so gern verkünden, wenn Gott es wolle, dann könne er auch aus einem einzigen Brunnen 20 Millionen tränken, sollten auch einmal den Text ihrer Bibel lesen und nicht nur die vom Geist der Auslegungstradition erfüllten Kurzfassungen der Lehrbücher. Von denen, die aus Ägypten ausgezogen waren, lebte nach 40 Jahren, als das Volk den Jordan erreichte, keiner mehr.

Josua 5.4
... alles Volk, das aus Ägypten gezogen war, die Mannsbilder, alle Kriegsleute, waren gestorben in der Wüste auf dem Wege, da sie aus Ägypten [mzrjm] zogen.
Auch für den Berg, auf dem Mose die Gesetze empfangen haben soll, stehen zwei verschiedene Namen im Text: Sinai und Horeb.

Mose wurde nach seiner Flucht aus Ägypten von den Midianitern freundlich aufgenommen. Der Berg der Berufung und der Verkündung befand sich in ihrem Gebiet.[361] Unverständlich sind deshalb die Textstellen, in denen sich der Haß des menschengleichen Gottes Adonaj/Jahweh entlädt, indem er Mose gebietet: »Tut den Midianitern Schaden«.[362]

Aaron und Mirjam empörten sich gegen Mose wegen dessen Frau, die eine *chuschah* war. In den lateinischen Texten wird *chuschah* mit »Äthiopierin« übersetzt. Luther nannte sie »die Mohrin«.[363]

Ziporah war die Tochter des Reguel, des Priesters in Midian. Mose hatte zwei Söhne von ihr, Gersom und Eliezer. Wenn die Übersetzungen richtig sind, wären die Söhne des Propheten eine Mischung aus schwarz und weiß gewesen. Wie aber sollten die Nachkommen Abrahams in so kurzer Zeit schwarz geworden sein? Denn nach den Texten der Auslegungstradition war Midian ein Sohn, den Abraham nach Rachels Tod mit seiner zweiten Frau Ketura gezeugt hat.[364]

Die Reihe der Beispiele für die Vermengung zweier unabhängig voneinander entstandener Berichte über historische Begebenheiten aus verschiedenen Zeiten ließe sich noch lange fortsetzen. Die Beispiele reichen aber aus, die Verflechtung verschiedener Überlieferungen zu zeigen.

Die Entflechtung der Namen Avram und Abraham sowie Jhwh und El Schadaj zeigt, daß die Fragmente der Alten Überlieferung mit dem Namen Avram einer Zeit zugehören, die wir vorläufig noch als vorgeschichtlich bezeichnen müssen.

Abraham gehört einer viel jüngeren Epoche an, die ungefähr in der ersten Hälfte des zweiten Jahrtausends v. Chr. anzunehmen ist.

Spuren der Alten Überlieferung sind immer dort zu erkennen, wo nicht von einer Gotteserscheinung, sondern vom Namen Jhwh berichtet wird. Avram predigt vom Namen Jhwh. Die Trennung des Namens Avram vom Patriarchen Abraham ist deshalb richtig, weil Abraham den Namen Jhwh nicht gekannt hat.

Da sich in den Berichten über die Väter Abraham, Isaac und Jakob kein Berührungspunkt mit der Tradition der alten Überlieferung erkennen läßt, muß angenommen werden, daß die Vereinigung erst in einer Epoche erfolgte, die nicht mehr zum geschichtlichen Bereich der fünf Bücher gehört. Das Weltbild jener Generationen, die über die endgültige Textgestaltung entschieden, war bestimmt von der Vorstellung einer von Anfang an unveränderten und unveränderlichen Welt, die von einem unfehlbaren Gott erschaffen worden war. In diesem Zeitgeist konnten Satzbedeutungen wie »das Land der Vorzeit« nicht akzeptiert werden. Die eigentliche Bedeutung wurde zur Fehlinterpretation erklärt und dem Text eine dem eigenen Weltbild entsprechende und deshalb als »richtig« anerkannte Deutung gegeben. Nicht mehr bekannte Ortsbezeichnungen wurden in die spätbabylonische Vorstellung vom Aussehen und der Beschaffenheit der Erdoberfläche eingepaßt und mit bekannten Ortsbezeichnungen verknüpft.

In dieser Vorstellung wurde das Oberflächenbild der Erde durch Katastrophen nicht verändert, auch durch die Sintflut nicht. Die »Wasser« brachen aus der Erde hervor und flossen wieder unter die Erde ab. Eine in der Alten Überlieferung beschriebene

Wanderung durch die »Wüste« (oder durch eine verwüstete Welt) wurde als andere Version einer bekannten Wanderung durch die Wüste Sinai in geschichtlicher Zeit identifiziert, und die zwei Berichte wurden zu einer Erzählung verschmolzen.

Im Buch Exodus[365] ist der Berg Sinai als Ort der Berufung und Verkündung genannt. Das Buch Deuteronomium nennt den »Berg Gottes« *(har ha elohim)* den Berg Horeb *(chrvh)*.

Einmal wird der Berg Sinai durch die Gegenwart Gottes in Rauch gehüllt.[366] In einem anderen Text wird das Volk daran erinnert, daß das Gesetz aus dem »Feuer auf dem Berg Horeb« verkündet worden ist.[367]

Die Berichte über die beiden Wanderungen sind an den Gottesnamen zu unterscheiden und können deshalb oft noch voneinander gelöst werden. Die Fragmente, in denen der Geist des Namens Jhwh leitender Gedanke ist, berichten von der Wanderung der Überlebenden nach einer kulturvernichtenden Katastrophe durch eine verwüstete Welt.

Die Texte aus der Zeit der Auslegungstradition enthalten Bruchstücke von einem Bericht über eine »kleine« Wanderung durch die Wüste Sinai. Sie sind an der patriarchalisch-männlichen Vorstellung des Gottes Adonaj/Jahweh zu erkennen, der genaue Opfer- und Kultvorschriften erläßt und nicht Toleranz, sondern bereits Unversöhnlichkeit und Haß fordert (»den Midianitern tuet Schaden«).

Diese Wanderung fand vermutlich in der geschichtlich faßbaren Zeit, gegen Ende des zweiten vorchristlichen Jahrtausends, statt. Die berichteten Einzelheiten reichen aber nicht aus, sie in unserem Geschichtsbild zu erkennen. Wollte man sie anhand der verschwommenen Angaben dennoch darin einordnen, so beginge man denselben Fehler, der den Redakteuren der Auslegungstradition vorgeworfen werden muß.

Vor einiger Zeit wurden nahe der Stätte Gilgal, wo Josua das gesamte über den Jordan gekommene Volk beschneiden ließ, in Höhlen steinerne Messer gefunden. Sie stammen vermutlich aus dem zwölften oder elften Jahrhundert v. Chr. Für diese Zeit wird, nach der aus den Bibeltexten konstruierten Zeitrechnung, die »Landnahme« angenommen. Es liegt im Ermessen des Betrachters, ob er in diesem Fund einen Beweis für die historische Echtheit der biblischen Berichte sehen will oder nicht. Objektive Beweiskraft für die Beschneidung der eingewanderten Stämme Israel darf daraus nicht behauptet werden. An den Messern ist nicht zu erkennen, was mit ihren Klingen einst geschnitten worden ist.

Sicher ist also nur, daß im zweiten Jahrtausend v. Chr. Stämme des Volkes Israel in Kanaan gelebt haben. Da nichts für die Annahme spricht, die semitischen Völker könnten sich aus einer Urbevölkerung des Landes Kanaan entwickelt haben, müssen die Stämme und Völker zu irgendeiner Zeit in dieses Land eingewandert sein, so wie es im Text der fünf Bücher auch berichtet wird. Das kann nicht später gewesen sein als in der von der Auslegungstradition angenommenen Zeit, wohl aber sehr viel früher.

Berühmte Leute der alten Zeiten

Avram

> *Gen. 12.1*
> *Und der Herr [jhwh] sprach zu Avram: Gehe aus deinem Vaterland [aretz] und von deiner Freundschaft und aus deines Vaters Hause in ein Land [aretz], das ich dir zeigen will.*

Der Name Avram führt zurück in die Zeit, da die Nephiljm auf Erden lebten und die »Söhne ha Elohim« von den Töchtern der Menschen »zu Weibern nahmen, welche sie wollten«.

Menschen, die nach dem Geist des Namens Jhwh lebten, wurden »verspottet von den ha Elohim ihrer Zeit«, denn der Name Jhwh bedeutete die gleichberechtigte Partnerschaft von Frau, Mann und Kindern in der Gemeinschaft der Familie.

In der Welt der Elohim gab es diese Gleichberechtigung und Partnerschaft spätestens seit dem Geschlecht Lamech nicht mehr.[368] Wie er, nahmen die »Söhne der Elohim« von den Frauen der Menschen, »welche sie wollten«. Wenn ein Mann seine Lebensgefährtin vor der Willkür der Elohim schützen wollte, mußte er mit ihr die Heimat verlassen.

Nicht die Tatsache, daß seine angeblichen Nachkommen in Jahrhunderten oder Jahrtausenden ein von Gott bestimmtes Land besitzen sollten, hat Avram aus seinem »Vaterhaus« geführt, sondern der Machtanspruch und die Willkür der Bnj ha Elohim. Avram und Noach sind die ersten, von denen in einer schriftlichen Überlieferung berichtet wurde; aber zahllos sind seither die Menschen geworden, die wie sie aus ihrem Heimatland ziehen mußten, weil man sie dort nicht nach ihrer Weltanschauung und in der freiwillig übernommenen Verantwortung für ihre gleichberechtigten Mitmenschen leben ließ.

> *Gen. 12.5*
> *Also nahm Avram sein Weib Saraj und Lot, seines (verstorbenen) Bruders Sohn, mit aller ihrer Habe, die sie gewonnen hatten, und die Seelen [nephesch[369]], die sie erworben hatten in Haran; und zogen aus zu reisen in das Land Kanaan.*

In der Auslegungstradition sind die »Seelen, die sie erworben hatten«, Sklaven. Das Wort *nephesch* (Seele) kann Menschen und auch Tiere bezeichnen. Ich glaube, diese »Seelen« waren Menschen, die Avram vom Wert des »lebenden Wortes« überzeugen konnte und die seither nach Jhwh lebten und wie Avram, Saraj und Lot, wie die Menschen Noach, von den ha Elohim verfolgt wurden.

Avram lebte in monogamer Gemeinschaft mit Saraj. Er übernahm als »Hirte« die Verantwortung für den Nachkommen seines toten Bruders.

Gen. 12.8

. . . und baute daselbst dem Herrn [jhwh] einen Altar, und predigte von dem Namen [schem] des Herrn [jhwh].

Auch im neuen Lebensbereich konnten die Flüchtlinge nicht unangefochten nach ihrer Vorstellung leben. Der Patriarch war zu einem Verhalten gezwungen, für das die Auslegungstradition in ihrem beständig vom tätigen Himmelspatriarchen bewachten Weltbild bisher keine Erklärung gefunden hat. Zwar wurde versucht, durch eingeschobene Erklärungen das Bild Avrams aus dem Schatten zu rücken, aber gelungen ist es nicht. In der Übersetzung Luthers wird die Episode mit dem Wort »Teuerung« eingeleitet. Andere übersetzten »Hungersnot«.

Gen. 12.10

Es kam aber eine Teuerung (Hungersnot) ins Land. Da zog Avram hinab gen Ägypten [mizrajm] . . .

Der Prophet Jesaja verwendet das hebräische Wort, um damit einen »Hunger nach Gottes Wort« auszudrücken.[370] Nach seinem Beispiel muß es erlaubt sein, den zitierten Bibelsatz als Beschreibung einer Zeit zu verstehen, in der die Menschen um Avram in Not waren und erneut flüchten mußten.

Im Text der Auslegungstradition zieht Avram nach Ägypten. Im hebräischen Text steht *mzrjm*, der Plural des Wortes *mzr*. In der Sprachtradition gilt die Vokalisierung des Mehrzahlbegriffes *mizrajm* als Bezeichnung des Landes Ägypten. In der jüdischen Überlieferung hat das Wort aber auch die Bedeutung »Elend«.

Mzr war eines der Wörter, mit denen die Ägypter ihr Land bezeichneten. Es gibt keine Hinweise, daß die Alten das Land *Mzr* jemals mit diesem Namen benannt haben sollten.

Ungefähr 3000 v. Chr. vereinigte ein Pharao, dem die Wissenschaft den Namen Menes gegeben hat, die Länder Ober- und Unterägypten. Daraus wird erklärt, daß *mizrajm* »die beiden Ägypten« bezeichnen sollte. Diesem Gedanken steht entgegen, daß in der alten Zeit die beiden Länder keinen gemeinsamen Namen hatten. Die Pyramideninschriften nennen Unterägypten *mhw*[371] und Oberägypten *smw*[372]. Auch aus anderen Zeiten ist den Verzeichnissen keine gemeinsame Bezeichnung zu entnehmen. Die Pluralform wurde auch nicht in die Alltagssprache übernommen. In der gräzisierten Form wurde Ägypten »Mestre« genannt.[373]

Es gibt eine einfache Erklärung: Das Volk Israel hat Unterdrückung und Gewalt nicht nur in und durch Ägypten erlebt. Aber Ägypten war die Erfahrung der damals unmittelbaren Vergangenheit. Aus *mzr* wurde die Bezeichnung für die Elendsländer, die alle gleich sind wie Ägypten: die Ägypten, die Mzrs, Mizrajm.

Es wird richtig sein, auch dieses Wort nicht zu übersetzen. So mag, wer will, vom Wort Mizrajm inspiriert, seine Phantasie auf die Suche schicken nach den Ländern aus der Zeit vor der Flut.

Gen. 12.11

Und da er nahe an Ägypten [mizrajm] kam, sprach er zu seinem Weibe Saraj: Siehe, ich weiß, daß du ein schön Weib von Angesicht bist. (12) Wenn dich nun die Ägypter [ha mizrajm) sehen, werden sie sagen: das ist sein Weib, und werden mich erwürgen und dich leben lassen. (13) So sage doch, du seist meine Schwester, auf daß mir's wohl gehe um deinetwillen, und meine Seele bei dem Leben bleibe um deinetwillen.

Die Fürsten des Pharaos preisen Sarajs Schönheit, und sie wird in das Haus des Pharaos gebracht. Saraj wehrt sich nicht dagegen, und Avram kann sie nicht verteidigen. Sie sind gezwungen, sich den Gegebenheiten einer fremden, gefährlichen Umwelt anzupassen. Avram fürchtet, getötet zu werden, wenn er sich zur gleichberechtigten Partnerschaft von Mann und Frau in ehelicher Gemeinschaft bekennt.

In der Tradition wurde aber auch dieser bedrückenden Episode aus der Menschheitsgeschichte der Glanz des Wunderbaren gegeben: »Diese Geschichte . . . will die Schönheit der Stammutter des Geschlechtes, die Klugheit des Patriarchen, den Schutz, den Gott beiden gewährt, verherrlichen. Sie trägt das Gepräge einer Zeit, in der das sittliche Bewußtsein die Lüge nicht immer verurteilte und in der das Leben des Ehemannes mehr galt als die Ehre der Frau.«[374]

In der Alten Überlieferung wurde in diesem Text die Welt der Adamah beschrieben, in der es das »Recht« des Stärksten ist, das attraktivste Weibchen zur Paarung zu umwerben. Der in den rekonstruierten Schriften »Pharao« genannte Herrscher in Mizrajm warb immerhin noch auf humane Art um Saraj:

> Gen. 12.16
> *Und er tat Avram Gutes um ihretwillen. Und er hatte Schafe, Rinder, Esel, Knechte und Mägde, Eselinnen und Kamele.*

Der fromme Kommentator meinte, die Geschichte sei in einer Zeit erdacht worden, da der Wert der Frau gering war. Das halte ich für einen Irrtum. In einer solchen Zeit ist die Alte Überlieferung ergänzt und verformt worden. Sie wurde mit der satten Zufriedenheit patriarchalisch denkender Gelehrter zugedeckt, die in der Frau nur eine Gehilfin des Mannes sehen wollten. Nur so ist es wohl zu erklären, daß sie uns den Eindruck vermittelten, Avram hätte, zufrieden schmatzend, ohne Mitleid mit Saraj, Nutzen aus dem Elend seiner Frau gezogen.

In der Alten Überlieferung war diese Zeit im Leben Sarajs mit Sicherheit als eine erschütternde Episode berichtet worden. Männer, die in gleichberechtigter Partnerschaft mit ihren Frauen leben wollten, waren gezwungen worden, diese Gemeinschaft aufzugeben. Die Menschen wurden von den Mächtigen gedemütigt und erniedrigt.

Die Redakteure der Auslegungstradition sahen über das Leid der Menschen großzügig hinweg, wenn der Himmelspatriarch Adonaj/Jahweh dadurch den Anschein eines Übermenschen erhielt:

> Gen. 12.17
> *Aber der Herr [jhwh] plagte den Pharao mit großen Plagen und sein Haus um Sarajs, Avrams Weibes, willen.*

Die Glaubenseiferer der Spätzeit erweckten durch ihre Ausschmückungen den Eindruck, daß Adonaj/Jahweh wieder wie ein Marionettenspieler die kleinen, willenlosen Menschenpuppen unten auf der Erde tanzen ließ. Avram hatte Angst um sein Leben und gab Saraj als seine Schwester aus. Er wurde vom Pharao reichlich belohnt dafür, daß er ihm Saraj überließ. Mit welcher Berechtigung durfte der Wüstengott der Auslegung den Pharao plagen, dem von Avram und auf dessen Wunsch auch von Saraj gesagt worden war, sie wäre Avrams Schwester.

Der »Pharao« aber war bereit, das Lebensgesetz eines anderen zu respektieren.

> Gen. 12.19
> *Warum sprachst du denn, sie wäre deine Schwester? derhalben ich sie mir zum Weibe nehmen wollte. Und nun siehe, da hast du dein Weib, nimm sie und ziehe hin.*

Die Autoren der Spätzeit wollten glauben machen, daß der Pharao gezwungen werden mußte. Sie nahmen damit der Alten Überlieferung den wahren Wert. Durch den Eingriff der Redakteure wäre an dieser Stelle ein wunderbarer Gedanke der Alten Überlieferung fast verschüttet worden. Ohne die irreführende Einfügung hat die alte Legende einen sehr klaren Ablauf. Avram hatte nicht den Mut, sich zu seiner Lebensauffassung zu bekennen. Der »Mächtige«, der Saraj in sein Haus nahm, wäre aber bereit gewesen, diese Lebensauffassung zu achten. Avram hätte seiner Frau die Demütigung ersparen können.

Die Autoren der Alten Überlieferung beschrieben es als fortwährendes Risiko, nach dem Geist des Namens Jhwh zu leben. Wenn den Menschen der Mut fehlt, sich dazu zu bekennen, vergrößern sie die Macht der Elohim und erlauben der Adamah, in ihre Lebensbereiche einzudringen. Nicht Religion oder Stammeszugehörigkeit bestimmen den Wert des Menschen, sondern seine Bereitschaft, die Rechte seines Nächsten zu verteidigen und die Lebensart der Fremden zu respektieren, das heißt, im Geist des Namens Jhwh zu leben.

Avram hatte in einem Land, in dem er fremd war, vom »Namen Jhwh« gepredigt. Er war im Moment der Gefahr dann aber nicht bereit gewesen, ein Risiko einzugehen, um seine Frau vor einem bitteren Schicksal zu bewahren. Ein »Fremder«, der nichts vom Namen Jhwh wußte, der Pharao, in dessen Haus Saraj gebracht worden war, respektierte ihre Lebensart und ließ sie frei. Avrams Angst um sein Leben war überflüssig gewesen. Mit mehr Mut hätte er Saraj die bittere Erfahrung ersparen können.

Der Aufenthalt von Avrams Gemeinschaft in Mizrajm brachte schwerwiegende Veränderung für die Gemeinschaft, die auch in der Textgestaltung der Auslegungstradition erkennbar ist. Während des Aufenthaltes in Mizrajm, so lautet die traditionelle Interpretation, seien die Herden von Avram und Lot so groß geworden, daß ihre »Hirten« immer wieder in Streit gerieten.

Im Geist des Namens Jhwh sind »Hirten« die Hüter der Gemeinschaft und Bewahrer des Geistes. Der Streit der »Hirten« sollte deshalb als eine Auseinandersetzung um die Lebensauffassungen verstanden werden.

Gen. 13.8
Da sprach Avram zu Lot: Laß doch nicht Zank sein zwischen mir und dir und zwischen meinen und deinen Hirten; denn wir sind Gebrüder.

Als sie aus ihrer Heimat auszogen, waren die Menschen Avrams und Lots eines Sinnes gewesen. In Mizrajm konnte Avram nicht nach dem Geist des Namens Jhwh handeln. Es ist anzunehmen, daß Lot und seine Gemeinschaft ähnlichen Anfechtungen ausgesetzt gewesen sind. Avram kehrte zur Lebensart Jhwh zurück. Seine »Hirten« gerieten aber in Streit mit den »Hirten« Lots. Avrams Neffe scheint nach den Erlebnissen in Mizrajm offensichtlich andere Lebensvorstellungen bevorzugt zu haben, denn er entschied sich, in Sodom zu leben. Die Gemeinschaft zerfiel.

Gen. 13.13
Aber die Leute zu Sodom waren böse, und sündigten sehr wider den Herrn (jhwh).

Dieses Sodom muß auch eine Stadt des Wohlstandes gewesen sein, in einem wasserreichen Tal Siddim. Die Autoren nannten das fruchtbare Land »ein Garten des Herrn (Jhwh)«, wie Mizrajm.[375]

Ohne die erst im Mittelalter hinzugefügte Vokalpunktation der hebräischen Konsonantenschrift ist die Ortsbezeichnung Siddim nicht zu unterscheiden von dem Wort, mit dem die Dämonen bezeichnet werden: Schedim. In diesem Tal Siddim oder

Schedim lagen vor der Katastrophe die fünf »sündigen« Städte mit den Namen Sodom, Gomorra, Adamah, Zeboim und Bela, »die heißt Zoar«[376].

Vom Tal Siddim/Schedim steht geschrieben, daß es dort gewesen sei, »wo jetzt das Salzmeer ist«. Für »Salzmeer« steht im hebräischen Text *mlch*. Ähnliche Wortstämme verwandter Sprachen liegen zwischen den Begriffen »salzen«, »zerbrechen«, »Salzwüste«, »Salzwasser«, »Salzmeer«.

Im biblischen Sprachgebrauch wurde zwischen Salzwassermeer und Süßwassermeer unterschieden, denn man kannte auch ein nahes Süßwassermeer, das Meer Kenereth , das in den modernen Sprachen »See Genezareth« heißt. Die Auslegungstradition geht davon aus, daß das Tal Schedim identisch ist mit dem tiefsten Punkt unserer Erdoberfläche, der 400 Meter unter dem Meeresspiegel liegenden Depression am Toten Meer.

Im seichten Wasser am Südende des Toten Meeres wurden regelmäßige Linien entdeckt. Man hält es für möglich, daß es sich um die Grundrißlinien alter Ruinen handelt. Möglicherweise liegen dort auch unter der Wasseroberfläche einige vom Salz konservierte Baumstämme. Diese Funde werden manchmal als Beweis dafür angeführt, daß die Katastrophe von Sodom ein Erdbeben gewesen sei, durch das am Südrand ein Becken entstand, in das Wasser vom Toten Meer einströmte. In diesem eng begrenzten, überschaubaren Gebiet können aber unmöglich die im Text genannten fünf Städte angenommen werden – mag man sie noch so klein denken. Sie sind als Städte mit Mauern und Toren beschrieben. Diese befestigten Siedlungen wurden auch in der ältesten Zeit nicht in einer Entfernung von wenigen hundert Metern nebeneinander erbaut.

Lot wohnte in Sodom. Er wurde vor der Katastrophe von zwei »Boten« gewarnt[377] und flüchtete zunächst in die Stadt Zoar[378] und von dort in die Berge.

Nur zehn Kilometer nördlich vom Toten Meer ist die älteste aller bisher entdeckten Städte: Jericho. Sie war von der Katastrophe, in der alle fünf Städte im Tal Siddim/ Schedim zerstört wurden, nicht betroffen. Jericho wird im Zusammenhang mit der Katastrophe von Sodom nie erwähnt.

Die Gebirge der Salzwüste am Toten Meer sind von beängstigender, urweltlicher Schönheit. Ein einsamer Wanderer wird dort niemals auf den Gedanken kommen, daß der Mensch Ebenbild einer Macht sein könnte, die diese Welt erschaffen hat. Wenn man an Dämonen glaubt und ein Gebiet sucht, in dem sie einst gehaust haben könnten, wird man an diese Wüste denken. Die Zeit aber, in der dort fruchtbares Land gewesen sein könnte, liegt nach Meinung der Geologen mindestens zwei Millionen Jahre zurück.

Im biblischen Text wird berichtet, daß das Tal Siddim/Schedim dort war, wo jetzt Salzmeer ist. Damit kann jedes Salzwassermeer und jede Salzwüste dieser Erde gemeint sein.

Das Tal Siddim/Schedim war Schauplatz des Krieges der Könige.[379] Die Könige der fünf »sündigen« Städte waren angeblich dem König von Elam unterworfen gewesen, dann aber von ihm abgefallen. Nun zog dieser König mit drei anderen Königen, darunter auch dem von Sinear, zum Krieg ins Tal Siddim. Diese politische Situation hat es, nach den im Text genannten Namen und Begriffen, in dem uns bekannten Geschichtsablauf der letzten drei Jahrtausende v. Chr. nicht gegeben. Elam war ein zeitweise sehr mächtiger Staat im Gebiet des heutigen Persien. Sinear ist eine der Bezeichnungen für Mesopotamien. Bisher ist kein Staat und auch keine Stadt mit diesem Namen bekannt geworden.

Die Stadt Babel, die von den »namenlosen Turmbauern« verlassen worden war, lag nach den Textformulierungen der Auslegungstradition im »Lande Sinear«. Das Bemühen der Auslegungsredakteure, eine Beziehung zwischen den in der Alten Überlieferung beschriebenen Geschehnissen und den bekannten Orten und Namen ihrer Gegenwart herzustellen, ist unverkennbar.

Bei Astaroth-Karnaim schlugen die fünf fremden Könige auch die Riesen[380], die Susiter (*zwzjm*) und die Emiter. Die Emiter *(ejmjm)* werden in den Wörterbüchern als »Ureinwohner des moabitischen Gebietes« genannt. Die Susiter (*zwzjm*) bezeichnen erklärende Einfügungen als »Ureinwohner der amoritischen Hochebene«. Die Riesen (*rphjm*) werden nur als »Riesen« oder als »Riesengeschlecht der Rephaiten« übersetzt.

Es gibt keine Hinweise, daß in geschichtlicher Zeit Völker im Fruchtbaren Halbmond lebten, die den biblischen Beschreibungen der Susim, Emim und Raphajm entsprächen. In den Schriften aller Kulturen des Fruchtbaren Halbmondes kommen Riesen nur in Mythen vor, die von Zeiten vor der Großen Flut erzählen.

Die fremden Könige besiegten die Könige der fünf Städte im Tal Siddim – Sodom, Gomorra, Adamah[381], Zeboim und Bela (Zoar). Sie raubten alle Güter und schleppten mit anderen auch Lot und dessen Familie in die Gefangenschaft.

Mit rührender Detailmalerei führen uns die spätzeitlichen Textgestalter dann wieder in die Nomadenwelt des letzten vorchristlichen Jahrtausends.

Gen. 14.14
Als nun Avram hörte, daß sein Bruder gefangen war, wappnete er seine Knechte, dreihundert und achtzehn, in seinem Haus geboren, und jagte ihnen nach bis gen Dan.

Mit dieser lächerlichen Streitmacht soll Avram anschließend die fünf Könige besiegt, die Gefangenen befreit und die geraubten Güter zurückerobert haben. Auf dem Heimweg kam ihm ein anderer König entgegen:

Gen. 14.18
Aber Melchisedek, der König von Salem, trug Brot und Wein hervor. Und er war ein Priester Gottes, des Höchsten [el eljon].

Durch diesen Wortlaut entsteht der Eindruck einer friedlichen Begegnung frommer Menschen, die eifrige Diener des einzigen und wahren Gottes waren. Der König von Salem segnete Avram auch: »*Gesegnet seist du, Avram, dem höchsten Gott [el eljon], der Himmel und Erde erschaffen hat.*«[382]

Melchisedek war König eines Staates oder einer Stadt, zugleich Priester eines Gottes, den er als Schöpfungsmacht von Himmel und Erde über alle Götter stellte. Der Name seines Gottes war El Eljon. Er ist nicht identisch mit dem Namen der Schöpfungsmacht der biblischen Texte: Elohim. El Eljon, der Gott Eljon, war einer der vielen Götter der Elohim, denen für ihren »Schutz« Tribut zu leisten war.

Melchisedek segnete Avram auch nicht um seinetwillen und aus Güte, sondern er unterstellte ihn damit dem El Eljon.

Gen. 14.20
. . . Und demselben [el eljon] gab Avram den Zehnten von allem . . .

Der »Zehnte« war der Anteil der Mächtigen, ihre »Steuer«. Avram durfte aber auch danach noch nicht weiterziehen. Auch der König von Sodom hatte Forderungen.

Gen. 14.21
Da sprach der König von Sodom zu Avram: Gib mir die Leute, die Güter behalte dir.

Die Menschen waren zu Objekten des Handels zwischen den Mächtigen geworden. Avram aber wollte nicht einen Faden, nicht einen Schuhriemen von dem behalten, was dem König von Sodom gehörte. Um dies zu beschwören, huldigte er dem Gott des Melchisedek, der auch der Gott des Königs von Sodom gewesen zu sein scheint. Der Text der Auslegungstradition will glauben machen, daß Avram beim Gott der Bibel schwört.

Gen. 14.22

Aber Avram sprach zu dem Könige von Sodom: Ich hebe meine Hände auf zu dem Herrn [el-jhwh], dem höchsten Gott [el-eljon], der Himmel und Erde geschaffen hat.

Wird der glättende Zuckerguß der Auslegungstradition entfernt, so lautet der Schwur Avrams sehr viel anders: **Ich hebe meine Hände auf zu El Jhwh El Eljon, der Himmel und Erde geschaffen hat.**

Avram vermied es, den fremden Gott über Jhwh zu stellen. Er stellte den Namen des eigenen Gottesbegriffes voran und unterließ es auch nicht, durch den Determinativ El den Namen Jhwh als Gott kenntlich zu machen.

In der Auffassung der Auslegungstradition müßten wir bei wörtlicher Übertragung vier Silben aneinanderfügen, die das gleiche bedeuten: *el* – Gott/*jhwh* – Herr/*el* – Gott/*el* – Gott. Die fünfte Silbe *jon* kann aus dem überlieferten Text nicht mehr gedeutet werden.

Avram mußte auch seinen Neffen Lot wieder dem König von Sodom übergeben. Wir erfahren nicht, ob Lot freiwillig nach Sodom gegangen ist. Avram aber hatte nach dieser Begegnung mit den Mächtigen Angst.

Gen. 15.1

Nach diesen Geschichten begab sich's, daß zu Avram geschah das Wort des Herrn [jhwh] im Gesicht und sprach: Fürchte dich nicht, Avram, ich bin dein Schild und dein sehr großer Lohn.

Mit dem Begriff »das Gesicht« wird die Erkenntniskraft der Weisen bezeichnet, auch die Ahnung des »Sehers« und die Vision des Propheten. Ohne Vermittlung eines Elohim sucht Avram Kraft. Zum erstenmal wird hier ein einsamer Mensch beschrieben, der die Hoffnungslosigkeit seiner Situation erkennt und im Geist seiner Lebensauffassung, in seinem Glauben, Trost, Rat und Hoffnung sucht.

Die Menschen Avram hatten wohl nur beschränkte Mittel, sich gegen die Mächtigen zu verteidigen. Sie waren immer der Versuchung ausgesetzt, sich zu unterwerfen und ihre Lebensart aufzugeben. Im Bericht über die Menschen Noach wird diese Not der Menschen aus der Sicht des Geistes formuliert: »Die Menschen werden sich nicht für immer vom Geist Jhwh leiten lassen.« Menschen sind lebende, fühlende, leidende und verlangende Wesen. Sie sind nicht nur Geist, sie sind auch Fleisch, das nicht ewig den Schmerzen der Folter widerstehen kann.

Für die redigierenden Gelehrten der Spätzeit waren solche Gedanken zweitrangig gegenüber der Notwendigkeit, durch immerwährende Wiederholung der Verheißung dem Volk die Überzeugung zu geben, daß nur ihm ein Anspruch auf das Gelobte Land zustehe, daß die Handlungen Gottes einzig darauf ausgerichtet seien, sein Volk in dieses Land zu führen.

Avram war aus seiner Heimat ausgezogen mit »den Seelen, die er gewonnen hatte«. Die Gemeinschaft der Seelen war allmählich zerfallen. Der König von Sodom hatte von Avram nicht zuerst die materiellen Güter verlangt, sondern gesagt: »Gib mir die Leute, das andere behalte du.« Die Menschen, die nach dem Geist des Namens Jhwh lebten, waren weniger geworden, und neue kamen nicht hinzu. So wie Noach nach der Flutkatastrophe keine Nachkommen mehr hatte, weil die Menschen wieder der Adamah verfallen waren, so blieb auch Avram ohne Nachkommen, die nach Jhwh leben wollten.

Die »im Gesicht« erlebte Botschaft des Namens Jhwh ließ Avram wissen, daß seine »Nachkommen« so zahlreich sein würden wie die Sterne am Himmel. Diese Verheißung müßte eine Lüge des versprechenden Gottes gewesen sein, wenn sie auf die Stammesverwandtschaft eines Volkes, einer Nation bezogen gewesen wäre. Die Weltgeschichte weiß von keinem Stamm, keinem Volk, keinem Völkerbund, dessen Menschen so zahlreich waren, daß sie der Sternenzahl auch nur einer Galaxis entsprochen hätten.

Wenn damit aber die Nachkommen gemeint waren, die aus Avrams Geist zum Namen Jhwh finden werden, wird das Gleichnis richtig sein, denn unzählbar, wie die Sterne des Himmels waren, sind und werden die Menschen sein, die in Sorge um ihre Familien, um ihre »Brüder«, sich nach Gerechtigkeit sehnen und sie erstreben.

Die Auslegungsredakteure umrahmen durch ihre Einfügungen die weisen Gedanken der alten Zeit und formen daraus das große, anmaßende Bild der »auserwählten« Menschen.

Gen. 15.6
Avram glaubte dem Herrn, und das rechnete er ihm zur Gerechtigkeit.

Das Bild, das uns vermittelt wird, hebt nicht Avram über die anderen Menschen, sondern die Autoren dieser Texteinfügung, denn sie geben vor, dem Schöpfer des Universums so nahe zu sein, daß sie erfahren können, was er denkt. Das Gottesbild dieser Redakteure kann offensichtlich an nichts anderes denken als an das Land, in das er sein auserwähltes Volk über viele überflüssige Umwege führen wird.

Adonaj/Jahweh versichert Avram, daß er dieses Land besitzen wird. Obwohl uns eben noch mitgeteilt worden ist, daß Avram seinem Gott glaubt und der ihm das hoch anrechnet, zweifelt er gleich darauf.

Gen. 15.8
Avram aber sprach: Herr [adonaj] Herr [jhwh], wobei soll ich's merken, daß ich's besitzen werde?

Der Begriff Adonaj, »Herr«, stellt den Namen Jhwh als männlich-menschliche Gotteserscheinung dar. Daran ist der Text als späte Einfügung deutlich zu erkennen. Die Redakteure kümmern sich nicht mehr darum, daß die Menschen im Namen des Propheten Mose aufgefordert worden sind, sich von Gott weder ein männliches noch ein weibliches »Bild« zu machen, denn *»Ihr habt keine Gestalt gesehen«*[383].

In der alten Überlieferung erlebte Avram »im Gesicht«, in einer Vision, Erkenntnisse über den Zustand seiner Welt, über das Schicksal der Menschen seines Geistes. Die Autoren der Spätzeit machen einen Dialog daraus zwischen einem gottgleichen Menschen und dem menschengleich-männlichen Gott Adonaj/Jahweh. Diese »Bilder« werden aber vom Inhalt der aus der alten Überlieferung bewahrten Gedanken widerlegt.

In seiner Angst opferte Avram dem Namen Jhwh Tiere: eine dreijährige Kuh, eine dreijährige Ziege, einen dreijährigen Widder, eine Turteltaube und eine junge Taube. Die Gelehrten der Auslegungstradition erwecken durch ihre Formulierungen den Eindruck, Gott hätte dieses Opfer von Avram verlangt. Gerade damit gaben sie aber den Text als Einfügung der Spätzeit zu erkennen. In der Welt des Namens Jhwh war das Tieropfer nicht Brauch. Erst Adonaj/Jahweh liebte den »süßen Geruch«.

160

Mit der Opferbeschreibung lehrt uns die Alte Überlieferung, daß in der Geisteswelt des »lebenden Wortes« Jhwh keine durch Opfer bestechlichen Elohim ihr Unwesen treiben dürfen.
Avram tötete und zerteilte die Opfertiere.

Gen. 15.11
Und die Raubvögel fielen auf das Aas; aber Avram scheuchte sie davon.
Avram war von Melchisedek gezwungen worden, dem El Eljon den »Zehnten« dessen zu opfern, was er besaß. In seiner Angst versuchte er nun, auch den eigenen Gottesbegriff Jhwh durch Opfer gnädig zu stimmen. Aber das Fleisch der geopferten Tiere blieb liegen, nur Raubvögel und Aasgeier fanden sich ein. Die Schöpfungsmacht des Universums, der aus ihr kommende Geist des Namens Jhwh, ist durch Zauberriten, Geschenke oder Opfergaben nicht zu erreichen.
Melchisedek, der Priesterkönig von Salem, hatte von Avram den »Zehnten« von allem als Opfer für El Eljon genommen, den er als Schöpfer von Himmel und Erde bezeichnete. Avram erkannte danach, daß die materiellen Opfer nur den menschlichen und tierischen Aasgeiern zugute kommen und der Opferanspruch der als Schöpfungsmächte verehrten Götter nur ein Vorwand habgieriger Elohim ist, ihren Besitz zu mehren.

Gen. 15.12
Da nun die Sonne am Untergehen war, fiel ein tiefer Schlaf [thardema] auf Avram; und siehe, Schrecken und große Finsternis überfiel ihn.
Das Thardema ist der Zustand, in dem die Menschen die Zeugungserkenntnis erlebt haben. In den traditionellen Übersetzungen wurde der Zustand Adams als Narkose beschrieben. Der oben zitierte Vers beweist, daß der Zustand des Menschen Adam der gleiche war wie der Zustand Avrams – eine weltabgewandte Bereitschaft, Erkenntnisse aufzunehmen.
Avram erlebte die Schreckensvision des Schicksals, dem die Menschen seines Samens, seiner Lebensart, entgegensahen.

Gen. 15.13
Das sollst du wissen, daß dein Same wird fremd sein in einem Lande, das nicht sein ist; da wird man sie zu dienen zwingen, und plagen vierhundert Jahre.
In der Zahlensymbolik ist 400 die höchste Zahl, die durch einen Buchstaben des hebräischen Alphabets ausgedrückt werden kann: Damit soll eine für Menschen kaum noch begreifbar lange Zeit ausgedrückt werden.
Nach der Begegnung mit den Mächtigen seiner Zeit erkannte Avram, daß es in der Welt Sodoms, in der Welt der Elohim und der Adamah, nicht möglich sein würde, nach dem Geist des Namens Jhwh frei zu leben. Erst nach unendlich langer Zeit wird es den Menschen seiner Lebensart gelingen, sich wieder aus der Macht der Elohim zu befreien. Es ließe sich der hebräische Wortlaut auch so verstehen: **Erkenne, daß der Same nach dir fremd sein wird in dem Land, das nicht mehr ihm gehört, und sie werden zu Knechtschaft gezwungen sein und leiden 400 Jahre.**
Was in der Auslegungstradition zu einer Verherrlichung der herrischen Launen des menschengleichen Gottes Adonaj/Jahweh gedeutet wurde, war in der Alten Überlieferung eine erschütternde Beschreibung menschlicher Not und weiblichen Mutes.

Gen 16.2
. . . und sie [Saraj] sprach zu Avram: Siehe, der Herr [jhwh] hat mich verschlossen, daß ich nicht gebären kann.

Jhwh ist der leitende Geist der »Hirten«, jener Menschen, die wie Habel Hüter der kleinen Lebewesen sind, für die sie gemeinsam mit den »erkannten«, gleichberechtigten Lebenspartnern sorgen. Sie haben die Verpflichtung erkannt, ihren Kindern Kraft zu geben und Kenntnisse zu vermitteln, die es ihnen ermöglichen, umgeben von der Adamah, »menschlich« zu leben, den Geist des Namens Jhwh zu bewahren und weiterzugeben.

Nicht die unerklärliche Willkür eines Himmelsdespoten, sondern der Geist der Verantwortung, der Name Jhwh, hatte Saraj »verschlossen«, sie gehindert, Kinder zu gebären.

In der Einleitung zu Avrams Geschichte steht geschrieben: *»Aber Saraj war unfruchtbar, und hatte kein Kind.«*[384]

Schon damals, als sie aus ihrer Heimat auszogen, kannten Saraj und Avram den Geist des Namens Jhwh. Sie wanderten in ein anderes Gebiet, um dort nach ihren Vorstellungen zu leben. Der Geist Jhwhs war aber auch dort nicht im Leben einer menschlichen Gemeinschaft auf Dauer zu verwirklichen. Daraus entstand die im Thardema erlebte Vision Avrams, daß sein Volk lange Zeit rechtlos und unterdrückt in einem Land würde leben müssen, das nicht den Menschen des Volkes gehört.

Saraj mußte die Demütigung der Auslieferung an »Pharao«, den Mächtigen in Mizrajm, erdulden. Danach stellt sie fest: *»Jhwh hat meinen Leib verschlossen, daß ich nicht gebären kann.«* Sie sprach den Namen aus, den Avram in seiner Heimat und dann auf der Wanderung verkündet hatte. Im Geist des Namens Jhwh, im lebenden Wort, ist die Verantwortung für das Leben der Kinder und der Schwachen der zentrale Gedanke. Wenn Saraj von diesem Geist gehindert wurde, Kinder zur Welt zu bringen, so muß im ursprünglichen Textzusammenhang deutlich geworden sein, daß der Geist des Namens Jhwh die Menschen in Zeiten des Elends und der Rechtlosigkeit verpflichtet, Kinder nicht in ein Leben zu rufen, in dem sie nicht »menschlich« leben dürfen, weil die Egozentrik der Mächtigen und Reichen sie dazu verdammt, im Staub der Adamah zu vegetieren.

Dieser Gedanke ergänzt den Aufruf, den die Autoren der Alten Überlieferung für die erkenntnisfähigen Menschen formuliert haben: nicht tierhaft dem Reproduktionszwang zu folgen, sondern »Frucht zu tragen, groß zu werden und den Sinn der Erde zu erfüllen«. Das aus der Zeugungserkenntnis entstandene Verantwortungsbewußtsein verpflichtet die Menschen, Kinder nicht in dieses Leben zu rufen, wenn sie keine Möglichkeit haben werden, entsprechend der menschlichen Bestimmung, den Geist der Menschlichkeit zu erlernen, zu üben und weiterzugeben.

Der Satz »Jhwh hat meinen Leib verschlossen« kann nur dann anders verstanden werden, wenn man den an die Vorstellungen von Babyloniern und Griechen angeglichenen Himmelspatriarchen Adonaj/Jahweh als lenkende Schicksalsmacht ansieht und glauben will, daß er, einem Marionettenspieler gleich, das Leben aller Menschen in verhüllter Absicht und in allen Bereichen dirigiert, lenkt und bestimmt. Wenn alles, was den Menschen widerfährt, nach dem Ratschluß des Himmelsherrschers angeordnet worden ist, dann muß man den Satz, den Saraj sagt, als eine aus Gottes Mund empfangene Mitteilung verstehen. Dann könnte es aber menschliche Sünde nicht geben, denn alles geschähe doch so, wie es längst zuvor im Himmel beschlossen worden wäre, also auch Hiroschima und Stalingrad und Coventry. Es wäre das Elend der Straßenkinder in Brasilien der Wille Gottes und auch das tägliche Verhungern der Kinder in aller Welt.

Sollte Saraj ähnliche Bilder vor sich gesehen haben, dann wird sie daran vielleicht erkannt haben, daß sie die Kinder, die sie zur Welt brächte, dazu verdammen würde, tiergleich leben zu müssen, mit der unstillbaren Sehnsucht, Mensch zu sein, aber ohne jede Möglichkeit, diese Sehnsucht zu verwirklichen. Sie hätten, um überleben zu können, noch Schwächeren den Lebensraum nehmen müssen. Sie wären geboren worden mit dem Trieb zu leben, sich zu vermehren, mit einer lebendigen, sehnsuchtsvollen Seele, die chancenlos dazu verdammt gewesen wäre, im rücksichtslosen, egozentrischen Überlebenskampf fortwährend an anderen schuldig zu werden.

Der Geist des Namens Jhwh, der Saraj daran hinderte zu gebären, lebte in der Liebe zu ihren Kindern. Wären sie Knaben geworden, so hätte man sie nach der Geburt getötet, wie es auch mit dem Knaben Mose geschehen sollte. Als Mädchen aber wären sie so gering geachtet worden wie die Töchter Lots.

Lot

Als George Smith im vergangenen Jahrhundert bekanntgab, er habe in den Keilschrifttafeln des babylonischen Gilgamesch-Epos einen Sintflutbericht entdeckt, wurde dies vom Abendland als überwältigende Sensation empfunden. Im Zeitalter der Naturwissenschaften war der biblische Bericht, der von einer Flut erzählt, die alle Berge bedeckt haben soll, nur noch als Märchen eingestuft worden. Die Bestätigung des Ereignisses aus einer anderen Quelle würde nun, wie damals viele hofften, den biblischen Bericht wieder glaubwürdig machen.

Hätten die Redakteure der Auslegungstradition die geretteten Schriften nicht so eifrig und konsequent dem spätbabylonischen Weltbild unter- und eingeordnet, die Welt hätte nicht auf einen zweiten Sintflutbericht warten müssen, denn in der Geschichte der Menschen Lot und der Vernichtung der fünf »sündigen« Städte enthält die Schriftensammlung der fünf Bücher Mose einen überzeugenden zweiten Bericht aus einer anderen Quelle über die kulturvernichtende Katastrophe Mabul, die in der Auslegungstradition »Sintflut« genannt wird.[385]

Im Bibeltext wird das Tal Siddim/Schedim der fünf Städte als »ein Garten des Herrn« beschrieben. Im hebräischen Text steht *gan-jhwh*. In der Auffassung der Alten Überlieferung ist darunter eine Kulturlandschaft zu verstehen. *gan-jhwh* ist ein »Garten«, den die Menschen durch Jhwh gestalten konnten, durch das im lebenden Wort enthaltene Wissen.

In der Sintflut wurde alles vernichtet, was aus Jhwh entstanden war. Auch im Bereich der fünf Städte wurde ein durch Jhwh gestaltetes Kulturgebiet zerstört. Die sumerischen Königslisten nennen fünf Städte, die vor der Sintflut bestanden haben sollen: Sippar, Larak, Eridu, Badtibiria und Schurupak (die Stadt des Ziusudra). Jede der fünf sumerischen Städte war einem Gott oder einer Göttin geweiht.

Der biblische Text überliefert die Namen von fünf mächtigen Städten, die in der Katastrophe von Sodom vernichtet wurden. Eine der Städte hieß Adamah. Mit der Deutung, die dieser Begriff, nach meiner Überzeugung, in der Alten Überlieferung hat, müßte ihr Name in alten Zeiten als Bezeichnung der Welt der Magna Mater verstanden worden sein, der egozentrischen Urwelt, die beständige Bedrohung der Geisteswelt Jhwh war und bleiben wird.

Auch wenn es manche Frauen schmerzt, weil sie meinen, eine weiblich beherrschte Welt müsse besser sein als die patriarchalisch regierte, die Autoren der Alten

Überlieferung haben das nicht so gesehen. Sie haben die Welt der Adamah wohl auch nicht als von den Frauen dominiert aufgefaßt. Sie sahen sie beherrscht von tierhafter Egozentrik, für die beide Geschlechter gleichermaßen anfällig sind.

Adamah ist in der Alten Überlieferung die Lebensform der Urkulte und der Dämonen. Das läßt vermuten, daß das Tal, das in der Auslegungstradition Siddim heißt, ursprünglich *schdjm*[386], Tal der Dämonen, genannt worden war. In dieser Auffassung wäre das Zurückschauen der Frau des Lot als ein »Nichtloskommen« zu verstehen. Lots Weib ist im Salzmeer umgekommen.

Die Salzsäule, zu der sie geworden sein soll, ist ein bizarrer Felsen am Südende des Toten Meeres. Er gleicht tatsächlich einer weiblichen Silhouette. Wer diesen Felsen als Gegenargument aufführen möchte, mag es tun. Es ist die einzige, aber nicht überzeugende Stütze für die Annahme, das Tal, in dem das Tote Meer liegt, wäre der Schauplatz der Katastrophe von Sodom und Gomorra gewesen, durch die ein »Garten Jhwh« in ein Tal der Dämonen verwandelt worden ist.

Die Gelehrten der Auslegungstradition deuteten auch die »Sünden« der Menschen im Tal Siddim, derentwegen ein rachsüchtiger Gott die fünf Städte vernichtet haben soll, wieder als sexuelle Verfehlungen. Das ist aber mehr der auf den Texten lastende Dunst aus ungelüfteten Gelehrtenstuben der Neuplatoniker. Ich habe Beschreibungen, die diese Auffassung rechtfertigen könnten, in den Texten der fünf Bücher nicht gefunden. Es gibt auch keinen Hinweis auf »Sünden« der Sodomiter, die unserem Straftatbestand der Sodomie entsprächen. Ich glaube, es sollte auch über die Definition der Vergehen, die im Tal Schedim begangen worden sind, noch nachgedacht werden.

Im Text steht, daß die Leute zu Sodom gegen Jhwh gehandelt haben. Im Sinne der Alten Überlieferung wäre das aber als Ablehnung ihrer Verantwortung für die Kinder und die Alten zu verstehen. Obwohl dieses Vergehen der Menschen in den fünf Städten viel deutlicher aus den Texten zu entnehmen ist als die von den Redakteuren vermutete »fleischliche« Sündhaftigkeit, wird darauf niemals eingegangen. Die Beeinträchtigung der Lebensrechte der Menschen wird von den Redakteuren der Auslegungstradition viel weniger beklagt als die Tatsache, daß der Mensch auch aus Körper und nicht nur aus Geist besteht.

In der Alten Überlieferung ist die Freiheit naturgegebenes Recht aller Menschen. Die Auslegungstradition ist von diesem Gedanken sehr weit entfernt. In der Lebensauffassung der Spätzeit ist es selbstverständlich, daß es Herrschende und Dienende, Freie und Sklaven gibt.

Im Namen Jhwh wurde den Menschen gleiches Lebensrecht zuerkannt und Toleranz empfohlen. Die Geisteswelt der Spätzeit ist dagegen geleitet vom Willen des menschengleichen Gottes Adonaj/Jahweh, für den die Abstammung der Menschen wesentliches Kriterium zur Beurteilung ihres Wertes ist. Die Stützpfeiler der spätzeitlichen Gedankenkonstruktion versperren die Sicht auf den wesentlichen Inhalt, den uns die Alte Überlieferung im Katastrophenbericht über die Zerstörung der fünf Städte vermittelt.

Ein wichtiger Komplex in dieser Konstruktion ist die Verschmelzung der beiden weit voneinander entfernten Schicksale Avrams und Abrahams.

In den Schriften kommt der Name Abraham zum erstenmal in der Begegnung mit El Schadaj vor. Der Patriarch ist 99 Jahre alt, seine Frau Sarah 89. Ihrer Lebensgemeinschaft entstammen keine Kinder. Abraham aber hat einen 13jährigen Sohn, den er mit der Sklavin Hagar gezeugt hat.

Im 25. Kapitel werden die Nachkommen aufgezählt, die dem Abraham von seiner dritten Frau Ketura geboren worden sein sollen. Nach dem traditionellen Wortlaut hat er diese Nachkommen erst nach dem Tod seiner ersten Frau Sarah gezeugt. Als sie starb, war Sarah 127 Jahre alt, Abraham war 137.

Da man nun Avram und Abraham zu einem Schicksal verredigierte, mußten die Namen angeglichen werden. Das geschah durch Elohim im Namen El Schadaj.[387] Der 13 Jahre alte Sohn des Abraham wurde auf einfache Weise im Leben Avrams verankert. Den textgestaltenden Redakteuren der Spätzeit bereitete das keine Schwierigkeiten.

Gen. 16.3

Da nahm Saraj, Avrams Weib, ihre ägyptische Magd, Hagar, und gab sie Avram, ihrem Mann, zum Weibe, . . .

Und der treue, unschuldige, grundgütige Mann »gehorchte der Stimme seines Weibes«[388].

Die ägyptische Magd ist die Klammer, mit der die beiden Schicksale verbunden wurden. Die Redakteure haben geglaubt, in einer Welt zu leben, die seit ungefähr 3000 Jahren bestand. Diese Welt, meinten sie, war von Gott gut erschaffen worden. Die Schlange und das Weib hatten diese schöne Welt dann ins Elend gestürzt. In dieser kleinen Welt konnte es nicht zwei Berichte über die Sintflut geben, und es konnten auch Menschen keine schwerere Sünde begehen als sexuelle Handlungen. Die Rechte der Menschen waren, daran gemessen, bedeutungslos. Es stand ihnen nur zu, was sie sich durch Gehorsam gegen Gott und dessen Vertreter erworben hatten.

Die Magd Hagar war eine Frau. Sie stammte aus Mizrajm und war somit auch noch durch die Verfluchung ihres Stammvaters Cham zur Knechtschaft verdammt.

In der Auslegungstradition ist es »gottgefällig«, daß Hagar nur ein Objekt für die Befriedigung der Lüste und zur Besänftigung der Launen ihrer Besitzer ist. Sie wurde von Sarah aus dem Haus gejagt, als sie schwanger war.[389] Ein Engel des Herrn aber »befahl« der Magd, zurückzukehren und sich unter der Hand ihrer Herrin zu »demütigen«.

Auch dieser Gedanke, der in der Auslegung zu einer Verherrlichung des bedingungslosen Gehorsams der Untergebenen umgeschmolzen worden ist, muß näher betrachtet werden. Wieder war es ein »Bote Jhwhs«, der eine Veränderung des Verhaltens der Erwachsenen zugunsten eines Kindes bewirkte. Die Magd Hagar entschied sich für ihr Kind, setzte sich den Widrigkeiten im Haus der eifersüchtigen Herrin aus, weil ihr dort bessere Voraussetzungen für die Geburt und den Lebensanfang ihres Kindes gegeben waren als irgendwo draußen in einer feindlichen Umwelt, ohne Arbeit und Wohnung.

Es ist unwichtig, ob wir als Boten des lebenden Wortes einen Menschen sehen wollen, von dem die verzweifelte Magd den Rat erhielt, um ihres Kindes willen die Demütigungen auf sich zu nehmen, oder ob wir annehmen, aus den Lebensregungen ihres Kindes, aus ihrem eigenen Gewissen, wäre ihr die Verantwortung für das werdende Leben bewußt geworden. Die Geschichte lehrt uns, daß Hagar den Geist des lebenden Wortes aufgenommen und ihrer Verantwortung für das Kind entsprochen hat.

Die ursprüngliche Überlieferung beschrieb die grausame Einsamkeit, der Menschen ausgesetzt waren, wenn in ihrer Umwelt der aus Jhwh entstehende Geist in der gnadenlosen Egozentrik der Urwelt unterging.

Die Redakteure der Auslegungstradition waren bemüht, mit ihren Interpretationen und Ergänzungen die Berichte der Alten Überlieferung als ein Geschehen darzustellen, das harmonisch nach dem Willen eines allmächtigen Gottes ablief. Die Textgestalter der Auslegungstradition haben damit eine »gottgefällige« Verhaltensweise beschrieben, die in den folgenden Jahrtausenden von vielen, vielen Menschen zum Vorbild genommen und unzählbar oft befolgt wurde.

Wenn das, was Sarah und Abraham mit Hagar getan haben, nach den ethischen Vorstellungen der Schriftgelehrten »richtig« war, was mögen dann die Sünden der Menschen in den fünf Städten gewesen sein, die den Auslegungsgott so sehr empört haben, daß er beschloß, diese Städte zu vernichten?

Aus der Schriftensammlung der fünf Bücher erfahren wir nichts darüber. Immerhin können wir aber der überlieferten Textfassung entnehmen, was nach Meinung der Redakteure *nicht* Sünde gewesen ist. Wenn sich ein Vater so verhalten hat wie Lot, dann war es keine Sünde.

Lot lebte in der Stadt Sodom. Eines Tages kamen zwei fremde Männer in die Stadt. Die traditionelle Textdeutung legt den Gedanken nahe – aber es steht so nicht im Text –, daß es zwei Engel waren, die zuvor mit dem Gott Adonaj/Jahweh bei Abraham im Hain Mamre Fleisch, Butter und Brot gegessen hatten.[390]

Lot lud die beiden Fremden gastfreundlich ein, in seinem Haus zu übernachten. Die Männer von Sodom aber hatten Übles im Sinn. Sie rotteten sich vor Lots Haus zusammen:

> . . . Wo sind die Männer, die zu dir kommen sind diese Nacht? Führe sie heraus
> zu uns, daß wir sie erkennen . . .[391]

Das Wort »erkennen« ist ebenfalls ein wichtiger Wegweiser auf der Suche nach den Spuren der Trennlinien zwischen der Alten Überlieferung und der Auslegungstradition.

In der Zeugungserkenntnis »erkennen« die Menschen einander als gleichberechtigte und gleichverantwortliche Lebenspartner. Dementsprechend bedeutet es in der Alten Überlieferung geistiges Begreifen, Wissen und menschliches Verstehen.

Die weisen Inhalte der alten Texte wurden in der Spätzeit des Altertums dem spätbabylonisch-hellenistischen Weltbild eingeordnet. Darin konnte »erkennen« dann nur noch als Beischlaf gedeutet werden. Das ist sehr bedauerlich, aber es hilft uns, daran die Einfügungen aus der Spätzeit leichter zu erkennen. Alle Texte, in denen »erkennen« als Synonym für den Geschlechtsakt gebraucht wird, sind vom spätbabylonischen Zeitgeist inspiriert.

In der Erzählung über das Schicksal der Familie Lots verlangten die Männer von Sodom die Herausgabe der beiden Fremden, um sie zu »erkennen«. Lot, nach Auffassung der Auslegungsgelehrten erfüllt vom Geist echter Gastfreundschaft und rechter Gottesfurcht, wollte die Sodomiter mit einem Angebot zurückhalten, das ihn nur in den patriarchalisch-verkrampften Denkwegen der nachplatonischen Gelehrten als »Gerechten« ausweisen konnte:

> Siehe, ich habe zwo Töchter, die haben noch keinen Mann erkannt, die will ich
> herausgeben unter euch, und tut mit ihnen, was euch gefällt; allein diesen
> Männern tut nichts, . . .[392]

Die Lehrer der Auslegung deuteten in diese Erzählung eine »Prüfung«. Lot bestand sie, denn er hatte die Engel erkannt und war bereit gewesen, seine Töchter für sie zu opfern. Die Engel brauchten also ihre »himmlischen« Fähigkeiten nicht zu bemühen, um ihre Unschuld selbst zu verteidigen.

Für die Gelehrten der Auslegungstradition hatte sich damit erwiesen, daß Lot gerecht war und wert, gerettet zu werden.

Prüfungen der Menschen ist ein Lieblingsmotiv der Auslegungstradition: Gott schickt den Vätern harte Prüfungen. Die Väter opfern ihre Kinder oder ihre Frauen. Vor Gott haben sie dadurch die Prüfung bestanden.

Weder der Gott der Auslegungstradition noch der jeweils als Vorbild dargestellte Patriarch bemerkte dabei, daß Mütter und Kinder sadistischen Torturen und widerwärtigen Erniedrigungen ausgesetzt wurden.

Die Sodomiter scheinen mehr Mitleid mit den Mädchen gehabt zu haben. Sie lehnten das Angebot, mit den beiden Jungfrauen tun zu dürfen, was sie wollten, ab und bestanden darauf, daß die fremden Männer aus dem Haus kamen. Als sie deshalb darangingen, die Tür des Hauses aufzubrechen, griffen die Engel endlich ein. Sie holten Lot ins Haus und schlugen die Sodomiter mit Blindheit. Warum nicht gleich?

Nach genauem Studium dieser Geschichte ist aus dem Textangebot der Auslegungstradition nicht erkennbar, weshalb Gott Jahweh die Städte vernichtete, aber Lot und dessen Töchter leben ließ. Die Erklärung ist aber einfach. Die Redakteure haben einen uralten Katastrophenbericht im Sinne ihrer Ideologie gedeutet, ergänzt und in ihr beschränktes Geschichtsbild eingeordnet.

Unter den fragwürdigen Ausschmückungen und Deutungen ist noch der nüchterne Bericht der Alten Überlieferung zu erkennen. Es war die Zeit, in der die Bnj ha Elohim die Erde beherrschten, in der die Mächtigen das Lebensrecht der Schwächeren nicht achteten und sich die Menschen nicht mehr vom Geist des Namens Jhwh leiten ließen.

Die Katastrophe trat nicht unerwartet ein. Sie wurde von den Wissenden, den Elohim, vorhergesehen, und sie warnten die Menschen in gefährdeten Gebieten. Lot wurde durch »Boten« gewarnt. Er sollte seine Familie und die Schwiegersöhne aus der Stadt führen. Die Warnung war den Schwiegersöhnen aber lächerlich.[393] Auch Lot schien das Ausmaß der Gefahr nicht voll begriffen zu haben, denn nur mit Gewalt gelang es den Fremden, ihn und seine Familie aus Sodom zu führen:

> *Da er (Lot) aber verzog, ergriffen die Männer ihn und sein Weib und seine zwei Töchter bei der Hand . . .*[394]

Sie beschworen die Menschen, nicht zurückzuschauen und sich in die Berge zu retten. Auch die Menschen Noach waren erst in Sicherheit, als sie das »Tor der Berge« erreicht hatten.

Im Sintflutbericht heißt es, die Brunnen der Tiefe brachen auf, und es öffneten sich die Fenster des Himmels. Der Bericht über die Katastrophe von Sodom beschreibt, daß Feuer vom Himmel fiel und es Schwefel regnete.

Wenn Vulkane ausbrechen, die Brunnen der Tiefe, fällt die hochgeschleuderte glühende Lava »vom Himmel«, und es regnet giftige, dampfende Asche.

> *Und kehrte die Städte um und die ganze Gegend und alle Einwohner der Städte, und was auf dem Lande [ha adamah] gewachsen war.*[395]

Selbstverständlich haben die Auslegungsredakteure in diesem Satz dort wieder »Land« eingesetzt, wo im hebräischen Text *ha adamah* steht.

Beide Katastrophenberichte sagen aus: Was durch *jhwh* in der *adamah* entstanden war, wurde vernichtet. Die Urwelt, die Adamah, blieb.

Der Sintflutbericht beschreibt die Überflutung der Lebensgebiete. Nur durch die Textgestaltung der Auslegungstradition entsteht der Eindruck, in der Beschreibung der Katastrophe von Sodom käme Wasser nicht vor. Die Überflutung ergibt sich aber eindeutig aus der Feststellung, das Tal Siddim sei dort gewesen, wo jetzt das Salzmeer ist. Das Tal muß von gewaltigen Wassermassen überflutet worden sein. Als die Menschen Noach das »Tor der Berge« erreicht hatten, sahen sie dort nur das »Angesicht der *adamah*«.

Lot und seine Töchter konnten sich in die Berge retten und überlebten in einer Höhle. Die Menschen Noach sandten Raben und Tauben aus. Sie gaben Signale für andere, denen es vielleicht ebenfalls gelungen war, sich zu retten.

Auch die Menschen Lot haben wohl versucht, andere Überlebende zu finden, aber ohne Erfolg.

> Gen. 19.31
>
> *Da sprach die älteste (Tochter) zur jüngsten: Unser Vater ist alt, und ist kein Mann mehr auf Erden [aretz], der zu uns eingehen möge nach aller Welt [aretz] weise.*

Die wenigen Zeilen genügen, um aus dem unbelasteten Wortlaut die schrecklichen Lebensumstände erkennen zu lassen. Die wenigen Überlebenden der Katastrophe waren gezwungen, wieder ein tierhaftes Leben zu führen. Aber die Auslegungsredakteure schafften es, auch aus dieser Beschreibung ein liebliches Weltbild zu deuten. Vom einzigen Mann zeichneten sie ein makelloses Bild. Den Frauen wiesen sie wieder die Rollen der Übeltäter zu.

Nach Auffassung der Auslegungsredakteure wurde Lot, arglos seinen Töchtern vertrauend und ohne hinterher davon zu wissen, zum Spielzeug der verderblichen, weiblichen Lüste. Die arglistigen Töchter hatten aus Sodom, offensichtlich in verdammenswerter Voraussicht, Wein mitgenommen. – Auch Noach hatte Wein. – Die Töchter machten den Vater trunken. – Auch Noach war trunken. – Im unschuldigen Zustand der Trunkenheit schwängerte Lot seine beiden Töchter. – Auch Noach irrte unschuldig »im Weingarten der *adamah*« und deckte in ihrem Heiligtum seine Blöße auf.

Lot paarte sich mit dem »eigenen Fleisch«. Inzest ist das tierhafte Triebleben in der Menge der *adamah*, in der nur die Instinkte der Arterhaltung und des Überlebens das Verhalten bestimmen.

Eine Katastrophenfolge von Erdbeben, Vulkanausbrüchen und Überflutungen veränderte die Welt.

Die biblische Überlieferung enthält auch im Gefüge der Auslegungstradition noch erkennbare Fragmente, aus denen wir erfahren können, wie das Wissen über die Katastrophe erhalten geblieben ist. Es ist der dritte und wichtigste Katastrophenbericht der Alten Überlieferung, die Geschichte der Plagen, von denen Mizrajm verheert wurde, bevor das Volk unter der Führung des Propheten Mose entkommen und vor den zurückkehrenden Fluten des Meeres die Berge erreichen konnte. In allen drei Berichten lebten in der Welt vor der Katastrophe wissende und zauberkräftige Menschen, die ihre Macht zur Unterdrückung des Volkes mißbrauchten. Alle drei Berichte erzählen von Menschen, die, abseits von den Mächtigen ihrer Zeit, nach dem Geist des Namens Jhwh zu leben versuchen.

Bis zur Katastrophenfolge, die nach traditioneller Auffassung von Gott zur Strafe für ihre sexuellen Verfehlungen über die Menschen verhängt worden war, herrschten die Mächtigen unumschränkt. Nach der Katastrophe, am Ende der Wanderung durch die verwüstete Welt, als das Volk den Jordan überschritt, gab es diese Mächtigen nicht mehr.

Die Sünde der Sexualität ist der Lieblingsgedanke der Auslegungstradition, der sich im Wortlaut der fünf Bücher nirgends finden läßt. Dagegen enthalten diese Schriften einen Bericht über menschliche Schuld, die viel eher ein göttliches Strafgericht verdient hätte. Diese Schuld ist von der Auslegungstradition unbeachtet geblieben. Verdeckt vom märchenhaft schönen und märchenhaft grausamen Geschichtsbild der Auslegungstradition, enthält der überlieferte Text die immer noch erkennbare Beschreibung der Entwicklung, durch die das Volk der im Geist Jhwh frei und eigenverantwortlich lebenden Menschen gezwungen worden war, ihre Freiheit aufzugeben und sich den Mächtigen zu unterwerfen. Unter dem Zuckerguß einer Erzählung, die angeblich ein poetischer Hymnus auf Unschuld, Reinheit und Gottesfurcht ist, hat die Auslegungstradition einen Bericht begraben, aus dem wir erfahren, wie die Menschen, durch die Macht der »Wissenden« ihrer Freiheit und ihrer Würde beraubt, zum Eigentum der Mächtigen geworden sind.

Die Legende vom reinen Jüngling Joseph

Die Geschichte des Jünglings Joseph, der allen weiblichen Verführungskünsten widerstand und zum Retter seiner Brüder wurde, hat die Menschen aller Jahrhunderte berührt. Mit besonderem Eifer wurden die Denkmäler und Schriften der alten Kulturen nach den Spuren seines Lebens durchsucht. Es wurden keine gefunden.

Auch im Gedächtnis der Völker des Bundes Israel scheint Joseph nicht sehr tief verwurzelt gewesen zu sein. In der Textordnung der Auslegungstradition wird er als elfter der zwölf Söhne des Patriarchen Jakob angeführt, nach denen die zwölf Stämme des Volkes Israel benannt sind. Es gab jedoch nie einen Stamm Joseph. Von den Lehrern wird dazu meistens erklärt, daß der Stamm nach Joseph sich auf dessen zwei in Ägypten geborene Söhne Manasse und Ephraim aufteilte. Die Erklärungen mögen klug und fromm sein, sie können die Tatsachen nicht ändern. Keiner der zwölf Stämme des Volkes Israel hat sich in seinem Namen auf einen Stammvater Joseph berufen.

Der erste Teil, die Erzählung vom Lieblingssohn des alternden Vaters, der von seinen eifersüchtigen Brüdern als Sklave verkauft wird, enthält alle Merkmale einer literarischen Erfindung der Spätzeit. Nach Art der Gehorsamkeitsliteratur werden alle Ereignisse als von Gott gelenkte Gnadenakte oder Prüfungen dargestellt. Pflicht des Menschen ist es, in diesen Erfindungen der Spätzeit, die von Gott gegebenen Leiden zu erdulden und die verfügten Prüfungen zu bestehen.

Die Brüder, die Joseph als Sklaven verkauft haben sollen, müssen als Werkzeuge Gottes so handeln, damit am Schicksal des reinen Jünglings später die Macht und das Wirken Gottes für alle offenbart werden können. In der Auslegungstradition wird deshalb dazu auch erklärt, die Tat der Brüder sei an sich schlecht gewesen. Sie war aber im großen Konzept Gottes notwendig und daher gut. Nach Auffassung der Gelehrten ist ein Vergleich zwischen den Taten der Brüder Josephs und des Brudermörders Kain nicht möglich.

Aus der Zeit des Neuen Reiches (zweites Jahrtausend) wurden in Ägypten Kopien und Übersetzungen einer Erzählung gefunden, die damals beliebt und weit verbreitet gewesen sein muß.[396] Sie erzählt von einem Jüngling, der im Hause seines ältesten Bruders lebt. Eines Tages, als sie allein im Haus sind, versucht die Frau des Bruders, ihn zu verführen. Da der Jüngling ihr nicht zu Willen ist, verleumdet sie ihn. Schamlos behauptet sie, er habe ihr Gewalt antun wollen.

Auch Joseph wird von der Frau des Potiphar verleumdet und deshalb in den Kerker geworfen.

Der poetische Kern der Josephslegende ist also von der literarischen Erfindung eines unbekannten Ägypters entlehnt worden.

Im Kerker deutet Joseph die Träume zweier Diener des Pharaos, von denen der eine zu Unrecht und der andere zu Recht beschuldigt wurde. Später, als »Pharao« von sieben fetten und sieben mageren Kühen träumte, aber keinen fand, der fähig gewesen wäre, diesen Traum zu deuten, wurde Joseph aus dem Kerker geholt.

In diesem letzten Teil der Legende erkennt Joseph aus dem Traum des Pharaos, daß zuerst sieben Jahre mit reicher Ernte und dann sieben Jahre Hungersnot kommen werden.

Wegen seiner Fähigkeit, Träume zu deuten, und weil der »Geist Gottes« in ihm ist, wird Joseph zum mächtigsten Mann nach dem Pharao erhoben. In der Not der sieben schlechten Jahre wird das Volk der Ägypter durch seine – in den sieben reichen Jahre getroffene – Vorsorge vor dem Hungertod bewahrt.

Der edle Mann vergibt später auch seinen Brüdern und nimmt in der Zeit der Not seinen Vater Jakob mit allen Kindern und Enkeln in Ägypten auf.

Der traditionellen Deutung folgend, ist dem Text weiter zu entnehmen, daß die Ägypter bald nach Josephs Tod vergaßen, was er für sie getan hatte. Ein Pharao kam an die Macht, der »nichts wußte von Joseph«. Seither wurden die Kinder Israel von den Ägyptern gnadenlos zu hartem Frondienst gezwungen. Was Avram im Tharde-ma vorhergesehen hat, geschieht: Das Volk muß 400 Jahre in einem fremden Land dienen.

In der Textgestaltung der Auslegungstradition sind die drei Komplexe zu einer weitgehend einheitlichen Erzählung verarbeitet worden. Durch die Orientierung, die uns die verwendeten Gottesbezeichnungen und Gottesbegriffe geben, ist es aber möglich, im dritten Teil der Erzählung Fragmente der Alten Überlieferung zu erkennen. Aus ihnen erfahren wir die Beschreibung einer menschheitsgeschichtlichen Entwicklung, zu der es in den anderen Kulturen keine Gedanken gab: die Entstehung des (Un)Rechtsbegriffes der Leibeigenschaft.

Diese Berichte der Alten Überlieferung stammen aus einer Epoche, in der die Menschen ha Adam und die Nachkommen der Geschlechter Enosch sich der Macht und Willkür ha Elohim nur durch Absonderung oder Flucht entziehen konnten.

In ihrem menschenfernen und weltfremden Denken haben Redakteure und Autoren der Spätzeit die unersetzlichen Berichte aus ferner Vergangenheit mit den Stammeslegenden der Nomadenvölker und Überlieferungen aus der Zeit der Väter zu einem Roman verarbeitet, der sich in ihr Bild vom Geschichtsablauf einfügen ließ. Die Heilige Schrift wurde dadurch unglaubwürdig, auch dort, wo ihre Texte faszinierende, wahrhaftige Berichte zur Menschheitsgeschichte enthalten.

Der Name Joseph ist wahrscheinlich aus dem Konsonantenstamm *sph* gebildet, der sich auch in den hebräischen Wörtern »Buch« und »Wissen« findet. Das griechische Wort »Weisheit« (sophia) enthält den Konsonantenstamm ebenso wie das ägyptische Zeichen *sphr*[397], das »Schreiben«, »Zeichnen« und »Schrift« bedeutet. Der Name Joseph könnte somit ursprünglich die Bezeichnung für einen oder mehrere Menschen mit herausragendem Wissen und wichtigen Kenntnissen gewesen sein.

In der biblischen Legende wird Joseph auch so dargestellt: Er weiß mehr als alle anderen. Außer ihm kann keiner die »Träume« des Herrschers deuten und die Auslegung anwenden.

Wäre »Elohim«, wie in der Auslegungstradition behauptet wird, die Bezeichnung für den einzigen Gott, dann müßte man nach dem Text der Josephslegende glauben, es sei in der damaligen Zeit üblich gewesen, daß der Schöpfer des Universums den Menschen die Träume schickte, sie ihnen aber auch gelegentlich selbst auslegte. Nach dem Wortlaut der Legende wehrte Joseph nämlich das Ansinnen, fremde Träume zu deuten, zunächst mit den Worten ab: *Auslegen gehöret Gott zu.*[398]

Wo die Tradition wieder Gott bemüht, steht im hebräischen Text *elohim*. Übersetzt man dieses Wort hier mit dem Mehrzahlbegriff »Götter«, dann hat der Bibeltext beinahe denselben Wortlaut wie eine weltliche Schrift, die ungefähr 500 v. Chr. entstanden ist. Es heißt darin über die Gebräuche der Ägypter: »Die Seherkunst befindet sich bei ihnen in folgendem Zustand. Von den Menschen steht keinem diese Kunst zu, von den Göttern aber einigen.«[399] Als der griechische Historiker Herodot diese Worte niederschrieb, waren die Redakteure der Bibeltexte vermutlich gerade bemüht, die heiligen Schriften ihres Volkes zu rekonstruieren.

Träume zu deuten war das Privileg der Mächtigen. Joseph fürchtete ha Elohim, deren wichtigste Machtmittel es waren, Zauber zu wirken, Zeichen zu deuten und Träume auszulegen.

Joseph war ein Wissender, aber er gehörte nicht zu den Elohim, die Macht hatten. Er bezeichnete sich selbst als einen Mann aus dem Lande der *evär*.[400] In der Legende wird er auch von der Frau des Potiphar so bezeichnet.[401] Abgesehen von der Erwähnung des Namens *evär* im Geschlechtsregister des elften Kapitels der Genesis[402], begegnen wir diesem Namen zum ersten Mal in der Geschichte von Lot. Als er im Krieg der Könige gefangengenommen und verschleppt wird, kann einer sich retten und Avram, der hier *ha evrj* (der Hebräer) genannt wird, benachrichtigen.[403] Martin Luther übersetzte *ha evrj* an dieser Stelle mit »Ausländer«.

Aus der traditionellen Bibelauslegung ist es uns vertraut und geläufig, Sprache und Schrift des Volkes Israel »hebräisch« zu nennen. Ein Volk der Hebräer gab es aber in der bisher erforschten Geschichte nicht.

In Schriftdokumenten aus der Amarna-Zeit wird dem Pharao Echnaton von einem Statthalter in Retenu[404] gemeldet, daß in seinem Gebiet das räuberische Volk der »Hapiru« sein Unwesen treibe. Zunächst neigte man dazu, darin die Evär der Bibel zu sehen. Inzwischen sind aber die meisten Forscher wieder davon abgekommen.[405]

Ich glaube, man muß nach den Spuren der Menschen Evär und dem Urbild, dem der biblische Joseph nachgezeichnet ist, in viel früheren Zeiten suchen.

Im Register der Geschlechter[406] erscheint im dritten Geschlecht nach Schem der Name *evär* (Eber). In ihrer nachplatonischen Zeitkonstruktion läßt die Auslegungstradition Evär 67 Jahre nach der Sintflut und 225 Jahre vor Avram/Abraham leben. Dem traditionellen Text ist darüber hinaus nichts über Evär zu entnehmen.

Avram, der erste, der im Text *evär* (ivri) genannt wird, sah im Thardema das Sklavenschicksal seines Volkes vorher. Übereinstimmend damit werden die in *mizrajm* versklavten Menschen, die der Elohim Mose retten soll, *evär* genannt.[407] In den fünf Büchern kommt der Name sonst nicht vor.

Die Völkertafel, in der sonst nur Namen aufgeführt sind, enthält ein Textfragment, das einen vagen Anhaltspunkt gibt für die Zeitbestimmung der Menschen Evär:

> Gen. 10.25
> *Eber [evär] zeugte zwei Söhne. Einer hieß Peleg [phlg], darum daß zu seiner Zeit die Welt zerteilt wurde; sein Bruder hieß Joktan.*

Welches geschichtliche Ereignis mit »Teilung der Welt« gemeint ist, erklärt der Text nicht.

Immerhin weist uns das rätselhafte Textfragment darauf hin, daß die von der Auslegungstradition aufgestellte Zeitrechnung nicht die weiten Zeiträume wiedergibt, die in der Alten Überlieferung offensichtlich beschrieben worden sind.

Im hebräischen Text steht, daß zu den Zeiten des *phlg* (Peleg) *aretz* geteilt wurde. *Aretz* kann wohl »Welt« bedeuten, aber auch »Land« im Sinne von »Staat« wie auch »Erde« als geographischer Begriff. Daß ein Land oder ein Staat damit gemeint gewesen sein könnte, scheint unwahrscheinlich, denn in den Texten ist kein Hinweis auf eine für die frühe Geschichte des biblischen Volkes bedeutsame Reichs- oder Landesteilung enthalten.

Auch in der Auslegungstradition wird keine Erklärung für die »Teilung der Welt« gegeben. In traditionellen Bibelausgaben wird manchmal auf den Bericht über den Turmbau zu Babel verwiesen.[408] Daß diese Erklärung eher der Ratlosigkeit als dem Wissen entspringt, ist offensichtlich, denn keine Silbe in der Erzählung vom Turmbau läßt auf eine »Teilung der Erde« schließen.

Nach der Selbstverständlichkeit aber, mit der die »Teilung der Welt« in dem Textfragment erwähnt wird, muß das geschichtliche Ereignis so bedeutend gewesen sein, daß es zur Zeit der ersten Niederschrift der Alten Überlieferung allen Menschen bekannt war.

Wieder findet sich die Erklärung im Text, wenn wir die tabuisierten Formeln der traditionellen Deutung unbeachtet lassen. Die Welt, das trockene Land, wurde geteilt, als in der Katastrophenfolge die aus Eiszeitgletschern zurückflutenden Wassermassen weite Gebiete überschwemmten.

Das unter der Führung des Propheten Mose flüchtende Volk konnte die Berge erreichen und war gerettet. Die nachkommenden »Verfolger« ertranken in den Wassermassen. Das in die tiefer liegenden Täler einfließende Wasser trennt, »zerteilt«, das trockene Land. Die auf der anderen Seite des Meeres Zurückbleibenden sind für immer von den Geflüchteten getrennt. Durch das zurückflutende Meer war die Welt »geteilt« worden.

Dieser Auffassung entspricht auch die Bedeutung des hebräischen Wortes *evär*, das als Verbum mit den Begriffen »überschreiten«, »hinübergehen« und auch »übersetzen über einen Fluß« interpretiert werden kann.[409] Als Substantiv bezeichnet *evär* auch »das Jenseitige« eines Flusses, Tales oder Meeres.[410]

Die Menschen Evär lebten vermutlich vor der Zeit der Katastrophenfolge, als die Nephiljm auf Erden waren und die Bnj ha Elohim ihre Macht mißbrauchten. Das Urbild der Gestalt, die wir als Joseph in der Textgestaltung der Auslegungstradition finden, gehört, so meine ich, wie die Namen Avram, Noach, Lot und Mose, in die noch unerforschte prähistorische Zeit der Menschen Evär, deren Welt zur Zeit ihrer Nachkommen Peleg durch eine Katastrophenfolge zerstört wurde, als weite Überflutungen die trockene Erde zerteilten.

Die Wurzel des Namens Joseph könnte das griechische *sophia* (Weisheit, Wissen) ebenso sein wie das hebräische *sepher,* das, wie die gleichlautende ägyptische Lautfolge, »Buch«, »zeichnen«, »schreiben«, »Schrift« bedeutet. Es gibt aber auch ein anderes ägyptisches Wort mit der Lautfolge *sph,* das als Wurzel des Namens Joseph in Frage kommen kann. Es ist seit den Pyramideninschriften belegt in der Bedeutung »mit dem Lasso fangen« und »fesseln«. Bildlich steht es auch für den Begriff: jemanden mit Worten fangen.[411]

172

In der Legende träumt der Pharao den berühmten Traum, in dem ihm zunächst sieben fette und danach sieben magere Kühe erscheinen.

Die Episode der Traumdeutung ist zweifellos eine poetische Ausschmückung aus späterer Zeit, denn ob Joseph die Träume des Pharaos richtig gedeutet hat, wäre erst nach Ablauf aller 14 Jahre festzustellen gewesen.

Die Textautoren der Spätzeit wählten das »Bild« der Traumdeutung. In unserer Sprachauffassung würde ein Schriftsteller vielleicht nüchtern schreiben: »Joseph verstand die Zeichen der Zeit.« Joseph entwickelte für den Pharao einen klugen Plan. In rasch erbauten riesigen Speichern ließ er aus den Ernteerträgen guter Jahre Vorräte für schlechte Erntejahre anlegen.

Die Auslegungstradition interpretiert den Ablauf der Geschichte als Verwirklichung eines göttlichen Planes, in dem Joseph nur frommes Werkzeug ist. Die traditionelle Deutung macht uns glauben, auch Pharao sei dem Willen Gottes gefolgt, denn er erkannte, daß Joseph vom *ruach elohim* erfüllt war. Der Begriff wird als »Geist Gottes« ausgelegt.[412]

ruach elohim bedeutet aber nach der Schöpfungserzählung, in wortgetreuer Übersetzung, wieder nur »Geist« oder »Atem der Elohim«, der Mächtigen und Wissenden, die im Namen ihrer Götter zu den Menschen sprechen.

Zum ersten Mal finden wir diesen Begriff im ersten Vers des Schöpfungsberichtes[413], wenn es heißt: »Der Geist Gottes/der Götter war über den Wassern.« Das besagt nur, daß die Autoren der ursprünglichen Texte annahmen, im Anfang habe es die Materie gegeben, aus der Himmel und Erde entstanden, und den Geist, der sie belebte. *Ruach Elohim* ist in diesem Sinne weder gut noch böse, sondern ruhende Kraft, aus der Leben entsteht. Diese Kraft ist von sich aus, wie die Natur, weder gut noch böse. Ob sie sich im Leben der Menschen positiv oder negativ auswirkt, hängt davon ab, wie die Menschen, denen die Begabung zugefallen ist, den Geist aufnehmen, ihn anwenden.

König Saul wurde vom *ruach elohim* befallen. Im Bibeltext steht aber: ». . . und der böse Geist wich von ihm«, als er sich an Davids Harfenspiel erquickte.[414] *ruach elohim* kann also auch »böser Geist« sein, denn er ist die Kraft des Wissens, der Geist der Mächtigen, den sie zum Wohl der Menschen nutzen oder zur Ausdehnung der eigenen Macht mißbrauchen können.

Die Lehrer der Auslegungstradition sahen dies bei ihrer Deutung der Josephsgeschichte nicht so. Die Tatsache, daß Pharao in Joseph den *ruach elohim* erkannte, nahmen sie als Beweis dafür, daß er ein auserwähltes Werkzeug war, zum Vollzug des göttlichen Willens, vom Geist des einzigen und wahren Gottes beseelt.

Der Gottesbegriff im Text der Josephslegende ist Elohim. Nach Auffassung der Auslegungstradition sollte dies nur eine andere Bezeichnung für Jhwh sein. Träfe dies zu, so wären Pharao und Joseph fromme und gute Menschen gewesen, die, vom *ruach elohim* erfüllt und geleitet, den Heilsplan Gottes verwirklichten.

Die Gelehrten der Auslegungstradition haben offensichtlich versäumt, die an dieser Stelle richtige Deutung von *ruach elohim* aus den Handlungen Josephs und Pharaos zu erkennen, sie wären sonst niemals zu der Auffassung gekommen, dieser Geist sei identisch mit der spirituellen Kraft, die den Menschen gebietet, den Besitz des Nächsten nicht zu begehren.[415]

In den poetischen Bildern der Josephslegende ist die nüchterne Mitteilung enthalten, daß Joseph, in dem der Geist der Elohim war, dem Pharao eine Nutzanwendung seines Wissens vorschlagen konnte, die dem Herrscher sehr gefiel.

Als dann die sieben Hungerjahre kamen, waren die Speicher, die Joseph für Pharao gebaut hatte, mit Korn gefüllt. Das Volk bat den Herrscher um Hilfe. Der aber übte sich in vornehmer Zurückhaltung:

Pharao sprach zu ganz Mizrajm: Gehet hin zu Joseph; was euch der sagt, das tut.[416]

Die Auslegungslegende erklärt uns, daß der gütige Joseph nun die verzweifelten, hungernden Menschen vor dem Tod errettete. Aber unter der verschönernden Poesie schreckt die Wahrheit des ursprünglichen Berichtes. Der fünfte Teil ihrer Ernten, der ihnen in den guten Zeiten entgeltlos zum Aufbau der Vorräte entzogen worden war, wurde den Menschen nun wiedergegeben – aber nur gegen Geld:

Und Joseph trieb alles Geld ein, das in Mizrajm und in Kanaan gefunden wurde und nahm es für das Getreide, das er verkaufte. Und Joseph tat alles Geld in das Haus des Pharao.[417]

Es wird wohl doch der Geist unmenschlich-menschlicher Elohim gewesen sein, der in Joseph war. Dieser Geist verließ ihn auch nicht, als die Hungernden kein Geld mehr hatten:

Joseph sprach: Schafft euer Vieh her, so will ich euch um das Vieh (Getreide) geben, weil ihr ohne Geld seid.[418]

Er ließ die Menschen auch nicht umkommen, als sie kein Geld und kein Vieh mehr hatten. Wir wollen hoffen, daß er zumindest einige Sekunden gezögert hat, bevor er die »Bitte« des Volkes erfüllte, als die Menschen ihm zuriefen:

Kaufe uns und unser Land ums Brot, daß wir und unser Land leibeigen seien dem Pharao; gib uns Samen, daß wir leben, und nicht sterben . . .[419]

Die ursprüngliche Überlieferung beschrieb mit diesem Bericht eine wichtige Entwicklungsstufe, auf die unsere Menschheit nicht stolz sein sollte: die Entstehung der Leibeigenschaft, der Sklaverei.

Die Menschen konnten sich gegen die Unterdrückung nicht wehren, wenn ihnen die Mächtigen das Saatgut und die Befruchtung ihrer Herden durch die männlichen Tiere verweigerten. Sie waren der Willkür hilflos ausgeliefert, wenn sich die Wissenden auf die Seite der Mächtigen schlugen.

Im Naturablauf des tierhaften und tierischen Lebens kann es fortdauernde oder gar ererbte Macht nicht geben. Das stärkste Tier kann nur führen, solange es seine Position mit physischer Kraft erfolgreich verteidigt. Die Alte Überlieferung der Bibel lehrt uns, daß im Gemeinschaftsleben der aus der Menge der Adamah hervorgegangenen Kulturmenschen auch den Schwachen volles Lebensrecht zugestanden worden war. Es war die erste Entwicklungsstufe, der »paradiesische« Fortschritt zu einer Lebensordnung, die sich an Begriffen orientierte, die im Leben der Tiere nicht möglich sind: Gleichberechtigung, Gerechtigkeit, Toleranz und Vertrauen.

Die Josephslegende enthält den Bericht über eine andere Entwicklung, die in der Welt der Tiere ebenso unmöglich ist. Die lebende Seele ha Adam wurde zum materiellen Eigentum artgleicher Lebewesen erniedrigt. Dem Leibeigenen wurde nicht gestattet, nach den Empfindungen seiner Seele zu handeln. Er ist »entseelt«, minderwertiger materieller Besitz seines durch eine »lebendige Seele« über ihn gestellten Herrn.

In der Josephslegende wird mit wenigen Sätzen die Entstehung der Sklaverei beschrieben.

Das rechtlos gewordene Volk kann sich aus eigener Kraft nicht befreien, solange die Herrschenden ihrem dienenden Eigentum Besitz untersagen und Wissen vorenthalten. Das unwissende Volk muß seine »zauberkundigen« Herrscher akzeptieren. Auch ein seniler Greis oder ein unmündiges Kind wird unangefochten herrschen können, solange ihm der »Ruach Elohim« das angesammelte Wissen zur Festigung seiner Macht zur Verfügung stellt – solange Joseph ihm dient. Stier und Widder, Lebensstab und Ring waren in den ältesten Zeiten der alten Kulturen die Symbole der Macht. Wer Stier und Widder besaß, konnte die Viehzüchter beherrschen. Die Landbebauer mußten dem gehorchen, der das Saatgut verwaltete. Im Lebensstab war das Wissen und im Ring das Symbol des Herrschers, das Siegel, mit dem das Eigentum gezeichnet und der Wille »besiegelt« wurde.

Und (Joseph) teilte das Volk aus in die Städte, von einem Ende Mizrajm's zum anderen.[420]

Im Text des Sintflutberichtes steht die Klage, daß sich die Menschen nicht immer vom Geist Jhwh leiten lassen werden. Nach ihrer »Errettung« durch Joseph war es den Menschen nicht mehr möglich, nach Jhwh zu leben, auch wenn es ihr sehnlichster Wunsch gewesen wäre. Oder sollte man annehmen, daß bei der Verteilung in die Städte die Familienzusammengehörigkeit der Leibeigenen berücksichtigt worden ist?

Ohne poetisierende Frömmelei gelesen, offenbart der Text, daß Joseph mit gnadenloser Härte über die leibeigen gewordenen Menschen herrschte:

Also machte Joseph ihnen ein Gesetz bis auf diesen Tag über der Ägypter Feld, den fünften Pharao zu geben; ausgenommen der Priester Feld, das wurde nicht Eigentum des Pharao.[421]

Nach der Begegnung mit den Mächtigen seiner Zeit hatte Avram die Schreckensvision, daß »sein Volk«, die Menschen seiner Lebensauffassung, fremd sein würden in dem Land, das nicht ihnen gehört.

Durch Joseph war der Alptraum Wirklichkeit geworden. Die Auslegungstradition lehrt aus dem Sintflutbericht und der Vernichtung der fünf Städte, daß Gott die Katastrophen über die Menschen verhängte, zur Strafe für ihre fleischliche Verderbnis. Soll man wirklich glauben, daß ein gerechter Gott sich über körperliche »Schwächen« seiner – von ihm mit dieser Geschlechtlichkeit erschaffenen – Menschen erregt, aber Gefallen daran findet, wenn ein Kluger sein Wissen mißbraucht, um sein Volk zum rechtlosen Eigentum der Mächtigen zu machen? Im Text der fünf Bücher Mose wird keine größere Sünde, keine schwerere Schuld beschrieben als die Tat des Joseph. Es wäre tief deprimierend, wenn sie mit dem Argument verteidigt würde, Joseph habe nur die Menschen von Mizrajm versklavt, den Kindern Israel aber Gutes getan.

Die Menschen der alten Zeiten haben so auch sicherlich nicht gedacht. Sie haben die Alte Überlieferung, die vom naturgegebenen Recht der Menschen auf Freiheit und von der Verpflichtung aller zu gerechtem Verhalten lehrt, über die Zeiten gerettet. Sie haben diese Gedanken nicht weitergegeben, weil sie der Versklavung eines ganzen Volkes ein Denkmal dankbarer Anerkennung errichten wollten. Wahrscheinlich sollte das Schicksal der Menschen in Mizrajm für alle Zeiten Warnung sein. Nur wenn Wissen und Gerechtigkeit Besitz aller Menschen sind, wird es den Mächtigen nicht wieder gelingen können, mit der Hilfe willfähriger oder opportunistischer Elohim das Volk zu entrechten.

Zur Geschichte der Stämme des Volkes Israel gibt es kaum außerbiblische Quellen. Wir wissen von ihnen aus der Zeit vor der »Landnahme« nichts. Dem überlieferten Bibeltext ist aber zu entnehmen, daß sie zu irgendeinem Zeitpunkt die Tradition der

Alten Überlieferung übernommen haben, und wir wissen auch, daß der Freiheitswille dieses Volkes, bis zur Tragödie von Massada, unbändig gewesen ist. Ich glaube, es ist kein Zufall, daß es in diesem Volk nie einen Stamm Joseph gegeben hat. Nur wenige Texte und Einfügungen aus der Spätzeit spielen auf diesen Namen an.

Im Hauptteil der Josephslegende kommt der Name Jhwh nicht vor. Joseph sprach den Namen nie aus. Er gehörte nicht zur Welt des Namens Jhwh. Seine Welt war bestimmt vom Geist der Elohim.

Avram, der den Geist des Namens Jhwh predigte, erkannte im Thardema, daß er der Machtgier derer nicht widerstehen können würde, die vom Ruach Elohim besessen waren.

Gen. 15.13

Da sprach er zu Avram: Das sollst du wissen, daß dein Same wird fremd sein in einem Lande, das nicht sein ist; und da wird man sie zu dienen zwingen, und plagen vierhundert Jahre.

Durch Joseph mußten die Menschen einander fremd werden, denn er hat sie »ausgeteilt« über die Städte des Landes. Die Umsiedlung der unterworfenen Menschen ist das beste Mittel, die Herrschaft zu sichern. Familien und Freunde werden auseinandergerissen. In neuer Umgebung sind die Menschen einander fremd. Sie wagen es nicht, einander zu vertrauen, denn keiner kennt den anderen.

Da sprach Joseph zu dem Volk: Siehe, ich habe heute gekauft euch und euer Land dem Pharao; siehe, da habt ihr Samen und besät das Feld.[422]

Das Verhalten des als rein und gottesnah verherrlichten Joseph scheint schon vor 2000 Jahren mit Unbehagen betrachtet worden zu sein, denn in der jüdischen Tradition gibt es eine ergänzende Überlieferung, in der es heißt, Joseph hätte später das Land den Menschen wieder zurückgegeben. Flavius Josephus ergänzte daraus den biblischen Bericht: »Die große Not führte schließlich dazu, daß man nicht nur den Leib, sondern auch die Seele verkaufte und so gezwungen war, auf unsittliche Weise sein Leben zu fristen. Als aber endlich die Hungersnot nachließ, der Fluß das Land wieder überschwemmte, und dieses wieder reichlich Frucht erzeugte, begab sich Joseph zu jeder Gemeinde, rief das Volk zusammen und gab das Land, das dem König abgetreten worden war, und von dem er allein die Nutznießung hatte, den früheren Eigentümern zurück. Diese mahnte er, wohl zu bedenken, daß das Land von Rechts wegen Eigentum des Königs sei; sie sollten sich also dessen Bebauung nicht dadurch verdrießen lassen, daß sie fortan den fünften Teil des Ertrages an den König abliefern müßten.«[423]

Auf den eigentlichen Sinn reduziert, besagt aber auch diese Milderung der Taten Josephs nur, daß er die Umsiedlung rückgängig gemacht und die Menschen wieder auf das Land zurückgelassen hat, das ursprünglich ihr Eigentum gewesen war. Daß die Leibeigenschaft wieder aufgehoben worden ist, behauptet auch Flavius Josephus nicht.

Mose

Die Hirten

Ex. 1.8
Da kam ein neuer König auf in Ägypten [mizrajm], der wußte nichts von Joseph.
In der Auslegungstradition ist das an die Genesis anschließende Buch Exodus zum National-Epos des jüdischen Volkes geworden. Die wunderbare Geschichte vom Auszug aus Ägypten wird am Seder-Abend des Pesach-Festes erzählt. Mit ihr sollen die Menschen gemahnt werden, den Glauben nicht zu verlieren und dem Gott die Treue zu halten, der das Volk so wunderbar errettet hat.
Die Religionen aller Völker entstanden auf der Grundlage der Mythen und Legenden, die als Erfahrungen und Lehren aus realen, aber weit zurückliegenden und verklärten Ereignissen der Geschichte abgeleitet worden sind. Mythen können mit Perlen verglichen werden, die in der sehnsuchtsvollen Phantasie eines Volkes rund um einen Kern realer geschichtlicher Ereignisse gewachsen sind. Die Perlen wären ohne diesen Kern nicht entstanden. Sie haben aber in der langen Zeit ihres Wachsens eigenen Wert entwickelt, der von Perlenliebhabern unabhängig von der Bedeutung des auslösenden Kernes beurteilt wird. Die Analyse des Kernes ist deshalb keine Herabsetzung der Perle. Sie dient nur der Orientierung, denn wenn der Weg in die Zukunft nicht mehr klar erkennbar ist, hilft es zu wissen, wo er begonnen hat, damit wir nicht dorthin zurücklaufen, woher wir gekommen sind.
Wer die biblische Überlieferung liebt und ihre Bewahrer bewundert, sucht mit bangem Herzen den geschichtlichen Hintergrund zu den Versen 29 und 30 im zwölften Kapitel des Buches Exodus.
Ex. 12.29
Und zur Mitternacht schlug der Herr [jhwh] alle Erstgeburt in Ägyptenland [aretz mizrajm] von dem ersten Sohn des Pharaos an . . . bis auf den ersten Sohn des Gefangenen im Gefängnis und alle Erstgeburt des Viehs. (30) . . . Und ward ein groß Geschrei in Ägypten; denn es war kein Haus, da nicht ein Toter innen wäre.
Erleichtert darf man aber feststellen, daß es in den 3000 Jahren der altägyptischen Geschichte ein derart blutrünstiges göttliches Strafgericht zugunsten eines anderen Volkes nicht gegeben hat. Diese schrecklichen Bibelverse, in denen der Tod der unschuldigen Erstgeburt eines gesamten Volkes bejubelt wird, sind Erfindung und wurden erst spät in die Überlieferung eingefügt. Die Intention der einfügenden Textredakteure ist zu verstehen. Sie erlebten den Schmerz des eigenen Volkes über den Verlust der heiligen Stadt Jerusalem und ihres Tempels. Sie sahen die Leiden der verstreuten und rechtlos gewordenen Menschen. Es gibt zahlreiche Beschreibungen

über die Grausamkeiten, die in der Verfallszeit des Altertums an versklavten Feinden verübt worden sind. Der Gedanke, daß auch blutige Rache Trost für eigene Leiden sein kann, klingt in den Schriften und Einfügungen der Auslegungszeit nicht selten an. Nach Auschwitz aber sollten diese Gedanken nicht weiter in die Zukunft gesät werden.

Ex. 1.13

Und die Ägypter zwangen die Kinder Israel zu Dienst mit Unbarmherzigkeit.
Auch das ist eine bedrückende Erfahrung: Die Autoren der Auslegungszeit haben dem Geschick der von Joseph entrechteten Menschen nicht einen einzigen Gedanken zugewandt, als sie das Leid der Kinder Israel wortreich beklagten. Das Leid der Sklaven Josephs war von den Herzen und Hirnen der Auslegungsredakteure nicht wahrgenommen worden, obwohl es alle Menschen betroffen hatte, mit Ausnahme der Priester.[424] Man ist versucht, manchen Auslegungsgelehrten zu unterstellen, sie wären der Meinung gewesen, die Verbrechen eines Menschen bedeuten nichts, wenn der Verbrecher keusch geblieben ist.

Im Bibelleser entsteht durch die Auslegungsfabel der falsche Eindruck, das Volk der »Ägypter« hätte in Freiheit gelebt und nur das Volk Israel wäre unterdrückt gewesen. Es waren aber alle Menschen in Mizrajm durch Joseph ihres Eigentums beraubt und rechtlos geworden. In die Lebensbeschreibung dieses Sklavenvolkes fügt sich nahtlos der Satz: Und die Bnj ha Elohim nahmen von den Töchtern der Menschen, welche sie wollten.

Fragmente der Alten Überlieferung, die am Anfang des Buches Exodus stehen, haben unzweifelhaft die Zeit vor der großen Katastrophenfolge beschrieben, da die Nephiljm auf Erden waren und die Bnj ha Elohim unbeschränkte Macht über die rechtlosen Menschen hatten.

In der Textfolge und der Auffassung der Auslegungstradition scheinen die fünf Bücher eine klare Ereignisfolge und eine lückenlose Geschichte des Volkes Israel zu enthalten:

In den Hungerjahren nimmt der mächtige Joseph seinen Vater Jakob/Israel und seine elf Brüder mit deren Familien in Ägypten auf. Es sind insgesamt 70 »Seelen«.

Nach Josephs Tod vergehen die 400 Jahre der Knechtschaft, die Avram/Abraham in seiner Schreckensvision vorhergesehen hat. Danach befreit der Prophet Mose das Volk aus der »ägyptischen« Knechtschaft. Nach einer 40 Jahre dauernden Wanderung durch die Wüste erobern die zwölf Stämme der Söhne Jakobs, unter der Führung des Propheten Josua, das »Gelobte Land« Kanaan. Das ist die Legende der Auslegungstradition.

Geschichtlich erwiesen ist davon nichts. Wir wissen nur, daß es am Ende des zweiten Jahrtausends vor der christlichen Ära im Land Kanaan einen Stammesbund gegeben hat, der in den rekonstruierten Schriften der Überlieferung auch »Volk Israel« genannt wird.

In den biblischen Texten wurde die Verbindung des Namens Israel mit der Väterfolge Abraham, Isaac und Jakob geschaffen, indem Jakob am Fluß Jabbok von einem Engel geboten wird, sich hinfort Israel zu nennen. Ein Zusammenhang zwischen den »Kindern Israel« und Joseph wurde nur durch die in der Spätzeit verfaßte Legende vom keuschen Jüngling Joseph geschaffen.

In den Texten der fünf Bücher werden die Väter Abraham, Isaac und Jakob niemals als Evräer bezeichnet, aber Joseph gehörte zum Volk *evär*. Keiner der Söhne Jakobs wurde in den fünf Büchern Mose mit dem Volk Evär in Verbindung gebracht.

Man muß bis zum Namen Avram zurückgehen, bis man wieder auf das Wort *evär* stößt. Das zeigt, daß Joseph zur Zeit Avrams gehört.

Mose und die Menschen, die er befreite, wurden ebenfalls Evräer genannt. Als Mose von Elohim geboten wurde, das Volk in die Freiheit zu führen, erhielt er die Anweisung, sich auf »Jhwh, der Ebräer Gott«, zu berufen.[425]

Die Texte weisen Avram und Lot eindeutig als zugehörig zum Volk Evär aus[426] und ebenso Joseph[427]. Der vierte, von dem geschrieben ist, daß er Evräer war, ist Mose[428]. Als er zur Befreiung des Volkes aufgerufen wurde, erhielt er den Auftrag, mit dem Pharao im Namen Jhwh, dem Gott des Volkes Evär, zu sprechen. Die Namen Jhwh und Evär gehören zusammen.

Die Väter Abraham, Isaac und Jakob haben den Namen Jhwh nicht gekannt. Sie wurden auch niemals Evräer genannt.

Joseph hingegen hat sich selbst als Evräer bezeichnet. In seiner Geschichte kommt der Name Jhwh aber nicht mehr vor. Er war wohl ein Nachkomme des Volkes, das nach dem Geist des Namens leben wollte, aber er hatte sich vom Geist des Namens, den Avram lehrte, zu weit entfernt.

Die Menschen Evär waren das Geschlecht vor den Menschen Peleg, zu deren Zeit die Welt »zerteilt« wurde. Avram, Joseph und auch Mose gehören zu den in der Alten Überlieferung erwähnten »berühmten Leuten der alten Zeiten«.

In der Tradition gibt es vier Deutungen für den Namen *evär*. Die simpelste ist die des Mittelalters. Die »Ebräer« galten als Nachkommen von Eber *(evär)*, der im Geschlechtsregister[429] als Urenkel Sems und sechste Generation vor Abraham aufgeführt wird. Die zweite ist eine wissenschaftliche Verfeinerung der ersten. Danach soll *evär* oder *ivri* (Hebräer) die Bezeichnung einer ganzen Völkergruppe gewesen sein, zu der auch die Stämme der Kinder Israel gehörten.[430] Die dritte Version stützt sich auf die schon erwähnte Ableitung von der Wortbedeutung »vom jenseitigen Land«. In der Tradition ist dieses jenseitige Land das Gebiet jenseits des Flusses, aus dem der Patriarch Abraham nach Kanaan eingewandert sein soll. Eine vierte Deutungsmöglichkeit ergab sich aus dem Fund der Hieroglyphenschrift aus der Amarna-Zeit.[431] Das Wort »Hapiru« wurde als ägyptische Bezeichnung der Hebräer gedeutet, soll aber wahrscheinlich nur »Wanderer« heißen.[432]

In den fünf Büchern Mose werden die Evräer nur selten erwähnt. Darüber hinaus gibt es nur im ersten Buch Samuel acht Verse, die den Namen Evräer enthalten.[433] Sie beschreiben Kämpfe der eingewanderten Stämme gegen die Philister. Bei Eben-Ezer verloren die Evräer eine Schlacht. Die Philister erbeuteten die heilige Bundeslade mit den Gesetzestafeln, die Mose, nach Zerstörung der ersten, auf dem Berg zum zweiten Mal empfangen hatte. Dies soll in der Zeit vor König David geschehen sein. Es wird nicht zur realen Geschichte gerechnet.

In Berichten über die historische Zeit nach David und Salomo kommt der Name Evär nicht mehr vor. Er wurde erst sehr spät, vermutlich in der Rekonstruktionszeit, in den Sprachgebrauch aufgenommen und für die Sprache der Heiligen Schriften verwendet; davor war die Sprache *jehudit* (judäisch) genannt worden.[434]

Da zu Pelegs Zeiten die Welt geteilt worden sein soll und *evär* die Menschen bezeichnet, die vor der Teilung lebten, sollte dieser Name als Bezeichnung für die Menschen aufgefaßt werden, die im »jenseitigen Land«[435] gelebt haben, jenseits der Meere, die nach der Flutkatastrophe das trockene Land »geteilt« hatten.

Der Name Evär führt in die Zeit vor der großen Katastrophenfolge zurück. Er bezeichnet das Volk schlechthin: die Menschen, die nach dem Geist des Namens

Jhwh leben wollten, aber von den Elohim entrechtet und zu minderwertigen Dienern und Sklaven gemacht worden sind. Das Volk Evär ist vermutlich die Gesamtheit der von Joseph in die Leibeigenschaft gezwungenen Menschen, die als »geistige Nachkommen« von Avram unendlich lange Zeit in Knechtschaft leben mußten, auf dem Boden, der nicht ihnen gehörte. Erst durch den Propheten Mose wurden sie in die Freiheit und zum Geist des Namens Jhwh zurückgeführt.

Ex. 1.15
Und der König in Ägypten [mizrajm] sprach zu den ebräischen [ha < '>vrjth] Wehmüttern . . . (16) Wenn ihr den ebräischen Weibern helft, und auf dem Stuhl sehet, daß es ein Sohn ist, so tötet ihn; ist's aber eine Tochter, so laßt sie leben.

Die Alte Überlieferung teilt uns in diesem einen Satz die Konsequenz der Leibeigenschaft mit, durch die es den Menschen Evär nicht mehr möglich war, nach dem Geist Jhwh zu leben.

In Anbetracht dieser Lebensbedingungen sollte man Sarajs Bekenntnis, »Jhwh hat meinen Leib verschlossen, daß ich nicht gebären kann«, getrost als einen im Geist des Namens Jhwh gefaßten Entschluß verstehen, aus Verantwortungsbewußtsein und Liebe zu den Ungeborenen keine Kinder in diese Welt zu setzen.

Von der Auslegungstradition wird immer wieder das Bild einer Welt beschworen, die ursprünglich vollkommen gewesen ist, deren Harmonie aber durch den von der Schwäche des Weibes herbeigeführten Sündenfall zerstört wurde.

Die Verfasser der Alten Überlieferung haben die Frauen anders gesehen. Sie wollten uns zeigen, daß es den geistigen Aufstieg zur menschlichen Entwicklung ohne den Mut der Frauen nicht gegeben hätte.

Als alle neugeborenen Knaben ertränkt werden sollten, waren es die Mütter, die den Befehl des Königs nicht befolgten. Sie ließen ihre Söhne leben, und die »Wehmütter« halfen ihnen dabei.

Ex. 1.20
Darum tat Gott [elohim] den Wehmüttern Gutes. Und das Volk mehrte sich, und ward sehr viel. (21) Und weil die Wehmütter Gott [ha elohim] fürchteten, baute er ihnen Häuser.

Die kindliche Deutung des Begriffes *elohim,* die an dieser Stelle den Eindruck erweckt, der Schöpfungsgeist hätte sich als Mensch materialisiert und wäre zur Erde herabgestiegen, um zwei Hebammen ein Haus zu bauen, verniedlicht eine grausame Episode der Menschheitsgeschichte.

Die »Wehmütter« fürchteten nicht Gott, sondern die Elohim, die Mächtigen, deren Befehle sie mißachteten. Die Auslegungsredakteure deuteten als göttliche Wohltat, was vermutlich ein schrecklicher Auswuchs des Machtwahns der Bnj ha Elohim war. Die Elohim bauten den Hebammen Häuser, in denen sie und die gebärenden Frauen besser zu überwachen waren. Die Frauen mußten dort unter »staatlicher Kontrolle« gebären.

Die sumerischen und altbabylonischen Mythen erwähnen »Häuser der Gebärenden«, die es in der Zeit vor der Flut gegeben haben soll, als die Götter noch auf der Erde lebten.[436]

Die Alte Überlieferung berichtet, daß solche Häuser gebaut wurden, als die Herrschenden befohlen hatten, alle neugeborenen Knaben des Volkes Evär zu töten.

Eine Frau des Volkes Evär legte ihren heimlich geborenen Sohn, als sie ihn nicht länger verbergen konnte, in eine Thevah.[437] Eine andere Frau, die Prinzessin aus Mizrajm, rettete die Thevah aus dem Wasser. Als sie erkannte, daß das Kind ein

Knabe war, widersetzte auch sie sich dem Befehl des Königs und ließ ihn leben. Das Grundmotiv der Alten Überlieferung ist hier wieder sehr deutlich zu erkennen. Die Menschen sollen zur Toleranz geleitet werden, zu der Erkenntnis, daß es ein Vorurteil gegen Menschen wegen ihrer Abstammung oder ihrer Herkunft, im Geist des Namens Jhwh nicht geben soll. Eine »Prinzessin aus Mizrajm« nahm das Kind aus der Thevah auf. Der zukünftige Retter des Volkes blieb also nur durch die Menschlichkeit einer »Feindin« am Leben.

Mit diesen Gedanken ist die Verherrlichung eines blutrünstigen, menschengleichen Himmelstyrannen nicht in Einklang zu bringen. Vom Gott der Auslegung wird berichtet, daß er wie ein von Blutrache getriebener Mensch durch das Land tobte und alle Erstgeburt des Volkes von Mizrajm tötete. Es gab kein Haus, so berichten die Auslegungsredakteure stolz, in dem nicht ein Toter war; also auch im Hause der Prinzessin, die dem späteren Propheten Mose das Leben gerettet hat.

Die Alte Überlieferung wollte lehren, daß sich niemand vom Hochmut des Glaubens oder vom Stolz über seine Herkunft dazu verleiten lassen darf, andere wegen ihrer Lebensauffassung oder Glaubensformen, wegen ihrer Herkunft oder Kastenzugehörigkeit zu verachten oder zu verfolgen. Wir finden den Gedanken der Toleranz im Schicksal Kains. Im Geist des Namens Jhwh wurde verboten, den Brudermörder zu töten, weil auch ihm die Möglichkeit zu Erkenntnis und Wandlung nicht genommen werden durfte. Kain erkannte später seine Frau als gleichberechtigte Lebenspartnerin und fand dadurch zum Geist der Menschlichkeit. Der gerechte Noach aber irrte in der Katastrophe im Weingarten der Adamah.

Auch wer den Geist erkannt hat, ist nicht berechtigt zum Hochmut über andere, denn er selbst bleibt stets gefährdet, unter dem Druck von Not und Gewalt in die tierhafte Egozentrik der Adamah zurückzufallen. In einer Zeit der Not war Avram schwach, gab Saraj als seine Schwester aus und ließ es zu, daß ein Mächtiger sie in sein Haus nahm. Dieser Mächtige kannte den Namen nicht, von dem Avram predigte, aber er nahm den Geist der Menschlichkeit auf und ließ Saraj frei. Die Prinzessin aus Mizrajm, die den Namen Jhwh nicht kannte, widerstand dem Willen der Mächtigen und rettete den Knaben.

In all diesen Episoden zeigen uns die Fragmente der Alten Überlieferung, daß nicht Herkunft oder Lebensart über den Wert des Menschen entscheiden dürfen, sondern nur sein Verhalten gegenüber Andersdenkenden, Abhängigen und Schwächeren.

Die Prinzessin gab dem Kind den Namen Mose (*mschh*). Das soll heißen »der aus dem Wasser Gezogene«. Die Silbe *ms* ist seit dem Neuen Reich[438] in vielen ägyptischen Namen enthalten. Ihre Bedeutung gehört meistens dem Begriffsbereich »Begabung« und »Erinnerung« an.

In der griechischen Sprache ist der Konsonantenstamm *ms* im Wort *musai* enthalten. Die Musen waren die Bewahrer des Wissens und der Erinnerung. Auch die hebräische Erklärung, die dem »ägyptischen« Namen Mose gegeben wird, deutet auf eine Beziehung zu diesen Begriffen hin. In der hebräischen Sprache sind die Begriffe Wasser und Zeit nahe verwandt. Mose, der aus dem Wasser Gezogene, könnte auch »der über die Zeiten Gerettete« heißen.

Die Menschen Noach retteten in einer Thevah die »Tiere«, die das Weiterleben des Geistes nach der Katastrophe sichern sollten, aus dem Wasser – oder über die Zeiten. Die Frauen Evär und die Prinzessin aus Mizrajm bewahrten die Tradition Chawa, die auch in Not und Lebensgefahr nicht endende Liebe. Deshalb, so meine ich, ist der Name Mose mit dem Begriff »Nächstenliebe« untrennbar verbunden.

Mose wuchs im Hause der Prinzessin von Mizrajm auf. Auch in seinem Leben war zunächst Elohim der bestimmende Autoritätsbegriff. Aus Evär, seiner Herkunft, und seiner Erziehung Mizrajm, war die Bereitschaft in ihm, für seinen Nächsten einzutreten. Aber er handelte noch nach dem Gesetz der Elohim.

Als er beobachtete, wie ein Aufseher einen Mann aus dem Volk Evär quälte, erschlug er ihn. Nach dem Mord flüchtete er nach Midian.

Es gibt Menschen, die zu wissen behaupten, daß Midian auf der Halbinsel Sinai oder im Norden des heutigen Saudi-Arabien angenommen werden muß. Ich vermute, daß sie sich irren, denn wir müssen uns dieses Geschehen, nach meiner Überzeugung, in einer viel früheren Zeit vorstellen und in Gebieten, die von Katastrophen verwüstet und vermutlich teilweise vom Meer überflutet worden sind.

Alle Geschehnisse der Vergangenheit, von denen die Alte Überlieferung berichtet, wurden von den Redakteuren der Spätzeit in die unmittelbare Umwelt und in die aus der Rekonstruktion errechnete Lebenszeit der Stämme Israel projiziert. Danach wurden die Texte entsprechend ergänzt.

Auch wenn dies nicht geschehen wäre, könnten wir aus den Angaben der Alten Überlieferung die Geographie der alten Zeiten kaum rekonstruieren. Wo die alten Namen und Begriffe erhalten sind, wie beim Berg der Gesetzesverkündung, Horeb (*chrvh*)[439], können wir sie nirgends einordnen, sie bleiben uns fremd.

Auch in Midian, dem bisher nicht identifizierbaren Land, in das er flüchtete, trat Mose für das Lebensrecht der Schwachen ein. Als die Töchter Reguels, des Priesters in »Midian«, ihre »Schafe« an dem Brunnen tränken wollten, an dem Mose wohnte, wurden sie von fremden »Hirten« weggestoßen. Mose half den Mädchen, ihre Schafe an dem Brunnen zu tränken. Daheim erzählten sie, daß ein »Mann aus Mizrajm« (*isch mzrj*) ihnen geholfen hätte. Der Priester Reguel lud Mose ein, bei ihm zu wohnen, und gab ihm seine Tochter Ziporah zur Frau.

Aus dieser Beschreibung darf man vermuten, daß auch Reguel und die Menschen seiner Lebensauffassung, so wie Noach, »abgesondert und verlacht von den ha Elohim ihrer Zeit«[440] lebten und wie Avram versuchten, der zunehmenden Unterdrückung zu entgehen.

Der Begriff »Brunnen« ist auch Synonym für ein »Heiligtum«, als unerschöpfliche Quelle zur Stärkung des Glaubens. Wie bei den Menschen Habel könnte auch in dieser Episode der Alten Überlieferung das Wort »Hirte« als Bezeichnung für Menschen zu verstehen sein, die bereit waren, als »Hüter der Schwachen« für deren Rechte einzutreten. Das würde bedeuten, daß es ursprünglich geheißen haben könnte, männliche »Hirten« wollten nicht zulassen, daß weibliche »Hirten« mit ihren Schutzbefohlenen ein Heiligtum betreten, aber Mose setzte sich für die Frauen ein und verhalf ihnen zu ihrem Recht.

Sieht man die Geschichte der Begegnung von Ziporah und Mose aus dieser Perspektive, so ist es weit weniger verwunderlich, daß Ziporahs Vater der Heirat seiner Tochter mit einem Fremden so rasch und vorbehaltlos zustimmte.

Wer den Gedanken absurd findet, daß Frauen in der biblischen Tradition als »Hirten«, als Pastoren, fungiert haben sollten, der muß seine Bibel noch einmal lesen. Mose und Aarons »Schwester« Mirjam war eine Prophetin (*ha nbj<a>h*).[441] Ihr oblag es, nach der Rettung des Volkes für die Frauen den Dank an Jhwh zu singen. Die Frage, ob wir die Begriffe »Bruder« und »Schwester« als Ausdruck leiblicher Verwandtschaft aufzufassen haben, muß offenbleiben. Ich halte es aber für wahrscheinlich, daß damit vor allem eine enge geistige Beziehung beschrieben werden sollte.

Im Namen Reguel ist der Wortstamm enthalten, der »Hirte« bedeutet. An anderer Stelle wird für Moses Schwiegervater der Name Jethro angegeben.[442] »Jethro« könnte der Name gewesen sein, »Reguel« die Beifügung, Jethro – Hirte Gottes *(el).*

Der Name Ziporah ist die weibliche Form des Wortes Vogel.[443] Im Text der Auslegungstradition wird die Frau des großen Propheten nur stiefmütterlich behandelt. Das wenige, das wir aus dem Text über sie erfahren, bleibt meist rätselhaft. Während der späteren Wanderung durch die verwüstete Welt empören sich Aaron und Mirjam gegen Mose:

Num. 12.1
Und Mirjam und Aaron redeten wider Mose um seines Weibes willen, der Mohrin, die er genommen hatte, darum daß er eine Mohrin zum Weibe genommen hatte.

Wir sollten daraus nur entnehmen, daß Ziporah unter den Menschen des Volkes Evär fremdartig gewesen ist.

Der Name Ziporah – Vogel – weckt Assoziationen zu vielen rätselhaften Darstellungen und Legenden aus den frühesten Zeiten der alten Kulturen, von fliegenden Wesen, Vogelmenschen und vogelköpfigen Göttern. In den Mythen der Indianer gibt es die Donnervögel, in den chinesischen Sagen die Drachen, auf der Osterinsel die Vogelmenschen und die Langohren und in der altägyptischen Mythologie von Heliopolis den Vogel Benu *(bnw)*, den die Griechen Phönix nannten.

In den Bildzeichen der ägyptischen Hieroglyphen sind Vögel wichtige Symbole. Ein Vogel (Gans) mit darüberstehender Sonnenscheibe bezeichnet den König als Sohn des Sonnengottes. Der Vogel Ibis ist das Zeichen für Dahuti *(dhwtj)*, den Gott des Wissens und der Schrift. Die Griechen nannten ihn Thot.

Diese Anmerkungen sollen nicht mehr sein als weitausholende Gedanken, um das wenige zusammenzufassen, das bei der Suche nach festeren Anhaltspunkten zu Herkunft und Bedeutung des Namens Ziporah vielleicht Orientierung geben kann. Dem überlieferten Bibeltext ist zu entnehmen, daß Ziporah und Mose in Midian in monogamer Ehe lebten, wahrscheinlich in gleichberechtigter Partnerschaft und gemeinsamer Verantwortung für die Familie.

Ex. 3.1
Mose aber hütete die Schafe Jethros, seines Schwähers[444]*, des Priesters in Midian, und trieb die Schafe hinter die Wüste.*[445]

Mose war im Haus des »Hirten« Jethro wohl eher ein Hirte von der Art der Menschen Habel geworden. Der hebräische Begriff *midbar,* der im allgemeinen mit »Wüste« übersetzt wird, gilt auch als Sinnbild dieser Welt.[446] Ein von ha Elohim beherrschtes Volk, dessen Menschen den Herrschern leibeigen sind, lebt in diesem Sinne zweifellos in einer Wüste. Die Schafe, die Mose »hinter« die Wüste führte, könnten Sklaven aus Mizrajm gewesen sein, denen die Flucht gelungen war; verzweifelte Menschen, die sich zu denen retteten, die abgesondert von den ha Elohim im Geist des Namens Jhwh lebten.

Am Berg der Elohim Chorevah (*el-har ha elohim chorevah*)[447] erreichte Mose eine Botschaft.

In der Auslegungstradition wird dieser Ort »Berg Gottes Horeb« genannt. Es bleibt, solange wir nicht mehr darüber wissen, unserer Phantasie überlassen, den Begriff *har* (Berg) zu deuten. Es mag uns dabei trösten, daß wir auch zu den Tempelhochbauten in Mesopotamien und in Mittelamerika noch keine Erklärungen gefunden haben. Wir nehmen an, daß die Priester daran glaubten, auf der obersten Fläche, in Trance, mit den Göttern in Verbindung treten zu können. Was sie danach dem Volk verkündeten, galt als Stimme und Botschaft der Götter. Am Berg Elohim Chorevah soll Mose die Stimme seines Gottes gehört haben:

Ex. 3.4

Da aber der Herr [jhwh] sah, daß er hinging, zu sehen, rief ihm Gott [elohim] aus dem Busch und sprach: Mose, Mose! Er antwortete: Hie bin ich.

Ein Elohim rief Mose im Namen Jhwh.[448] Mose sollte selbst Elohim werden, und die Mächtigen von Mizrajm im Geist des Namens Jhwh auffordern, dem Volk Evär die Freiheit zu geben.

Ex. 7.1

Der Herr [jhwh] sprach zu Mose: Siehe, ich habe dich einen Gott [elohim] gesetzt über Pharao; und Aaron, dein Bruder, soll dein Prophet sein.

Der Bibelvers, in dem Mose den Rat bekommt, den redegewandten Aaron zum Volk sprechen zu lassen, lautet:

Und er soll für dich zum Volk reden; er soll dein Mund sein, und du sollst sein Gott [elohim] sein.[449]

Der Wortlaut beweist, daß Elohim nicht nur ein anderes Wort für Jhwh ist. Niemand würde auf den Gedanken kommen, für diese Stelle die Übersetzung vorzuschlagen: »Er soll dein Mund und du sollst sein Jhwh sein.«

In der Alten Überlieferung ist Jhwh der über allen stehende Begriff, der Geist, den kein Lebender sehen wird, dem die Menschen keine anderen Götter (Elohim) gleichsetzen dürfen. Elohim aber ist die Bezeichnung für Menschen, die über anderen Menschen stehen und zu ihnen im Namen von Göttern sprechen.

Der Bibelvers, der von der Berufung des Propheten Mose aus dem brennenden Dornbusch berichtet[450], sagt aus, daß die Autoren überzeugt waren, der Geist Jhwh sei gegenwärtig gewesen, habe aber durch den Mund eines Priesters, eines Elohim, zu Mose gesprochen, denn es heißt, ein Engel – also ein Bote – Jhwhs erschien Mose in der Flamme.

Nach Auffassung der Auslegungstradition ist der 2000 Meter hohe Berg im Süden der Halbinsel Sinai die Stätte der Berufung und der Verkündung des Gesetzes. Dabei bleibt freilich ungeklärt, weshalb in den Texten der jüngeren Schicht zwar hin und wieder der Berg Sinai genannt wird, in den wichtigsten Textpassagen aber mehr vom *har ha elohim chorevah*, vom Berg der Elohim Chorevah (Horeb), zu lesen ist.

Man schätzt die Beziehung der alten Autoren zu ihrer Überlieferung sehr gering ein, wenn man ihnen unterstellt, sie hätten für ihren Gott, für die Menschen und die heiligsten Orte ihrer Geschichte verschiedene Namen zu Verfügung gehabt und jeweils den verwendet, der ihnen im Augenblick der Niederschrift am besten gefiel. Wir sollten darauf verzichten, die Namen Chorevah und Sinai für verschiedene Bezeichnungen des heute »Mount Sinai« genannten Berges zu halten. Die Namen bezeichnen zwei völlig verschiedene geographische Punkte. Der eine ist uns bekannt. Vom Berg ha Elohim Chorevah wissen wir nichts.

Durch das Wissen, das Mose am Berg ha Elohim empfing, und durch die Kenntnisse, die ihm dort vermittelt wurden, konnte er vor dem Herrscher von Mizrajm und dessen zauberkundigen Priestern und Magiern als »Wissender«, als Elohim, erscheinen.

In der Auffassung der Auslegungstradition berief Gott, nachdem die 400 Jahre

Knechtschaft abgelaufen waren, den Propheten, weil das Schreien »seines Volkes« bis zu ihm gedrungen war. Man muß sich fragen, weshalb die Redakteure ihren allmächtigen Gott in das Bild eines alternden, eitlen, rachsüchtigen, aber vor allem auch sehr vergeßlichen Patriarchen zwängten.

Ex. 3.7

Und der Herr [jhwh] sprach: Ich habe gesehen das Elend meines Volkes in Ägypten [mizrajm], und habe ihr Geschrei gehört über die, so sie drängen; ich habe ihr Leid erkannt.

Die Interpreten der Auslegungstradition unterstellen ihrem Gott, er hätte Avram im Thardema das Schicksal gezeigt, das dessen Nachkommen bestimmt war, dieses Volk dann aber vergessen, denn die Menschen mußten ihn durch ihr »Geschrei« erst wieder auf sich aufmerksam machen.

Man muß die Beschreibung dieses Gottesbildes mehrmals lesen. Dann wird man dankbar sein, daß es das Gebot gegen die »falschen Bilder« gibt. Es befreit uns von der Pflicht, das düstere Bild willkürlicher Despotie anzubeten, das uns die spätbabylonischen, neuplatonischen Gelehrten aufgezwungen haben.

Die Elohim in Midian, von denen Mose den Geist Jhwh lernte, kannten die Not der Menschen in Mizrajm. Reguel hätte sonst Mose, den »Mann aus Mizrajm«[451], nicht aufgenommen, und die Elohim am Berg ha Elohim Chorevah hätten ihn nicht aufgerufen, das Volk Evär aus Mizrajm zu retten.

Wie die Elohim der Menschen Noach und die warnenden Boten in Sodom, sahen auch sie eine unaufhaltsame Katastrophe kommen. Ausgestattet mit diesem Wissen, sollte Mose die Mächtigen in Mizrajm überzeugen, daß sie dem Volk erlauben sollten, sich zu retten, weil die unausweichliche Katastrophe ihre Herrschaft über die Menschen des Volkes Evär ohnehin beenden würde.

Mose mußte versuchen, die Menschen des versklavten Volkes vor der Katastrophe aus dem gefährdeten Land zu führen. Für ihre Warnung erwarteten die Elohim auch eine Gegenleistung:

Wenn du mein Volk aus Mizrajm geführt hast, werdet ihr Gott [elohim] opfern auf diesem Berg.[452]

Das Opfer wurde nicht für Jhwh verlangt, sondern für die Elohim. Die Schöpfungsmacht des Universums wird damit aber kaum gemeint sein, denn sie ist auf materielle Opfer der Menschen nicht angewiesen. Die Naturgesetze sind durch geschlachtete Opfertiere nicht zu beeinflussen. Die Menschen aber, die mit ihrem Wissen als Priester, Richter und Heilkundige, eben als »Hirten«, ihren Schutzbefohlenen dienen, müssen leben. Sie bestreiten ihren Lebensunterhalt aus den Gegenleistungen ihrer »Schafe«. Die Elohim ernähren sich von den Opfern der Menschen.

Aus allen diesen Gedanken ergibt sich, daß »Berg ha Elohim« die Bezeichnung für einen ständigen oder zeitweiligen Aufenthalts- oder Kultort von Elohim des Namens Jhwh gewesen sein muß.

Die Elohim rüsteten Mose mit den Kenntnissen und Mitteln aus, die ihn instand setzen sollten, mit den Mächtigen in Mizrajm zu verhandeln. Welche »Zaubermittel« ihm übergeben wurden, ist dem Text nicht zu entnehmen. Es wird nur der »Stab Gottes«[453] erwähnt, ein Requisit, das die Phantasie der Menschen zu immer neuen Interpretationen angeregt hat. Aus den wenigen Andeutungen in den Texten ist es nicht möglich, eine vernünftige Vorstellung zu entwickeln. Das hebräische Wort *mateh ha Elohim* ist dem ägyptischen *mdw ntr* ähnlich. *mdw* war das Zepter der ägyptischen Götter. *mdw ntr* kann »Stab der Götter« heißen oder »Wort Gottes«. Es bezeichnete aber auch die alten, in Hieroglyphen geschriebenen, heiligen Schriften.[454]

Ex. 4.18

Mose ging hin und kam wieder zu Jethro, seinem Schwäher, und sprach zu ihm: laß mich doch gehen, daß ich wieder zu meinen Brüdern komme, die in Ägypten [mizrajm] sind, und sehe, ob sie noch leben.«

Später wird beschrieben, daß 600 000 wehrfähige Männer mit Frauen, Kindern und Knechten und Herden aus Mizrajm auszogen. Zu fragen, ob ein Millionenvolk noch lebt, ist nur dann nicht lächerlich, wenn es bereits bedrohliche Katastrophen-Anzeichen gibt. Wenn in umliegenden Gebieten schon Vulkane ausbrechen und die Erde bebt, ist die Sorge um das Leben eines ganzen Volkes berechtigt. Denn in dieser Situation hieße der Gedanke: »Wenn es noch nicht zu spät ist.«

Ex. 4.27

Und der Herr [jhwh] sprach zu Aaron: Gehe hin, Mose entgegen in die Wüste. Und er ging hin, und begegnete ihm am Berg Gottes [ha elohim], und küßte ihn.

Die Botschaft der alten Überlieferung ist, daß der menschennahe Gottesbegriff Jhwh, das lebende Wort, immer unter den Menschen ist, wo sie bereit sind, den Geist der Verantwortung aufzunehmen.

Aaron lebte in Mizrajm, er gehörte zu dem unterdrückten Volk Evär. Welchen Sinn sollte es haben, wenn Gott einen Sklaven aus Ägypten durch die Wüste wandern läßt, damit er am Berg Sinai einen Menschen trifft, der ohnehin nach Ägypten unterwegs war? So wie in den Diktaturen unserer Zeit die Menschen Gedanken weitergeben und einander über Gleichgesinnte informieren, die in anderen Städten oder Ländern das Lebensrecht ihrer Mitmenschen verteidigen, so fanden Mose und Aaron im verbindenden Geist Jhwh zueinander, an irgendeinem Berg der Elohim.

Die Degeneration der großen Gedanken zeigt sich in der Auffassung der Auslegungstradition, daß jeder, der in den Texten »Hirte« genannt wird, ein Angehöriger eines Ziegen oder Schafe züchtenden Nomadenstammes sein muß.

Mose und Aaron wurden in der Spätzeit durch einen Stammbaum verbunden[455], weil der Text sie »Brüder« nennt. Für die Gelehrten und Redakteure konnte das nur heißen: Sie gehörten einer Familie an.

Nach der Alten Überlieferung müssen die Menschen bereit sein, das Wort zu erkennen und den Geist aufzunehmen. Der Gottesbegriff Jhwh braucht die Menschen. Die Werke des »menschlichen« Geistes, des lebenden Wortes, können nur durch die Menschen getan werden. Der Geist kann ohne Opferbereitschaft der Menschen nicht verwirklicht werden.

Wenn die in der Spätzeit eingefügten Stammesregister entfallen, ist eine leibliche Verwandtschaft der Menschen Mose und Aaron nicht mehr zu erkennen. Zwei Menschen begegneten einander an einem »Berg ha Elohim«, sie erkannten, daß ihre Gedanken ähnlich, ihre Sorgen und Absichten gleich waren. Sie wurden Freunde und »Brüder«, Hüter und Hirten ihres Volkes.

Von den vielen leicht erkennbaren und nicht ernst zu nehmenden Einfügungen, die das Denken und Fühlen des Gottes Adonaj/Jahweh beschreiben, muß eine doch erwähnt werden:

Ex. 4.24

Und als er (Mose) unterwegen in der Herberge war, kam ihm der Herr [jhwh] entgegen und wollte ihn töten.

Ein eifriger Redakteur der Spätzeit hatte entdeckt, daß dieser Prophet Mose nicht beschnitten war und auch dessen beide Söhne nicht. Durch die eingefügte Episode suchte er das Ansehen seines opferhungrigen und blutdürstigen Gottes zu retten:

Ex. 4.25

Da nahm Ziporah einen Stein, und beschnitt ihrem Sohn die Vorhaut, und rührte ihm seine Füße an, und sprach: Du bist mir ein Blutbräutigam. (26) Da ließ Er von ihm ab. Sie sprach aber Blutbräutigam um der Beschneidung willen.

Die Textredakteure haben die große geistige Kraft der Alten Überlieferung, den Namen Jhwh, zu einem blutrünstigen, menschengleich handelnden Durchschnittsgott aus der Geisteswelt der degenerierten Kulturen des Altertums reduziert. Sie lassen den Himmelspatriarchen Adonaj/Jahweh von sich sagen, er werde das Herz des »Pharaos« verhärten, damit dieser das Volk nicht ziehen lasse, und er, Gott, »viele Zeichen und Wunder im Ägyptenland« wirken könne.[456]

Was für eine menschenfeindliche Vorstellung vom Leben müssen die Textgestalter gehabt haben, wenn sie meinten, ein allmächtiger Gott hätte das Herz eines Despoten erst noch »verhärten« müssen, damit dieser auf seinem bedingungslosen Herrschaftsanspruch über seine ihm leibeigenen Untertanen beharrt? Wie märchenhaft naiv ist die Behauptung, Gott Adonaj/Jahweh habe mühevoll den Propheten zur Rettung seines Volkes berufen, hätte aber beinahe auf die Rettung der Menschen verzichtet, weil bei Vater und Sohn die Beschneidung der Vorhaut des Penis unterblieben war. Mit dieser Deutung haben die Schreiber eine traurige Parodie ihres Schöpfers in die Welt gesetzt. Adonaj/Jahweh hätte es zugelassen, daß das Volk weiterhin in der Knechtschaft Ägyptens schmachtete, wenn die »Mohrin« Ziporah nicht glücklicherweise einen scharfen Stein am Wegrand gefunden hätte.

Mit der Einfügung erreichten die Redakteure das Gegenteil dessen, was sie wollten. Sie bestätigten eine sonst im Text nicht eindeutig hervorgehobene Tatsache. In der Tradition Mose war die Beschneidung nicht Gesetz. Auch die Priester in Midian hatten die Beschneidung der Söhne ihrer Schwester Ziporah nicht verlangt. Mose war der Sohn einer Frau aus dem Volk Evär. Er wurde nach der Geburt nicht beschnitten und blieb bis zum Ende seines Lebens unbeschnitten, ebenso die Männer des Volkes, das er nach der Rettung durch die Wüste führte.

Was die Textredakteure – und der aus ihren verdüsterten Gehirnen erschaffene Gott Adonaj/Jahweh – dem Propheten Mose auf seinem schweren Weg nach Mizrajm nicht gönnen wollten, beschwor der Priester Jethro mit einem innigen Segenswunsch, als sein Schwiegersohn ihn bat, ihn gehen zu lassen: *Da sprach Jethro: Gehe hin mit Frieden.*[457]

Die Plagen

Im Textgefüge der Auslegungstradition verhängte Gott Adonaj/Jahweh die »Plagen« über Mizrajm, weil Pharao und dessen Knechte die »Kinder Israel« nicht ziehen ließen. Streicht man die ausschmückenden und interpretierenden Einfügungen der Spätzeit aus den Texten, so erhält man die nüchterne Schilderung einer unfaßbaren Katastrophe.

Die textgestaltenden Epigonen des griechischen Philosophen Platon waren der Meinung, daß alle Geschehnisse in der materiellen Welt nach einem Plan Gottes ablaufen. Weltverändernde Naturkatastrophen hat es nach ihren Vorstellungen, die auf dem Gedanken einer Unveränderbarkeit der materiellen Welt aufgebaut waren, nicht gegeben. In dieser engen Begrenzung suchten sie nach dem Sinn. Sie glaubten, ihn in der Annahme gefunden zu haben, daß alle Geschöpfe zur Ehre Gottes erschaffen worden seien und alle Geschehnisse nur dazu dienten, seine Macht und Herrlichkeit zu beweisen.

Der Bericht über eine gewaltige, kulturvernichtende Erdkatastrophe – vermutlich am Ende der jüngsten Eiszeit – mußte in einen von den Gelehrten errechneten Geschichtsablauf von wenigen tausend Jahren eingepaßt werden. Vermengt mit den Erlebnissen einer gegen Ende des zweiten vorchristlichen Jahrtausends verfolgten Volksgruppe und der Phantasie der Redakteure, wurde daraus das Epos vom Auszug aus Ägypten.

Mit dieser Erzählung wollten die Redakteure die Macht und Größe ihres Gottes Jhwh unter Beweis stellen, um ihr Volk davon abzuhalten, die Götter mächtigerer Völker anzubeten.

Es wird beschrieben, daß Gott den von ihm zur Rettung des Volkes ausersehenen Propheten Mose und dessen Bruder Aaron als Künder und Vollzugsgehilfen seines Willens berief. Der Text läßt keinen Zweifel daran, daß Gott Adonaj/Jahweh selbst in die irdischen Geschehnisse eingreifen wollte, um seine Macht zu beweisen.

Aber ich will Pharaos Herz verhärten, daß ich meiner Zeichen und Wunder viel tue in Ägyptenland.[458]

Mose und Aaron wären demnach nur Marionetten gewesen, deren Fäden vom Himmelsmagier gezogen wurden. Er ließ sie zu Pharao gehen und verhandeln, aber zugleich soll er das Herz des Herrschers verstockt haben. Er ließ Mose und Aaron Wunder wirken mit dem »Stab Gottes«, aber er verhinderte zugleich, daß diese Wunder den Despoten überzeugten. Die Redakteure machten ihre Leser glauben, Gott habe lediglich eine spannende Zaubervorstellung gestaltet, deren Kunststücke vom gesamten Publikum mit fieberhafter Aufmerksamkeit verfolgt und beklatscht wurden.

Aus dieser verniedlichenden, märchenhaften Schilderung sticht aber immer noch mancher Satz heraus, in dem die erschütternde Wahrhaftigkeit der Alten Überlieferung zu spüren ist:

Ex. 5.22

Und Mose kam wieder zu dem Herrn [jhwh] und sprach: Herr [adonaj], warum tust du so übel an diesem Volk? Warum hast du mich hergesandt? (23) Denn seit dem, daß ich hinein bin gegangen zu Pharao, mit ihm zu reden in deinem Namen, hat er das Volk noch härter geplagt, und du hast dein Volk nicht errettet.

In jeder Minute schicken verzweifelte Menschen ähnliche Fragen in die Leere, die das unhaltbare Gottesbild der biblischen Auslegungstradition hinterlassen hat. In unserem Jahrhundert wurden und werden unzählige Menschen gefoltert und Völker vom Sadismus der Mächtigen geplagt. Ich weigere mich, den Mächtigen der Vergangenheit, der Gegenwart und der Zukunft die Ausrede zu lassen, daß ein Gott ihre Herzen verhärtet habe und sie somit nur Vollzieher seines Willens waren, wenn sie die ihnen anvertrauten Menschen unterdrückten, peinigten und töteten.

Diese Gedanken entstammen aber unübersehbar bereits der Auslegungstradition. Der heilige Gottesname wird zwar noch geschrieben, aber selbst dem Propheten Mose erlauben es die Redakteure nicht mehr, diesen Namen auszusprechen. Auch er muß bereits »Adonaj« sagen.

Die Auslegungstradition vermittelte den Menschen die gefährliche Illusion, daß sie sich durch Erfüllung der kultischen Rituale von der Verantwortung für ihre Mitmenschen und von der Verpflichtung zur Toleranz befreien können. Aus der Alten Überlieferung deuteten die Schriftgelehrten den mächtigen Gott, der die Feinde seines Volkes in die Knie gezwungen hat. Immer wieder aber schimmert der Inhalt der Alten Überlieferung durch, der geschichtliche Ereignisse überliefert hat, ohne falsche Bilder zu vermitteln »von dem, was im Himmel und auf der Erde ist«.

Das Bild, das die Redakteure, vermutlich in der Zeit nach der Rückkehr des Volkes aus der babylonischen Gefangenschaft, von der Errettung der Volkes zeichneten, sieht so aus:

Mit dem Stab, den Adonaj/Jahweh seinem Isch ha Elohim Mose und dessen Propheten Aaron verliehen hat, werden die Plagen herbeigerufen und wieder gebannt. Die Kinder Israel bleiben von allen Plagen verschont. Zuletzt geht Adonaj/Jahweh selbst durch Ägypten und tötet alle Erstgeburt an Menschen und Vieh, auch den Sohn des Pharaos.[459]

In dieser Nacht sollen die Kinder Israel aus den Häusern ihrer ägyptischen Nachbarn goldene und silberne Gefäße zur Beute genommen haben[460], angeblich auf Befehl jenes Gottes, der ihnen bald darauf gebieten wird: Du sollst nicht stehlen.

Die Redakteure erzählen, nach dieser Nacht voll Mord und Raub sei Gott Adonaj/Jahweh vor dem Volk hergezogen, bei Tag als Rauchwolke, in der Nacht als weithin sichtbare Feuersäule.

Die Menschen aus Mizrajm hätten das Volk verfolgt, heißt es. Die Rauchsäule soll sich deshalb an das Ende des Zuges gesetzt haben, zwischen das flüchtende Volk und seine Verfolger. Als sie zur Küste kamen, hob Mose den »Stab ha Elohim«. Die Wasser des Roten Meeres teilten sich, das Volk gelangte trockenen Fußes ans andere Ufer. Über den Verfolgern aber schlugen die zurückflutenden Wogen zusammen. Menschen und Pferde ertranken.

Später litten die Menschen in der Wüste Hunger. Adonaj/Jahweh schickte ihnen das wunderbare Himmelsbrot Manna, von dem sich das Volk dann 40 Jahre ernährte. Die Menschen litten auch Durst. Gott Adonaj/Jahweh ließ Mose mit dem Stab der Elohim an den Felsen Horeb schlagen, und es floß Wasser heraus.

In Raphidim kämpfte das Volk gegen die Amalekiter. Das Volk drohte zu unterliegen. Da befahl Gott dem Propheten Mose, den Stab der Elohim hochzuhalten. Tat er dies, so siegte sein Volk, ließ er ihn sinken, siegten die Amalekiter. Aaron und Josua stützen Mose, so daß er den Stab immer hochhalten konnte, also siegte ihr Volk.

Danach wurde Mose auf den Berg Gottes gerufen. Auf dem Gipfel erhielt er von Gott das Gesetz der Steinernen Tafeln – Die Zehn Gebote.

Das Volk aber umtanzte unten inzwischen das Goldene Kalb.

Als Mose vom Berg Gottes kam und den Frevel sah, zerschlug er angeblich wütend die Steinernen Tafeln, die von Gottes eigener Hand beschrieben gewesen sein sollen. In der Nacht danach soll der Prophet die Leviten zusammengerufen und mit ihrer Hilfe 3000 Männer getötet haben. Aaron, der das Goldene Kalb entworfen hatte, wurde nicht bestraft.

Später erhielt Mose von Gott den Befehl, zwei neue Tafeln zu schlagen und damit auf den Berg zu steigen. Diesmal wurde ihm das Gesetz von Gott diktiert, und er schlug es selbst in die Steinernen Tafeln.

Bis zum Ende des fünften Buches (Deuteronomium) folgen im Text dann Gesetzesauslegungen und Vorschriften, die aus mehreren Traditionen zusammengefügt

worden sind. Ihre Aussagen widersprechen einander zuweilen. Bruchstücke verschiedener Gesetze und Fragmente der Alten Überlieferung sind so aneinandergereiht, wie es den Redakteuren richtig erschien. Handlungen und Kommentare des menschengleichen Gottes Adonaj/Jahweh verklammern die Texte.
Auf der weiteren Wanderung des Volkes durch die Wüste wurden Kriege geführt und Schlachten verloren. Das Volk murrte gegen Gott und gegen Mose und wurde deshalb von der Hand Gottes gestraft. Nach 40 Jahren erreichte der Zug den Jordan. Mose starb, bevor das Gelobte Land erreicht war.

Im Gegensatz zu diesem kindlich-einfältigen Mythos von einem menschengleichen, kindermordenden Gott der Auslegung fügt sich aus den Fragmenten der Alten Überlieferung ein Mosaik, in dem der sachliche Inhalt des Katastrophenberichtes von den »ägyptischen Plagen« zur entscheidenden Ergänzung anderer – in der Aneinanderreihung der Auslegungstradition schwer verständlicher – Texte wird.
Wie sich aus den Fragmenten der Alten Überlieferung erkennen läßt, gab es in der Zeit vor der vernichtenden Katastrophenfolge die Lebensgebiete Mizrajm und Midian. Es gab die Kultur -- den Garten Jhwh – im Tal Schedjm, in dem auch die fünf Städte lagen und die Lebensgebiete der fünf Könige, aus deren Gefangenschaft die Menschen Lot von Avram befreit worden sind. Es lebten in dieser Zeit die Nephiljm auf Erden, und die Menschen Noach hatten sich abgesondert von den Elohim ihrer Zeit.
Die Menschen Noach wurden durch Elohim gewarnt. Die Menschen Lot erfuhren durch zwei nicht näher beschriebene, mit übermenschlichen Kräften ausgestattete »Boten« von der drohenden Gefahr. In Mizrajm/Midian wurden die Menschen von Elohim gewarnt, denn Mose wird in den Texten, sowohl in Begegnungen mit Aaron wie auch in der Beziehung zu Pharao, als Elohim bezeichnet. Darüber hinaus wird er in den Texten auch mehrmals *isch ha elohim* genannt, »Mann der Elohim«.[461]
Läßt man die Glaubensinterpretationen und auch die spätzeitlichen Simplifizierungen weg, so sind die Auseinandersetzungen zwischen Mose und Pharao verzweifelte Versuche, angesichts der unaufhaltbaren Katastrophe Pharao zur Freigabe der Menschen zu bewegen.
Wenn in rascher Erwärmung der Atmosphäre Eiszeitgletscher abtauen, werden Naturgewalten frei, die der Mensch niemals beherrschen können wird: Reißende Sturzbäche bringen Hochwasser zu allen Wasserläufen, das zu Überschwemmungen der Landgebiete und unaufhaltsamen Überflutungen der Küstenregionen führt. In der Erwärmung setzt auch stärkere Verdunstung der Meere ein. Über den noch kalten Gletscherzonen entladen sich aus dichten Wolken tropische Regenfälle, durch die das Abschmelzen der Eismassen beschleunigt wird.
Wie wenig die Mächtigen« bereit sind, auf Veränderungen in der Natur zu achten, wenn sie selbst nicht unmittelbar von katastrophalen Auswirkungen betroffen sind, ist gerade in unserer Zeit wieder eine schmerzhafte, bedrückende Erfahrung.
Im Hochwasser der Flüsse und Ströme trieben entwurzelte Bäume und gedunsene Kadaver verunglückter Tiere. Von den Sturzbächen der Schmelzwasser zu Tal gerissene Erdmassen hatten das Wasser verfärbt. Tierkadaver und verendete Fische verseuchten das schmutzige Wasser. Die Menschen waren gezwungen, tiefe Brunnen zu graben, um daraus noch unverseuchtes Grundwasser zu schöpfen.[462] Im verseuchten Wasser war auch für die Tiere Leben nicht mehr möglich. Die Landtiere verließen ihre bisherigen Lebensgebiete, verloren in ihrer Panik auch die Scheu vor den Menschen und drangen in deren Wohnbezirke ein.[463]

190

Die Frösche, die auf Dauer ohne Wasser nicht leben können, gingen zugrunde. Explosionsartig vermehrten sich Insekten und Ungeziefer in den faulenden, verwesenden Kadavern und wurden zur Plage für Menschen und Tiere.[464] Insekten und Ungeziefer drangen in die Häuser ein. Auch mit einem Heer von Dienern und Sklaven konnten die Reichen und Mächtigen ihre Häuser nicht mehr frei davon halten.[465]

Zuerst wurden die Tierherden Opfer der sich nun auch auf dem Lande rasch ausbreitenden Seuchen[466] und dann auch die Menschen.[467] Begleitet vom Donnergrollen ausbrechender Vulkane, entluden sich die Spannungen der Atmosphäre in Gewitterstürmen von nie erlebter Gewalt.[468] Wirbelstürme verheerten das Land. In ihrem Sog fielen Heuschreckenschwärme ein und wurden vom drehenden Wind wieder zerstreut. Regenwolken und Asche aus unvorstellbaren Vulkanausbrüchen verdunkelten, von Weststürmen herangeführt, tagelang den Himmel.[469] Die Lebensbedingungen waren chaotisch geworden. Menschen und Tiere konnten nicht mehr versorgt werden. Hunger, Krankheit und Seuchen breiteten sich unaufhaltsam aus. Naturgemäß starben die physisch Schwächsten zuerst. Die Erstgeburt – die Neugeborenen – konnten die Katastrophe nicht überleben.[470] Panische Angst breitete sich aus, leerstehende Häuser wurden geplündert.[471] Die Menschen verließen das verheerte Land.[472]

Die Elohim sahen die Gefahr der Überflutung und deren Folgen voraus, sie führten die Flüchtenden zu den Bergen. Ihre Orientierung waren bei Tag dichte Rauchwolken, bei Nacht die weithin sichtbare Feuersäule eines aufgebrochenen Vulkans.[473] Wer die Berge erreichte – die Rauchsäule des Vulkans hinter sich hatte –, war in Sicherheit. Nachkommende, die den Vulkan noch vor sich sahen, entkamen den hereinbrechenden Sturmfluten nicht mehr.

Das Meer war wiedergekommen – in die Täler, die es vor der Kältekatastrophe bedeckt hatte. In der neuen Katastrophenfolge wurde wieder alles zerstört, was durch das aus den Erkenntnissen gewonnene Wissen, durch das »lebende Wort«, in der Urwelt der Adamah entstanden war.

Die Menschen Noach schauten am »Tor der Berge« – am Ararat – in das Angesicht der Adamah. Die Menschen Avram überlebten die Katastrophe nicht. Lot und dessen Nachkommen fielen, in Berghöhlen hausend, in die Lebensart der Adamah zurück. Und auch die Lebensbedingungen des Volkes, das Mose aus Mizrajm retten konnte, waren urweltlich. Die Menschen begannen zu wünschen, sie wären Sklaven »bei den Fleischtöpfen Mizrajms« geblieben oder mit denen gestorben, die nicht mehr flüchten konnten.[474]

In der Auslegungstradition wird das als »Murren gegen Gott« gedeutet. Die weltfremden und menschenfernen Gelehrten der Vergangenheit scheinen den Hunger nicht gekannt zu haben und auch nicht die Verzweiflung von Eltern, deren Kinder an Unterernährung zugrunde gehen oder im Fieberdelirium der Seuchen verdursten.

Die Menschen, denen die Flucht gelungen war, sahen sich in einer verwüsteten Welt. Wie es in der Auslegungstradition heißt, überlebte das gerettete Volk in der Wüste durch ein göttliches Wunder.

Auch die Autoren der Alten Überlieferung haben, wie ich meine, das Überleben des Volkes als ein wunderbares Ereignis beschrieben. Dieses »Wunder« geschah aber durch die Kraft, die Menschen aus dem Geist des Namens Jhwh, aus dem Geist der Menschlichkeit, gewinnen. Als sie in der verwüsteten Welt diesem Geist begegneten, wurde es ihnen möglich, dem Rückfall in die Adamah zu widerstehen.

Das Man

Über allen Wundern der Wüstenwanderung steht das Manna, das wunderbare »Himmelsbrot«, mit dem Gott das Volk, das am Verhungern war, gerettet und ernährt haben soll, bis es jenseits des Jordan war. Es lag in der Wüste, »weiß und rund«[475], und das Volk ernährte sich davon 40 Jahre.[476] Als Josua das Volk über den Jordan führte und alle Männer auf dem Berg Gilgal beschneiden ließ, endete das Man.[477]

In jedem Lexikon kann man die Erklärung dieses Wunders lesen. Das Manna, so wird jetzt behauptet, sei der weißliche Saft des Tamariskenstrauches.[478] Die Tamariske wächst auf der Halbinsel Sinai. Dort könnte sie von den Menschen auf ihrem Weg von Ägypten nach Kanaan entdeckt worden sein. Sie hat auch tatsächlich einige Ähnlichkeiten mit Eigenschaften des Manna, die im Bibeltext beschrieben werden. Ihr Saft schmeckt süßlich, man kann ihn kneten und darf ihn auch nicht sehr lange aufbewahren.

Mit dieser Erklärung hat man sich zufriedengegeben. Die einen glauben weiterhin an ein Wunder, denn es gibt die Tamariske, die anderen lehnen den Gedanken an ein Wunder ab und haben mit der Tamariske den Beweis, daß eben alles seine natürliche Erklärung findet. Wir Menschen neigen dazu, als Wahrheit am liebsten das anzuerkennen, was die eigene Auffassung bestätigt.

Wäre der Tamariskensaft das *man* der Bibel, so müßte er auch die anderen Eigenschaften haben, die im Text beschrieben sind: Das Man war leicht verderblich. Es durfte nicht bis zum nächsten Tag aufbewahrt werden, denn schon am Abend bildeten sich Würmer darin.[479] Das Man war aber auch unbegrenzt haltbar, denn Mose befahl Aaron, ein »Gomer Man« in einen Krug zu geben und diesen für die Nachwelt aufzubewahren.[480] Am Ende eines Tages besaß jeder gleichviel vom Man, ob er es eifrig oder träge gesammelt hatte.[481] Am heiligen Ruhetag, dem Schabath, blieb das Man aus.[482] An diesem Tag wurde es auch nicht stinkend über Nacht, und deshalb konnte jeder am Tag vor Schabath für zwei Tage sammeln.[483]

Das Volk hat aber das Man, das angeblich der leicht verderbliche Tamariskensaft war, nicht nur frisch zu sich genommen. Es wurde auch in Mörsern zerstampft, zerrieben, und manche versuchten auch, Kuchen daraus zu machen.[484]

Nach Moses Tod, als das Volk jenseits des Jordan das Getreide des Landes aß, endete das Man.[485] Die Tamariske hat allerdings bisher nicht aufgehört, auf Sinai zu wachsen.

Die Lehrer der Auslegungstradition wollten in den gegensätzlich beschriebenen Eigenschaften nicht Widersprüche erkennen, sondern gerade darin den Beweis des »Wunders« sehen. Ein einfacher Bibelvers in der Erzählung vom wunderbaren Himmelsbrot widerlegt diese Auffassung.

> *Ex. 16.29*
> *Sehet, der Herr [jhwh] hat euch den Sabbat [schabath] gegeben; darum gibt er euch am sechsten Tag zweier Tage Brot . . .*

Zu diesem Zeitpunkt kannte das Volk, das aus Mizrajm entkommen war, das Gesetz der Zehn Worte noch nicht. Die Menschen wußten noch nichts vom Sabbat.

Zur Erklärung der Widersprüche im Text muß man sich wohl nicht auf ein Wunder berufen, denn sie sind das Ergebnis der von den Redakteuren vorgenommenen Einfügungen, mit denen sie die Bruchstücke von zwei verschiedenen Überlieferungen zu einer Geschichte verbunden haben.

Noch viel deutlicher läßt sich der verschönernde redaktionelle Eingriff an einem anderen Ereignis der Wüstenwanderung zeigen, das in der Tradition ebenfalls zu einem Wunder redigiert worden ist.

Ex. 16.12

. . . Sage ihnen: Zwischen abends sollt ihr Fleisch zu essen haben, und am Morgen Brotes satt werden, und inne werden, daß ich der Herr [jhwh], euer Gott [elohejkhäm] bin. (13) Und am Abend kamen Wachteln herauf und bedeckten das Heer . . .

Nach diesen Worten entsteht vor unseren Augen ein idyllisches Bild: Fröhliche Menschen, die sich endlich wieder mit Fleisch satt essen können, sitzen um ihre Lagerfeuer und danken Gott.

Im vierten Buch Mose wird das Ereignis in anderer Version berichtet, ausführlicher und wahrhaftiger.

Num. 11.31

Da fuhr aus der Wind [ruach] von dem Herrn [jhwh] und ließ Wachteln kommen vom Meer, und streute sie über das Lager, hie eine Tagreise lang, da eine Tagreise lang um das Lager her, zwei Ellen hoch über der Erde.

In dieser Version hat sich ein eifriger Redakteur wieder der Beschreibung einer grauenhaften Naturkatastrophe bedient, um den grollenden, wankelmütigen Vatergott zu zeichnen, der sich nicht um die Not der Menschen schert.

Num. 11.33

Da aber das Fleisch noch unter ihren Zähnen war, und ehe es auf war, da ergrimmte der Zorn des Herrn [jhwh] unter dem Volk, und schlug sie mit einer sehr großen Plage.

In der unbegreiflichen Katastrophe hatten auch die Tiere jede Orientierung verloren. Ihre gewohnte Nahrung war verseucht und giftig. Durch die Überflutungen fanden die Vogelschwärme ihre gewohnten Rast- und Nistplätze nicht mehr. Wenn sie nach langem Umherirren endlich Land entdeckten, fielen sie erschöpft, kraftlos auf die Erde. Und auch die verhungernden Menschen hatten keine Kraft mehr, der Vernunft zu folgen. Sie achteten nicht auf die Anzeichen von Krankheiten, hatten auch kein Holz, um Feuer zu machen und das Vogelfleisch zuzubereiten. Sie aßen das rohe, noch lebende Fleisch.[486] Auch die Menschen Noach, die der Katastrophe entkommen waren, mußten sich von allem ernähren, was sie finden konnten. Aus ihrem Erleben ist aber die Warnung berichtet, die vom Volk, das den Wachteleinfall erlebte, nicht beachtet worden ist: »Allein esset das Fleisch nicht, das noch lebt in seinem Blut.«[487] Was zu einem Wunder redigiert worden ist, war ursprünglich die nüchterne Beschreibung des verzweifelten Überlebenskampfes der geretteten Menschen in einer verwüsteten Welt.

Die vielen im Text enthaltenen Widersprüche zu Wachtel- und Mannawunder lassen sich logisch erklären. In der Schrift ist angegeben, das Wunder des Man dauerte an, bis das Volk den Jordan überquert hatte. Wunder haben die Menschen zu allen Zeiten fasziniert. Nicht anders als wir in unserer Zeit werden die Menschen vor 3000 Jahren versucht haben, das seit Urzeiten überlieferte wunderbare Überleben des Volkes in der verwüsteten Welt zu ergründen. Aus den alten Texten war zu entnehmen, daß Josua den Jordan bei Jericho überquert hat. Da dort das Wunder des Man endete, müßte man in den Gebieten jenseits des Flusses vielleicht eine Erklärung finden können. Mit Sicherheit waren auch damals immer wieder Menschen ausgezogen, um das Man zu suchen. Sie werden, wie die heutigen Entdecker, die Tamariske gefunden und sich gedacht haben, das ist es, was vom Wunder geblieben ist. Die Erfahrungen, die diese frommen Schatzsucher der Vergangenheit mit dem Saft der Tamariske gemacht hatten, flossen als ergänzende Beschreibungen in die späteren Schriften und in die redaktionellen Erläuterungen ein.

Ex. 16.14
Und als der Tau weg war, siehe, da lag's in der Wüste rund und klein wie der Reif auf dem Lande. (15) Und da es die Kinder Israel sahen, sprachen sie untereinander: Man hu [mn hw<a>] (d.h. was ist das?); denn sie wußten nicht, was es war. Mose aber sprach zu ihnen: Es ist das Brot, das euch der Herr [jhwh] zu essen gegeben hat.

In der neuhebräischen Sprachtradition ist »man hu« ein Alltagsbegriff geworden, ein fragender Ausruf des Erstaunens. Aber er ist nicht aus dem Hebräischen abgeleitet worden, sondern aus dem Aramäischen.[488] Die Deutung des Ausrufes »man hu« stammt also aus der viel späteren Zeit, da das *jehudit* der Alten unter dem mesopotamischen Einfluß schon vom Aramäischen abgelöst worden war.

Im Text steht ohne Vokalisierung *mn hw<a>*. Die Konsonantensilbe *mn* kommt im Hebräischen in mehreren Verbindungen vor. Auch das Wort »min«, dessen wichtigste Bedeutung zu dem Begriffsbereich »hervorgegangen aus« gehört, wird *mn* geschrieben. Es ist in reiner Konsonantenschrift nicht zu unterscheiden von »man«, das ebenso geschrieben wird: mn.

Was in späteren Jahrhunderten zu einem fragenden Ausruf herabgedeutet worden ist, besteht aus zwei wichtigen und uralten Silben von hoher Bedeutung: *mn* und *hw*. Die Bedeutung der Silbe *hw* wurde im Zusammenhang mit dem Namen Jh*w*h bereits diskutiert. Sie drückt in alten Sprachtraditionen das autoritative göttliche Wort aus. Als Wortwurzel, mit der Bedeutung »Götter anrufen«, wird *hu* auch als Grundsilbe des indogermanischen Wortes »Gott« angenommen.[489]

Mit der Wortauffassung der alten Kulturen bedeutet *mn hw* »hervorgegangen aus dem Wort«.

Geist und Wissen können nur durch gesprochenes oder geschriebenes Wort übermittelt werden. Für den Aufnehmenden gehen Geist und Wissen aus dem Wort hervor. Seit Joseph war das Volk Evär versklavt. Im Zustand rechtloser Leibeigenschaft haben die Menschen nie Zugang zum Wissen der Mächtigen erhalten. Die Menschen haben das *man* nicht gekannt, und auch ihre Väter nicht. Als sie es dann in der Wüste fanden, wußten sie nichts damit anzufangen:

Num. 11.8
Und das Volk lief hin und her, und sammelte, und zerrieb es mit Mühlen, und stieß es in Mörsern, und kochte es in Töpfen, und machte sich Aschenkuchen daraus (warf es ins Feuer).

Das alles kann man mit dem Saft der Tamariske nicht tun und auch nicht mit dem »Himmelsbrot«, von dem gesagt wird, daß es in der Tageshitze Würmer bekommt. Der Bibelvers gibt die bittere Ironie wieder, mit der ein Schriftsteller beklagte, daß das Volk das Man nicht gekannt hat und nichts damit anzufangen wußte.

Seit es den biblischen Text gibt, wird in den Religionen gegen die Überschätzung der materiellen Güter gepredigt – mit dem Spruch: »Der Mensch lebt nicht vom Brot allein.« Jesus von Nazareth soll dieses Wort dem Versucher entgegengehalten haben, als der ihn verlocken wollte, seine »Göttlichkeit« zu beweisen, indem er Steine zu Brot verwandelt. Jesus zitierte damit einen Gedanken aus den heiligen Schriften seines Volkes:

194

Deut. 8.3

Er demütigte dich, und ließ dich hungern, und speiste dich mit Man, das du und deine Väter nie gekannt hattest; auf daß er dir kund täte, daß der Mensch nicht lebet vom Brot allein, sondern von allem, was aus dem Munde des Herrn [jhwh] gehet.

Soll man wirklich glauben, daß Jesus die vielen Worte machte, um darauf hinzuweisen, daß nicht nur Brot, sondern auch der Saft der Tamariske eine genießenswerte Gabe Gottes sei?

Die Frage muß nicht diskutiert werden, denn der Evangelist Matthäus hat uns eine Version des Jesuswortes überliefert, die den Tamariskensaft als Deutung völlig ausschließt: »Der Mensch lebt nicht vom Brot allein, sondern von jedem *Wort,* das durch den Mund Gottes geht.«[490]

Erst durch Erkenntnisse, Geist und Wissen waren unsere tierhaften Vorfahren zu Menschen geworden. Das ist der Tenor der Alten Überlieferung. Im oben zitierten Vers des Buches Deuteronomium (8.3) steht erwartungsgemäß auch der Gottesbegriff *Jhwh.*

Durch Jhwh Elohim, durch die lebende Stimme der Schöpfung, erkannten die Menschen die Naturgesetze. Durch Jhwh, das »lebende Wort«, fanden und bewahrten sie ihr Wissen und bildeten daraus die Grundlagen für Kultur und »menschliches« Leben.

Die Väter des in Mizrajm versklavten Volkes hatten keinen Zugang zum Wissen der Elohim und haben seine Bedeutung nicht erkannt. Die Wissenden hatten daraus Nutzen gezogen und das Volk versklavt.

»Der Mensch lebt nicht vom Brot allein« heißt, daß er erst Mensch wird, wenn er sein Wissen nicht nur zum Gewinn von Nahrung, Lust und Macht verwendet, sondern wenn er nach den Erkenntnissen und dem Wissen lebt, das sich ihm im »lebenden Wort« Jhwh offenbart.

In der verwüsteten Welt fanden die von den »Brüdern« Mose und Aaron geleiteten Menschen den Geist und das Wissen, das in den Kulturen zwischen der Kältekatastrophe und der Überflutung entwickelt und gesammelt worden war. Nur durch dieses Wissen und die erlernten Kenntnisse werden sie in der verwüsteten Welt überleben. Das Man ist das Wissen derer, die in der Vergangenheit gelebt haben; also ist es auch das Wissen der Toten, die früher zufrieden »bei den Fleischtöpfen« gelebt haben, in einem Land, das hinter dem Meer, unter dem Meer liegt. Daraus wurde in der Phantasie der Menschen die Vorstellung von den Inseln der Seligen – den Inseln der Toten.

In der Bedeutung Geist oder Wissen der Vergangenheit finden wir die Silbe *mn* vermutlich am Anfang aller Kulturen.[491]

Men hieß die von den Göttern gestiftete Krone des sumerischen Königtums.

Menes ist der Name des ersten Königs der ersten ägyptischen Dynastie. Mit *mns* wurden die wichtigsten Herrschaftssymbole der ägyptischen Könige bezeichnet, der Ring und die Kartusche, die den geschriebenen Königsnamen umrahmen mußte.

Minos war der Name des sagenhaften Königs von Kreta, nach dem die kretische Kultur die »Minoische« genannt wird.

Manus war der Gesetzgeber der indischen Völker. Er soll als einziger Mensch die Sintflut überlebt haben.

Die Germanen führten ihren Namen auf Manus zurück, von dem sie sagten, er sei der erste Mensch gewesen.

In der ägyptischen Sprache wurden aus der Konsonantensilbe Wörter gebildet für die Begriffe »tot«, »westlich«, »Geheimnis«, »das Verborgene« (amun), »das Bleibende« und »Denkmal«.

Chentj Amentw hieß der Schutzgott der Nekropole bei Abydos. Sein Name wurde als »Erster der Westlichen« oder »Erster der Toten« gedeutet.

Der Totengott der Etrusker hieß Mantw. Der große, gestaltlose Geist der Algonkin-Indianer Nordamerikas wird Manitw genannt.

Die hebräische Sprache bildet aus der Konsonantensilbe *mn* eine große Zahl von Wörtern im Begriffsbereich »treu«, »glauben«, »vertrauensvoll«. Aus den Bedeutungen des Wortes <a>mn sticht die Bedeutung »wahr befunden« hervor, die sich vermutlich im hebräisch/aramäischen »Amen« wiederfindet, das den Menschen des christlichen Abendlandes nicht erst vorgestellt werden muß.

Das Man der Bibel ist der Geist der Vergangenheit; das Wissen der Toten, die vor der Katastrophe im Geist des Namens Jhwh für die Hilflosen und Schwachen eingetreten sind.

Die Überlebenden fanden das Man nahe an dem Gebiet, wo Mose von den Elohim den Namen Jhwh empfangen und die Kenntnisse erhalten hatte, die ihn befähigten, mit den Mächtigen in Mizrajm zu verhandeln. Das im Man enthaltene Wissen der Elohim und der im Namen Jhwh lebende Geist des Vertrauens und der Menschlichkeit ermöglichten es den Menschen, in der verwüsteten Welt, der Urwelt der Adamah, zu überleben.

Ex. 16.33

Und Mose sprach zu Aaron: Nimm ein Krüglein, und tu ein Gomer voll Man drein, und laß es vor dem Herrn [jhwh], daß es behalten werde auf eure Nachkommen.

Daß Mose den ohnehin Jahr für Jahr wieder fließenden Tamariskensaft für die Nachkommen des Volkes erhalten wollte, wäre eine lächerliche Auslegung dieses Fragmentes. Eine göttliche Wundernahrung aufzubewahren, von der er selbst geboten hatte, den Stoff nicht auf den nächsten Tag zu behalten, wäre ebenso unsinnig. In einem Nachsatz gaben die Auslegungsredakteure ihren Lesern noch eine Erläuterung: »Ein Gomer aber ist das Zehntel eines Epha.«[492] Der Begriff Gomer war also schon in alter Zeit unklar und mußte erklärt werden. Da die Redakteure der Spätzeit das Man als Nahrungsmittel deuteten, konnte »Gomer« für sie nur eine Maßeinheit sein.

Aber das Wort <'>mr kann in Abwandlungen auch »das Gesammelte« oder »das Zusammengestellte« bedeuten.[493]

Aaron sollte »das gesammelte Wissen« in einen Krug geben. Das ist durchaus sinnvoll, denn wertvolle Schriften wurden, seit das Papyrus in Gebrauch war, oft in Tongefäßen (Krügen) aufbewahrt. Das Wissen der Vergangenheit sollte für die Nachkommen gesichert werden, denn es war nicht vorherzusehen, ob unter denen, die ein neues Lebensgebiet erreichen, noch Menschen sein würden, die das Man bewahrten.

Wie wir dem Text entnehmen müssen, hat keiner von denen, die aus Mizrajm ausgezogen waren, das Gelobte Land erreicht.[494] Das Man endete, als Josua das Volk beschnitt und die Menschen das Getreide des Landes aßen.[495]

Das Ausmaß des Schreckens dieser Wanderung durch die verwüstete Welt wird erkennbar, wenn wir dem Ende, das keiner von denen erlebte, die ausgezogen waren, den Anfang gegenüberstellen.

Ex. 12.37
Also zogen aus die Kinder Israel von Rämses gen Sukkoth, sechshunderttausend Mann zu Fuß, ohne die Kinder.

Die liebenswerten und verehrungswürdigen Schriftgelehrten wollten sich nicht der Mühe unterziehen, auch noch die minderwertigen Frauen zu erwähnen. Wenn ich mir aber erlaube, Frauen und Kinder trotzdem dazuzurechnen, so wären etwa zwei Millionen Menschen unterwegs gewesen und viele tausend Tiere in ihren Herden.

Die Halbinsel Sinai hätte ein blühendes, fruchtbares, wasserreiches Paradies sein müssen, damit Quellen und Weideland ausgereicht hätten, diese Menschenmenge und die Tiermassen 40 Jahre lang zu versorgen.

Da alles Volk der Generation, die auszog, unterwegs gestorben war, müßten Spuren der Wanderung auch heute noch vorhanden sein. Sie wurden eifrig gesucht, doch nie gefunden. Entdeckt wurden auf Sinai 4000 Jahre alte Bergwerke der Ägypter und ein Tempel der Göttin Hathor, einige Oasen und alte Karawanenpfade.

Die Wanderung des geretteten Volkes war eine leidvolle Suche nach neuen Lebensgebieten. Man sollte die Leiden der Menschen nicht entwerten, indem man sie durch Einordnung in eine bekannte Welt und eine nahe Zeit unglaubwürdig macht.

Im Bericht vom Anfang der Wanderung enthalten die Fragmente Begriffe, zu denen es in unserem Weltbild keine Vorstellungen gibt; da gab es den »Stab ha Elohim«, die »Berge ha Elohim« und die Nephiljm, die in mächtigen, uneinnehmbaren Städten lebten. Alle diese Begriffe kommen am Ende der Wanderung nicht mehr vor. Das heißt: Am Anfang der Wanderung sah die Welt anders aus, als zu Beginn der »neuen Zeit«, als das Volk den »Jordan« erreichte.

Beim Auszug sollen es 600 000 wehrfähige Männer gewesen sein, und mit ihnen zog auch, wie Luther schreibt, viel »Pöbelvolk«[496].

Im hebräischen Text stehen die beiden Wörter *eräv rav (<'>rv rv)*. Buber/Rosenzweig übersetzten statt »Pöbelvolk« die beiden Wörter mit »Schwarmgemeng«. The New English Bible interpretiert sie als »a large company of every kind«. In der deutschen Einheitsübersetzung ist zu lesen »ein großer Haufen anderer Leute«. Die katholische Bibel des Herder Verlages ordnet die *eräv rav* als »Mischvolk« ein. In der Zürcher Bibel heißt es »viel fremdes Volk«. Die St.-James-Bibel erzählt ihren Lesern, daß es » a mixed multitude« war. Otto Eissfeldt beschränkt sich auf »viele Fremde«. Im jiddischen Sprachgebrauch haben diese so schwer definierbaren Wesen als *e'revrav* oder »Rif-Raf«, mit der Bedeutung »Pöbel«, einen festen Platz.

Für die beiden hebräischen Wörter sind in mehreren Vokalisierungen zahlreiche Bedeutungen aufgeführt. *<'>rv*[497] kann auch »Abend« und »Westen« heißen. *rv*[498] kann »mächtig« oder »groß«[499] bedeuten. Eine erlaubte Auffassung des Begriffes wäre deshalb auch: »die großen/die mächtigen Westlichen«. Die »Westlichen« sind vielleicht jene, die in dem Gebiet, das in den Texten Mizrajm genannt wird, mächtig waren und entweder nicht rechtzeitig vor der Katastrophe flüchten konnten oder in der verwüsteten Welt nicht überlebt haben. Das sind die Toten.

Die Überlebenden waren *evär (<'>vr)*, die anderen, die von jenseits des Wassers gekommen waren und in den erreichten Lebensgebieten neu anfangen konnten.

Bei den alten Ägyptern war Chentj Amentw, der Hüter des Totenbezirkes, auch als Totengott gedeutet, »der Erste der Westlichen«.

Wir wissen nicht, ob der Begriff »Riesen« eine annähernd richtige Übersetzung für das Wort *nephiljm* ist. Auf jeden Fall aber waren sie anders als die Menschen *adam* und *enosch*. Anders müssen wohl auch die *eräv rav (<'>rv rv)* gewesen sein.

Als das Volk durch die verwüstete Welt zog, begegneten die Kundschafter noch den Benj Enak, denen im Text das Beiwort »von den Nephiljm« gegeben wird. Nach der Durchquerung des Jordan gab es die Eräv Rav nicht mehr, und auch die Nephiljm kommen danach nicht mehr vor.

In allen drei Beschreibungen (Sintflut, Sodom und Exodus) wurde die Welt durch die Katastrophen vollkommen verändert. Die Überlebenden mußten einen ganz neuen Anfang suchen. Von all denen, die vor »40 Jahren« aus Mizrajm ausgezogen waren, lebte keiner mehr, als sie das »Gelobte Land« erreichten. Aaron war gestorben, und auch die Prophetin Mirjam, die als »Schwester« von Mose und Aaron bezeichnet wird. Auch daran ist zu erkennen, daß von einem »Wunder der Errettung« der Menschen nicht die Rede sein kann. Das Wunder kann nur darin gesehen werden, daß die Menschen in einer von Erdbeben, Vulkanausbrüchen und Flutkatastrophen verwüsteten Welt als »Menschen« überleben konnten, daß sie nicht, wie Lot und Noach, in die Welt der Adamah zurückgefallen waren.

Die »Menschlichkeit« der Überlebenden aber war nur durch das Man möglich, durch den Geist. Mit dem Saft der Tamariske oder sonstigen Nahrungsmitteln wären sie untergegangen »im Antlitz der Adamah«.

Als sie das Man fanden, konnte keiner wissen, ob sie überleben würden. Deshalb ließ Mose das gesammelte Wissen in einem Krug verwahren, damit es von den Menschen späterer Zeiten – von den Nachkommen der Menschen, die im Geist des Namens Jhwh leben wollen – vielleicht gefunden und verwertet werden kann.

Am Berg ha Elohim begegnete Mose nach dem Auszug seinem Schwiegervater Jethro, dem Priester in Midian. Hier soll er auch seine Frau Ziporah und seine beiden Söhne Gerschom und Elieser wiedergetroffen haben.[500]

> *Ex. 18.13*
> *Des anderen Morgens setzte sich Mose, das Volk zu richten; und das Volk stund um Mose her von Morgen an bis zu Abend.*

Zum ersten Mal wird der Begriff des von Menschen zu sprechenden Rechtes erwähnt. Dies ist das stärkste Argument für meine Deutung des Begriffes Man. Erst nachdem die Menschen des befreiten und geretteten Volkes in der verwüsteten Welt das Man gefunden hatten, wird unter ihnen Recht gesprochen und Gerechtigkeit angestrebt.

Jethro gab Mose den Rat, redliche Männer auszuwählen und als Richter einzusetzen.

> *Ex. 18.20*
> *Und stelle ihnen Rechte und Gesetze, daß du sie lehrest den Weg, darin sie wandeln, und die Werke, die sie tun sollen.*

In Midian hat Mose zum Namen Jhwh und zu seiner Berufung gefunden. Im Gebiet der Menschen Midian fand das Volk das Man, und hier wird das Leben der Gemeinschaft nach Rechtsgrundsätzen geordnet.

Durch Mose und Jethro konnten die aus der Sklaverei erretteten Menschen des Volkes Evär wieder »menschlich« leben. Die Schwachen fanden Schutz, weil die als Richter eingesetzten »Hirten« ihr Recht gegen den Anspruch des Stärkeren verteidigten.

Im Sintflutbericht rettete Noach die »Tiere« in die Thevah. Die Auslegungsredakteure versichern zwar, daß Noach nach der Katastrophe noch 350 Jahre gelebt hat. Er zeugte aber keine Nachkommen mehr. In den Begriffen der alten Welt war damit das Leben der Menschen Noach zu Ende. Es gibt diesen Namen nach der Katastrophe nicht mehr. Nur die Namen seiner »Nachkommen«, Schem, Cham und Japhet, pflanzten sich nach der Katastrophe fort. Es gab aber den Namen Jhwh nicht mehr, nachdem Noach im Heiligtum der Adamah seine Blöße aufgedeckt hatte. In der Welt der Adamah gab es nur die Autorität der Elohim.

Noachs Fluch, in dem sein Nachkomme Schem gepriesen wird, war somit vermutlich eine von den alten Autoren in das Geschehen eingefügte Zusammenfassung, mit der ein ermutigender Ausblick in die Zukunft gegeben werden sollte. So wie nach der Vernichtung der Kultur des Gartens der Geist sich im Geschlecht Enosch erneuerte, würden später wieder Menschen den Geist des Namens, den Schem Jhwh, aufnehmen und danach leben. Schem bedeutet »Name« und »Geist«. In den Menschen dieses Namens würde der von Noach in der Thevah bewahrte Geist wiederaufleben. Da die Überlieferung in dieser Auffassung nicht von einer ununterbrochenen Fortführung der Tradition Jhwh berichtet, müssen Menschen, die später den Namen Schem erhielten, den in der Thevah geretteten Geist wiedergefunden haben. Deshalb meine ich, die Gelehrten der Auslegungstradition haben den Satz, aus dem gedeutet wurde: »Und der Herr schloß hinter ihm (die Arche) zu«[501], mißverstanden und die ursprüngliche Konsonantenfolge gekürzt. Ich vermute, es sollte ursprünglich damit ausgesagt werden, daß Noach den Namen Jhwh in den Steinernen Tafeln des Gesetzes verschloß, damit spätere Geschlechter daraus den Geist aufnehmen und den Namen, den »Schem«, wieder weitergeben konnten.

Die Menschen des befreiten Volkes Evär fanden im Man den Geist und das Wissen der Vergangenheit. Auch dieser Bericht enthält den Gedanken, das Wissen und den Geist für spätere Generationen zu sichern. Mose gebot Aaron, das Man in einem Krug zu verschließen und für die Nachkommen zu bewahren.

Nach dem Wortlaut der Auslegungstradition empfing Mose auf der Spitze des Berges ha Elohim die beiden Steinernen Tafeln des Gesetzes.

Ob die Autoren der Alten Überlieferung eine Verbindung zwischen den Tieren und den Steinernen Tafeln in der Thevah Noachs mit dem Man und den Steinernen Tafeln des Propheten Mose beschrieben haben, ist aus dem überlieferten Text nicht mehr zu erkennen.

In der Auslegungstradition werden Noach und seine drei Söhne, Schem, Cham und Japhet, mit ihren Familien als einzige Überlebende der Sintflut beschrieben. Von den drei Söhnen sollen alle Völker abstammen. In dieser Auffassung ist der Gedanke wertlos. Die danach in der Spätzeit konstruierte Völkertafel ist nur erfunden worden, um eine Wertung der Völker aus ihrer Abstammung herleiten zu können. Mit dem Namen und dem Geist Jhwhs haben diese Vorstellungen und die daraus entstandenen Bemühungen nichts gemeinsam.

Aus den Namen der drei Nachkommen Noachs bietet sich aber eine Deutung an, die über eine andere Auffassung zu dem Gedanken zurückführt, daß alle Menschen Nachkommen dieser drei »Stammväter« sind.

Dem Namen Japhet kann die Bedeutung gegeben werden »ausgebreitet« oder »weit verbreitet«. Mit Hilfe der ägyptischen Sprache kann der Name Cham als »Sklave« oder »Knecht« gedeutet werden. Schem bedeutet »Geist« oder »Name«.

Nach der Sintflut breiteten sich die Menschen aus. Von denen, die am weitesten verbreitet sind, werden viele auch in den Heiligtümern des Schem, »des Geistes«, wohnen. Sie werden aber nicht nach dem Geist leben. In Noachs »Fluch«[502] wird dem Namen Japhet nur der Gottesbegriff Elohim zugeordnet.

Die Unwissenden, die Menschen des Namens Cham, die in der Urwelt nach der Katastrophe ohne Hilfe und Rat wieder ein tierhaftes Dasein leben mußten, werden von den wissenden Menschen, wie schon vor der Katastrophe, ausgenutzt und beherrscht.

Es wird Menschen geben, die den Geist des Namens Jhwh wiederfinden, ihn bewahren, danach leben und ihn unter Opfern über die Zeiten retten werden. Die Menschen des Namens, die Menschen »Schem«, sind die »Hirten«. In ihren Heiligtümern[503] wird sich auch das weit verbreitete, von der Autorität der Elohim abhängige Volk versammeln.

Die Alte Überlieferung entstammt zweifellos der Tradition Enosch-Schem. Sie enthielt Berichte über das, was aus dem Wissen der Vergangenheit bewahrt und in der Zeit nach der Katastrophe erforscht werden konnte. Die alten Autoren beschrieben das Wunder Man als das Wissen der Vergangenheit und das Gesetz, das Gerechtigkeit ermöglichte. Zum Wunder Man gehört auch das Gesetz, ohne das ein physisches Überleben in der verwüsteten Welt nicht möglich gewesen wäre – das Gesetz über »die reinen und unreinen Tiere«.

Die Speisevorschriften haben keine Parallele in den anderen Kulturen des Fruchtbaren Halbmondes. Dieses Gesetz[504] ist ein optimaler Seuchenschutz. Die jüdischen Speisengesetze werden in unserer Zeit belächelt. Sie wurden in vergangenen Jahrhunderten verdammt. Die Juden wurden ihretwegen verhöhnt und verfolgt. Wurden aber die Städte des Mittelalters von Epidemien oder Seuchen heimgesucht, dann waren die Juden oft nicht im selben Ausmaß betroffen wie die anderen Menschen. Sie wurden deshalb als »Brunnenvergifter« angeklagt und wieder verfolgt.

Das Speisengesetz kann getrost in jede Katastrophenordnung übernommen werden. Es verbietet den Verzehr aller Tiere, die Aas fressen, die mit Fäkalien in Berührung kommen oder in Erdhöhlen leben. Alle Meerestiere, die in Ufernähe oder in stehenden Gewässern siedeln, sind verboten. – Bei zunehmender Verschmutzung der Weltmeere werden auch wir keine Kriechtiere des Meeres mehr essen dürfen, wenn wir gesund bleiben wollen.

Die Vorschriften über die reinen und unreinen Tiere wären nicht zum unverzichtbaren Bestand einer Kultur geworden, wenn sie sich nicht in einer Katastrophenzeit als lebensrettendes »Wunder« bewährt hätten.

Das Goldene Kalb

Nach Auffassung der Auslegungstradition empfing Mose die Steinernen Tafeln des Gesetzes auf dem Berg Sinai. In ihrer Textanordnung haben die Auslegungsredakteure die Ereignisse mit viel Gefühl für dramatische Wirkung miteinander verknüpft. Während Gott, dem auserwählten Volk greifbar nahe, seinem Propheten das Gesetz verkündet, lassen die Redakteure dieses Volk nach anderen Göttern schreien.

Ex. 32.1

Da aber das Volk sah, daß Mose verzog, von dem Berge zu kommen, sammelte sich's wider Aaron, und sprach zu ihm: Auf, mache uns Götter [elohim], die vor uns hergehen! Denn wir wissen nicht, was diesem Mann Mose widerfahren ist, der uns aus Ägyptenland [aretz mizrajm] geführt hat.

Die Auslegungsredakteure berichten mit gespaltener Seele. Einerseits soll die Gottesbegegnung als ein gewaltiges, einmaliges Erlebnis aufgenommen werden; die Begleitumstände durften keinen Zweifel daran lassen, daß das Volk vor dem einzigen und allmächtigen Schöpfer von Himmel und Erde stand.

200

Ex. 19.16
. . . da hub sich ein Donnern und Blitzen und eine dicke Wolke auf dem Berge und ein Ton einer sehr starken Posaune; das ganze Volk aber, das im Lager war, erschrak.

Andererseits mußten die Redakteure alte Fragmente in ihre Erzählung einordnen, aus denen eindeutig hervorgeht, daß die ältesten Zeugnisse der Überlieferung, die Steinernen Tafeln, für immer verlorengegangen sind.

Die Auslegungsfabel erweckt den Eindruck, der Verlust sei gerade in der Zeit eingetreten, als der Schöpfer von Himmel und Erde auf der Spitze des Berges Sinai, allen wahrnehmbar, gegenwärtig gewesen ist, um sich dem Propheten seines auserwählten Volkes zu offenbaren.

Die Einleitung zu dem Bericht über das Goldene Kalb erweckt allerdings nicht den Eindruck der unmittelbaren Gottesnähe. Die Menschen scheinen zu zweifeln, ratlos zu sein: »Wir wissen nicht, was diesem Mann Mose widerfahren ist.« Mose ist nicht gegenwärtig. Die Menschen starren auch nicht gebannt zum Gipfel des Berges, auf dem sich Gott mit Blitz und Donner niedergelassen hat, um den Propheten zu empfangen. Die Menschen wissen nicht, was mit Mose geschehen ist. Sie verlangen von ihren Priestern eine klare Vorstellung und Beweise für die Existenz ihres Gottes.

Ex. 32.4
Und (Aaron) . . . entwarf's mit einem Griffel, und machte ein gegossenes Kalb. Und sie sprachen: Das sind deine Götter [elohejkha], Israel.

Das ganze Dilemma der Auslegungstradition wird an diesem Satz deutlich. Die Übersetzer schrieben, daß Aaron das Goldene Kalb dem Volk mit dem Wort präsentierte: »Das sind deine Götter, Israel.« Im hebräischen Text steht *elohejkha*. Dasselbe Wort steht in der Einleitung zum Gesetz der Zehn Worte, das der Prophet Mose zur gleichen Zeit auf dem Gipfel des Berges in Empfang genommen haben soll. Diese Einleitung wurde von den Gelehrten mit der Formel übersetzt: *»Ich bin der Herr, dein Gott«* (anochj jhwh elohejkha).

In der Auslegungstradition bedeutet *elohejkha* an einer Stelle »deine Götter« und an anderer Stelle »dein Gott«. Das Wort *elohim* kann also sowohl den Schöpfungsgeist von Himmel und Erde bezeichnen als auch das Goldene Kalb. Wann aber bedeutet *elohim* »Gott« und wann »Goldenes Kalb«? Viele Jahrhunderte haben sich die textdeutenden Elohim hinter der Formel verschanzt, sie könnten die innerste Wahrheit der Texte erfassen, weil der Heilige Geist sie dazu inspiriert hätte. Das behauptet die ernst zu nehmende Mehrheit der Elohim unserer Gegenwart nicht mehr.

Wie wenig aber die Gelehrten der Vergangenheit in manchen Fragen »inspiriert« gewesen sind, zeigen die Irrtümer, die sie aus dem Text gedeutet und unseren Ahnen als angeblich göttliche Wahrheit aufgezwungen haben.

Ex. 32.5
Da Aaron das (gegossene Kalb) sah, baute er einen Altar vor ihm, und ließ ausrufen und sprach: Morgen ist des Herrn [jhwh] Fest.

Aaron präsentierte dem Volk nicht einen fremden Gottesbegriff, sondern er ließ eine bildliche Darstellung des Namens Jhwh zu und betete sie mit dem Volk an. Das Goldene Kalb war der von Menschen geschaffene, in einem »Bild« dargestellte Gott.

Ex. 32.6
Und stunden des Morgens frühe auf und opferten Brandopfer und brachten Dankopfer. Darnach setzte sich das Volk zu essen und zu trinken, und stunden auf zu spielen.

Im Kult des Goldenen Kalbes wurde aus dem »lebenden Wort« eine Gottesvorstellung entwickelt, die den Vorstellungen der anderen Völker glich. Die greifbare bildliche Darstellung wurde zur Eigenpersönlichkeit, der die Menschen mit Brandopfern und Räucherritualen dienten.

In der Zeit, da das Goldene Kalb verehrt wurde, war Mose nicht gegenwärtig. Die Gottesvorstellung seiner Tradition und seines Geistes ist eine andere. Die Autoren der Alten Überlieferung haben diese Vorstellung sehr klar beschrieben.

Deut. 4.12
Und der Herr [jhwh] redete mit euch mitten aus dem Feuer. Die Stimme seiner Worte hörtet ihr; aber keine Gestalt sahet ihr außer der Stimme.

Nach dieser Aussage der alten Autoren ist die Deutung des Namens *jhwh* nach den Silben *j* und *hw* als »lebendes Wort« nicht falsch.

Aus der Stimme oder dem Wort ist es nicht möglich, ein »Bild« zu formen, das anderen zur Anbetung aufgezwungen werden kann.

Ex. 31.18
Und da der Herr [jhwh] ausgeredet hatte mit Mose auf dem Berg Sinai, gab er ihm zwei Tafeln des Zeugnisses [ha eduth / <'>dth]; die waren steinern und geschrieben mit den Fingern Gottes [elohim] .

Im hebräischen Text ist der »Finger Gottes« der Finger der Elohim. Nach dem Beispiel des ägyptischen Begriffes *mdw ntr* für die alten Hieroglyphentexte darf für den hebräischen Begriff »Finger der Elohim« eine ähnliche Bedeutung angenommen werden.

Wenn Noach vor der Katastrophe Jhwh in den Steinernen Tafeln »verschloß«, so kann dies nur mit den Schriftzeichen der Wissenden geschehen sein, mit den Zeichen der Elohim, die nur mit dem »Finger der Elohim« geschrieben werden konnten.

Ex. 32.19
Als er (Mose) aber nahe zum Lager kam, und das Kalb und den Reigen sah, ergrimmte er mit Zorn, und warf die Tafeln aus seiner Hand, und zerbrach sie unten am Berge.

Als reales Geschehen wäre dies ein unbegreifliches Sakrileg gewesen. Niemand hätte die Handlung des Propheten verstanden, und kein Mensch würde es ihm jemals verzeihen, wenn er die Gesetzestafeln, vom Schöpfer des Himmels und der Erde mit eigener Hand beschrieben, aus Unbeherrschtheit vernichtet hätte.

Als Legende ist der Vers aber ein trauriger, unbeholfener Versuch, den Verlust uralter heiliger Zeugnisse zu erklären.

Das Gesetz, und damit die ursprüngliche Überlieferung, ging verloren, als die Menschen sich vom Geist Jhwh abwandten und sich Kulte und »bildliche« Gottesvorstellungen aufdrängen ließen.

Im Nebeneinander der Gottesbegegnung Moses und der gleichzeitigen Anbetung des Goldenen Kalbes lehrt uns die Alte Überlieferung, daß das, was in der Spätzeit geschah, als die Auslegungstradition entstand, sich in der fernen Vergangenheit mindestens schon einmal ereignet hatte.

Aus dem geistigen Begriff Jhwh war ein bildlicher Begriff, das Goldene Kalb, entwickelt worden.

Als die Steinernen Tafeln aus den alten Zeiten noch vorhanden waren, als der Name des »lebenden Wortes«, der Schem Jhwh, den Menschen ganz nahe war, haben sie den Geist nicht aufgenommen und das Wissen nicht erlernen wollen. Sie haben das Man nicht erkannt und es wieder anderen überlassen. Die Steinernen Tafeln, die

Zeugnisse der Überlieferung, deren Wurzeln wir in den alten Zeiten vor der großen Katastrophe zu suchen haben, gingen in der Zeit der Anbetung des Goldenen Kalbes verloren.

Nach dem Beispiel ihres Gottesbildes Adonaj/Jahweh, des männlichen Gottes, der genußvoll die ägyptische Erstgeburt mordete, lassen die Auslegungsredakteure den zurückgekehrten Propheten die Abtrünnigen auf eine einfache und sehr oft nachgeahmte Weise »bekehren«.

Ex. 32.27

Und er (Mose) sprach zu ihnen: So spricht der Herr [jhwh], der Gott [elohe] Israels: Gürte ein jeglicher sein Schwert auf seine Lenden, und durchgehet hin und wieder von einem Tor zum andern das Lager, und erwürge ein jeglicher seinen Bruder, Freund und Nächsten. (28) Die Kinder Levi taten, wie ihnen Mose gesagt hatte; und fielen des Tages vom Volk dreitausend Mann.

Dies soll geschehen sein, als Gott in der Wolke auf dem Berge Sinai angeblich noch gegenwärtig war, der Gott, der Mose kurz zuvor das Gesetz übergeben haben soll, in dem geboten wird: Töte nicht!

Man kann dazu viele gelehrte Erklärungen erdenken und erfinden. Sie enden alle in der Behauptung: Der Zweck heiligt die Mittel. Und eben dieser unheilige Gedanke, der jahrhundertelang das Alibi der Fanatiker und ihrer Henkersknechte war, gehört zum »Goldenen Kalb« weit eher als zur Geisteswelt des Propheten Mose und des lebenden Wortes.

Aaron entwarf und goß *egäl*, das »Goldene Kalb«; im Text der Auslegungstradition heißt es anschließend: »Das sind deine Götter, Israel . . .«[505] Damit machen uns die Schriftgelehrten glauben, daß Aaron und das Volk sich vom wahren Gott (den sie gern auch Elohim nennen) abgewandt, dem Monotheismus abgeschworen und sich einer fremden Göttervielfalt zugewendet haben. Im Text der Auslegungstradition steht »Götter«. Otto Eissfeldt, dessen Hexateuch-Synopse seit 1922 vorliegt, hat sich bemüht, den Satz wortgetreu zu übertragen: »Und er (Aaron) bildete ›ein Stück Holz‹ mit dem Meißel und machte es zu einem Stierbild. Und sie sprachen: Das ist dein Elohim, Israel, der dich aus dem Lande Ägypten heraufgeführt hat.«

Auch nach dieser Textauffassung muß man also, wenn *elohim* im Text steht, die Möglichkeit einschließen, daß ursprünglich auch ein Goldenes Kalb damit gemeint gewesen sein könnte.

Wer darf bestimmen, wann das Wort *elohim* als Name des einzigen und wahren Gottes zu verstehen ist und wann es das verabscheuungswürdige »Goldene Kalb« bezeichnet?!

Im »Egäl«, dem Goldenen Kalb, gaben die Menschen den Gottesbezeichnungen »Elohim« und »Jhwh« die gleiche Bedeutung. Darüber sollten die Schriftgelehrten nachdenken und auch darüber, daß durch diese Mißachtung der Gottesnamen die Schriftdokumente der Alten Überlieferung, die ersten Steinernen Tafeln, zerstört worden sind.

Ex. 34.1

Und der Herr [jhwh] sprach zu Mose: Haue dir zwo steinerne Tafeln, wie die ersten waren, daß ich die Worte darauf schreibe, die in den ersten Tafeln waren, welche du zerbrochen hast.

Nach dieser Aufforderung soll Mose erneut auf den Berg gegangen sein und von Gott noch einmal das Gesetz der Zehn Worte empfangen haben.

Das Man dauerte an, solange das Volk durch die verwüstete Welt ziehen mußte.

Damit ist gesagt, daß der Geist erhalten blieb, auch wenn die Mehrheit der Menschen zeitweise anderen Vorstellungen nachrannte.

Aus der Kraft des Namens Mose, des in der Thevah über die Zeiten Geretteten, aus der Erinnerung und dem Geist Jhwh wurden die Steinernen Tafeln erneuert.

Die Autoren der Auslegungstradition geben daran auch wieder alles Verdienst ihrem Himmelspatriarchen und degradieren die opferbereiten Bewahrer der Alten Überlieferung, die schon in frühester Zeit gegen diese erschreckende Gottesvorstellung kämpfen mußten, zu willenlosen Handlangern.

> *Deut. 4.15*
> *... denn ihr habt keine Gestalt gesehen, des Tages, da der Herr [jhwh] mit euch redete aus dem Feuer auf dem Berg Horeb [chrvh].*

In den Texten der Auslegungstradition steht »Herr«. Niemand kann sich dadurch dem Eindruck entziehen, daß die leitende Kraft ein – wenn auch nicht sichtbarer – Mann ist, der nur aus unerfindlichen Gründen nicht bildlich dargestellt werden möchte. Die Autoren der Alten Überlieferung wollten gerade diese Entwicklung ausschließen.

> *Deut. 4.16.*
> *Auf daß ihr euch nicht verderbet, und macht euch irgend ein Bild, das gleich sei einem Mann oder Weib.*

Das lebende Wort soll die Menschen in eine Ordnung leiten, in der Mann und Frau die gleichen Rechte haben. Der Name Jhwh kann aus der Sprachtradition sowohl männlich wie auch weiblich aufgefaßt werden. Dieser Name aber war in der Auslegungstradition zum unaussprechlichen, heiligen Geheimnis erklärt worden. An seiner Stelle muß »Adonaj« gesagt werden – das heißt »Herr«. Schon das ist ein männliches Bild.

Dieses Bild ist weiter gezeichnet worden, als die Textumdeutung den naturwissenschaftlich richtigen Inhalt des biblischen Schöpfungsberichtes an die mesopotamischen Mythen anglich.

Das Man, das Wissen der Vergangenheit, war zerstampft und zerrieben worden.

Gott mußte als Mann gedacht werden. Jede Andeutung der für die Gelehrten der Spätzeit unerträglichen Gedanken, die darauf hinwiesen, daß im Anfang der Menschheitsgeschichte Frauen die bestimmende Autorität gewesen sein könnten, mußte im Sinne ihrer Philosophie »richtiggestellt« werden. So wurde auch diese Erkenntnis der Alten Überlieferung eingestampft. Die Zeugungserkenntnis wurde zur Rippengeschichte degeneriert und die Adamah zur Ackererde.

Der menschenfreundliche leitende Gottesbegriff der Alten Überlieferung, der Geist des Namens Jhwh, forderte von den Menschen keinerlei Opferdienste oder Heiligtümer.

> *Ex. 20.24*
> *Einen Altar von Erde [adamah] mache mir ...*

Der Altar soll nicht aus *aretz* gemacht werden, auch nicht aus *aphar,* sondern aus *adamah.* Das einzige »Opfer«, das den Menschen abverlangt wird, ist der Verzicht auf die bequeme Egozentrik im tierhaften Leben der Adamah. Die gestaltenden Redakteure haben allerdings an diesen wunderbaren Gedanken die Duftmarke ihrer Weltsicht angefügt: »... darauf du dein Brandopfer und Dankopfer, deine Schafe und Rinder opferst ...«

Die Auffassung des Begriffes *adamah* trennt die Auslegungstradition von der Alten Überlieferung. Alle absurden Gedanken der Auslegungstradition werden verständliche, geschichtlich richtige und oft auch weise Berichte, wenn wir dieses Wort als weibliche Form des Begriffes »Mensch« verstehen und in jedem Gottesbegriff die eigene, unverwechselbare Bedeutung suchen.

Ex. 33.16

. . . auf daß ich und dein Volk gerühmt werden vor allem Volk, das auf dem Erdboden [al pnej ha adamah] ist.

Der Geist des Namens Jhwh und das »auserwählte Volk« sollen gepriesen werden vor allen Menschen, die im »Angesicht der Adamah« leben. Nicht die Abstammung entscheidet über die Zugehörigkeit zum beneidenswerten Volk, sondern die Lebensauffassung. Wer dem anderen nicht das gleiche Lebensrecht gibt, das er für sich selbst beansprucht, lebt in der Adamah, egal, wie edel und auserwählt seine Mutter oder sein Vater oder sein Großvater gewesen sein mögen.

Das »lebende Wort«

Das Besondere der biblischen Überlieferung sollen nach traditioneller Auffassung der Gedanke des Monotheismus und der bilderlose Kult sein. Beide Religionselemente kommen in verschiedenen Epochen auch bei anderen Völkern vor. Die biblische Tradition hat aber in der Alten Überlieferung einen Gedanken bewahrt, der in dieser Klarheit und in so zentraler Bedeutung in keiner anderen der bisher bekannt gewordenen Kulturen festgestellt werden kann. Aus den Fragmenten wird die Überzeugung der Autoren deutlich, daß die Freiheit der Menschen und die gleichberechtigte Partnerschaft von Mann und Frau, die in der Lebensgemeinschaft der Familie die Verantwortung für ihre Nachkommen übernehmen, Voraussetzung waren für die Entstehung der »menschlichen Kultur«.

Manchen Geistern unserer Zeit wird dieser Gedanke nicht gefallen. Aber die verblüffende Richtigkeit der biblischen Mitteilung kann an den vielen Beispielen geprüft werden, die uns aus der Menschheitsgeschichte zur Verfügung stehen.

In den Verfallszeiten der Kulturen lösten sich die Menschen immer aus der Gemeinschaft der Familie, wurde die Gleichberechtigung mißachtet und Verantwortung für die Mitmenschen abgelehnt.

Im Zerfall der Hochkulturen können noch imponierende Zivilisationsleistungen entstehen. Es können noch Pyramiden erbaut und Eroberungskriege im Namen des »Großen Bruders« geführt werden. Das geistige Potential der Menschen wird sich aber nur regenerieren, wenn die Gemeinschaft der Familie das Fundament der Gesellschaft bleibt.

Vom christlichen Abendland werden die Pyramiden von Gizeh als große Kulturleistungen bewundert. Ob diese Bewunderung berechtigt ist, werden wir erst erkennen, wenn wir wissen, mit welchen Mitteln sie erbaut worden sind.

Man kann der Meinung sein, daß Leben und Freiheit des einzelnen Menschen vor der Geschichte bedeutungslos sind, daß Pyramiden hohe Werte für die Menschheit darstellen und deshalb die Leiden der Menschen, die sie erbaut haben, gerechtfertigt sind. Man darf nur nicht behaupten, daß die in solchem Denken zum Ausdruck kommende Gleichgültigkeit gegenüber Leiden, von denen nur andere betroffen waren, dem Geist jener Überlieferung verwandt ist, die wir dem Opfermut der biblischen Völker verdanken.

Die Autoren der Alten Überlieferung haben Kultur gleichgesetzt mit dem Begriff »ein Garten Jhwh«. Jhwh ist der von den Menschen bewahrte Geist, der im Anfang aus der »lebenden Stimme der Schöpfung«, aus Jhwh Elohim, erkannt worden war. Nach Auffassung der alten Forscher, deren Weisheit über Jahrtausende weitergegeben worden ist, war die wichtigste Entwicklungsstufe der Menschheitsgeschichte die Zeugungserkenntnis.

In der Kältekatastrophe wurde die erste Kultur vernichtet. Die Kulturmenschen fielen in das tierhaft egozentrische Dasein der Welt der Adamah zurück. Erst nach langer Zeit »erkannten« Mann und Frau einander wieder als gleichberechtigte und gleichverantwortliche Lebenspartner. In dieser Kulturentwicklung lebten die Menschen nach dem Namen Jhwh, aus dem Geist des »lebenden Wortes«. Die im Wissen bewahrte Erinnerung an die Ereignisse und Erfahrungen der Vergangenheit bestimmte die Handlungen der Menschen Noach, als die Katastrophenfolge der Überflutungen erneut alle von den Menschen aus dem Geist des »lebenden Wortes« geschaffenen Kulturen zu vernichten drohte.

Die Menschen Noach waren von den Elohim vor der unaufhaltsamen Katastrophe gewarnt worden. Sie verschlossen oder überlieferten Jhwh in den Steinernen Tafeln. Auf der Wanderung durch die »verwüstete Welt« fand das vor der Katastrophe gerettete, aus der Knechtschaft Mizrajms befreite Volk Evär das Man, den Geist und das Wissen der Menschen, die nicht überlebt haben – das Wissen der Toten.

Aus den Steinernen Tafeln, aus dem Namen Jhwh, konnte Mose der Gemeinschaft seines Volkes eine Lebensordnung geben, durch die der Geist der Menschlichkeit lebendig blieb. Aus der Kraft des Geistes Jhwh wird auch in der lebensfeindlichen, verwüsteten Welt der tierhaft egozentrische Überlebensinstinkt des einzelnen gebändigt und beherrscht durch den lebendig bleibenden Geist der Verantwortung und der Verpflichtung der »Hirten«.

Das von den Menschen Noach in den Steinernen Tafeln überlieferte »lebende Wort« Jhwh heißt im biblischen Sprachgebrauch die »Zehn Worte«. In der Sprache der Elohim wurde ihm nach den griechischen Texten der Name Dekalog gegeben – das Zehnwort – die Zehn Gebote.

Im Geist des Mittelalters wurde dieses Gesetz so gedeutet, daß es von den Frommen als Spielregel aufgefaßt werden mußte, nach der die Menschen für das Jenseits Punkte sammeln oder verlieren können.

Die Menschen Noach aber haben im Namen Jhwh die Weisheit zusammengefaßt, die sie aus den Erfahrungen einer langen und leidvollen Menschheitsgeschichte gewonnen hatten. Sie haben für die Menschen späterer Zeit zehn Lebensregeln formuliert, nach denen es immer wieder möglich sein wird, das Leben einer Gemeinschaft zu ordnen, so daß auch die Rechte der Alten und Schwachen gewahrt bleiben.

Die Zehn Worte sollen die Werte des »menschlichen« Lebens auch dann erhalten, wenn alles, »was durch Jhwh entstanden war«, vernichtet wird.

Deshalb beschreibt das Gesetz der Steinernen Tafeln die Verantwortung des Menschen für seine Mitmenschen, seine daraus entstehenden Verpflichtungen und die Rechte der anderen, die nicht beschränkt werden dürfen.[506]

Die Auslegungstradition deutet aus der Überlieferung das Bild eines lenkenden und bestimmenden männlichen Gottes, gegen dessen Willen sich der Mensch nicht auflehnen darf, gegen dessen Vorhaben der Mensch nicht handeln kann.

Die alte Überlieferung lehrt, daß der Geist des »lebenden Wortes« nur durch die Menschen verwirklicht werden kann. Der Geist Jhwh lebt im Gewissen der »Hirten«.

Wenn die Einrichtungen der Zivilisation zerstört werden, kann Gerechtigkeit nur aus dem Gewissen der Menschen entstehen, denn Richter oder staatliche Autoritäten existieren dann nicht mehr. Deshalb sind die Zehn Worte auch das Gesetz für eine Gemeinschaft, die in absoluter Freiheit lebt oder leben möchte.

Wer sagt, es könne einen Zustand der Freiheit ohne Gesetz und ohne Gewissen geben, ist ein Heuchler oder ein Narr. Die Freiheit der Andersdenkenden kann es nur geben, wenn auch der Stärkere die Meinung des Schwächeren toleriert. Er wird es nur tun, wenn ihn sein Gewissen zur Gerechtigkeit verpflichtet. Einer der wichtigsten Gedanken der Alten Überlieferung ist deshalb die Aufforderung an uns, dem Mitmenschen die gleichen Rechte zuzugestehen, die wir für uns selbst beanspruchen: Liebe deinen Nächsten wie dich selbst.[507]

Es hat im Altertum eine starke Bewegung gegeben, in der nur das Gesetz der Zehn Worte als Ausdruck des göttlichen Willens aufgefaßt werden durfte. Im Talmud wird diese »Minäer« (*minim*) genannte Denkschule heftig abgelehnt.[508] Herkunft und Bedeutung des Wortes *minim* sind unklar. In der Konsonantenschrift sieht das Wort so aus: *mnjm*. Das *jm* ist die Pluralform der Silbe *mn*. In der Konsonantenschrift kann es auch »Man« bedeuten. Ich schlage vor, darüber nachzudenken, ob die Minim nicht die Letzten einer Tradition waren, die am Man festhalten wollte. Vielleicht hilft diese Deutung auch zum Verständnis eines nicht ganz geklärten Gedankens, den Jesus von Nazareth in der Bergpredigt ausgesprochen hat: »*Wer nur eines von diesen kleinsten Geboten auflöst, . . . der wird der Kleinste heißen im Himmelreich.*«[509]

Die Zehn Worte sind das Sublimat der Weisheit einer langen Menschheitsentwicklung. Sie sind, als weltlich zu begreifende Lebensregel, das geistige Zentrum der Überlieferung, die uns lehrt, daß Gerechtigkeit nicht durch Gesetz oder Richter geschaffen wird – wer sie verlangt, muß sie auch selbst geben.

An Wortlaut und Geist des Gesetzes der Zehn Worte geprüft, lösen sich aus allen Texten der fünf Bücher die Ergänzungen und Ausgestaltungen der Auslegungstradition wie Staub von den bewundernswerten Gedanken der Alten Überlieferung.

Alle Menschheitsgesetze beschreiben die verbotene Tat und die dafür zu verhängende Strafe. In allen Gesetzen wird die Strafe in das Zentrum der Überlegung gerückt. Diese Gesetze sind Appelle an die Vernunft. Wenn daher der aus der Tat entstehende Vorteil die Nachteile der Strafe überwiegt, wird der potentielle Täter sich zur Gesetzesübertretung entschließen.

Im Gesetz der Zehn Worte wird keine Strafe angedroht. Es steht daher die Tat im Mittelpunkt der Überlegung. Die Tat soll nicht begangen werden, auch wenn sie nicht entdeckt und nicht bestraft werden sollte.

Die Erkenntnis, daß unsere Welt nicht durch Gericht und Macht geordnet werden kann, sondern nur durch das Gewissen der Menschen, ist der große Gedanke, den wir dem Namen Mose verdanken.

Ex. 20.1
Und Gott [elohim] redete alle diese Worte.

Im Text steht *elohim*. Die Bezeichnung entspricht dem Ablauf, denn kurz davor heißt es: Mose führte das Volk aus dem Lager, Elohim entgegen (Ex. 19.18).

Man könnte versucht sein zu glauben, daß entsprechend der Urkunden- und Quellentheorie *elohim* die Gottesbezeichnung in diesem Text ist. Die von Mose als Stimme beschriebene Erscheinung gab sich aber anders zu erkennen.

Ex. 20.2
Ich bin der Herr [jhwh], dein Gott [elohejkha].

Die Einleitung erscheint mit der von der Auslegungstradition eingeführten Umdeutung der Gottesnamen als leere literarische Floskel. Das aber ist ein entstellender Irrtum. Die Einleitung des Gesetzestextes mit der Autoritätsbezeichnung Elohim – also dem Mehrzahlbegriff »Götter« – zeigt die tiefe Weisheit und umfassende Toleranz der Alten Überlieferung, die sich in der Auslegungstradition leider nicht mehr findet.

Elohim sind Menschen, die nach erlebten oder behaupteten Inspirationen im Namen ihrer »Götter« Erkenntnisse und Vorschriften verkünden. Von diesen ha Elohim nahmen die Menschen an, sie könnten mit übernatürlichen Mächten in Verbindung treten, die den Ablauf der Natur und das Geschick der Menschen bestimmen. Im Augenblick der Inspiration, die durch kultische Zeremonien erreicht wurde, war der Geist des angerufenen Gottes im menschlichen Elohim. Im Namen seines Gottes sprach er das autoritative, unwiderrufliche Wort, das *hw*, das aus dem göttlichen Denken, dem *sja,* entstanden sein soll.

Seit die Menschen sich durch ihre Erkenntnisfähigkeit aus der absoluten Naturabhängigkeit des tierhaften Lebens gelöst haben, fragen sie nach dem Geist, aus dem das Leben entstanden ist, nach dem Sinn, der die Naturgesetze bestimmt. Seither gibt es auch die Elohim, die nach Antworten suchen, die den Bedürfnissen und Notwendigkeiten ihrer Zeit entsprechen.

Wichtige Erkenntnisse und Offenbarungen eines Volkes werden oft in anderen Zeiten, unter den Lebensbedingungen anderer Völker ohne Wert sein.

Alle von den Menschen aller Zeiten erlebten Offenbarungen sind immer nur ein winziger Aspekt der unergründlichen, unbegreiflichen Macht, die das Gesetz des Universums bestimmt. Die Schöpfung entstand durch das Zusammenwirken aller jemals von Menschen erkannten oder erahnten Aspekte der Lebenskraft des Universums.

Die Weisheit der Alten Überlieferung ist am Namen zu erkennen, den die Autoren im Bericht von der Sechs-Tage-Schöpfung der Schöpfungsmacht gegeben haben: Elohim – Götter. Das heißt, die Schöpfung war nur möglich durch das Zusammenwirken aller Lebenskräfte. Durch diese Beschreibung sollte vermutlich auch verhindert werden, daß *eine* Gruppe ihren Gott als den »wahren« Schöpfungsgott über die Götter anderer Gruppen stellt.

Diese Weisheit findet ihre Ergänzung in dem Namen, den die Autoren der Alten Überlieferung als Ursprung des Gesetzes der Zehn Worte nannten: Elohim.

Und Elohim offenbarte alle diese Worte und sprach: Ich bin Jhwh (das lebende Wort) (auch) deines/deiner Gottes/Götter . . . [510]

Damit wollten die Weisen der Vergangenheit den Menschen sagen: Es gibt viele Aspekte und Offenbarungen der Schöpfungsmacht. Es gibt auch viele Offenbarungen und Weisheiten, die in vielen Jahrtausenden gesammelt worden sind, aber es gibt nur das eine Gesetz, die Zehn Worte. Es wird offenbart aus dem lebenden Wort aller Elohim, in dem auch der Geist deines Elohim verkündet wird.

Durch den Namen Jhwh, den Geist der Weisheit aller göttlichen Offenbarungen, den Noach in den Steinernen Tafeln überliefert hat, wird auch den einfachsten Menschen ein Maß gegeben, mit dem sie den Geist der Verkündung ihrer ha Elohim prüfen können.

Ex. 20.3
Du sollst keine anderen Götter [elohim] neben mir haben.

Keine Verkündigung der Elohim darf höher gewertet werden als das lebende Wort.

Kein Gesetz der ha Elohim darf das lebende Wort aller Götter, das Gesetz der Zehn Worte, außer Kraft setzen.

Aus welchen Gedanken und Vorstellungen die Menschen in der Verzweiflung ihre Hoffnung beleben, wohin sie in der Einsamkeit ihrer Gebete oder im Übermaß der Freude ihren Dank bekunden, das wird ihnen aus ihrer Tradition, aus den Gedanken ihrer Vorfahren, aus den Erfahrungen ihrer Elohim nahegebracht werden. Es darf aber niemals dem Geist der Zehn Worte widersprechen, denn sie bestimmen die Grenzen der Mächtigen und der Heuchler.

Für die Menschen aller aus dem biblischen Gedanken beeinflußten Kulturen ist der arbeitsfreie Tag in jeder Woche eine Selbstverständlichkeit. Er ist zum erstenmal im Gesetz der Zehn Worte für alle Menschen verbindlich verkündet worden.

Lange vor den Wohlfahrtsgedanken des christlichen Abendlandes und den daraus hervorgegangenen Ideologien wurden durch das Schabathgebot auch die Mächtigsten und Reichsten zu einem Minimum an sozialem Verhalten gezwungen. Wir können uns kaum noch vorstellen, was diese Vorschrift für die Menschen bedeutet haben muß, die den Despoten des Altertums leibeigen gewesen sind.

Ex. 20.10
Aber am siebenten Tag ist der Tag des Herrn [schabath jhwh], deines Gottes [elohejkha]. Da sollst du kein Werk tun, noch dein Sohn, noch deine Tochter, noch dein Knecht, noch deine Magd, noch dein Vieh, noch dein Fremdling (der Andersdenkende), der in deinen Toren (in deinem Machtbereich) ist.

Der Schabath Jhwh, der Ruhetag des lebenden Wortes, ist der Tag des menschlichen Geistes, der Zuwendung. Die Behauptung, daß die Zehn Worte dem Mann, als dem Herrn über Frau und Familie, verkündet worden sind, ist falsch. Das Wort richtet sich an Frau und Mann als gleichberechtigte und gleichverantwortliche Lebenspartner. Die Anrede gilt für beide ohne wertenden Unterschied. Es darf keinem männlichen oder weiblichen Mitglied der Gemeinschaft der Tag der Ruhe verweigert werden.

Ein Gesetz, das den Mächtigen ein Siebentel ihrer Macht über das Leben und die Zeit der Abhängigen entzog, kann nur unter Berufung auf die höchste Autorität durchsetzbar gewesen sein. Aus dem Beispiel der Schöpfungsmacht Elohim wurde das Recht der Menschen auf den regelmäßig wiederkehrenden Ruhetag als ein unabänderliches Gesetz der Schöpfung dargestellt.

Da die Welt besteht, muß sie entstanden sein. Da sie durch neue Schöpfungsakte nicht immer wieder willkürlich verändert wird, sondern die Natur nach den ihr innewohnenden Gesetzen abläuft und sich erneuert, muß die Schöpfungsmacht zur Ruhe gekommen sein. Die Ruhe dauert an.

In sechs Perioden entstanden Erde und Himmel durch Elohim. Elohim hatte das Schöpfungswerk angesehen und gefunden, daß es »sehr gut« war. Das heißt: In der siebenten Periode, dem »Tag« der Ruhe, erfreut sich die Schöpfungsmacht an dem, was in den sechs »Tagen« zuvor entstanden war. Das ist das Beispiel, dem der Mensch folgen soll. Am siebenten Tag soll er sich dessen erfreuen, wofür er sechs Tage gearbeitet hat.

In den Textauffassungen der Tradition heißt es, der Schabath sei der »Tag des Herrn«. Im hebräischen Wortlaut ist es der »Tag Jhwh«. An einem von sieben Tagen soll der Mensch die Werte empfangen und geben dürfen, die das Dasein der Menschen von der Einsamkeit der Tiere in der Adamah unterscheiden.

Der Schabath ist nicht der Tag, an dem durch eifrige Gebete immaterielle Versicherungsprämien für ein Leben nach dem Tod geleistet werden sollen. Der Schabath ist der Tag der Hirten, an dem die ungeteilte Aufmerksamkeit den Menschen gelten soll, den Kindern, den Alten, den Schwachen und jenem Menschen, den wir als unseren gleichberechtigten Lebenspartner »erkannt« haben.

Schabath soll der Tag des Namens Jhwh sein, an dem das fröhliche Lachen glücklicher Kinder als schönstes und wertvollstes menschliches Gebet die Schatten verscheucht, die aus der Welt der Adamah immer wieder in unser Leben dringen.

Die Einteilung der Schöpfung in sieben Tage war wohl das Werk der Menschen, der Hirten, die ein unwiderlegbares Argument gebraucht haben, um ihren »Schafen« den Tag der Ruhe geben zu können.

In den Zehn Worten wird nicht bestimmt, daß es Herren und Knechte geben soll. Wenn aber ein Wissender seine Kenntnisse mißbraucht wie Joseph, so muß auch er denen, die er zu Sklaven gemacht hat, den Tag Jhwh gewähren.

Das Gesetz sieht vor, daß der Ruhetag allen Menschen gegeben werden muß, gleichgültig, in welchem Herrschafts-, Dienst- oder Abhängigkeitsverhältnis sie zueinander stehen.

In der Schöpfungsgeschichte wurde von den Autoren kein Unterschied gemacht zwischen Menschen und Tieren. Sie sind von derselben Art: Nephesch Chaja – lebende Seelen. Im Schabathgebot wird dieser Gedanke bekräftigt. Auch den Tieren muß Ruhe gegönnt werden. Dadurch hatten die Mächtigen auch nicht die Möglichkeit, mit der Behauptung, ihre Leibeigenen wären nur Tiere, ihnen die Schabathruhe zu verweigern.

Es wird immer wieder erklärt, daß der Monotheismus und das unbeugsame Festhalten an ihrem – zum einzigen erklärten – Gott die Bewahrer der biblischen Überlieferung in Gegensatz zu den Mächtigen ihrer Zeit gebracht und dadurch grausamen Verfolgungen ausgesetzt hat.

Solange ihre Untertanen den Befehlen gehorchen, kümmern sich die Mächtigen wenig darum, welche Gebete sie sprechen, welche Vorstellungen von anderen Welten sie einander mitteilen. Aber ein Gesetz, in dem das Lebensrecht aller Menschen geschützt wird, ein Gesetz, das an einem von sieben Tagen allen Menschen Freiheit zusichert, mußte den Herrschern unerträglich sein. Wer Antwort auf die Frage sucht, weshalb die Bewahrer dieser Tradition verfolgt wurden, seit es sie gibt, soll den Schabath-Jhwh nicht übersehen.

Ex. 20.4
Du sollst dir kein Bildnis [pessel] noch irgendein Gleichnis [temunah] machen, weder des, das oben im Himmel, noch des, das unten auf Erden, oder des, das im Wasser unter der Erde ist.

In der Auffassung der Auslegungstradition müßte diese Vorschrift unwichtig sein in einer Gemeinschaft, wo Mittel zur Herstellung von gegossenen und geschnittenen Statuen oder von gemalten Bildern *(temunah)* fehlen. Die beiden hebräischen Wörter haben in den Jahrtausenden der Deutung aus den griechischen Texten ihre Bedeutung verloren. Sie werden nur noch in dem Sinn verstanden, der ihnen in der Auslegungstradition gegeben wurde.

Im Begriff *temunah* sind die Silben *ti* (Leben) und *mn* (Geist) zu erkennen. In der neuhebräischen Sprachauffassung heißt Temunah »gemaltes Bild«. Die Alte Überlieferung hat die Bedeutung wohl weiter gefaßt. Das Gebot untersagt den Menschen, sich Vorstellungen zu bilden, nach denen erst Statuen gegossen und geschnitzt werden können. Mit dieser Auffassung freilich wäre die Auslegungstradition nicht möglich gewesen.

Die Textauslegung, daß der Mensch nach dem Bilde Gottes als dessen Ebenbild geformt sei, schafft eine Vorstellung von Gott, die – bildlich dargestellt oder nicht – den Menschen des Abendlandes die Überzeugung gab: Der Schöpfer der Welt ist ein weißhäutiger Mann.

Ex. 20.5
Bete sie nicht an, diene ihnen nicht. Denn ich der Herr [jhwh], dein Gott [elohejkha], bin ein eifriger Gott [el], der da heimsucht der Väter Missetat an den Kindern, bis in das dritte und vierte Glied, die mich hassen.

Erschaffe dir kein materielles oder geistiges Bild, weder von einer überirdischen Welt noch vom innersten Wesen des Menschen, auch nicht vom Universum, das die Erde umgibt.

Die Menschen sind zu Erkenntnissen fähig, aber sie werden nie allwissend sein. Deshalb sollen sie sich nicht aus unvollkommenen Vorstellungen zu Vorurteilen verirren, und sie sollen ha Elohim nicht folgen, wenn diese die Anbetung ihrer »Bilder« fordern; denn durch den Irrtum der Eltern wird die Zukunft der Kinder und aller Nachkommen belastet.

Die Schriftgelehrten der Auslegungstradition haben in ihren Formulierungen den eifernden, geifernden Himmelspatriarchen auch hier erstehen lassen. Gerade in jenen Gedanken, die vor den falschen Bildern und deren Folgen warnen, werteten sie die Begriffe um. Die Menschen sollten wohl nicht erkennen, daß der Sinn dieses Gebotes in der Aufforderung an die Eltern und Erzieher liegt, sich ihrer Verantwortung auch für die geistige Existenz ihrer Kinder und Nachkommen bewußt zu sein.

Das Gesetz der Zehn Worte soll dem Menschen helfen, die falschen Bilder der Elohim zu erkennen. Damit ist ihm die Freiheit gegeben, unabhängig von den Orakeln der Mächtigen und behaupteten Offenbarungen von Göttern oder Dämonen, durch sein Gewissen den Weg des Geistes im Namen Jhwh selbst zu finden.

Unterwirf dich ihnen nicht, diene ihnen nicht, denn ich bin das lebende Wort *[jhwh]*, dein(er) Elohim, die *[el]* mit Sorge hinsehen auf die Untat der Väter, die nachwirkt an den Kindern noch im dritten und vierten Geschlecht derer, die mich nicht achten.

In unserer Zeit kann das niemand bestreiten. Es wurden »falsche Bilder« angebetet, falsche Ideale verherrlicht, und 45 Millionen Menschen fanden deshalb im Zweiten Weltkrieg den Tod. Die Enkel der Opfer haben die Folgen dieser Zeit ganz noch nicht überwinden können. Die schuldlosen Enkel der Täter von Auschwitz sind noch nicht die letzte Generation, der die Untat der Väter vorgerechnet werden wird. Auch für die noch andauernde Diskussion um Schuld und Versagen gibt das lebende Wort beiden Seiten Orientierung, um Gerechtigkeit von Selbstgerechtigkeit zu unterscheiden: **Aber tausendfache Vergebung entsteht unter denen, die mich achten und den Geboten folgen.**[511]

Jesus von Nazareth hat gelehrt: »Darum sage ich euch: Alle Sünden und aller Frevel wird den Menschen vergeben; aber der Frevel wider den Geist wird den Menschen nicht vergeben.«[512] Er hat damit für seine Zeit erneuert, was lange vor ihm all den Menschen geboten worden ist, die sich durch Lippenbekenntnisse die Vorteile der Gemeinschaft sichern wollten:

Ex. 20.7
Du sollst den Namen [schem] des Herrn [jhwh], deines Gottes [elohejkha], nicht mißbrauchen; denn der Herr [jhwh] wird den nicht ungestraft lassen, der seinen Namen mißbraucht.

Vermutlich haben sich die Gelehrten, die den Namen Jhwh für unaussprechlich heilig erklärten, auch auf dieses Gebot gestützt. Sie haben dann mit ihrer Auslegung aber nur den Heuchlern das Leben leichter gemacht, denn die Aufforderung richtet sich vor allem gegen sie: **Du sollst den Schem Jhwh deines Gottes/deiner Götter** *[elohejkha]*[513] **nicht mißbrauchen, denn das lebende Wort wird dem nicht helfen, der es ausspricht, ohne den Geist (zu leben).**

Nicht der Vollzug vorgeschriebener Ritualbestimmungen wird verlangt. Nicht der Dienst an der einen und die Ablehnung aller anderen Glaubensvorstellungen erhöht den Menschen über andere. Nicht die Zugehörigkeit zur Gemeinde, nicht die Unterwerfung unter nur äußerlich aufgefaßte Gesetzesbestimmungen ist die Forderung, sondern das Verhalten zu den Mitmenschen im Namen, im Geist des lebenden Wortes Jhwh.

Das Gesetz ist zum Nutzen der Menschen verkündet worden. Es darf sich nie gegen den Menschen richten. Wer gegen das Gesetz verstoßen hat, ist nicht weniger wert als andere, deren Verstöße nicht offenkundig geworden sind. Aber auch, wer nicht gegen das Gesetz verstoßen hat, darf sich nicht besser fühlen als der, dessen verzweifelte Situation ihm nur den Ausweg der Gesetzesübertretung gelassen hat. Es ist jeder der »Liebe« seines Nächsten anempfohlen, der den Geist des Namens Jhwh achtet und danach leben will.

Ex. 20.12

Du sollst deinen Vater und deine Mutter ehren, auf daß du lange lebest im Lande [adamah], das dir der Herr [Jhwh], dein Gott [elohejkha], gibt.

Die Alte Überlieferung beschreibt die Menschheitsgeschichte als ständige Auseinandersetzung der durch die Zeugungserkenntnis entstandenen Menschen ha Adam mit der triebbestimmten, tierhaft egozentrischen Urwelt Adamah, aus der sie durch Jhwh Elohim hervorgegangen sind. Dieser Gedanke wird im vierten Gebot der Zehn Worte überzeugend bestätigt. Die Autoren haben nicht den Begriff *aretz* geschrieben, der Erde oder Land bedeutet. Es geht nicht um ein Stück Land, das ein Gott seinem Volk geschenkt hat, sondern um die tierhafte Urwelt der Adamah, die durch die Geisteskraft des Namens Jhwh in die Hand des Menschen gegeben ist.

Mit der Kraft des lebenden Wortes haben die Menschen aus dem Antlitz der Adamah die »Gärten Jhwh« geschaffen, in denen für die Zukunft der Kinder vorgesorgt und das Leben der Alten geschützt wird. Die Menschen sollen ihren Eltern und Voreltern das ehrenvolle Lebensrecht auch dann nicht schmälern, wenn die Alten nichts mehr zu ihrem Lebensunterhalt beitragen können. Nur dadurch werden auch sie selbst vor der Einsamkeit und der Angst bewahrt bleiben, die alle Lebewesen befällt, wenn sie das Nachlassen der physischen Kraft spüren.

In völkerkundlichen Berichten über schriftlose Völker am Rande der Zivilisationsgebiete des vergangenen Jahrhunderts ist von dem Brauch zu lesen, die Alten aus der Gemeinschaft auszustoßen. Bei manchen Stämmen der nordamerikanischen Indianer sollen die Alten wortlos die Gemeinschaft verlassen haben, wenn sie fühlten, daß ihre Kraft nicht mehr ausreichte, für die eigene Nahrung zu sorgen.

Diese Völker oder Stammesgemeinschaften hatten keine Traditionen, keine Erinnerungen an die Vergangenheit der älteren Generationen. Sie wußten nichts von ihrer eigenen Geschichte, obwohl vermutet werden muß, daß einige von ihnen Degenerationen höher entwickelter Völker waren.

Die Erwachsenen, die Generation der »breadwinner«, die immer von den Notwendigkeiten des Alltags voll in Anspruch genommen sind, tragen in dieser Lebensphase wenig zur Überlieferung der Erinnerungen bei. Erinnerungen und Erfahrungen, die nicht unmittelbare Lebensschulung bedeuten, werden immer von den Generationen der Großeltern an die Enkel weitergegeben, oder sie werden vergessen.

Die Alte Überlieferung der Bibel lehrt uns, daß Kulturen, in denen die Menschen glauben, auf die Erfahrungen und Gedanken der Alten verzichten zu können, ihren eigenen Verfall beschließen. Sie geben ihre Eigenart auf und verlieren den Geist der Zusammengehörigkeit, aus dem allein der Lebenssinn verstanden und die Lebenskraft bezogen werden kann.

Wenn es in einer Gemeinschaft Brauch wird, die Alten auszuschließen, wird es keinen geben, der nicht früher oder später selbst davon betroffen ist. Die Alten werden ihre Schwäche vor den Jungen verbergen, und die Jungen werden sich immer früher von der vermeintlichen Last befreien wollen, so wie sie es an der älteren Generation beobachten konnten, als sie noch lebenskräftig war. Das Mißtrauen wird eine unüberwindliche Barriere zwischen den Generationen, auf beiden Seiten wird die Angst zunehmen und die Einsamkeit. Die Gemeinschaft wird zerfallen zum »Staub« der Adamah.

Ex. 20.13
Du sollst nicht töten.

Das Leben des Menschen ist unantastbar. Es darf auch nicht im Namen der Götter gefordert werden, denn die Zehn Worte sind vom »lebenden Wort« aller Götter offenbart worden. Keine anderen Verkündigungen oder Verordnungen dürfen über dieses lebende Wort gestellt werden.

Ex. 20.14
Du sollst nicht ehebrechen.

Seit es die Auslegungstradition gibt, war das sechste Gebot das unbequemste; auch und gerade für die Elohim vergangener Jahrhunderte. Die Prüderie der Neuplatoniker und ihrer hypokriten Epigonen verformte den Wortlaut bis zur absurden Formel, die jede als »unkeusch« zu bezeichnende Handlung verbieten sollte. Das Wort will aber nichts anderes heißen, als: **Brich die Ehe nicht, löse die Familie nicht auf.** Diese Mahnung ist die konsequente Folge des Grundgedankens der Zeugungserkenntnis. Sie heißt: Erhalte die Institution und die Lebensgemeinschaft der Familie. Dem kann jeder zustimmen. Wer die Familie ablehnt, hat sie nicht kennengelernt.

Das Gesetz der Zehn Worte ist nur auf die Erhaltung der »menschlichen« Lebensform in der Gemeinschaft der Familie ausgerichtet und auf den Schutz der Menschen, die darin leben.

Es wird nicht bestimmt, wie Frau und Mann ihr Zusammenleben zu gestalten haben, solange sie einander die gleichen Lebensrechte zugestehen; solange sie durch ihre Irrtümer das Leben der Kinder nicht belasten und das Lebensrecht der Alten nicht beschränken. Der erkenntnisfähige Mensch ist frei, über sein Leben zu bestimmen. Aber er ist verpflichtet, die in den Zehn Worten beschriebenen Rechte »seines Nächsten« zu achten.

Ex. 20.16
Du sollst kein falsches Zeugnis reden wider deinen Nächsten.

Geflissentlich haben die Schriftgelehrten der Auslegungstradition den Zusammenhang zwischen diesem Gebot und der Warnung vor den »falschen Bildern« übersehen.

Wer nicht im Himmel war, vermag auch nicht zu berichten, wie er beschaffen ist. Wer es dennoch tut, formt ein »falsches Bild«. Er redet falsches Zeugnis, wenn er seine Vorstellungen als Erfahrung ausgibt. Wer Gott nicht gesehen hat – und kein Lebender wird ihn sehen[514] –, der soll den Worten des Propheten Mose vertrauen und nicht vor dem Altar des von Aaron gegossenen Goldenen Kalbes ein Fest des Namens Jhwh feiern.

So wie wir das Wesen der Schöpfungsmacht nicht ergründen können, sind wir auch nicht fähig, das Innerste des anderen Menschen zu erfassen. Auch davon soll der Mensch sich deshalb kein Bild machen, das er als unumstößlich anbetet, dem er dient, indem er alle seine Handlungen von diesem Vorurteil bestimmen läßt.

Der Mensch ist nicht berufen und nicht befähigt, moralischer Richter über seine Mitmenschen zu sein, denn er wird den inneren Wert oder Unwert der Handlungen des anderen nicht erkennen können, nur die äußerlich sichtbare Gegebenheit. Wer sich anmaßt, über die Seele eines anderen Auskunft zu geben, wird in Gefahr sein, ein falsches Zeugnis zu reden. Es heißt endlich auch:

Ex. 20.15
Du sollst nicht stehlen.

Und der Gedanke wird ergänzt durch die Vorschrift, auch alle Handlungen zu unterlassen, durch die andere Menschen um ihre Lebensfreude, ihr Eigentum oder ihren Besitz gebracht werden könnten.

Ex. 20.17
Laß dich nicht gelüsten deines Nächsten Hauses, laß dich nicht gelüsten deines Nächsten Weibes, noch seines Knechtes, noch seiner Magd, noch seines Ochsen, noch seines Esels, noch alles, das dein Nächster hat.

Hätte der »reine« Jüngling Joseph sich an dieses Gebot gehalten, er wäre nie der »zweite Mann nach Pharao« geworden. Das Volk Evär wäre auf dem Lande, das ihm gehörte, frei geblieben, das Elend Mizrajm hätte nicht entstehen können.

Es ist der Frau nicht untersagt, sich nach »dem Mann ihrer Nächsten gelüsten zu lassen«, wohl aber wird es dem Mann verboten, sich nach der Frau des Nächsten zu gelüsten. Das ist betrüblich für alle Neuplatoniker, die doch meinen, die Verführung gehe nur vom Weibe aus.

Das Gebot bestimmt nicht, welche Gedanken und Empfindungen dem Mann erlaubt oder verboten sein sollen. Es untersagt dem Mächtigeren und dem Reicheren, nach dem Eigentum seines Nächsten zu streben, und es verbietet dem physisch Stärkeren, mit materieller oder körperlicher Gewalt in die Rechte und die Lebensgemeinschaft des anderen einzugreifen.

Die lüsterne Frau, die dem Mann ihrer Nachbarin nachschaut, wird ihn nicht zwingen können, ihr zu Willen zu sein. Die Vergewaltigung der Frau aber war in manchen Zeiten ein beliebtes Spiel der Männer.

Viele Gottesvorstellungen der Vergangenheit – auch manche aus den jüngeren Schichten der biblischen Tradition – zerfallen zu demagogischen Trugbildern, wenn sie an den Forderungen dieses Gesetzes der Zehn Worte gemessen werden.

Im Bereich des irdischen Lebens ist der Mensch die wichtigste Aufgabe des Menschen. Er soll durch Erfüllung seiner Aufgabe in der Gegenwart die Zukunft gestalten. Das falsche Bild einer kultischen Verherrlichung der Vergangenheit ist durch das Gesetz ebenso ausgeschlossen wie das andere falsche Bild: die Menschenrechte in der Gegenwart zu beschneiden und dafür künftigen Generationen die Seligkeit angeblicher Idealwelten zu versprechen.

Das Gesetz ordnet nicht die Vorstellungen vom Leben nach dem Tode. Es befiehlt keine Glaubensvorschriften, fordert keine Opferrituale, aber es gibt die Anleitung, den *ruach elohim* zu erkennen, von dem Joseph besessen war. In den Zehn Worten lebt der Geist des Namens Jhwh, der uns hilft, die Anbetung der falschen Bilder zu vermeiden.

Die Bereiche vor und nach dem Leben sind für die Sinnerfüllung des irdischen Lebens nicht maßgebend. Sie können es nicht sein, weil dem Menschen die Fähigkeit noch fehlt, die innersten Gesetze des Universums zu erkennen. Der Mensch ist nicht das Ebenbild der Schöpfungsmacht, sondern der Schatten ihres Schattens.

Alle Aufgaben des Menschen stellen sich ihm in diesem Leben. Nach dem Gesetz der Zehn Worte gibt es keine Werte jenseits des irdischen Lebens, für die Verpflichtungen, die in diesem Leben entstehen, vernachlässigt werden dürften.

Das lebende Wort umfaßt alle wichtigen Lebensbereiche. Auf seiner Grundlage wird es immer und überall möglich sein, in der Urwelt der Adamah das Leben einer Gemeinschaft so zu ordnen, daß die Kinder, die Schwachen und die Alten in ihrem Lebensrecht geschützt sind. Nur in dieser Gemeinschaft können die geistigen Werte der Urmutter Chawa, die Werte der Liebe und der Nächstenliebe, erhalten bleiben. Wenn unsere Zivilisation durch Fahrlässigkeit oder Gedankenlosigkeit den Raub und Mißbrauch des Wissens von dem, was »gut und böse zugleich« ist, zuläßt, und wir einen atomaren »Sündenfall« erleben, werden die Überlebenden in urweltliche Lebensverhältnisse zurückversetzt sein. Die tausendseitigen Gesetzestexte, alle dickbändigen philosophischen Abhandlungen werden – wenn sie überhaupt erhalten geblieben sind – für dieses künftige Leben nutzlos sein.

Gelingt es aber, die Zehn Worte zu bewahren und die Überlebenden zu bewegen, auch danach zu leben, so wird in dieser erneut verwüsteten Welt »menschliches« Leben dennoch möglich sein – so wie es in der Zeit der Menschen Enosch und Mose wieder möglich geworden war.

Die Zehn Worte sind das Gesetz, von dem Jesus von Nazareth später sagen wird, es sei für den Menschen und nicht der Mensch für das Gesetz gemacht.

Nicht zum Dienst an einem oder mehreren Göttern ist das Gesetz aus leidvoller Erfahrung entwickelt worden, sondern zur Erhaltung der »menschlichen« Lebensform; zum Schutz der Freiheit und der Lebensrechte auch und vor allem der Schwachen.

Der Geist des Gesetzes ist die Absicht, aus der es entstanden ist. Er kann aus dem Wortlaut aufgenommen werden und aus der Geschichte der Entwicklung der Menschen, die im Namen Jhwh lebten.

Aus den Erfahrungen, die durch die Erforschung der Vergangenheit gesammelt, und aus den Kenntnissen, die während der langen Wanderung durch die »verwüstete Welt« erworben wurden, haben die Menschen Mose gelernt, daß der Wert des Menschen nicht nach dem Wortlaut seiner Gebete bestimmt werden darf.

Die »Götter« sind die Zuflucht der Menschen in Einsamkeit, Not und Verzweiflung. Wohin der Mensch seine einsamen Hilferufe schickt, wem er in stummen Gebeten Dank sagt, das darf ihm nicht vorgeschrieben werden, denn jede Ahnung einer göttlichen Existenz ist ein Teil des Ganzen, das kein Mensch umfassend erkennen kann. Das Wort aber, das dem suchenden Menschen im Namen der Gottesbegriffe mitgeteilt wird, muß an dem einzig gültigen Wort aller Götter gemessen werden, das alle Worte umfaßt, vor das kein anderer Gottesbegriff gestellt werden darf. Denn nur das im »lebenden Wort« bewahrte Wissen kann die Menschen aus dem Elend/ Mizrajm, dem Sklavendasein der durch ihr Unwissen Verführbaren, befreien oder sie davor bewahren.

Dieses Gesetz übergibt die Verantwortung für Gerechtigkeit nicht einer Obrigkeit, sondern dem Menschen selbst. Es ist entstanden aus der Erfahrung, daß keine Gesellschaftsordnung Gerechtigkeit garantieren kann, sondern nur das Gewissen des handelnden Menschen. Von dieser Einsicht sind wir in unserer Zeit weit entfernt.

Oft wird gefragt, wieso gerade das jüdische Volk durch zwei Jahrtausende immer wieder grausamen Verfolgungen ausgesetzt gewesen ist. Die Frage ist falsch gestellt. Das jüdische Volk war nicht die einzige Minderheit, die im christlichen Abendland verfolgt wurde – aber die einzige, die überleben konnte. Zu fragen ist nicht, wieso sie verfolgt wurden – sie wurden immer wieder verfolgt, weil sie die Verfolgungen überstanden. Man muß daher fragen, wieso es möglich war, daß dieses Volk 2000 Jahre Verfolgung überstehen und immer wieder zur Erneuerung finden konnte. Die Anhänger mancher Glaubensauffassungen werden sagen: Sie konnten überleben, weil sie das auserwählte Volk sind, das Gott nicht untergehen läßt. Manche werden denken, sie wurden verfolgt, weil sie sich für das auserwählte Volk hielten, sich über andere setzten und dadurch den Haß der Menschen weckten.

Ich meine, die Kraft des jüdischen Volkes liegt im Zusammenhalt der Familie.

Das Gesetz der Zehn Worte sichert den Bestand der Familie – die Kraft, die daraus entsteht, ist an der Geschichte des jüdischen Volkes zu erkennen.

Die Zehn Worte sind das Sublimat einer Menschheitserfahrung. Sie können nicht Anfang einer Entwicklung gewesen sein, sondern nur deren Höhepunkt, die Vollendung des Erkenntnisweges, der mit der Zeugungserkenntnis begann.

Die Alte Überlieferung gibt uns ein klares Bild der Menschheitsgeschichte. Sie ist konzentriert auf die Entwicklungsstufen, die zur Entstehung und zur Verelendung des »menschlichen« Daseins geführt haben. In diesem Entwicklungsbild gibt die Überlieferung den Menschen die Orientierung für Gegenwart und Zukunft. Das mißverstandene »Himmelsbrot« Man enthält wohl die für unsere Zeit wichtigste Erkenntnis. Das Wissen, das ihm durch das Wort zugänglich ist, erhebt den Menschen über das tierhafte Dasein der Adamah – der instinktgeleiteten, egozentrischen Urwelt, die Verantwortung für die Mitmenschen ablehnt. »Erkennt« der Mensch dieses Wissen nicht, wird er immer in Gefahr sein, von einem »Wissenden« der Versklavung durch die Mächtigen ausgeliefert zu werden.

Jenseits des Jordan

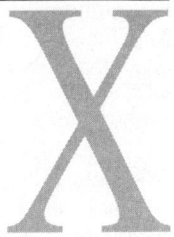

Der neue Anfang

Gen. 10.25
Eber [evär] zeugte zwei Söhne. Einer hieß Peleg [phlg], darum daß zu seiner
Zeit die Welt zerteilt ward; des Bruder hieß Joktan.
Nach den Menschen Evär, die von Joseph versklavt und durch Mose gerettet wurden,
lebten die Menschen Peleg. In ihrer Zeit versanken die Landbrücken endgültig unter
dem Meeresspiegel. Die früher zusammenhängende Welt war »zerteilt«. Es gab
keine Verbindung mehr zu denen, die auf der anderen Seite geblieben waren.
Die Realität der unerreichbaren Länder verblaßte in der Erinnerung der Völker.
Umwoben von Legenden, umrankt von bizarren Gebilden mystischer Phantasien,
erstanden sie neu in den Sagen und Mythen als die »Insel der Seligen«, das »Land
der Toten«, als »ewige Jagdgründe«, als »Walhalla« und »Westland« oder als
»Heimat des Vogels Benu«, des geheimnisvollen, von Herodot beschriebenen
Vogels, den die Griechen Phönix nannten, nach dem Hieroglyphenwort *bnw*.
Das biblische Fragment von den Menschen Evär und Peleg hält aus dem Wissen der
Alten Überlieferung fest, daß es einst eine größere »zusammenhängende« Welt
gegeben hat.
Seit wir es besser wissen, lächeln wir über die biblische Chronologie, die das Jahr
3761 v. Chr. als Datum für die Erschaffung der Welt ausgibt. Seltsam ist aber, daß
die Jahrhunderte zu Ende des vierten und zu Anfang des dritten Jahrtausends v. Chr.
in der Zeitrechnung der alten Ägypter ebenso als Anfang der Zeitrechnung gelten wie
bei den Maya-Völkern und auch im alten China. Das berechtigt zu der Frage, wie es
zu diesen Zeitvorstellungen gekommen sein kann.
Wir gehen davon aus, daß die biblische Zeitrechnung sich aus den Lebensdaten und
Altersangaben in Registern und Stammtafeln ergeben hat. Aber die Redakteure
mußten sich doch an irgendwelchen Zeitvorstellungen orientiert haben. Vielleicht
war es umgekehrt, und sie haben die Lebenszeiten der Menschen oder Geschlechter
aus einer vorgegebenen Zeitspanne errechnet, die zwischen einem Anfang und ihrer
Gegenwart vergangen war.
Wahrscheinlich haben sie auch dabei einen Gedanken der Überlieferung, den sie –
wie vieles aus der Alten Überlieferung – nicht mehr richtig verstehen konnten, in das
Weltbild ihrer Jahrhunderte eingepaßt. Es muß Berichte gegeben haben von einem
Anfang, der weiter zurücklag als die ältesten Dynastien der Ägypter und der
Sumerer. In ihrem Geschichtsbild fanden die Redakteure keine Erklärung für diesen
Anfang – so reihten sie ihn als Erschaffung der Welt in ihre Vorstellung ein.
Nach Darstellung der Alten Überlieferung gab es zumindest eine hochstehende

Kulturentwicklung, die durch die Flutkatastrophe vernichtet wurde. Die Überlieferung berichtet von den Thevahs, in denen Wissen und Kenntnisse über die Katastrophe gerettet worden waren. Aus dem, was vom Wissen der Vergangenheit, aus dem Wissen der Toten bewahrt werden konnte, entstanden die Kulturen der »neuen Welt«.

Die Sprachen der alten Ägypter, der Etrusker und die der nordamerikanischen Algonkin sind nicht miteinander verwandt. Zwischen den Schriftsystemen der Ägypter und der Etrusker besteht keine Ähnlichkeit. Der Gedanke einer kulturellen Verbindung der Kontinente der Alten und der Neuen Welt in vorchristlicher Zeit wird heute von den meisten Gelehrten noch belächelt. Die hochmütige Behauptung, daß etwas nicht sein kann, weil es in das »Bild«, das man sich geformt hat, nicht paßt, ist keine Erklärung für rätselhafte Phänomene, die zu der Frage berechtigen, ob es nicht doch in der Vergangenheit mehr gegeben hat, als wir bisher entdecken wollten.

Der ägyptische Totengott, dessen Name als »Erster der Westlichen« gedeutet wurde, heißt Chentj Amentu. Der etruskische Totengott hieß Mantu. Der gestaltlose Geist, zu dem die Toten der Algonkin eingehen, ist Manitu. In der biblischen Überlieferung ist das Man das »Wunder«, das die Überlebenden der Katastrophe rettete.

Der Konsonantenstamm *mn* steht am Anfang aller Kulturen des Fruchtbaren Halbmondes. Den Helden der Vergangenheit, der ihnen die Kulturkenntnisse und die Saatpflanzen gebracht hat, nannten die nordamerikanischen Algonkin-Indianer »Manabosch« oder »das große Kaninchen« und auch den »mit den langen Ohren«. Von »Langohren« erzählen auch die Bewohner der Osterinsel im Pazifischen Ozean. Die »Langohren« waren das Kulturvolk, das in einem Krieg von den »Kurzohren« geschlagen worden war. Als Zeichen der edlen Abstammung von den »Langohren« bewahrten die Eingeborenen die zauberkräftigen Rongo-rongos auf. Es sind Holztafeln mit bisher unentzifferten Schriftzeichen.[515]

Die angeblichen Nachkommen der Langohren sagten, daß nur der die Rongo-rongos lesen könne, der das Mana besitze, das Wissen, das die Toten den Lebenden verleihen.

Die Schriftzeichen der Osterinsel-Schrift sind den Schriftzeichen der Indus-Kulturen verblüffend ähnlich, auch darin, daß sie beide noch nicht entziffert werden konnten. Es gibt für diese Ähnlichkeit keine vernünftige Erklärung.

Es wird schwerfallen, auf unserem Globus einen alten Ortsnamen zu finden, der aus dem Wortstamm *mn* gebildet ist und nicht in Beziehung steht zu Legenden aus der »Zeit der Götter« oder zu Geschichten von Menschen der Vergangenheit, die über Riesenkräfte verfügt haben. Und das ist nicht verwunderlich, denn in der Umgebung dieser Orte gibt es meist Spuren der unbekannten und rätselhaften Völker der sogenannten Megalith-Kulturen, die uns die bisher nicht erklärbaren Menhire hinterlassen haben und die Dolmen.

In Britannien finden wir die Isle of Man, im Mittelmeer die Insel Menorca; Sacsayhuaman ist ein berühmter Name in Südamerika. In der melanesischen Inselgruppe der Karolinen liegt die Insel Temuen. Sie ist bedeckt mit den Ruinen von Nan Madol, deren Entstehungszeit nicht datierbar ist. Über die Erbauer und ihre Herkunft ist nichts bekannt.

Der Wortstamm *mn* fand die gleiche Verbreitung wie die Silben *hu* und *ti*. Die Begriffe sind in ihrer Bedeutung unverändert geblieben. Die damit verbundenen Legenden wurden von den Völkern nach ihrer Eigenart und ihrem Wissensstand abgewandelt. Die Vorstellung von einem fernen, wunderbaren Land im Westen, wo die Sonne untergeht, ist ein Motiv, das bei den europäischen Völkern in vorchristlicher Zeit weit verbreitet gewesen sein soll. Forscher halten diese Legenden für ein gemeinsames eurasisches Erbe der vorgeschichtlichen Frühzeit, das von manchen mit den Wanderungen der Megalith-Völker in Zusammenhang gebracht wird.

In der biblischen Überlieferung wandern die Völker immer nach Osten. Das heißt, sie kommen aus dem Westen.

Ein anderer, wohl auch aus einer gemeinsamen Quelle empfangener Brauch lebt bei den Kulturvölkern aller Kontinente weiter – die Wertschätzung des Goldes.

Für primitive Lebensgemeinschaften ist das Gold das wertloseste aller Dinge. Es ist weich, zur Herstellung von Werkzeugen nicht zu verwenden. Es ist glanzlos, wenn es unbearbeitet bleibt, und nur dann leicht zu formen, wenn es in dünnen Platten vorhanden ist. So kann auch die Seltenheit des Goldes nicht den Wert des Metalles bestimmt haben. Was Menschen nicht auch gebrauchen können, werden sie nicht vermissen, gleichgültig, ob es oft oder selten vorkommt. Erst als das Gold Symbol des Reichtums und der Macht geworden war, wurde es gebraucht. Alle Vorteile des Goldes können nur in einer hochentwickelten Kultur erkannt worden sein. Unter den Nachkommen der Kulturen Mittelamerikas war es so wenig wert, daß die spanischen Eroberer es mühelos gegen wertloses Zeug eintauschen konnten.

Es gibt keine Legenden, wie die Menschen das Gold bekamen. Es war immer da. Es war der Stoff der Götter. Daraus ergab sich der Wert des Metalles.

Man sagt, die Prostitution sei das älteste Gewerbe der Welt, das zweitälteste ist sicher das der Grabräuber. Sie suchten nach Gold. Wenn, was selten ist, Gräber hoher Persönlichkeiten aus frühesten Zeiten der Kulturen unversehrt gefunden werden, enthalten sie Goldschmuck. Gold ist auch das erste Metall, das in der Bibel erwähnt wird. Einer der vier Ströme, die vom Garten »im Land der Vorzeit« ausgingen, umfloß das Goldland Chawila. Gold plünderten die Evräer aus den Häusern in Mizrajm, vor ihrer Flucht.

Das Gold und der Wortstamm *mn* sind die Spuren einer noch unbekannten Kulturentwicklung aus der Zeit, die wir Vorgeschichte nennen, weil das biblische Jahr 3700 v. Chr. für die Wissenschaft noch immer ein unüberschreitbares Tabu ist.

Wenn wir nach dem Ursprung der alten Überlieferung der Bibel suchen, werden wir die magische Grenze zur »Vorgeschichte« überwinden müssen.

Das Wissen der Alten Überlieferung kann nicht aus einer der Kulturen im Fruchtbaren Halbmond übernommen worden sein. Aus der geschichtlichen Zeit ist bisher kein Gesetz bekannt geworden, das der Lebensauffassung der Zehn Worte nur annähernd vergleichbar wäre. Es gibt keine Beschreibung der menschlichen Entwicklungsgeschichte, die unseren naturwissenschaftlichen Erkenntnissen so nahe ist wie der Schöpfungsbericht des Buches Genesis.

Wir können aber in den anderen Kulturen erstaunliche Berichte finden, die degenerierte Gedanken aus dem großen Wissen der Vergangenheit sein könnten, das in der Alten Überlieferung der Bibel noch am deutlichsten zu erkennen ist. Die Alte Überlieferung vermittelt den Eindruck, daß die wissenden Menschen aus der Kultur des »Gartens im Lande der Vorzeit«, die Elohim, die Götter der noch unwissenden Urmenschen geworden sind. Eine Spur dieses Gedankens finden wir vielleicht in einer Schrift der Priester von On/Heliopolis. Dort steht, daß die Menschen aus den Tränen des Sonnengottes entstanden wären, noch bevor es die Götter gegeben hat.[516]

Die verblüffendste Übereinstimmung gibt es zwischen dem biblischen Schöpfungsbericht und einem Gedanken aus der Welterschaffung, die im »Buch des Rates«, dem

Popol Vuh der Maya-Völker, zu lesen ist: »Himmel und Erde gab es schon, aber verhüllt war noch das Antlitz von Sonne und Mond.«[517] Es ist der gleiche Gedanke, den wir im biblischen Schöpfungsbericht finden, mit der für unseren Wissensstand noch rätselhaften Angabe, Sonne und Mond wären erst im vierten Jom entstanden – am vierten »Tag« der Schöpfung.[518]

Natürlich ist es möglich, daß ein Übersetzer den schriftensammelnden Mönchen zuliebe die Schrift gefälscht und biblische Gedanken übernommen hat. Aber hätte er dann gerade so einen Satz übernommen, der für das mittelalterliche Weltbild nichts bedeutete?

Wer nicht an den Ursprung der biblischen Überlieferung in einer noch nicht entdeckten Kulturentwicklung der Vorzeit glauben will, dem rate ich, zu der alten Erklärung der Schriftgelehrten zurückzukehren: Es ist besser, an eine göttliche Offenbarung auf dem Berg Sinai zu glauben, als an der Weisheit der Überlieferung vorbeizugehen, nur weil man nicht bereit ist, von der Vorstellung Abschied zu nehmen, daß die Menschheit unserer Gegenwart die beste Intelligenz des Universums ist, in der sich der Sinn des Lebens erfüllt hat.

Die biblische Überlieferung lehrt uns, daß die Menschen in hochentwickelten Kulturen gelebt haben, aber dennoch wieder zurückgefallen sind in den Staub der Adamah. Es ist gut, das zu wissen und gelegentlich daran zu denken.

Die Wissenschaft nimmt für die Entstehung der unter dem Namen Mose im Pentateuch zusammengefaßten Gedanken zwei Quellen an, das Gesetz des babylonischen Königs Hammurabi[519] und die Glaubensreform des ägyptischen »Ketzerkönigs« Amenophis IV./Echnaton[520]. Aus Ägypten wurde, so nimmt man an, der Gedanke des Monotheismus übernommen, aus Babylon die Rechtsauffassung und die Gesetze.

Die Rechtsauffassung und das Weltbild Babylons haben die Formulierung der Bibeltexte beeinflußt, das ist erwiesen und nicht zu bestreiten. Dieser Einfluß ist aber nur in den jüngeren Schichten der Überlieferung festzustellen, in denen das menschengleiche Gottesbild beschrieben wird. Der Gedanke des Monotheismus, wie Echnaton ihn vertreten hat, kann in der biblischen Überlieferung überhaupt nur dann angenommen werden, wenn, der spätzeitlichen Auslegungstradition folgend, die Bedeutung der Gottesnamen übergangen wird.

Die alte biblische Überlieferung steht über diesen Vorstellungen.

Auf der Flucht aus den Katastrophengebieten fanden die Menschen des Volkes Evär in der verwüsteten Welt das Man, das Wissen, das in der zugrunde gegangenen Kultur entwickelt worden war. Der Geist des »lebenden Wortes« Jhwh, die daraus wirkende Gerechtigkeit, sicherte das Überleben der menschlichen Gemeinschaft.

Jos. 5.12

Und das Man [mn] hörte auf des andern Tages, da sie des Landes [aretz] Getreide aßen, daß die Kinder Israel kein Man [mn] mehr hatten, sondern sie aßen des Getreides vom Lande Kanaan [aretz kn< '>n] in demselben Jahr.

In der in älteste Zeiten zurückreichenden mündlichen Überlieferung, aus deren Quellen die Alten versucht haben, die rätselhaft gewordenen Textstellen des Pentateuch zu entschlüsseln, wird »Getreide« gesagt, wenn der Glaube gemeint ist.[521] In dieser Auffassung teilt der Bibelvers uns mit: Als das Volk den Lehren des Landes folgte, endete das Man.

Das war jenseits des Jordan, nachdem Josua, den Riten einer anderen Tradition folgend, alle Männer beschneiden ließ.[522] Die Autoren der Spätzeit legten Gott

Adonaj/Jahweh, nach der Beschneidung auf dem Hügel Gilgal, die Worte in den Mund: »Heute habe ich die Schande Mizrajm von euch gewendet.«

Es ist aber zweifelhaft, ob mit Mizrajm hier das geschichtliche Ägypten gemeint gewesen sein kann, denn auch in Ägypten war die Beschneidung schon seit ältesten Zeiten Brauch. Der Ausgangspunkt der Wüstenwanderung unter dem Propheten Mose kann daher nicht das Mizrajm gewesen sein, das wir alle als das Land der Pyramiden kennen. Wir sollten den Ausgangspunkt der Wanderung des Volkes durch eine verwüstete Welt in anderen Gebieten suchen und in einer wesentlich früheren Zeit.

Mose war ein Kind aus dem Volk Evär. Er wurde von der Mutter nach der Geburt nicht beschnitten. Die Prinzessin, die ihn in der Thevah aus dem Wasser zog, hat ihn nicht beschnitten. Die Mutter, der er dann zur Pflege übergeben worden war, ließ ihn nicht beschneiden. Auch der Schwiegervater Jethro/Reguel forderte die Beschneidung nicht, als er ihm seine Tochter zur Frau gab. Sie wurde dem Propheten auch nicht von Elohim abverlangt, der ihn im Namen Jhwh aufforderte, das Volk aus dem Elend Mizrajm zu befreien.

Angeblich hat Jhwh, sich El Schadaj nennend, Abraham zum Zeichen des Bundes geboten, alle Männer zu beschneiden. Von Mose, obwohl sich Jhwh ihm mit dem richtigen Namen offenbart hat, wurde ein solches Bundeszeichen nie verlangt.

Die Wüstenwanderung des Volkes unter der Führung des Propheten Mose soll 40 Jahre gedauert haben. In der jüdischen Mystik gilt diese Dauer als unsere »Zeitlichkeit«, durch die wir hindurchwandern.[523] Ihre Grenzen vermag der Mensch in diesem materiellen Leben nicht zu überwinden. Keiner von denen, die aus Mizrajm ausgezogen waren, hat das Gelobte Land erreicht, auch Mose nicht. Es war ihm nur vergönnt, dieses »Land« von der Höhe des Berges Nebo – des Berges der Propheten – aus der Ferne zu sehen.

Die Verbindung zwischen dem Propheten Mose und den Stämmen, die jenseits des Jordans das Land eroberten und besiedelten, wurde nur durch die Änderung des Namens Hosea in Josua hergestellt. Auch in dieser Einfügung wurden zwei Persönlichkeiten aus verschiedenen, weit auseinanderliegenden Epochen miteinander verbunden.

Die Dauer der Wanderung waren nicht 40 menschliche Lebensjahre, sondern ein Zeitraum, dessen Grenze wir im menschlichen Leben nicht überschreiten können. Deshalb ist anzunehmen, daß im Namen des Propheten Mose alle zusammengefaßt sind, die nach dem Beispiel eines verehrten historischen Vorbildes Menschen im Sinne des Propheten durch die Zeitlichkeit geführt haben. Vielleicht wäre es richtig zu sagen, die Wanderung durch die Wüste dauert noch an.

Das Beispiel aus der fernen Vergangenheit, das uns in der Alten Überlieferung beschrieben wird, soll uns die Überzeugung geben, daß wir auch in der Wüste, wie unsere Vorfahren in der verwüsteten Welt, durch den Geist überleben können und ihn weitergeben müssen, um das »menschliche« Überleben unserer Nachkommen zu sichern.

Das Ende des Man macht es deutlich: Der Jordan, den das Volk unter Josua überschritt, war auch eine geistige Grenze, nicht unbedingt der reale Fluß in dem nach ihm benannten Tal. Die Überschreitung des Jordan markiert einen neuen Anfang.

Das Ende des Man bedeutet, daß in der relativen Sicherheit der neuen Lebensgebiete das Volk Geist und Wissen wieder ha Elohim überließ. Die Silbe *mn* ist in den

221

Kulturen des Fruchtbaren Halbmondes das Symbol der Macht, das den ersten Herrschern von den »Göttern« verliehen wurde. Men in Sumer, Menes in Ägypten, Minos auf Kreta und Manus in Indien.

Deut. 34.5

Also starb Mose, der Knecht [<'>vd] des Herrn [jhwh], daselbst im Lande der Moabiter nach dem Wort (im Angesicht) des Herrn [jhwh].

Vom Gebirge Abarim[524] hatte der Prophet noch das Gelobte Land sehen dürfen, aber es zu betreten war ihm wegen der »Sünden des Volkes« von Adonaj/Jahweh angeblich nicht mehr gegönnt worden. Es gab den Namen Mose nicht mehr, als der Prophet Josua das Volk über den Jordan führte.

Seit dem fünften Jahrhundert gibt es am Fuß des Berges Sinai ein Kloster. In der frühen christlichen Zeit galt das Geschichtsbild, das in der Auslegungstradition geformt worden ist, als von Gott geschaffene Wirklichkeit. 1500 Jahre davor erbaute der große König Salomo den Tempel in Jerusalem. Nach der Zeitrechnung der Auslegungstradition sollten damals nur wenige Jahrhunderte vergangen sein, seit der Prophet Mose auf dem Gipfel des Berges Sinai die Gesetzestafeln aus Gottes Hand empfing. Weder David noch Salomo, noch irgendeiner der Mächtigen im damaligen Staat dachte daran, die mit Karawanen in wenigen Tagen zu erreichende Stätte aufzusuchen, an der sich Gott dem auserwählten Volk offenbart haben soll. Es gibt dafür nur eine Erklärung, daß der Berg Sinai für die Menschen der Zeit Davids und Salomos nicht geschichtliche Realität gewesen ist. Sie müssen noch gewußt haben, daß nicht nur wenige Tagereisen Wüste zwischen Jerusalem und der Stätte lagen, an der das verzweifelte Volk das Man gefunden, die Steinernen Tafeln erhalten und das Goldene Kalb angebetet hatte, sondern eine unüberbrückbare räumliche und zeitliche Distanz.

Nur der Prophet Elia *(<a>ljhw),* von dem geschrieben steht, daß auch er ein Isch ha Elohim war[525], wurde, als er verzweifelt war und sterben wollte, von einem »Engel des Herrn« *(jhwh),* der ihn mit wunderbarer Nahrung für den »großen Weg« kräftigte, in 40 Tagen und Nächten zum Berg Gottes Horeb *(har ha elohim chorevah)* gebracht.[526] Dort erfuhr er in einer Höhle, daß Jhwh nicht im Sturm, nicht im Erdbeben und nicht im Feuer ist. Aus einer sanften Stille hörte er Jhwh.

Auch diese Höhle, in der ein verehrter Prophet seine Gottesbegegnung erlebt haben soll, wurde nicht gesucht.

Die Tradition kennt und verehrt die Gräber der Väter Abraham, Isaac und Jakob, von denen die Legende der Auslegungstradition behauptet, sie hätten 400 Jahre vor Mose gelebt. Das Grab des Propheten Mose kennt niemand.

Deut. 34.6

Und er begrub ihn im Tal, im Lande der Moabiter, gegenüber Beth-Peor. Und hat niemand sein Grab erfahren bis auf diesen heutigen Tag.

Die Talmudgelehrten erklärten es mit einem Wunder, daß das Grab nicht gefunden wurde: »Einst sandte die ruchlose Regierung an den Befehlshaber von Beth-Peor, daß er ihr zeige, wo Mose begraben ist. Standen sie oben, so erschien ihnen das Grab unten, und wenn unten, so erschien es ihnen oben . . . Es ging in Erfüllung, was geschrieben steht: Kein Mann kannte seine Grabstätte.«[527]

Man hat im Jordantal vergeblich nach dem Grab des Propheten und im ganzen Gebiet zwischen Ägypten, Sinai und Jericho ebenso vergeblich nach Spuren seines Lebens gesucht. Die Erinnerung an Mose wird nur in der biblischen Überlieferung bewahrt. Aber auch in den Texten ist seine Person von Widersprüchen und Ungereimtheiten umgeben. Daraus sind Zweifel entstanden und die Frage, ob es den Propheten überhaupt gegeben hat.

Gerade die Widersprüche sind Beweise für die Echtheit der Berichte. Erfundene Figuren werden in den Ereignisablauf und die Gedanken einer Überlieferung so eingefügt, daß ein überzeugendes Gesamtbild entsteht. Was im Text der fünf Bücher über den Menschen Mose berichtet wird, ergibt kein überzeugendes Gesamtbild, und deshalb muß der Mensch, um den die Legenden gebildet wurden, gelebt haben.

In seinem Namen aber sind aus einer langen Menschheitsgeschichte Erinnerungen an »berühmte Leute der alten Zeiten« gesammelt, die den Namen Jhwh, den Geist des »lebenden Wortes«, aus dem Wasser und über die Zeiten gerettet haben.

Wer im Bibeltext göttlichen Geist sucht, kann ihn, so meine ich, gerade in der Alten Überlieferung finden.

Die Wohltat der geistigen Kraft, die dem Menschen die Verantwortung für die Mitmenschen bewußt macht, wird jeder spätestens dann empfinden, wenn er mit seiner Angst vor dem Leben und dem Sterben nicht allein gelassen wird.

Die Alte Überlieferung lehrt uns, daß das »lebende Wort« im materiellen Leben nur durch die Menschen wirken kann. Nur der Mensch kann den Menschen vor Angst und Einsamkeit bewahren. Der Glaube kann uns die Kraft geben, die Einsamkeit zu ertragen, wenn die Menschen sie uns nicht nehmen wollen. Die Weisheit dieser Gedanken steht über allen anderen bekannten Überlieferungen der Menschheit.

Wir sollten von der tabuisierten mittelalterlichen Geschichtsbetrachtung Abschied nehmen, das als »wissenschaftlich« behauptete Vorurteil aufgeben und nach der Kulturentwicklung der Vorzeit fragen, denn die Erfahrungen der Vergangenheit könnten uns helfen, die Probleme unserer Zukunft zu bewältigen.

Das Man endete, als die »neue Zeit« begann. Geblieben ist davon nur die Erinnerung. Das mn aber ist auf der Wanderung durch die »verwüstete Welt« von Mose und Aaron in einem »Krügelchen« für die Nachkommen verwahrt worden. – Wir sollten danach suchen.

Abraham

In der neuen Welt, jenseits des Jordan, haben die Nachkommen des Propheten Mose Bräuche des Landes, in das sie einwanderten, übernommen.

Das Gesetz der Zehn Worte verbietet es den Menschen nicht, Bräuche zu pflegen und Riten zu üben, solange sie daraus nicht Bilder ableiten, denen sie dienen, die sie anbeten und so über das »lebende Wort« stellen.

Wenn man nicht daran glauben will, daß sich der Geist der Schöpfung zu einem menschengleichen Gott materialisiert und dem Propheten Mose, so wie es die Auslegungsfabel erzählt, das Gesetz der Zehn Worte übergeben hat, wird man das »lebende Wort« als das Ergebnis menschlicher Erkenntnisse ansehen, als Summe der Erfahrungen aus einer langen, leidvollen Geschichte.

Die Weisheit dieser Lebensregel kann weder aus theoretischen Erwägungen oder dem Sinnieren friedfertiger Nomaden und Viehzüchter an den Lagerfeuern der Rastplätze des zu Ende gehenden zweiten Jahrtausends v. Chr. entstanden sein, noch ist bei den Völkern im Fruchtbaren Halbmond eine gesellschaftliche Entwicklung auszumachen, aus der das Gesetz der Zehn Worte hervorgegangen sein könnte.

Soweit wir in diesen Bereichen Ansätze zu einer für alle Menschen geltenden gerechten Lebensordnung erkennen, ist zu vermuten, daß die Gedanken aus den Ideen des »lebenden Wortes« übernommen worden sind und nicht umgekehrt.

Die Tatsache, daß der Prophet Josua das eingewanderte Volk jenseits des Jordans beschneiden ließ, deutet darauf hin, daß die Menschen, die nach dem Geist des Namens Jhwh leben wollten, in das Gebiet des El Schadaj eingewandert sind. Mit der Beschneidung nahmen sie die Bräuche dieser Tradition an.

Für die bereits ansässigen Bewohner dieses Gebietes muß der den Menschen zugewandte geistige Begriff des Namens Jhwh, der Geist der Menschlichkeit, eine Erscheinung der Hoffnung gewesen sein. Dies zeigt uns die wunderbare Überlieferung von der Tat des Patriarchen Abraham, der den Namen Jhwh nicht gekannt hat. Seine Geschichte ist eine der berühmtesten der biblischen Tradition, aber wahrscheinlich die von der Auslegungstradition am schlimmsten mißdeutete und mißbrauchte.

Gen. 22.1
Nach diesen Geschichten versuchte Gott [ha elohim] Abraham . . . (2) Und er sprach: Nimm Isaac, deinen einigen Sohn, den du lieb hast, und gehe hin in das Land Morija und opfere ihn daselbst zum Brandopfer auf einem Berge, den ich dir sagen werde.

Die Opferung seines Sohnes Isaac durch Abraham ist eines der wichtigsten Lehrgedichte der biblischen Tradition geworden.

Es soll zeigen, daß Abraham gottesfürchtig und seinem Gott bedingungslos gehorsam war. Das war seine wichtigste Tugend. Deshalb, so wurde die Geschichte in der Auslegungstradition gedeutet, hat Gott ihn und seine Nachkommen dann auserwählt.

Gen. 22.6
Und Abraham nahm das Holz zum Brandopfer, und legte es auf seinen Sohn Isaac; er aber nahm das Feuer und Messer in seine Hand, und gingen die beiden miteinander.

Diejenigen der Nachkommen des Patriarchen, die nach dem Zweiten Weltkrieg im Staat Israel aufwuchsen, konnten nicht verstehen, daß Millionen Menschen sich und ihre Angehörigen dem unausweichlichen Tod in den Gaskammern entgegenführen ließen, ohne sich zu wehren. Im Kampf hätten sie, so meinten die selbstbewußten jungen Menschen, doch auch nicht mehr als das Leben verlieren können:

Gen. 22.7
Da sprach Isaac zu seinem Vater Abraham: . . . Siehe, hie ist Feuer und Holz; wo aber ist das Schaf zum Brandopfer?

Isaac wußte nicht, daß er geopfert werden sollte. Er wurde auch nicht gefragt, ob er sich opfern lassen wollte. Das Kind, das sein Leben geben sollte, spielt für die Auslegungsgelehrten aber keine Rolle. Glorifiziert wird nur der Vater, der bereit ist, sein Kind zu schlachten.

Isaac wollte wissen, wo das Opfertier ist.

Gen. 22.8
Abraham antwortete: Mein Sohn, Gott [elohim] wird sich ersehen ein Schaf zum Brandopfer. Und gingen die beiden miteinander.

Betroffen fragten die jungen Menschen, die nach dem Zweiten Weltkrieg in Deutschland aufwuchsen, ihre Väter, wie sie es geschehen lassen konnten. Wann ist der Mensch zum Widerstand gegen die Mächtigen verpflichtet? Wann muß er dem Befehl der Obrigkeit bedingungslos gehorchen?

Gen. 22.9

Und als sie kamen an die Stätte, die ihm Gott [elohim] sagte, baute Abraham daselbst einen Altar, und legte das Holz drauf, und band seinen Sohn Isaac, legte ihn auf den Altar oben auf das Holz. (10) Und reckte seine Hand aus und faßte das Messer, daß er seinen Sohn schlachtete.

Wie ist es möglich, daß sich die Missionare des christlichen Abendlandes entsetzten und die Azteken im neu entdeckten Mexiko verachteten? Die aztekischen Priester öffneten fremden Menschen die Brust und rissen ihnen das lebende Herz aus dem Leib. Auch sie waren ihren Göttern gehorsam und hätten dafür den Respekt und die Bewunderung der Christenheit verdient, wenn es tatsächlich eine gottgefällige Tugend wäre, Menschen zu opfern und sogar den eigenen Sohn zu schlachten, wenn es im Namen eines Gottes befohlen wird.

Warum hat niemand je danach gefragt, was Sarah wohl am Morgen des Tages gedacht hat, als sie Abraham mit Holz und Messer und dem kleinen Isaac weggehen sah?

Keine Sekunde verschwendete die Auslegungstradition darauf, sich mit den Gedanken und der Verzweiflung der Mutter auseinanderzusetzen. Niemand hat jemals gesagt, Gott wollte auch sie prüfen, keiner der Elohim aus zweieinhalbtausend Jahren hat die Mutter in dieser Geschichte mit einem Wort erwähnt.

Würden die Menschen einer Mutter Bewunderung entgegenbringen, die ihr Kind auf die Schlachtbank legt und ihm den Hals durchschneiden will, weil man ihr gesagt hat, daß dies gottgefällig sei?

Und Abraham?

Nun sage keiner, daß Abraham wußte, Gott würde ihn im entscheidenden Augenblick daran hindern, Isaac zu töten, denn das wäre eine Lüge und würde die ganze Legende erst recht zur Farce und puren Verherrlichung der Heuchelei machen. Es wäre dann nämlich nicht einmal mehr eine »Prüfung« gewesen, wenn Abraham das Happy-End schon gekannt hätte, sondern nur noch die sadistische Marter eines unschuldigen, hilflosen Kindes, dessen Leid, Verzweiflung und Angst auch durch ein Dutzend Engelsstimmen vom Himmel nicht mehr ungeschehen zu machen gewesen wäre.

Wer die von der Auslegungstradition angebotene Auffassung der Opferung Isaacs akzeptiert, darf nicht fragen – nicht in Israel und nicht in Deutschland. Denn für ihn zählt der Gehorsam und nichts anderes. Dem Willen der Mächtigen darf der Mensch sich nicht widersetzen, denn wer die Macht hat, verkündet Gottes Wort, auch dann, wenn er von einem Vater das Leben des eigenen Kindes verlangt. Der Außenstehende darf einen Vater nie daran hindern, seine Kinder zu töten, denn es könnte sein, daß dieser Vater von Gott zu einer Prüfung aufgerufen worden ist.

Was wäre geschehen, wenn Gott es für richtig gehalten hätte, die Prüfung bis über den Tod des Sohnes hinaus fortzusetzen?

Würden wir dem Vater auch dann noch applaudieren, wenn er den abgetrennten Kopf seines Sohnes hochgehalten hätte, um Gott und aller Welt seinen Gehorsam zu zeigen?

Wären wir Zuschauer gewesen, hätten wir Abraham hindern dürfen? Es war doch Gottes Befehl, dem der Mensch sich nicht widersetzen darf. War es Gottes Befehl?

Ob die Zuschauer einen Abraham der Gegenwart daran hindern dürfen, seinen Sohn zu töten, wird davon abhängen, wer mit stärkerer Überzeugungskraft oder mit größerer Macht von sich behaupten kann, im Namen Gottes zu sprechen.

Aber wer ist Gott? Die ha Elohim, die den Mord verherrlichen, indem sie dem Vater befehlen, seinen Sohn zu töten, oder die ha Elohim, die den Geist des »lebenden Wortes« verbreiten und die Menschen lehren, »einander zu erkennen« und Verantwortung füreinander zu übernehmen?

Dies ist der letzte und wichtigste Beweis, daß Abraham den Namen Jhwh nicht gekannt hat. Im Geist des Namens Jhwh wäre er nie in Versuchung gekommen, eine Erscheinung für Gott zu halten, die ihm auftrug, sein eigenes Kind zu töten. Das lebende Wort verpflichtet die Menschen, keine Elohim über das Gesetz der Zehn Worte zu stellen, das ohne Wenn und Aber sagt: Töte nicht.

Die Weisheit der Alten Überlieferung liegt in dem Aufruf an alle Menschen, das Gesetz der Zehn Worte als über allen Menschen und Göttern stehende Autorität anzuerkennen. Darum heißt es: »Ich bin Jhwh Elohejkha – ich bin das lebende Wort auch deines Gottes.«

Die Alte Überlieferung richtet sich nicht an ein wegen seiner Herkunft auserwähltes Volk, sondern an die Menschen, die bereit sind, das Wort zu hören, zu befolgen, zu bewahren und weiterzugeben. Die Auslegungstradition hat es so leider nicht sehen wollen. Kain hat »nur« den Bruder geopfert. Seine Tat wird von den Gelehrten verachtet. Abraham war bereit, den Sohn zu töten, und wurde dafür bewundert.

Die Auslegungstradition lehrt damit aus der Bibel, daß Mord an sich nichts Verwerfliches ist, wenn er im Namen der richtigen Sache verübt wird. Es wird damit nicht ausgesprochen, aber um so eindringlicher mit dieser Geschichte demonstriert: Der Zweck heiligt die Mittel. Der »richtige« Gott heiligt auch den Mord.

Kain hat das Blut seines Bruders der Adamah geopfert. Jhwh hat die Adamah dafür verflucht. Im Namen Jhwh werden Brand und Blutopfer abgelehnt. Wem also sollte das Blut des Isaac geopfert werden? Dem Gott der Bibel? Welchem?

Deut. 12.31
Du sollst nicht also dem Herrn [jhwh], deinem Gott [elohejkha], tun; denn sie haben ihren Göttern [elohejhäm] getan alles, was dem Herrn [jhwh] ein Greuel ist, und das er hasset; denn sie haben auch ihre Söhne und Töchter mit Feuer verbrannt ihren Göttern [elohejhäm].

Es ist nicht jeder ein Gott, der von den Menschen Gehorsam verlangt. Es ist niemals eine gottgewollte oder gottgefällige Prüfung, wenn ein Vater aufgefordert wird, ein Kind zu morden.

Das Deuteronomium ist das fünfte Buch Mose. Nur mittelalterliche Mystik kann eine Brücke bauen vom oben zitierten Vers zur »gottgefälligen« Opferung Isaacs im ersten Buch – oder die Angst vor der Macht derer, die lehrten, daß Gott selbst den Text der Bibel geschrieben hat.

Für die Mächtigen war die Gehorsam fordernde Auslegung der Erzählung vom Kindermord eine willkommene Lehrfabel. Dem Willen der Mächtigen durfte sich auch im Mittelalter keiner widersetzen, denn sie behaupteten, im Namen Gottes zu sprechen und zu handeln.

Die Hoffnung, daß alles nur eine von Gott gesandte Prüfung sei und dieser Gott im letzten Augenblick rettend eingreifen werde, wie einst bei der Opferung Isaacs, war der trügerische Gedanke, aus dem sich der Verzicht vieler Opfer der nationalsozialistischen Rassenpolitik auf Widerstand und Verteidigung zum Teil erklären läßt.

Im hebräischen Text des Buches Genesis wird aber nicht beschrieben, daß Abraham von Gott versucht wurde. Der Befehl, sein Kind zu schlachten und zu verbrennen, kam von ha Elohim.

Die Wanderung des Vaters, der seinen Sohn zur Opferstätte führen mußte, erhält eine andere Bedeutung, wenn wir akzeptieren, daß das Opfer von den Mächtigen in seinem Gebiet, von ha Elohim, für ihre Götter verlangt worden war. Es entfällt dann die bedrückende Vorstellung von einem Himmelspatriarchen, der sich am Gehorsam des Vaters erfreut, die Verzweiflung der Mutter und die Todesangst des Kindes aber ignoriert.

An Stelle dieses schrecklichen Gottes wird das Bild eines Menschen lebendig, der sich einem Gesetz beugen muß. Die Geschichte erzählt dann von der einsamen Wanderung eines Vaters, der seinen Sohn nicht belügen will, ihm aber die hoffnungslose, unmenschliche Wahrheit nicht sagen kann. Es ist die Tragik der Väter, die im Viehwaggon mit ihren Kindern den Gaskammern von Auschwitz entgegenfuhren und ihnen verschwiegen, wohin die Reise geht.

Es ist eine unfaßbare Kühnheit, eine Erscheinung, die einen Mordbefehl erteilt, als Identität des einzigen, allwissenden und allmächtigen Schöpfers von Himmel und Erde darzustellen, denn aus dem Text ist dies nicht zu entnehmen. In der ganzen Erzählung steht *elohim,* wo die Auslegungstradition »Gott« übersetzt.

> *Gen. 22.10*
> *Und (Abraham) reckte seine Hand aus, und faßte das Messer, daß er seinen Sohn schlachtete.*

In diesem Augenblick, da der Vater das grauenvolle Entsetzen, die unstillbare Angst in den Augen seines Kindes sehen mußte, war es nicht Elohim, durch den die Rettung kam. Ein Bote (oder eine Botschaft) des Namens Jhwh, [*min ha schamajm*] »hervorgegangen aus dem Himmel«, verhinderte den Mord:

> *Lege deine Hand nicht an den Knaben und tue ihm nichts.*

Abraham hat nur den Gott El Schadaj gekannt. Der Name Jhwh war ihm nicht offenbart worden. Nicht aus einem Gesetz, nicht aus der Lehre einer Tradition hat er sich dagegen gewehrt, menschliches Leben zu opfern, sondern aus der eigenen Erkenntnis seiner Verantwortung, aus seinem Gewissen. Wenn der Mensch bereit ist, den lebendigen Atem aufzunehmen, erreicht auch ihn der Bote, die Botschaft des Geistes Jhwh.

Ob ihn die Stimme vom Himmel oder aus den Augen, dem Spiegel der gequälten Seele seines Kindes, erreicht hat – Abraham nahm sie auf, er widersetzte sich der Macht und weigerte sich, einem unmenschlichen Gesetz zu gehorchen.

In der Textauffassung der Auslegungstradition sagt der Bote Jhwhs: »Ich sehe, daß du Gott fürchtest.« Im hebräischen Text heißt es: »Ich sehe, daß du *elohim* fürchtest.«

Abraham fürchtete die Mächtigen, aber er überwand seine Angst. Dies ist eine in allen Zeiten bewundernswerte und verehrungswürdige Haltung. Sie entspricht dem Opfermut der Bewahrer dieser Überlieferung.

Am Schicksal Kains lehrt uns die Alte Überlieferung, daß wir das Lebensrecht der Andersdenkenden anerkennen müssen, auch dann, wenn diese Menschen den Wert des fremden Lebens nicht achten.

Durch Abraham lernen wir, daß wir uns durch kein Gesetz, durch keine Macht zwingen lassen dürfen, wie Kain zu handeln.

Die Tat des Patriarchen Abraham ist nicht als stammesgeschichtliche Episode überliefert worden, auch nicht, um die bedingungslose Unterwerfung des Menschen unter den Willen derer zu propagieren, die von sich behaupten, im Namen Gottes zu sprechen. Sie ist überliefert als beispielgebendes Verhalten eines einzelnen, der seine

Verantwortung erkannte, ohne daß ihm ein »göttliches« oder menschliches Gesetz den Weg dazu gewiesen hatte.

In dieser Geisteshaltung des Patriarchen ist auch die Erklärung dafür zu finden, wieso die Tradition Jhwh von den Nachkommen der Patriarchen in die eigene aufgenommen worden ist und diese den geistigen Begriff Jhwh, als Summe aller bis dahin offenbarten göttlichen Erscheinungen, über die Namen der eigenen Gottesvorstellung setzen ließen.

Mögen sich die Elohim unserer Zeit besinnen. Wenn sie ihren Kampf um das ungeborene Leben ernst meinen, dann dürfen sie nicht eine Kindestötung gutheißen, nur weil ein Elohim sie angeordnet hat. Es gibt so viele Elohim, und es ist so leicht, einen zu finden, auf den man sich bei der Suche nach einem bequemen Weg berufen kann.

Es sollte uns allen zu denken geben, daß Saraj wörtlich sagt: Jhwh hat meinen Leib verschlossen. An anderer Stelle der Texte wird erklärt, Jhwh hätte die Leiber der Frauen des »Pharaos« verschlossen. Es scheint, daß die Autoren der Alten Überlieferung uns darauf hinweisen wollten, daß es im Geist des Namens Jhwh von menschlicher Verantwortung zeugt und es dort, wo die Lebensbedingungen nur noch tierhaftes Vegetieren zulassen, dem menschlichen Geist entspricht, nicht dem animalischen Gebärzwang zu folgen, ohne sich um das weitere Schicksal der Nachkommen zu sorgen. Das ist die Lebensart der Nachasch, der Schlangen, die ihre Eier ablegen und es der Sonne überlassen, sie auszubrüten.

Wer an die Seele des Kindes glaubt, muß auch sehen, daß eine nicht in dieses Leben gerufene Seele nicht schuldig geworden sein kann. Eine Seele aber, die in die schlimmsten Lebensverhältnisse der Adamah gezwungen wird, ohne die Chance zu haben, nach den Erkenntnissen des Geistes zu leben und zu handeln, ist unausweichlich fortwährender Schuld ausgeliefert. Diese Seele wird abgestorben sein, wenn der Körper des zum Leben gezwungenen Kindes noch lange weiterlebt. Mord an der Seele eines Kindes ist so schlimm wie die Opferung des Sohnes auf dem Scheiterhaufen der Elohim.

Die biblische Überlieferung lehrt, daß unsere Vorfahren zu Menschen geworden sind, als sie ihre Verantwortung, die Körper und Seele umfaßt, für Nachkommen und Mitmenschen erkannten und bereit waren, sie anzunehmen. Wenn wir unter dem Zwang der Elohim unsere Verantwortung in Zukunft auf das köperliche Geborenwerden unserer Nachkommen beschränken, zwingen wir sie, in die Lebensverhältnisse der Urwelt zurückzufallen, sie werden wieder Staub sein in der Adamah.

Wir müssen erkennen, daß wir nur Menschen sein können, solange der Geist des Namens Jhwh, das lebende Wort, unter uns bewahrt wird. Dies kann nur geschehen, wenn wir unseren Nachkommen die Möglichkeit geben, ihre Fähigkeiten so weit zu entwickeln, daß auch sie diesen Geist aufnehmen, bewahren und weitergeben können. Menschen, die es nicht vermögen, ihren Kindern dieses unabdingbare Lebensrecht zu gewährleisten, werden aus Liebe zu den ungeborenen Kindern dazu tendieren, Saraj zu bewundern, deren Leib im Geist des Namens Jhwh verschlossen blieb. Sie steht über dem von der Auslegungstradition verherrlichten Patriarchen, der seinen Sohn zu schlachten bereit ist, wenn er sich dadurch bei den Elohim beliebt machen kann.

Die Alte Überlieferung lehrt uns auch, daß wir der Hüter unseres Bruders sein müssen, besonders dann, wenn er ein Hirte der kleinen Lebewesen und der Schwachen in dieser Welt geworden ist.

Wir haben es uns zweieinhalb Jahrtausende in dieser Welt bequem gemacht, weil wir die Verantwortung für alles, was auf unserer Erde geschieht, einem menschengleichen Gott im Himmel überlassen haben. Wir haben bis in unser 20. Jahrhundert, dem in dieser Hinsicht bisher schlimmsten der Menschheitsgeschichte, immer auf sein Eingreifen gewartet und die Verbrechen gegen die Kinder dieser Welt geduldet, denn wir haben sie nicht verhindert. Wir müssen daraus lernen, daß wir – wie unsere Vorfahren Chawa und Habel – die Verantwortung für unsere Nachkommen übernehmen müssen. Der Geist des Namens Jhwh braucht uns, um durch uns in dieser Welt für die Menschen zu wirken. Er braucht die Menschen, die bereit sind, das lebende Wort anzunehmen, danach zu handeln und es weiterzugeben.

* * *

Es wäre unredlich, diese Gedanken ohne ein Bekenntnis abzuschließen.
Ich glaube an eine göttliche Existenz, die im Sinne des Gesetzes der Zehn Worte nicht in menschliche Bilder oder Vorstellungen gefaßt werden kann.
Sie ist mit Worten nicht zu beschreiben, mit Gedanken nicht zu definieren, genauso wie die Begriffe Liebe, Vertrauen, Tod und Leben, die sie umfaßt und einschließt.
Was wir der Schöpfungsmacht an Glaubensbekundungen darbringen sollten, ist das durch unser Wirken erreichte fröhliche Lachen der Kinder, das zufriedene Lächeln der Greise.
Der Sinn des menschlichen Lebens ist das Leben der anderen. Wer den Sinn seines Daseins nur in sich selbst sieht oder in anderen Welten sucht, wird einsam sein und Einsamkeit verbreiten. Er wird ein Staubkorn bleiben in der Menge der Adamah, mit welchen Ehrentiteln der Elohim er auch versehen sein mag.
Die letzte Frage nach dem Sinn des Seins sollten wir erst stellen, wenn wir alle Fragen, die uns im irdischen Leben gestellt wurden, beantwortet haben. Wir werden dann am Ende merken, daß wir sie nicht zu stellen brauchen.

Anmerkungen

Vollständige Quellenangaben finden sich in der Bibliographie.

1 Die älteste und wichtigste Schriftensammlung der Bibeltexte gilt in der Tradition der Religionen als Inhalt der Offenbarung, die der Prophet Mose auf dem Berg Sinai von Gott empfangen haben soll.
Die fünf Bücher Mose sind die Thora der Juden. In christlicher Tradition werden die Bücher: 1. Genesis; 2. Exodus; 3. Leviticus; 4. Numeri; 5. Deuteronomium genannt; in der jüdischen: 1. Bereschit; 2. Schemot; 3. Wajikra; 4. Bemidbar; 5. Dewarim.
2 Bild der Wissenschaft 6/1992; Der Spiegel Nr. 33/1991, S. 160.
3 Gesenius, Handwörterbuch 1962, S. 498 f.
»1. Wahrsagerei, Zauberei Nu. 23.23; I. Schlange Ex. 4.3; im Paradies Gen. 3.1; Bild eines Tyrannen Jes. 14.29; vgl. ass. *nahasu* ›Überfluß haben‹.«
4 Talmud, Berakhot Fol. 14a (deutsche Ausgabe Bd. I, S. 68):
»Ferner sagte R. Jona im Namen R. Zeras: Wer sieben Tage ohne Traum übernachtet, heißt, ein Böser, denn es heißt: Wer gesättigt übernachtet, ohne bedacht zu werden, ein Böser, und man lese nicht *sabea* (gesättigt), sondern *seba* (sieben).«
5 Encyclopedia, S. 179:
»Hebrew Language (heb. *Ivrit*): A branch of the Canaanite group of Semitic languages, possibily adopted by the Israelites after their settlement in the land of Israel. The designation H. for the language is late, and in biblical times the language was known as *yehudit* (›Jewish‹), cf. II Kings 18:26. Different forms of H. existed (or developed) at various periods.«
6 Talmud, Synhedrin, Fol. 21b (deutsche Ausgabe Bd.VIII, S. 541):
»Mar Zutra, nach anderen Mar Uqaba, sagte: Zuerst wurde die Tora den Jisraeliten in der hebräischen Schrift und der Heiligensprache verliehen; später, in den Tagen Ezras, wurde sie ihnen wiederum in der assyrischen Schrift und der aramäischen Sprache verliehen; alsdann wählten sie für die Jisraeliten die assyrische Schrift und die Heiligensprache, und die hebräische Schrift und die aramäische Sprache ließen sie den Gemeinen. Wer sind die Gemeinen? R. Hisda erwiderte: Die Samaritaner. Welche ist die hebräische Schrift? R. Hisda erwiderte: Die Libonaa-Schrift.« (Die Bedeutung des Namens Libonaa ist dunkel.)
7 Westermann, S. 15:
»Zu dieser Vorgeschichte gehört ein israelitischer und ein außerisraelitischer Abschnitt.«
8 Zürcher Bibel – Anhang zum Alten Testament, S. 10 f.
»Von den alten Monatsnamen sind im Alten Testament nur 4 erhalten: *ethanim* (Sept./Okt.), *bul* (Okt./Nov.), *abib* (März/April), *siw* (April/Mai).
9 Num. 21.14; Jos. 10.13; 2.Sam. 1.18; 1. Kön. 11.41; 14.9; 1. Chron. 27.24; 1. Chron. 29.29; 2. Chron. 13.22.
10 Steuernagel, § 1c:
»Das Hebräische war bereits in den letzten Jhdtn. v. Chr. durch das Aramäische aus dem Gebrauch des Volkes verdrängt worden. Nur in den Gelehrtenschulen erhielt sich eine, in vielen Einzelheiten jedoch auseinandergehende Tradition über die Sprache der heiligen Schrift.«
11 Lexikon für Theologie, 372:
»Die zahlr. BibelHss* aus den Höhlen der Wadis Qumran und Murabba'at (abgefaßt 100 vC bis 70 nC) enthalten einen vulgären Bibeltext, . . . Im ganzen zeigt sich, daß vor der Normierung des Bibeltextes mehrere Texttypen vorlagen . . .«
(* Bibelhandschriften, A. d. V.)

12 Gesenius, Handwörterbuch, 10. Aufl. 1886, IX/II:
»... der interessante Umstand, daß besonders die Alexandriner* öfter einem hebräischen Worte eine Bedeutung geben, welche es in der Bibel selbst wirklich nirgends hat, welche sich aber in den verwandten Sprachen ... findet ...«
(* Alexandriner = Übersetzer der ersten griechischen Bibel, der »Septuaginta«, vermutlich 3. Jahrhundert v. Chr.)

13 Steuernagel, S. 5:
»Herrschend wurde schließlich die von Ben Ascher (10. Jhdt.) in Tiberias vertretene Tradition, freilich nicht ohne allerlei Kompromisse mit anderen Überlieferungen. Da wir die zur Zeit der alttestamentlichen Schriftsteller lebende Sprache nur unvollkommen erschließen können, müssen wir der Grammatik die von den Tiberiensern fixierte Aussprache des Hebräischen zugrunde legen, obwohl sie sich mit der ursprünglichen sicher nicht völlig deckt.«

14 Jesus Sirach 25.32.

15 Ben Chorin, Mutter Mirjam (dtv), S. 17:
»Hier ist vor allem das hermeneutische Prinzip der Asmachta zu nennen, der Anlehnung an einen Bibelvers. Eine Halacha, eine Lehrentscheidung, wird getroffen, und muß aus der hebräischen Bibel legitimiert werden ... nach dem Prinzip: al tikra (lies nicht, was geschrieben steht, sondern nimm eine Umpunktierung des Konsonantentextes vor). (So) kann zum Beispiel in einem berühmten Lehrsatz aus banim (Söhne) bonim (Bauleute) werden.«

16 Gordon, S. 168f.:
»It would seem probable that two thousand years of intensive biblical scholarship would have cleared up the difficulties in the Hebrew text. But some reflection on the vocabulary of biblical Hebrew will show why this is not so. There are about 8000 different words in biblical Hebrew, and many of these words occur frequently. But about 1700 of them occur only once. Determining the meaning of a word from a single context generally does not leed to convincing result ...«

17 Jensen, H., Die Schrift, S. 48:
»Der Umstand, daß die ägyptische Schrift uns bereits in der vordynastischen Zeit als fertig ausgebildet entgegentritt, gibt Vermutungen Raum betreffs des Ursprungs dieser Schrift ...«

18 Encyclopedia, S. 68:
»The documentary (Quellen o. Urkunden) Hypothesis (for Pentateuch) is based on: a. use of different names for God, b. linguistic and stylistic variations, c. discrepancies in both narrative and legal sections, d. repetitions, e. internal signs of composite structure. Variant readings in ancient versions.
Priciple conclusions of higher criticism (beginning Graf 1866, and Wellhausen 1876 and 1878) are as follows: J – 9th cent. E – 8th cent. D – 7th cent. P – 5th cent. The documentary hypothesis remains dominant but not unchallenged ... the new trend in biblical studies is toward greater conservatism.«

19 Kathpress, 4. Mai 1979.

20 Erste Ansätze einer Lehre, daß die Schriften vom Geist Gottes diktiert worden sind, finden sich bei Origenes (geb. 254 n. Chr.). Seit dem 4. Jahrhundert vertraten besonders Ambrosius und Augustinus die Überzeugung, daß Gott der »auctor«(Urheber) der Schriften sei. Im Mittelalter wurde eine besondere Art von Inspiration der heiligen Schriftsteller angenommen (Thomas von Aquin). Die Vorstellung des »Diktierens der Schrift« durch Gott, die schon in der Patristik vorkommt, wurde für die katholische Kirche im Konzil von Trient (D 783) zu der Formel abgewandelt: Die Schrift ist vom Heiligen Geist diktiert.

21 Schmaus, Katholische Dogmatik, S. 36:
»Es ist Glaubenssatz, daß die in den Kanon aufgenommenen Bücher nicht deshalb für heilig und kanonisch zu halten sind, weil sie, mit nur menschlicher Umsicht geschrieben, nachträglich die kirchliche Bestätigung erhielten, auch nicht deshalb, weil sie die Offenbarung ohne Irrtum enthalten, sondern weil sie, unter der Eingebung des Heiligen Geistes geschrieben, Gott zum Urheber haben.«

22 Holzer, Hubert, Lektoratsgutachten zu Paul Hengge »Es steht in der Bibel«, für den Paul Zsolnay Verlag, Wien 1978.

23 Prof. Hahn, Le Beaucet/France 1979.

24 Gutachten für Pilgrim Press, New York 1984.

25 Handbuch theologischer Grundbegriffe, Bd. IV, S. 56.

26 Gen. 1.26, zitiert nach »Die Bibel«, Verlag Herder 1968.
27 Ex. 20.5.
28 Brockhaus, 1832, 1. Band, S. 70:
    »Die Eingeborenen Südamerikas, oder die freien Indianer, welche selbst Christen lange Zeit nicht für wirkliche Menschen ansehen wollten . . .«
29 Claiborne, The First Americans, S. 10.
30 Im Chronicon Paschale, einem wahrscheinlich aus Konstantinopel stammenden chronologisch-historischen Werk, wurde der Beginn der Zeitrechnung auf den 21. 3. 5507 festgelegt. 1636 errechnete James Usher, Erzbischof von Armagh in Irland, daß die Welt im Jahre 4004 v. Chr. erschaffen worden sei (Annales Veteris et Novi Testamenti, London 1650–54).
    Der anglikanische Theologe John Lightfood (1602–1675) errechnete, daß Adam am 23. Oktober 4004 v. Chr. um 9 Uhr morgens erschaffen worden sei.
31 Gen. 2.7.
32 Mythen der Völker, S. 223
    Polynesien, Neuseeland: »Zuerst treibt der Mensch noch zwischen Natur und Kultur dahin . . . er nimmt seine Nahrung roh zu sich ›wie die Tiere‹ . . .«.
33 Mythen der Völker, Hawaii: ». . . und ging auch auf allen vieren«.
34 Gesenius, Handwörterbuch, 17. Auflage 1962, S. 10:
    »Adam: . . . Etymologie unbekannt . . . 1. coll. Artbenennung des Menschen, . . . die Menschen, od. (als Artbegriff) der Mensch«.
35 Die Bibel, Verlag Herder, S. 14 (Anmerkung zu Gen. 2.7):
    »Der Mensch ›adam‹ stammt vom Erdboden ›adama‹, vgl. 3.19–23. Diese Gattungsbezeichnung wird dann 4.25/5.3 zum Eigennamen des ersten Menschen.«
36 Gen. 2.7.
37 Gen. 1.27; im hebräischen Text heißt es eindeutig »männlich und weiblich«.
    In der neuen deutschen Einheitsübersetzung wird der Eindruck der Einzelpersonen aufrechterhalten. Es heißt dort: »Als Mann und Frau schuf er sie.«
38 von Rad, S. 62:
    »Die Verbindung der beiden Gottesbezeichnungen ›Jahweh Elohim‹ ist ebenso rätselhaft in syntaktischer Hinsicht (sie ist kaum übersetzbar. Eine Status constructus-Verbindung?) wie hinsichtlich ihrer Verwendung, denn im Buche Genesis wird sie nur in der Paradieses- und Sündenfallgeschichte gebraucht.«
39 Morris, S. 7.
40 Gen. 1.–4.
41 Gesenius, Handwörterbuch (17. Auflage 1962) S. 889:
    thardema: tiefer Schlaf, Gen. 2.21; 15.12; (griech.) *exstasis.*
42 Der Name Avram wird später »auf Befehl Gottes« mit dem Namen des Völkervaters Abraham verbunden (Gen. 17.5).
43 Gen. 15.12,13.
44 Gesenius, Handwörterbuch, 17. Auflage 1962, S. 684 f.: *(zl<'>) zade-lamed-ajin.*
45 Talmud, Berakhot, Fol. 24a (deutsche Ausgabe Bd. I, S. 103):
    »Eine Frau darf nackt sitzend die Teighebe abschneiden, weil sie das Gesicht durch den Boden verdecken kann.«
46 Talmud, Synhedrin I, Fol. 68b (deutsche Ausgabe Bd. VIII, S. 735):
    ». . . sobald er zwei Haare bekommen hat, bis ihm ringsherum ein Bart gewachsen ist. Der untere <Bart> und nicht der obere. Nur bedienen sich die Weisen eines euphemistischen Ausdrucks.«
47 Talmud, Berakhot, Fol. 24b; (deutsche Ausgabe Bd. I, S. 105).
48 Talmud, Synhedrin XI, i, ii, Fol. 92a (deutsche Ausgabe Bd. IX, S. 39):
    »Ferner sagte R. Eleazar: Wer die Scham betrachtet, dessen Glied wird impotent, denn es heißt: »bloß und blank ist dein Bogen«[133].
    »([133] *kof-schin-taw* . . . Bogen, Benennung des männlichen Gliedes)«.
49 Gesenius, Handwörterbuch, 17. Auflage 1962, S. 120:
    »Leib, Körper Nu. 8.7; Ri. 8.7 euphemistisch f.Scham Lv. 15.2, von einem Weibe Lv. 15.19«.
50 Gesenius, Handwörterbuch, 17. Auflage 1962; S. 876 f.: »das Untere . . . d. Weib ist untreu, buhlt unter ihrem Manne . . . Nu. 5.19 . . . eine tiefverborgene Stätte od. Werkstatt (der Mutterleib) PS. 139.15.«
51 Schöpfungsmythen, S. 177: »Die Wurzel *bny* ist im Ugaritischen und in anderen semitischen Sprachen reichlich bezeugt in der Bedeutung von »bauen«, ist aber sicher mit dem pansemitischen Wort *bn* »Sohn« verwandt.«

52 Gen. 2.18.
53 Ranke-Graves, S. 23.
54 Gen. 2.20.
55 Gen. 2.23.
56 Talmud, Jabmuth, Fol. 63a (deutsche Ausgabe Bd. IV, S. 531).
57 Platon, Timaios, 44, 91a.
58 Gen. 2.18.
59 Targumim (sing. Targum) sind aramäische Übersetzungen der hebräischen Bibeltexte. Unter der persischen Herrschaft wurde das Aramäische die offizielle Sprache und ersetzte das Hebräische. Seit dem Ende des babylonischen Exils (zu Ende des 6. Jahrhunderts v. Chr.) war das Hebräische nicht mehr Umgangssprache. Für die Lesungen im Gottesdienst mußten die Texte daher ins Aramäische übersetzt werden.
60 Naumann, Targum, S. 48.
61 Platon, Timaios, 44, 91b.
62 Mythen der Völker (Fischer Tb), S. 224:
»Seit den Untersuchungen von C. Levi Strauss weiß man, daß das Inzestverbot, die einzige Vorschrift, die bei allen Völkern und in allen Epochen nachgewiesen ist, als ›die‹ Vorschrift schlechthin angesehen werden muß.«
63 Pritchard, Ancient Near Eastern Texts . . .
64 Buber/Rosenzweig, Die fünf Bücher der Weisung.
65 Pritchard, Ancient Near Eastern Texts . . .
66 Ovid (43 v. Chr.–17 n. Chr.), Metamorphosen, Entstehung der Welt und des Menschen, 80/85:
»Es entstand der Mensch, sei es, daß ihn aus göttlichem Samen jener Weltschöpfer schuf, der Ursprung der besseren Welt, sei es, . . . die junge Erde, erst kürzlich vom hohen Äther getrennt, noch Samen des verwandten Himmels zurückbehielt . . . diese mischte der Spross des Iapetus mit Regenwasser und formte sie zum Ebenbild der alles lenkenden Götter.«
67 Handbuch theologischer Grundbegriffe. Stichwort »Adam«.
68 Ewald, H., Erklärung der biblischen Urgeschichte.
69 Gen. 1.21.
70 Gen. 2.23.
71 Scholem, Kabbala, S. 211:
»Die etymologische Verbindung des von Gott erschaffenen Adam mit der Erde, hebräisch ›adama‹, wird zwar merkwürdigerweise im Schöpfungsbericht der Genesis nicht ausdrücklich benutzt und ist auch, soweit ich verstehe, bei den Orientalisten keineswegs in ihrem linguistischen Zusammenhang unumstritten . . . wohl aber trat sie später in der rabbinischen und talmudischen Bearbeitung des Schöpfungsberichtes, die ja oft auf uralte Motive zurückgreift, mit großem Nachdruck hervor.«
72 Scholem, Kabbala, S. 215:
»Ähnliches haben wir ja auch in der Überlieferung über die Schöpfung eines Weibes noch vor Eva, . . . in dieser Form freilich erst im neunten oder zehnten Jahrhunderte bezeugten Midrasch 11 (ist) dem Adam zuerst ein Weib aus Erde (nicht aus der Rippe oder Seite) erschaffen worden. Dies war die Lilith, die aber eine Gleichberechtigung in Anspruch nahm . . .«
73 Gesenius, Handwörterbuch, 17. Auflage 1962, S. 763: vermutet eine Ableitung vom assyrischen *nammassu,* das auch die Bedeutung hat: »Gewimmel (von Menschen und Tieren)«.
74 Leakey, S. 8.
75 Handbuch theologischer Grundbegriffe, Bd. IV, S. 55:
»Gemäß dem göttlichen Auftrag sollten die Menschen die Erde ›unter ihre Füße nehmen‹ (d. h. sie sich untertan machen)«,
und Gesenius, Handwörterbuch, 17. Auflage 1962, S. 334.
76 Übersetzung Buber/Rosenzweig.
77 Gesenius, Handwörterbuch, 17. Auflage 1962, S. 607 f.
78 Gen. 28.14.
79 Gesenius, Handwörterbuch, 17. Auflage 1962, S. 433:
»*mn (min)* hervorgehen aus dem Mutterschoß . . . aus der Urzeit . . .«
80 Gen. 2.7.
81 Enuma elisch (altbabylonisches Schöpfungsgedicht), 6. Tafel:
»Marduk richtete das Wort an Ea . . . Ich will das Blut machen, (ich will) daß der Knochenbau

sei / Ich will erschaffen ein ›Wesen‹ (Lullu) dessen Name ›Mensch‹ sein wird./Auf daß ihm der Dienst an den Göttern zufalle, damit diese ruhen können.«

82 Atrahasis (Sumer/Akkad), in: J. B. Pritchard, Ancient Near Eastern Texts Relating to the Old Testament, Princeton 1955, S. 104.

83 Gen. 1.2.
Wo die Auslegungstradition deutsch »wüst und leer«, griechisch »chaos« lateinisch »inanis et vacua et tenebrae«, englisch »without form and void« übersetzt, steht im hebräischen Text: *thw w bhw* (tohuwabohu). Und niemand weiß, was das ursprünglich bedeuten sollte, denn die beiden Wörter kommen nur hier vor und werden an wenigen anderen Stellen zitiert.

84 Gen. 1.22.

85 Gesenius, Handwörterbuch, 17. Auflage 1962, S. 622:
». . . schaffen, hervorbringen, z. B. den Himmel, die Erde, den Menschen . . .

86 Gesenius, Handwörterbuch, 17. Auflage 1962, S. 164.

87 Gesenius, Handwörterbuch, 17. Auflage 1962, S. 683:
»*zl* Schatten, als Bild der Vergänglichkeit . . . (wie assyrisch ›*sillu*‹, vgl.: ›in Ahuramazdas Schatten‹)«;
S. 684 »*zlm . . . salmu* als ›Schattenbild‹ zu *zlm* gestellt . . .«

88 Gesenius, Handwörterbuch, 17. Auflage 1962, S. 622.

89 Gen. 1.29,30.

90 von Rad, S. 62:
»Vielleicht ist sie hier doch durch einen redaktorischen Eingriff entstanden: ursprünglich war ›Jahweh‹ gebraucht, aber um die Identität dieses Jahweh mit dem in Gen. 1. gebrauchten Elohim zu sichern, wurde das ›Elohim‹ dazugesetzt«;
und Delitzsch, S. 136:
»So schließt der Schöpfungsbericht. Es beginnt nun die Geschichte des Geschaffenen. Um zu bezeugen, daß der Gott dieser Geschichte kein anderer ist als der Gott der Schöpfung, macht der Verfasser . . . diese Unterschrift durch den Gottesnamen (jhwh elohjm) zu einer beide Abschnitte verbindenden Klammer.«

91 Gesenius, Handwörterbuch, 17. Auflage 1962, S. 555.

92 Gen. 1.29.

93 Gesenius, Handwörterbuch, 17. Auflage 1962, S. 9:
»‹a›d . . . Gen. 2.6; Hi. 36.27; . . . die Bedeutung war schon den Alten zweifelhaft . . . Targum an beiden Stellen: Wolke, und so auch LXX (Septuaginta).«

94 von Rad, S. 61:
»Gegenüber P* fällt schon hier die erzählerische Sorglosigkeit auf . . . Erschwert wird die Entscheidung durch die Dunkelheit des Wortes ‹a›d (Luther: ›Nebel‹). Nach Hiob 36,27 denkt man an ›Nebel‹, ›Dunst‹. Vom Akkadischen her würde die Bedeutung ›Wogenschwall‹ nahegelegt. Die LXX verstand es als Quelle. Wir folgen der Deutung Albrights (Journal of Biblical Literature 1938, 231), offensichtlich steigt 'ed aus der Erde auf. Sinn: nur Grundwasser stieg auf.«
(* Priesterquelle, Gen. 1.)

95 Erman, Bd. I, S. 168 und 239.

96 Gen. 1.1.

97 Der Prophet Sacharja sagt von Jahweh: »*jizer ruach adam*«. In der deutschen Einheitsübersetzung finden wir dazu die Formulierung: »(der) . . . den Geist im Inneren des Menschen geformt hat« (Sach. 12.1).

98 2. Kön. 19.25 und Gesenius, Handwörterbuch, 17. Auflage 1962, S. 313.

99 Erman, Bd. I, S. 200 (*'nch* = Zeichen für »Leben«).

100 Erman, Bd.V, S. 351.

101 Gen. 2.19.

102 Lev. 9.18.

103 Gen. 1.22.

104 Gen. 1.20.

105 Gen. 2.7.

106 Delitzsch, Commentar, S. 41:
»Astruc, Ludwigs XIV. Leibchirurg . . . legte zuerst Messer und Sonde an den Pentateuch, . . . ›In einer 1753 zu Brüssel erschienenen Schrift betitelt ›conjectures sur les Memoires originaux, dont il paroit que Moyse s'est servi pour composer le Livre de Genese‹ suchte er den Wechsel der Gottesnamen in der Genesis daraus zu erklären, daß Mose die Genesis

aus zwei Haupturkunden, mit Benutzung 10 anderer Documente zusammengesetzt hat.‹ Diese Hypothese, die Urkundenhypothese, wurde durch Eichhorn . . . nach Deutschland verpflanzt.«

107 1866.

108 1876 und 1878.

109 Encyclopedia, S. 68: »Bible Criticism«
». . . 4 main documents which can be further broken into subdivisions: J (Jahwist, using Yhwh 9th cent.), E (Elohist, using Elohim, 8th cent.) D (Deuteronomist, 7th cent.) and P (Priestly Code, 5th cent.).«

110 Jahweh ist eine von mehreren möglichen Vokalisierungen des Tetragramms Jhwh, das in den hebräischen Texten steht. In der jüdischen Tradition des Mittelalters wurden die vier Konsonanten nach den Vokalen von Eloha (oder Elohe), einer anderen in den Bibeltexten vorkommenden Gottesbezeichnung, zu »Jehova« ergänzt.

111 Gesenius, Handwörterbuch, 17. Auflage 1962, S. 39:
»Elohim s. eloha . . . Sg. Gott: 1. als Artbegriff Jes. 44,8 . . . jede Gottheit Dn. 11,37 . . . 2. wie »Gott« Eigenname des wahren Gottes Dt. 32,15 . . . Pl. A) als numerischer Pl. Götter, Ex.18,11 . . . v. Hausgöttern Gn. 31,30 . . . Ex. 22,8, wo von der richterlichen Entscheidung am Heiligtum die Rede ist . . . 3. göttliches, übernatürliches Wesen, so von einem heraufbeschworenen Toten 1 S. 28,13 . . . Propheten 1, S. 2,27.

112 Encyclopedia, S. 280:
»Names«: »Proper names in ancient times had a significance to which no parallel exists at the present day. The name was taken as representing the essence of its bearer.«

113 586/587 v. Chr.

114 4. Esr. 14.

115 Jeder Buchstabe des hebräischen Alphabetes ist zugleich eine Zahl. Der Zahlenwert des Gottesnamens Jhwh ist danach 26 (j = 10, h = 5, w = 6, h = 5). Aus dem Zahlenwert der Wörter wurden Kombinationen errechnet, die den mystischen Inhalt der Wörter erkennen lassen sollen.

116 Weinreb, Symbolik, S. 57.

117 1. Kön. 19.11,12.

118 Encyclopedia, S. 160:
»Names of God«: »According to a rabbinic tradition, once (or twice) in seven years the sages entrusted to their disciples the pronounciation of the Tetragrammaton but the original pronounciation is unknown.«

119 Konzil von Trient 1545–1563.

120 Schmaus, Katholische Dogmatik, Bd.I, S. 36:
»Das Konzil fügte dazu die Bestimmung, daß die alte Vulgata, die so viele Jahrhunderte im Gebrauche der Kirche war, in öffentlichen Vorlesungen, Streitgesprächen, Predigten und Auslegungen für authentisch betrachtet werden solle und daß niemand sie verwerfen dürfe.«

121 Ugarit, heute Ras Schamra in Syrien. Wurde als Hauptstadt des Königreiches Ugarit in Dokumenten seit ungefähr 2000 v. Chr. erwähnt. Um 1200 v. Chr. wurde die Stadt zerstört.

122 Loretz, Ugarit:
»Wenn es auch als sicher gilt, daß der griechische Name Adonis einen semitischen Ursprung hat, so war es doch lange ungewiß, ob *adn* ›Herr‹ in semitischen Texten nachweisbar ist. Der ugaritischen Stelle KTU 1.1 IV 17 zufolge erhält eine erfolgreiche Gottheit auch den Titel *adn* ›Herr‹.«

123 Sündopfer Ex. 30.10; Lev. 6.18; Ps. 40.7; Hos. 4.8.

124 Ex. 33.20.

125 Gen. 18.14.

126 Ex. 6.2,3.

127 Psalm 40.7.

128 Psalm 50.8.

129 721 v. Chr.

130 Handbuch theologischer Grundbegriffe:
»Satan«: »Die Bibel bietet keine zusammenhängende Lehre über Satan und die bösen Geister . . . Das Alte Testament kennt die Gestalt eines himmlischen Anklägers (›Satan‹) der Menschen vor Gott (Job 1.; Zach. 3.1 ff). Mit keinem Wort ist noch angedeutet, daß dieses Wesen im Gegensatz zu Gott steht oder rein aus Bosheit handelt.«

131 Job 1.5.
132 Cornfeld, Biblical Encyclopedia:
»Job«: »Für eine Herkunft aus dem Norden Israels tritt W. F. Albright ein, der als Entstehungszeit das 7. Jhdt. v. Chr. annimmt. In diesem Zusammenhang dürfte es von Interesse
sein, darauf hinzuweisen, daß bei Quumran aufgefundene Fragmente des Buches Job
ebenso wie das Buch Leviticus in althebräischer Schrift abgefaßt waren. Dies läßt auf einen
Verfasser der mosaischen Zeit oder auf eine ähnlich alte Überlieferung schließen.«
133 Psalm 51.18.
134 Hosea 6.6.
135 Gen. 1.5.
136 Gen. 1.16.
137 Monod, Zufall und Notwendigkeit.
138 Ex. 15.11.
139 Ex. 4.16.
140 Ex. 6.2.
141 Ex. 23.13.
142 Ex. 22.27.
143 Erman, Bd. III, S. 44:
hw belegt seit Pyramidentexten; in der Bedeutung »Ausspruch«, »Befehl«; auch als
Personifikation desselben; gern neben *sj<<* (= ›göttliches Denken‹); *hw* im Munde, *sj<<* im
Herzen; insbesondere als eine der Eigenschaften des Sonnengottes.
144 In orphischer Tradition an Ophions Seite Herrscherin im Olymp, dann von Kronos und Rhea
in den Okeanos oder Tartaros gestürzt.
145 Ranke-Graves, S. 23.
146 Ex. 33.20:
»Und sprach weiter: Mein Angesicht kannst du nicht sehen, denn kein Mensch wird leben,
der mich siehet.«
147 Gen. 32.31:
»Und Jakob hieß die Stätte Pniel; denn ich habe Gott (elohim) von Angesicht gesehen, und
meine Seele ist genesen.«
148 Gen. 32.25 (24).
149 Ex. 24.10.
150 Joh. 1.18:
»Niemand hat Gott je gesehen . . .«
Joh. 4.24:
»Gott ist Geist, und die ihn anbeten, die müssen ihn im Geist und in der Wahrheit anbeten.«
151 Num. 23.19.
152 Ex. 18.11.
153 Ex. 20.13.
154 Gen. 1.29.
155 Meißner, Keilschrift, S. 67.
156 Gesenius, Handwörterbuch, 17. Auflage 1962, S. 602.
157 Gesenius, Handwörterbuch, 17. Auflage 1962, S. 567.
158 Naumann, Targum, S. 57.
159 Jes. 9.51:
». . .erhebe dich wie in den Tagen der Vorzeit, bei den längst vergangenen Geschlechtern«.
(Übersetzung: Die Bibel, Verlag Herder, Freiburg i. Br. 1968).
160 Gen. 2.10–14.
161 Schöpfungsmythen, S. 122.
162 Pritchard, Ancient Near Eastern Texts, Princeton 1969.
163 Cornfeld, Biblical Encyclopedia, Abbildung 244, 245.
164 4 Esra 7,118:
»Ach Adam, was hast du getan! Als du sündigtest, kam dein Fall nicht nur auf dich, sondern
auch auf uns, deine Nachkommen.« (Übersetzung H. Gunkel).
165 Delitzsch, Commentar, S. 168:
»Es ist ein pädagogischer Zweck, welcher den Erzähler bestimmt, es bei der Objectivität
des äusseren wahrnehmbar gewordenen Geschehens bewenden zu lassen und über seine
letzten Gründe zu schweigen.«
S. 169: »Für den Erleuchteten ist die Geschichte transparent genug. Daß in der Schlange
der Teufel selbst die ersten Menschen versuchte, sagt ›Weisheit‹ 2.23/24.«

166 Delitzsch, Commentar, S. 169:
»Die Schlange ist das erste Geschöpf, durch welches Ahriman (Angramainyus) das erstgeschaffene Land des Ormuzd ›Airyanavaega‹ verderbt. Ahriman wird als in Schlangengestalt erscheinend vorgestellt . . . (Spiegel, Avesta 1, 264).«
S. 168: »Auch sonst redet die Thora nur sehr sparsam von Dämonischem . . . Gen. 6.2; Dt. 32.17.«
Handbuch theologischer Grundbegriffe, Bd. IV, S. 22:
»Die Bibel bietet keine zusammenhängende Lehre über Satan und die bösen Geister . . . Erst das Spätjudentum hat die bewußte Zurückhaltung des AT gegenüber volkstümlichen und heidnischen Dämonenvorstellungen weitgehend aufgegeben. Der in Gen. 6.14 nur schwach angedeutete Engelfall wird in den älteren Pseudepigraphen breit ausgemalt. Als gefallener Engel erscheint der Teufel erst in der rabbinischen Literatur. Er ist dort der Ankläger vor Gott.«
167 Gesenius, Handwörterbuch, 17. Auflage 1962, S. 852.
168 Gesenius, Handwörterbuch, 17. Auflage 1962, S. 618.
169 Gesenius, Handwörterbuch, 17. Auflage 1962, S. 498/499.
170 Gesenius, Handwörterbuch, 17. Auflage 1962, S. 35.
171 Ex. 4.16.
172 1. Sam. 18.13.
173 1. Sam. 16.15.
174 Ex. 22.27, 28.
175 1. Sam. 16.15.
176 Papyrus Brenner Rhind; »Buch zur Erkenntnis der Erscheinungsformen der Re«, Übers.: R. O. Faulkner, in: Journal of Egyptian Archaeology, 24 (1928).
177 Gen. 2.9.
178 Gen. 3.22.
179 Gen. 3.23.
180 Gen. 3.21.
181 Gen. 3.14.
182 Weinreb, Leben, S. 11.
183 Popol Vuh, S. 35 ff.
184 Abk. für Rabbi Schlomo Jizchaki (1040–1105). Raschi gründete 1070 eine Talmudschule in Troyes. Sein Pentateuch-Kommentar war das erste gedruckte hebräische Buch (Reggio 1475).
185 Raschi, S. 11.
186 Joh. 21.17 .
187 Breasted, S. 65.
188 Ex. 2.15–21.
189 Gesenius, Handwörterbuch, 17. Auflage 1962, S. 670.
190 Janssen, De farao . . .
191 Schöpfungsmythen, Bd. I.
192 Gesenius, Handwörterbuch, 17. Auflage 1962, S. 779:
»... das einem Volk oder Stamm gehörende Gebiet ... die zu einer Stadt gehörenden Felder ... das Feld, wo gepflügt, gesät und geerntet wird ...«
193 Delitzsch, Commentar, 4. Auflage 1872, 167 (zitiert bei Westermann, Genesis 1–11).
194 Gen. 4.4,5.
195 Ex. 33.20.
196 Gen. 4.8.
197 Gen. 10.1–32.
198 Gen. 11.10–27.
199 Westermann, Genesis 1–11.
200 Stähelin, Kritische Untersuchungen über den Pentateuch, 1843.
201 Wellhausen, Die Composition des Hexateuch.
202 Delitzsch, Commentar über die Genesis.
203 Stade, ZAW 15/1895.
204 Gen. 6.9.
205 Gen. 11.4.
206 Gruppe, ZAW 39/1921.
207 Gesenius, Handwörterbuch, 17. Auflage 1962, S. 832.
208 Gen. 11.4.

238

209 Franz, Der Turmbau.
210 Kramer, The »Babel of Tongues«: A Sumerian Version (behandelt: Enmerkar und der Herr von Aratta).
211 Erste Zeile des altbabylonischen Atramhasis-Mythos, der in der aufgefundenen Fassung vermutlich 1570 v. Chr. niedergeschrieben wurde.
212 Schöpfungsmythen, S. 140.
213 Atramhasis-Mythos, Tafel I. 1.
214 Schöpfungsmythen, S. 96.
215 Schöpfungsmythen, S. 108.
216 Schöpfungsmythen, S. 97.
217 Popol Vuh, S. 103.
218 Mythen der Völker, Band I, S. 109 f.
219 Schöpfungsmythen, S. 216.
220 Erman, Band V, S. 606
   dhwtj (Dahuti/Thot), belegt seit Pyramidentexten.
221 Num. 21.6–8.
222 2. Kön. 18.4.
223 O'Flaherty, Hindu Myths. Walker, Woman's Encyclopedia of Myths and Secrets.
224 Loretz, Ugarit, S. 66.
225 Schmökel, Sumer, S. 47.
226 Time Magazin, 31. Mai 1976, S. 48; Scientific American, 9/1976, S. 70.
227 Gesenius, Handwörterbuch, 17. Auflage 1962, S. 866.
228 Psalm 144.3:
   »Herr, was ist der Mensch *(adam),* daß du dich sein annimmst? und des Menschen Kind *(ben-enosch),* daß du ihn so achtest.«
229 Daniel 7.13.
230 Gesenius, Handwörterbuch, 17. Auflage 1962, S. 723 f.
231 Eissfeldt, Hexateuch-Synopse.
232 Gen. 4.1–16.
233 Ex. 4.16.
234 1. Sam. 28.13.
235 Ex. 22.8 (9).
236 Psalm 8.2.
237 Gesenius, Handwörterbuch, 17. Auflage 1962, S. 164.
238 Gen. 4.19.
239 D. Martin Luther, Die gantze Heilige Schrift, S. 34, Anmerkung zu Gen. 6.
240 Handbuch theologischer Grundbegriffe, Band II, S. 357: »Hinsichtlich der Inspiration selbst erklärte das Vaticanum I, die biblischen Bücher seien darum ›heilig und kanonisch‹, weil sie, ›unter der Inspiration des Hl. Geistes geschrieben, Gott zum auctor haben und als solche der Kirche überliefert sind‹ (D 1787).«
241 Die Bibel, Freiburg 1968; Anmerkung zu Ex. 6.2:
   »Nach dieser Überlieferung sind die Stufen bei der Offenbarung des Gottesnamens: Elohim, El Schaddaj, Jahweh.«
242 Die Bibel, nach der Übersetzung Martin Luthers, Deutsche Bibelgesellschaft Stuttgart 1987.
243 The New English Bible.
244 Num. 13.33:
   »Wir sahen auch Riesen *(ha nephiljm)* daselbst, Enaks Kinder von den Riesen *(min ha nephiljm)* . . .«
245 Gen. 23.20.
246 Jos. 11.21; 11.22; 15.13; Ri. 1.20.
247 Gesenius, Handwörterbuch, 17. Auflage 1962, S. 511/12.
248 Gesenius, Handwörterbuch, 17. Auflage 1962, S. 512/13: ». . . vielleicht assyrisch *napalu,* ›zerstören‹. . . h) ›abfallen‹ (und ›übergehen‹) zu jemandem. 2. ›fallen‹ von Menschen . . . b) ›fallen‹ für geboren werden (doch mit dem Nebenbegriff einer im Gegensatz zum regelmäßigen Natur-Prozeß stehenden Geburt). f) mit *aretz* ›zur Erde fallen‹ . . . ›unzeitige Geburt‹, ›Fehlgeburt‹.«
249 1. Hen. (Aethiopisches Henochbuch), 6 f.
   Jubiläenbuch 5.1 ff.
250 Luk. 10.18:
   »Er sprach aber zu ihnen: Ich sah den Satan vom Himmel fallen als einen Blitz.«

Offb. 12.8,9:
»Und es wurde hinaus geworfen der große Drache, die alte Schlange, die da heißt Teufel und Satan, der die ganze Welt verführt, und er wurde auf die Erde geworfen und seine Engel wurden mit ihm dahin geworfen.«
251 Jacob. Das erste Buch der Tora.
252 Dexinger, Sturz der Göttersöhne . . .
253 D. Martin Luther, Die gantze Heilige Schrift, S. 34.
254 Westermann, Genesis 1–11, S. 74.
255 Num. 13.33.
256 Num. 13.32.
257 Gesenius, Handwörterbuch, 17. Auflage 1962, S. 606.
258 Gesenius, Handwörterbuch, 17. Auflage 1962, S. 513.
259 Bacon, Versunkene Kulturen, S. 18, 23 ff., Bild 6, 7, 10, 40; Wendt, Der Affe steht auf, S. 117 (Lascaux).
260 Westermann, Genesis S. 74.
261 Gen. 14.5–15.20.
262 Encyclopedia, S. 45: »Asmakhta« (Aram. »support«)
»Talmudic term . . . merely a designation that the scriptural verse cited in support of a case of the Oral Law is not meant to imply that this particular Oral Law actually derives from a scriptural verse . . . the purely rabbinic part of the Oral Law was ›foreseen‹ and alluded to in the Bible.«
263 Justin, Apologia, II, 4 (5), 3
Irenäus, Adversus haereses, IV, 36,4.
264 Jacobsen, The Sumerian King List, 69 ff.
265 Berossos, Babylonischer Priester im 3. Jhdt v. Chr. Seine Chronik »Babyloniaka« mit den Königslisten wurde von Flavius Josephus und spätantiken christlichen Historikern benutzt. Auszüge enthält auch die Kirchengeschichte des Eusebius.
266 A Commentary on The Holy Bible, S. 13:
»The general meaning is that God now sets a limit to human life, which up to this time had been indefinitely long.«
267 Die Bibel, Freiburg 1968.
268 Gilgamesch-Epos, S. 88.
269 Flavius Josephus, Altertümer I. 3,3.
270 Herodot lebte 490–425 oder 420 v. Chr.
271 Herodot, Kleio, 181.
272 Schmökel, Sumer, S. 125 f.,142 f.
273 Schmökel, Sumer:
»Aus einer anderen Prozeßurkunde können wir ablesen, daß auch bei Lebzeiten des Mannes der Einspruch der Frau und Mutter genügte, um ein Verlöbnis des Sohnes aufzuheben. Im Gegensatz zur Entwicklung im späteren semitischen Mesopotamien stand somit die Frau bei den Sumerern in beträchtlichem Ansehen . . .«.
274 Atramhasis-Mythos, Tafel I. 354–358.
275 Gen. 28.21.
276 Ex. 6.2.
277 Ex. 33.20.
278 Gen. 28.14.
279 Gen. 35.18.
280 Ex. 13.18.
281 Gen. 17.5.
282 Gen. 14.5.
283 Gesenius, Handwörterbuch, 17. Auflage 1962, S. 808.
284 Gen. 12.1.
285 Gen. 17.5.
286 Gen. 32.29 (28).
287 Num. 13.8,16
Hosea (hwsch<'>) – Josua (jhwsch<'>).
288 Gen. 35.18.
289 Talmud, Berakhoth, Fol. 13a (deutsche Ausg. Bd. I, S. 54):
»Wer den Abraham Abram nennt, der übertritt ein Gebot, denn es heißt: dein Name soll

Abraham sein. R. Eliezer sagte, er übertrete ein Verbot, denn es heißt, du sollst fortan nicht Abram heißen.«

290 Eissfeldt, Hexateuch–Synopse, Einleitung Urgeschichte (Gen. 1–11): »1. Schöpfung, Paradies und Verfluchung des Menschen zum Ackerbau . . . 2. Schöpfung, Paradies und Verfluchung des Menschen zum Nomadenleben . . .«
291 2. Kön. 22.8.
292 König Josia 640–609 v. Chr.
293 586 v. Chr.
294 4. Esr. 14, 18–48.
295 Flavius Josephus, Altertümer 1.3.1.
296 Gilgamesch-Epos, Tafel XI, 159–161.
297 Gilgamesch-Epos, Tafel X, 29/30.
298 Jensen, P., Das Gilgamesch-Epos . . .
299 Schneider, Die Entwicklung des Gilgameschepos.
300 Eissfeldt, Hexateuch-Synopse.
301 Raschi, Al ha Thora.
302 Die Bibel, Verlag Herder, 1968, S. 18.
303 Gesenius, Handwörterbuch, 17. Auflage 1962, S. 241.
304 Gesenius, Handwörterbuch, 17. Auflage 1962, S. 424.
305 Gesenius, Handwörterbuch, 17. Auflage 1962, S. 241.
306 Gesenius, Handwörterbuch, 17. Auflage 1962, S. 120.
307 Gen. 6.12.
308 Eissfeldt, Hexateuch-Synopse, Das erste Buch Mose.
309 Gen. 6.3.
310 Gen. 6.20.
311 Gunkel, Genesis, 1. Band, S. 58, Anm. 16b:
»Jahve selbst schließt in seiner Gnade die Tür, um Noah zu behüten – ein sehr alter antropomorphischer Zug.«
312 Gesenius, Handwörterbuch, 17. Auflage 1962, S. 869.
313 Erman, Bd. V, S. 561:
». . . belegt seit Literatur Mittleres Reich (vor 1700 v. Chr.) . . . auch von großen Steinsärgen (im Gegensatz zum inneren Sarg *wt*) . . . Seit der Spätzeit (griechische Zeit) belegt auch als Götterschrein.«
314 Gen. 6.14.
315 Ex. 2.3.
316 Luther, Die Gantze Heilige Schrift, S. 34.
317 The Holy Bible, King-James-Version.
318 The New English Bible.
319 Gesenius, Handwörterbuch, 17. Auflage 1962, S. 413.
320 Ps. 62.12.
321 Gesenius, Handwörterbuch, 17. Auflage 1962, S. 497/498.
322 Weinreb, Symbolik, S. 17:
». . . aber in Wirklichkeit sind die Tiere Ausdruck von Gedanken, Ideen, ›Dingen an sich‹, also von höchst wichtigen Dingen«.
323 Eissfeldt, Die Hexateuch-Synopse, Das erste Buch Mose, S. 11, Gen. 7.22 (Quelle J).
324 Buber/Rosenzweig, Die fünf Bücher der Weisung, S. 26.
325 Statt dem jetzt im Text stehenden *b<'>dw* (Gesenius, S. 105) stand möglicherweise *b<'>dwth* (Gesenius, S. 565).
326 Propyläen Weltgeschichte 1961, Bd. Vorgeschichte, S. 347.
327 Erman, Bd. I, S. 211.
328 Die Vermutungen schwanken zwischen 100 und 130 Metern.
329 Herodot, Euterpe 11.
330 Jer. 2.12; Gesenius, Handwörterbuch, 17. Auflage 1962, S. 256.
331 Gilgamesch-Epos, XI. Tafel, 132/133.
332 Atramhasis-Mythos, Tafel III. V.
333 Delitzsch, Commentar, S. 278:
»Noah, der, wie das appositionelle isch ha adamah v. 20 sagt, schon bisher Ackermann gewesen war, wurde der erste Weinpflanzer . . .«;
S. 279: »Gesenius (§ 142,4), Hengstenberg (Christol.1, 23) u. A. übersetzen: Noah begann

ein Landmann zu werden, was nicht nur grammatisch, sondern auch sachlich falsch ist . . . weil nicht der Ackerbau, sondern der Weinbau das zu berichtende Neue ist.«

334 Deut. 33.1.

335 Gesenius, Handwörterbuch, 17. Auflage 1962, S. 234.
Das hebräische *hll* ist hier nicht nur mit der Bedeutung »anfangen« aufgeführt, sondern auch mit »sich entweihen« und »entweihen«, »entheiligen«.

336 Gesenius, Handwörterbuch, 17. Auflage 1962; S. 13.

337 Talmud, Berakhot, Fol. 16a; (deutsche Ausg. Bd. I, S. 67):
». . . so bringen auch die Zelte[87] den Menschen aus der Waagschale der Schuld in die Waagschale des Verdienstes . . .
[87] Die Lehrhäuser, die der Talmud Zelte nennt.«

338 Gen. 24.2.

339 Delitzsch, Commentar, S. 283:
»Der Gott Japhets heißt absichtlich Elohim, denn Japhet steht zu Gott in einem nicht sowohl durch das Gnadenlicht als durch das Naturlicht vermittelten Verhältnis, er erkennt seine Abhängigkeit von ihm als Schöpfer und Herrn . . .«

340 Gunkel, S. 73 f.:
»Es fällt auf, daß die Gottheit in (Vers) 26 Jhwh, in 27 Elohim heißt; da die Alten in diesen Dingen sehr feinfühlig sind, wird dies kein Zufall sein, sondern wir werden schließen, daß nur in Sem, nicht in Japhet Jahves Name bekannt ist.«

341 Erman, Band IV, S. 472: *sm'w* belegt seit Pyramideninschriften; S. 477: *sm'* belegt seit dem Alten Reich.

342 Erman, Band III, S. 87:
hm belegt seit Pyramidentexten »Sklave«, »Diener« auch als Beute, mit Angabe des Volkes, Negersklave, Kanaansklave u. a.

343 Erman, Handwörterbuch, S. 8.

344 Ungefähr 2500–2100 v. Chr.

345 Westermann, S. 5.

346 Westermann, S. 15.

347 Sellin, Urgeschichte.

348 Westermann, Genesis, S. 2.

349 Gen. 11.10.

350 Encyclopedia, S. 140.

351 Ex. 6.2.

352 Gen. 12.8.

353 1224 bis etwa 1204 v. Chr.

354 Lange/Hirmer, Ägypten, S. 156.

355 Gen. 14.3.

356 Gen. 28.3.

357 Gen. 28.20/21.

358 Gesenius, Handwörterbuch, 17. Auflage 1962, S. 17:
»<a>wn Name der Stadt Heliopolis, in Gen. 41.45,56; 46.20 . . . im Buch Jeremias *bjth schmsch* (beth schamasch)«.

359 Jos. 5.3–12.

360 *hwsch<'>* (Hosea); *jhwsch<'>* (Josua).

361 Ex. 2.15 f. u. Num. 10.29.

362 Num. 25.17.

363 Num. 12.1.

364 Gen. 25.2.

365 Ex. 19.11.

366 Ex. 19.18.

367 Deut. 4.15.

368 Gen. 4.19: »Lamech aber nahm zwei Weiber . . .«

369 Gesenius, Handwörterbuch, 17. Auflage 1962, S. 514: ». . . Man sagt: die Seele wird geschaffen Jes. 57.16. Jer. 38.16, lebt Ps. 119.175, stirbt (wogegen es nie heißt: der Geist, ruach, stirbt) . . .«.

370 Gesenius, Handwörterbuch, 17. Auflage 1962, S. 765.

371 Erman, Bd. II, S. 123:
mhw belegt seit Pyramidentexten.

372 Erman, Bd. IV, S. 472:
   sm'.w belegt seit Pyramidentexten; Bd. IV, S. 472; *sm'* belegt seit dem Alten Reich.
373 Flavius Josephus, Altertümer 1.6.2.
374 Die Bibel, Freiburg 1968, S. 25 (Anm. zu Gen. 12).
375 Gen. 13.10.
376 Gen. 14.2.
377 Gen. 19.12 f.
378 Gen. 19.23.
379 Gen. 14.2.
380 Gen. 14.5.
381 Gesenius, Handwörterbuch, 17. Auflage 1962, S. 11: *<a>dmh*.
   In der hebräischen Konsonantenschrift gibt es keinen Unterschied zwischen dem Namen
   der Stadt und dem Begriff *adamah*.
382 Gen. 14.19.
383 Deut. 4.12–16.
384 Gen. 11.30.
385 Die Katastrophe von Sodom wurde bereits von mehreren Autoren der Urzeit zugerechnet
   und mit den Mythen anderer Völker verglichen, in denen von einer Vernichtung der
   Menschheit durch Feuer (Sintbrand) und/oder Wasser berichtet wird: Wundt, Band IV:
   Mythus und Religion; Frazer, Die Arche; Landersdorfer, Die sumerischen Parallelen.
386 Gesenius, Handwörterbuch, 17. Auflage 1962, S. 808.
387 Gen. 17.5.
388 Gen. 16.2.
389 Gen. 16.5,6.
390 Gen. 18.1–9.
391 Gen. 19.5.
392 Gen. 19.8.
393 Gen. 19.14.
394 Gen. 19.16.
395 Gen. 19.25.
396 Pritchard, Die Erzählung von den zwei Brüdern (Ancient Near Eastern Texts Relating to the
   Old Testament 2325); Albright, Die Idrimi Inschrift.
397 Erman, Bd. IV, S. 106; belegt seit AR.
398 Gen. 40.8.
399 Herodot, Euterpe, 83.
400 Gen. 40.15: »Denn ich bin aus dem Lande der Ebräer heimlich gestohlen.«
401 Gen. 39.14–17.
402 Gen. 11.14–16.
403 Gen. 14.13.
404 Das Land, das später nach seinen Bewohnern, den Philistern (Peluschtim), Palästina
   genannt worden ist.
405 Encyclopedia, S. 179:
   »Some scholars identify the word with the ›Habiru‹, the first known mention of whome occurs
   in the Tel el Amarna tablets, but if this is correct it is not an ethnic designation but seems to
   mean ›wanderers‹.«
406 Gen. 11.
407 Ex. 2.13 und 16.
408 The One Volume Bible Comentary, S. 18:
   »Peleg 'divided'. [In his days was the earth divided] alluding perhaps to the dispersion of
   man described in c.11« (vielleicht in Anspielung auf die Zerstreuung der Menschheit, die
   in Kapitel 11 »Turmbau zu Babel« beschrieben wird).
409 Gen. 31.21.
410 Gesenius, Handwörterbuch, 17. Auflage 1962; S. 558, Stichwort *<'>br* (ajin-beth-resch)
   I. und II.
411 Erman, Band IV, S. 105.
412 Gen. 41.38.
413 Gen. 1.2.
414 1. Sam. 16.23:
   »Wenn nun der Geist Gottes [*ruach elohim*] über Saul kam, so nahm David die Harfe, und

spielte mit seiner Hand; so erquickte sich Saul, und ward besser mit ihm, und der böse Geist [*ruach ha raah*] wich von ihm.«

415 Ex. 20.17.
416 Gen. 41.55.
417 Gen. 47.14.
418 Gen. 47.16.
419 Gen. 47.19.
420 Gen. 47.21.
421 Gen. 47.26.
422 Gen. 47.23.
423 Flavius Josephus, Altertümer II.7.
424 Gen. 47.26.
425 Ex. 3.18.
426 Gen. 14.13:
   avram ha ivri (<'>brj). In den deutschen Texten steht oft noch: »Abram der Ausländer«. In der Einheitsübersetzung heißt es: »Abram der Hebräer«.
427 Gen. 39.17.
428 Ex. 2.6 f.
429 Gen. 11.10–27.
430 Weinheimer, Zeitschrift für die Alttestamentliche Wissenschaft 29/275.
   Gesenius, Handwörterbuch, 17. Auflage 1962, S. 561.
431 Regierungszeit des ägyptischen »Ketzerkönigs« Amenophis IV/Echnaton.
432 Encyclopedia, S. 179.
433 1. Sam 4.6,9; 13.3,7,19; 14.11,21; 29.3.
434 Encyclopedia, S. 179 (Hebrew Language).
435 Gesenius/Kautsch/Bergsträsser, Hebräische Grammatik, § 2. 1.b: »Von den zahlreichen Deutungen des Gentilitium *ivri* (ajin-beth-resch-jod) scheint sprachlich nur die Herleitung von *avar* (ajin-beth-resch), jenseitiges Land, . . . berechtigt.«
436 Atramhasis-Mythos, Tafel 1, 290/93:
   »Die Hebamme möge sich im Hause der ›Geweihten‹ freuen! Wo die Gebärende gebiert, die Mutter der Kinder selbst entbindet.«
   Tafel III, VII, 3/9:
   »Unter den Menschen wirke die ›Tilgende‹. Sie packe das Kind im Schoß der (Frau), die (es) gebar!«
437 Ex. 2.3.
438 Ungefähr 1500 v. Chr.
439 Ex. 3.1; 17.6; 33.6; im Deuteronomium fast ausschließlich statt »Sinai«.
440 Gen. 6.9.
441 Ex. 15.20.
442 Ex. 3.1.
443 Gesenius, Handwörterbuch, 17. Auflage 1962; S. 693: *zipor – ziporah.*
444 Wird mit »Schwiegervater« übersetzt.
445 Buber/Rosenzweig: »Als er die Schafe hinter die Wüste leitete . . .«
446 Weinreb, Symbolik, S. 56:
   »In der Überlieferung ist die Wüste denn auch nicht ein Land voller Sand und Steine, mit Kamelen, Fata Morganen usw., sondern ein Zustand, in dem die Menschen Städte bauen, Vieh halten und alles tun, was man im Leben tut, also diese Welt.«
447 Ex. 3.1.
448 Ex. 6.2.
449 Ex. 4.16.
450 Ex. 3.2.
451 Ex. 2.19.
452 Ex. 3.12.
453 Ex. 4.20.
454 Erman, Bd. II, S. 178–180.
455 Ex. 6.20.
456 Ex. 7.3.
457 Ex. 4.18.
458 Ex. 7.3.

459 Ex. 12.30:
»... und ward ein groß Geschrei in Ägypten; denn es war kein Haus, da nicht ein Toter innen wäre.«

460 Ex. 12.36.

461 Deut. 33.1:
»Dies ist der Segen, damit Mose, der Mann Gottes *(isch ha elohim)*, die Kinder Israel vor seinem Tode segnete.«

462 Ex. 7.24:
»Aber alle Ägypter gruben nach Wasser um den Strom her, zu trinken, denn des Wassers aus dem Strom konnten sie nicht trinken.«

463 Ex. 7.29:
»Und sollen Frösche auf dich und dein Volk und alle deine Knechte kriechen.«

464 Ex. 8.13:
»... und es wurden Mücken an den Menschen und an dem Vieh; aller Staub des Landes ward Mücken in ganz Ägyptenland.«

465 Ex. 8.20:
»Und es kam viel Ungeziefer in Pharaos Haus, in seiner Knechte (Beamten) Häuser ... und das ganze Land war verderbet von dem Ungeziefer.«

466 Ex. 9.3:
« Siehe, so wird die Hand des Herrn *[jhwh]* sein über dein Vieh auf dem Felde, über Pferde, über Esel, über Kamele, über Ochsen, über Schafe, mit einer sehr schweren Pestilenz.«

467 Ex. 9.10:
»... da fuhren auf böse schwarze Blattern beide, an Menschen und an Vieh.«

468 Ex. 9.23.

469 Ex. 10.22:
»... da ward eine dicke Finsternis in mizrajm drei Tage.«

470 Ex. 12.29:
« Und zur Mitternacht schlug der Herr *[jhwh]* alle Erstgeburt in Ägyptenland von dem ersten Sohn des Pharaos an, der auf seinem Stuhl saß, bis auf den ersten Sohn des Gefangenen im Gefängnis und alle Erstgeburt des Viehs.«

471 Ex. 12.35.

472 Ex. 12.37.

473 Ex. 13.22:
»Die Wolkensäule wich nimmer von dem Volk des Tages, noch die Feuersäule des Nachts«.

474 Ex. 16.3:
»Wollte Gott, wir wären in Ägypten gestorben durch des Herrn Hand, da wir bei den Fleischtöpfen saßen.«

475 Ex. 16.14.

476 Ex. 16.35.

477 Jos. 5.12.

478 Lexikon für Theologie, 1360/1362
Keller, Und die Bibel hat doch recht, S. 109 f.

479 Ex. 16.20.

480 Ex. 16.33.

481 Ex. 16.17,18.

482 Ex. 16.25.

483 Ex. 16.5.

484 Deut. 11.7,8.

485 Jos. 5.12.

486 Gen. 9.3:
»Alles, was sich regt und lebt, das sei eure Speise ...«

487 Gen. 9.4.

488 Gesenius, Handwörterbuch, 17. Auflage 1962; S. 433 (hebräisch), S. 914 (aramäisch).

489 Kluge, Etymologisches Wörterbuch, S. 265.

490 Mt. 4.4.

491 Riemschneider, Augengott und Heilige Hochzeit. In Fußnote 2 auf Seite 277 weist die Autorin auf die Konsonantenverbindung *mn* hin: »Über das auffallende Auftreten der Konsonantenverbindung *mn* (Men, Manus, Mannus bis zu Min und Minos) will ich mich hier nicht äußern. Die Philologen können gegenüber sehr alten Namen alles und nichts.«

492 Ex. 16.36.
493 Gesenius, Handwörterbuch, 17. Auflage 1962, S. 602.
494 Jos. 5.4.
495 Jos. 5.12.
496 Ex. 12.38.
497 Gesenius, Handwörterbuch, 17. Auflage 1962, S. 614 f.
498 Gesenius, Handwörterbuch, 17. Auflage 1962, S. 739 f.
499 Es ist die Silbe, die in Gen. 1.28 im Aufruf an die Menschen steht: revu (*rvw*), wo sie »mehret euch« bedeuten soll, aber auch »werdet groß« oder »werdet weise« heißen kann.
500 Ex. 18.2–4.
501 Gen. 7.16.
502 Gen. 9.25 f.
503 Das hebräische Wort *ohel* wird im modernen Gebrauch der alten Sprache und in allen Übersetzungen als »Zelt« verstanden. Die vermutlich ursprünglich mit diesem Wort gegebene Bedeutung »Heiligtum« läßt uns in den Texten aber einen tieferen Sinn erkennen.
504 Lev. 11 f.
505 Ex. 32.4.
506 Ich glaube, daß dieses Gebot, das eigentlich richtig verstanden das Substrat aller Gebote ist, in der ursprünglichen Überlieferung Teil des Gesetzes der Steinernen Tafeln gewesen ist. Die Textstelle, an der es jetzt im Buch Leviticus 19.18 steht, zeigt keinen inhaltlichen Zusammenhang damit auf. Es ist ein Fragment, das von den Redakteuren an einer Stelle in die rekonstruierten Texte eingefügt worden zu sein scheint, die ihnen passend erschien.
507 Lev. 19.18.
508 Talmud, Synhedrin, Fol. 36b (deutsche Ausgabe Bd. VIII, S. 602, Anmerkung 129): »Unter minim sind im Talmud überall Häretiker, Ketzer, Sektierer, besonders Judenchristen zu verstehen. Etymologisch ist dieses Wort noch nicht aufgeklärt; die Ableitung aus dem Griechischen ›Anzeiger‹, ›Verräter‹, oder aus dem Hebräischen ›weigern‹ ist unbefriedigend.«
509 Matth. 5.19.
510 Ex. 1.12.
511 Ex. 20.6.
512 Matth. 12.31,32.
513 *elohejkha* wird in der Tradition als »dein Gott« verstanden, aber auch als »deine Götter«. In Ex. 32.4 nennt Aaron das Goldene Kalb *elohejkha*. Die Tradition übersetzt das mit »deine Götter«.
514 Ex. 33.20.
515 Heyerdahl, Aku-Aku.
516 Schöpfungsmythen, S. 96.
517 Popol Vuh, S. 38.
518 Gen. 1.14–18.
519 1728–1686 v. Chr.
520 1353–1336 v. Chr.
521 Talmud, Synhedrin XI, i, ii, Fol. 92a (deutsche Ausgabe Bd. IX, S. 37, Anmerkung): »Unter Getreide ist die Tora zu verstehen.«
522 Jos. 5.3.
523 Weinreb, Symbolik, S. 56: »Die Wüste ist eben diese zeitliche Welt. Die 40 Jahre in der Wüste sind die 40 unserer Zeitlichkeit, durch die wir hindurchziehen.«
524 Num. 27.12: »Und der Herr sprach zu Mose: Steig auf dies Gebirge Abarim, [<a>l hr h <›>brjm] und besiehe das Land, das ich den Kindern Israel geben werde.« Im Deuteronomium wird wieder durch Verbindung von Namen ein zeitlich und räumlich weit entferntes Ereignis mit der Gegenwart der beginnenden Auslegungszeit verbunden: Deut. 32.49: »Gehe hinauf auf des Gebirge Abarim [hr h <›>brjm] auf den Berg Nebo [hr-nbw] . . .«.
525 1. Kön. 17.24.
526 1. Kön. 19.5–13.
527 Talmud, Sota, Fol. 14a (deutsche Ausgabe Bd. VI, S. 55).

Bibliographie

Ägyptische Mythen und Legenden
  Zürich 1960
Das Ägyptische Totenbuch
  Weilheim 1970
Albright, W. F.
  Die Idrimi Inschrift
  Bulletin of the American Schools of Research 118, 1950
Alt, A.
  Zum »Gott der Väter«
  Palästinajahrbuch 1940
Annales Veteris et Novi Testamenti, London 1650–54
Aptowitzer, V.
  Kain und Abel in der Agada, den Apokryphen, der hellenistischen,
  christlichen und mohammedanischen Literatur, 1927
Atramhasis-Mythos
  Übersetzung Wolfram von Soden,
  Mitteilungen der Deutschen Orient-Gesellschaft zu Berlin
  Sonderdruck 111/1979
Bacon, Edward (Hrsg.)
  Versunkene Kulturen
  London 1963, München 1963
Baudissin, W. Graf
  Studien zur semitischen Religionsgeschichte II., 1878
Bauer, G. F.
  Hebräische Mythologie
  des Alten und Neuen Testamentes, 1802
Ben Chorin, Schalom
  Mutter Mirjam, Maria in jüdischer Sicht
  München 1971
Bertholet/Lehmann
  Lehrbuch der Religionsgeschichte
  Tübingen 1925
Bertholet, Alfred
  Wörterbuch der Religionen
  Stuttgart 1952
Bibby, Geoffrey
  Looking for Dilmun
  New York 1969
Bloch, Raymond
  Die Etrusker
  Köln 1956/1960
Bohlen, v. P.
  Die Genesis historisch
  kritisch erläutert, 1835
Bonhoefer, D.
  Schöpfung und Fall
  Theologische Auslegung der Genesis 1–3, 1937

Borger, R.
    Handbuch der Keilschrift-Literatur
    Walter de Gruyter-Verlag, Berlin
Böttcher
    Lehrbuch der Hebräischen Sprache, 1866
Breasted, J. H.
    Ancient Records of Egypt
    Chicago 1907
Breasted, J. H.
    Geschichte Ägyptens
    Phaidon Verlag, Zürich 1954
Brockhaus, F. A.
    Conversations-Lexikon der neuesten Zeit und Literatur
    Leipzig, 1832
Budde, K.
    Die biblische Urgeschichte
    (Gen. 1.–12.) untersucht, 1883
Bühler, Geor
    Leitfaden für den Elementarkursus des Sanskrit
    Darmstadt 1968
Cassuto, U.
    The Documentary Hypothesis
    on the Composition of the Pentateuch, 1961
Cassuto, U.
    A Commentary on the Book of Genesis
    Jerusalem 1944/1961
Chadwick, J.
    Linear B
    Cambridge 1958/Göttingen
Chiera, E.
    Sumerian Religion's Texts, 1924
Claiborne, Robert
    The First Americans,
    TIME Incorporated 1973
    als Rowohlt Taschenbuch 1977
Closen, G. E.
    Die Sünde der »Söhne Gottes«
    (Gen 6, 1–4), 1937
A Commentary on The Holy Bible
    Edited by The Rev. J. R. Dummelow M. A.
    Queens College, Cambridge
    Macmillan Publishing Co., Inc. New York 1908/1977
Cornfeld, Gaalyahu und G. Johannes Botterweck (Hrsg.)
    Pictorial Biblical Encyclopedia
    Hamikra Baolam Publishing House Ltd., Tel Aviv 1964
    dt.: Die Bibel und ihre Welt
    dtv-Lexikon, München 1972
Darwin, Ch.
    Abstammung des Menschen, 1871
Delitzsch, Franz
    Bibel und Babel, 1902
Delitzsch, Franz
    Commentar über die Genesis
    Leipzig 1860
Dexinger, F.
    Sturz der Göttersöhne oder Engel vor der Sintflut?
    Wiener Beiträge zur Theologie 13/1966
Dillmann, A.
    Handbuch der Alttestamentlichen Theologie
    (Hrsg. R. Kittel) 1895

Die Götterlieder der Älteren Edda
    Leipzig 1944
Eichbrodt, W.
    Theologie des Alten Testamentes, 1957/1964
Eissfeldt, Otto
    Hexateuch-Synopse
    Leipzig 1922
    Wissenschaftliche Buchgesellschaft, Darmstadt 1973
Ekschmitt, Werner
    Das Gedächtnis der Völker
    Berlin 1968
Encyclopedia of the Jewish Religion, The
    Edited by Dr. R. J. Zwi Werblowsky and Dr. Geoffrey Wigoder
    Jerusalem/Tel Aviv, 1967
Erman, Adolf, und Hermann Grapow
    Wörterbuch der Ägyptischen Sprache
    Berlin 1971
Erman, Adolf, und Hermann Grapow
    Ägyptisches Handwörterbuch
    Nachdruck der Ausgabe Berlin 1921
    Wissenschaftliche Buchgesellschaft, Darmstadt 1974
Ewald, H.
    Erklärung der biblischen Urgeschichte
    Jahrbücher der biblischen Wissenschaft Bd I–IX, 1849–1858
Faure, Paul
    Kreta
    Stuttgart 1976
Findeisen, Hans
    Schamanentum
    Stuttgart 1957
Flavius Josephus
    Jüdische Altertümer
Földes-Papp, Karoly
    Vom Felsbild zum Alphabet
    Stuttgart 1966
Franz, A.
    Der Turmbau
    Vetus Testamentum 19/1969
Frazer, J.
    Folklore in the Old Testament, 1919
    Die Arche,
    Biblische Geschichten im Lichte der Völkerkunde, 1960
Fromm, Erich
    Die Kunst des Liebens
    (The Art of Loving – 1956)
    Ullstein-Buch 258, Frankfurt/Berlin
Gelb, I. J.
    Von der Keilschrift zum Alphabet
    (A Study of Writing), Chicago 1952
Gesenius, Wilhelm
    Hebräisches und aramäisches Handwörterbuch über das Alte Testament
    10. Auflage, Leipzig 1886
    17. Auflage, Berlin 1962
Gesenius/Kautsch/Bergsträsser
    Hebräische Grammatik
    Hildesheim/Zürich/New York
    Wissenschaftliche Buchgesellschaft, Darmstadt 1985
Gilgamesch-Epos
    Übersetzung Albert Schott/ Wolfram von Soden
    Stuttgart 1958

Glasenapp, Helmuth von
Die Fünf Weltreligionen
Düsseldorf/Köln 1963
Gordon, Cyrus H.
Forgotten Scripts
New York 1982
Grabowski, V.
Die Geschichte Josefs
nach einer syrischen Handschrift, 1889
Grimal, Pierre (Hrsg.)
Mythologies
Deutsche Ausgabe: Fischer Tb 6334
Gruppe, O.
Kain
Zeitschrift für Alttestamentliche Wissenschaft 39, 1921, 67–76
Guidoni-Magni-Neruda
Inka
Luxembourg 1974
Gunkel, Hermann
Genesis
Handkommentar zum Alten Testament
Göttingen 1901
Handbuch Theologischer Grundbegriffe
Hrsg. Heinrich Fries
München 1962 (dtv, München 1970)
Heiler, Friedrich
Die Religionen der Menschheit
Stuttgart 1959
Hentze, Carl
Funde in Alt-China
Göttingen 1967
Herodot, Euterpe, Der ägyptische Logos
Herodot, Kleio, Der babylonische Logos
Heyerdahl, Thor
Aku-Aku – Das Geheimnis der Osterinsel
Berlin 1957
Hilscher, E.
Der biblische Josef in orientalischen Literaturwerken
Mitteilungen des Instituts für Orientforschung 4/1956
Hinz, Walter
Das Reich Elam
Stuttgart 1964
Ions, Veronica
Ägyptische Mythologie
Wiesbaden 1968
Irenäus von Lyon
Adversus haereses IV, 36,4
Jacob, B.
Das erste Buch der Tora
Genesis übersetzt und erklärt, Berlin 1934
Jacobsen, Th.
The Sumerian King List
Assyriological Studies No.11, Chicago 1939
James, E. O.
Prehistoric Religion
London 1957
Janssen, J.
De farao als goede Herder in Mens en dier
Anvers, Amsterdam 1954

Jensen, Hans
  Die Schrift
  Berlin 1969
Jensen, P.
  Das Gilgamesch-Epos in der Weltliteratur
  I. Bd.: Die Ursprünge der alttestamentlichen Patriarchen,
  K. J. Trübner, Straßburg 1906
Jensen, A. E.
  Die getötete Gottheit
  Stuttgart 1966
Justin der Märtyrer, Apologia
Kahle, P.
  Masoreten des Westens
  Texte und Untersuchungen zur vormasoretischen Grammatik des Hebräischen, 1/1927
Kautzsch, E.
  Die Apokryphen und Pseudoepigraphen des Alten Testamentes
  Tübingen 1900/1921
Keil, C. F.
  Biblischer Kommentar über die Bücher Moses
  Leipzig 1861
Keller, Werner
  Und die Bibel hat doch recht
  Düsseldorf, Wien 1955
Kerenyi, Karl
  Die Mythologie der Griechen
  Zürich 1951
Kilian, R.
  Isaaks Opferung
  Stuttgarter Bibelstudien 44, 1970
Kluge, Friedrich
  Etymologisches Wörterbuch der deutschen Sprache
  Berlin 1883/1957
Kramer, S. N.
  The »Babel of Tongues«: A Sumerian Version
  Essays in Memory of E. A. Speiser
  Journal of the American Oriental Society 53/1968
Kramer, S. N.
  Sumerian Mythology, 1944
Kühn, Herbert
  Eiszeitkunst
  Göttingen 1965
Lanczkowski, Günter
  Heilige Schriften
  Stuttgart 1956
Landersdorfer, S.
  Die sumerischen Parallelen zur biblischen Urgeschichte
  Alttestamentliche Abhandlungen 7,5/1917
Lange, Kurt/Max Hirmer
  Ägypten
  München 1975/1976
Lange, D. Joachim
  Biblisch-historisches Licht und Recht
  Halle und Leipzig 1734
Laotse
  Tao te king
  übertragen von R. Wilhelm
  Düsseldorf 1957
Leakey, Richard E., and Roger Lewin
  Origins
  London 1977

Lexikon für Theologie und Kirche
    Hrsg. Joseph Höfer, Karl Rahner
    Freiburg/Brsg. 1965
Lexikon der Alten Welt
    Zürich/Stuttgart 1965
Loretz, Oswald
    Ugarit und die Bibel
    Kanaanäische Götter und Religion im Alten Testament
    Wissenschaftliche Buchgesellschaft, Darmstadt 1980
Lurker, Manfred
    Götter und Symbole der alten Ägypter
    Bern 1974
Mayer, Reinhold
    Der babylonische Talmud
    Ausgewählt, übersetzt und erklärt
    München 1963
Meißner, B./K. Oberhuber
    Die Keilschrift
    Berlin 1967
Meyer, E.
    Geschichte des Altertums
    1920, 1931
Monod, Jacques
    Le hasard et la nécessité
    Paris 1970
    Zufall und Notwendigkeit
    München 1971
Morris, Desmond
    The naked Ape, 1967
    dt.: Der nackte Affe, München 1968
Moseati, Sabatino
    Die Altsemitischen Kulturen
    Bari 1958, Stuttgart 1961
Müller, Rolf
    Der Himmel über den Menschen der Steinzeit
    Berlin 1970
Mythen der Völker
    Pierre Grimal (Hrsg.)
    Fischer 6334
Naumann, Paul
    Targum – Brücke zwischen den Testamenten
    Konstanz 1991
New Standard Jewish Encyclopedia,
    The Original Edition edited by
    Cecil Roth and Geoffrey Wigoder; Fifth Edition
    Doubleday & Company Inc., New York 1977
Noth, M.
    Die Überlieferungsgeschichte des Pentateuch
    1948/1966
O'Flaherty/Wendy Doniger
    Hindu Myths
    Penguin Books Ltd. 1975
Oberhuber, Karl (Hrsg.)
    Das Gilgamesch-Epos
    Wissenschaftliche Buchgesellschaft, Darmstadt 1977
The One Volume Bible Comentary
    New York 1977
Ovid, Metamorphosen
Platon, Timaios

Popol Vuh
Mythos und Geschichte der Maya
Cordan, Wolfgang
Düsseldorf/Köln 1962
Pritchard, J. B.,
Ancient Near Eastern Texts Relating to the Old Testament
Princeton 1950/1955
Pritchard, J. B.
Archäologie und das Alte Testament
Princeton/Wiesbaden
Quiring, Prof. Heinrich
Geschichte des Goldes
Stuttgart 1948
Rad, Gerhard von
Das erste Buch Mose
Genesis übersetzt und erklärt
Göttingen 1953
Ranke-Graves, Robert von
Griechische Mythologie, Quellen und Deutung
Penguin-Books, New York 1955
Rowohlt Tb 1960
Raschi, Al ha Thora
Der Raschi Kommentar
übersetzt von Julius Dessauer
Budapest 1887
Read, A. W.
Maori Fabel und Legendary Tales
Wellington 1964
Real-Lexikon der Assyrologie
Begründet von E. Ebeling und B. Meißner
Berlin
Riemschneider, Margarete
Augengott und Heilige Hochzeit
Leipzig 1953
Ruben, Walter
Die Homerischen und die Altindischen Epen
Sitzungsbericht der Akademie der Wissenschaften der DDR/24
Berlin 1973
Russel, Bertrand
History of Western Philosophie
George Allen and Unwin Ltd., London
Scherz, E. R und A.
Afrikanische Felskunst
Köln 1974
Schmaus, Michael
Katholische Dogmatik
Imprimatur München 1939
Schmökel, Hartmut
Das Land Sumer
Stuttgart 1955
Schneider, Hermann
Die Entwicklung des Gilgameschepos
in: Das Gilgamesch-Epos, Hrsg. Karl Oberhuber
Wissenschaftliche Buchgesellschaft, Darmstadt 1977
Scholem, Gershom
Zur Kabbala und ihrer Symbolik
Suhrkamp Tb Wissenschaft 13
Frankfurt a. M. 1973

Schöpfungsmythen I
    Vorwort: Mircea Eliade
    Wissenschaftliche Buchgesellschaft, Darmstadt 1977
Schulze, L.
    Das Heilige Buch der Quiche-Indianer
    Jena/Leipzig 1944
Sellin, E.
    Die biblische Urgeschichte, 1905/1912
Selms, A. V.
    Genesis I.II
    Theologischer Kommentar, Nijkerk 1967
Simpson, C. A.
    The Early Traditions of Israel
    A critical Analysis of the Pre-Deuteronomic
    Narrative of the Hexateuch, 1948
Smend, R.
    Lehrbuch der Alttestamentlichen Religionsgeschichte, 1893
Soden, Wolfram von
    Konflikte und ihre Bewältigung in babylonischen Schöpfungs- und Fluterzählungen
    Mitteilungen der Deutschen Orient-Gesellschaft zu Berlin
    Sonderdruck 111/1979
Stade, B.
    Zeitschrift für Alttestamentliche Wissenschaft 15/1895
    Beiträge zur Pentateuchkritik
Stähelin, J. J.
    Kritische Untersuchungen über den Pentateuch, 1843
Stemberger, Günther
    Das klassische Judentum
    Kultur und Geschichte der rabbinischen Zeit
    München 1979
Steuernagel, Carl
    Hebräische Grammatik
    Leipzig 1948
Stöhr, Dr. Waldemar
    Lexikon der Völker und Kulturen
    Braunschweig 1972
Stromberger, Eva/Rolf Stucky
    Der Garten in Eden
    Museum für Vor- und Frühgeschichte, Berlin 1978
Strommenger, E./N. Hirmer
    Mesopotamien
    München 1962
Talmud babli – Der Babylonische Talmud
    nach d. 1. zensurfreien Ausgabe unter Berücksichtigung
    der neueren Ausgabe und handschriftl. Materials
    Deutsche Ausgabe:
    neu übertr. durch Lazarus Goldschmidt
    Königstein/Ts. 1981
Texte vom Toten Meer, Die
    Übersetzung Dr. Johann Maier
    München, Basel 1960
Das Tibetanische Totenbuch
    Zürich, Stuttgart 1970
Tripp, Eward
    Lexikon der Antiken Mythologie
    New York 1970, Stuttgart 1974
Urkunden des Ägyptischen Altertums
    I. Kurth Sethe: Urkunden des Alten Reiches
    V. Hermann Grapow: Religiöse Urkunden

Walker, G. Barbara
    The Woman's Encyclopedia of Myths and Secrets
    San Francisco 1983
Weinheimer
    Zeitschrift für die Alttestamentliche Wissenschaft 29/275
Weinreb, Friedrich
    Leben im Diesseits und Jenseits
    Ein uraltes vergessenes Menschenbild
    Zürich 1974
Weinreb, Friedrich
    Die Symbolik der Bibelsprache
    Zürich 1969
Wellhausen, J.
    Die Composition des Hexateuch, 1876/1877
Wendt, Herbert
    Der Affe steht auf
    Reinbeck b. Hamburg 1971
Westermann, Claus
    Genesis 1–11
    Wissenschaftliche Buchgesellschaft, Darmstadt 1976
Wickler, Wolfgang
    Die Biologie der Zehn Gebote
    München 1971
Woldering, Irmgard
    Götter und Pharaonen
    Fribourg 1967
Wundt, W.
    Völkerpsychologie Band IV
    Mythus und Religion 1915/1923
Yahuda, A. S.
    Die Sprache des Pentateuch
    in ihren Beziehungen zum Ägyptischen, 1924
Zimmern, H.
    Vergleichende Grammatik der semitischen Sprachen, 1898
Zimmern, H.
    Biblische und Babylonische Urgeschichte
    1901/1903
Zintzen, Clemens
    Die Philosophie des Neuplatonismus
    Darmstadt 1977

Bibelausgaben

Sepher Thora Nebijm We Kethubim (Ha Masorah)
    Hebrew Old Testament
    The British and Foreign Bible Society London, 1960
Biblia Hebraica
    mit deutscher Übersetzung
    Hrsg. v. Rudolf Kittel
    Württembergische Bibelanstalt Stuttgart, 1974
Biblia Sacra Vulgata
    Württembergische Bibelanstalt
    Stuttgart 1969
D. Martin Luther, Die gantze Heilige Schrifft
    Deudsch 1545/Auffs new zugericht
    Rogner & Bernhard, München 1972
Die Bibel
    nach der deutschen Übersetzung D. Martin Luthers
    Preußische Haupt-Bibelgesellschaft, Berlin 1905

Die Bibel
　　Deutsche Ausgabe mit den Erläuterungen der Jerusalemer Bibel
　　Verlag Herder, 1968
Die Heilige Schrift
　　Zürcher Bibel
　　auf die Reformation Zwinglis zurückgehend
　　Verlag der Zwingli-Bibel, Zürich 1942
　　Württembergische Bibelanstalt, Stuttgart 1970
Buber, Martin/Rosenzweig, Franz
　　Die fünf Bücher der Weisung
　　9. Auflage von 1954
　　Verlag Lambert Schneider GmbH, Heidelberg 1976
Einheitsübersetzung der Heiligen Schrift
　　Das Alte Testament
　　Katholische Bibelanstalt, Stuttgart 1980
The Holy Bible
　　Authorized King James Version
　　Oxford University Press, New York
　　(Christian Science Publishing Society)
The New English Bible
　　Standard Edition
　　Oxford University Press/Cambridge University Press 1979

Register